¡Sigue! 1

curso avanzado
primera parte

SEGUNDA EDICIÓN

¡Sigue! 1

curso avanzado
primera parte

SEGUNDA EDICIÓN

John Connor
Helena Jiménez
David Mort
Niobe O'Connor

JOHN MURRAY

Authors' acknowledgements
The authors and publishers would like to thank the following people for their contributions to *¡Sigue! 1 segunda edición*:

Helena Aixendri for her contribution to the text, in particular for a number of *Consolidaciones*; John Bates of OCR; Blanca Alonso Fischer; Nuria García; Stella Garzón; María Isabel Gerpe Piosa; Olga Núñez; José Núñez Terreros; Mario Ojeda-Revah; Herman Ortíz Rosas; Roxana Ortíz Rosas; Llorenç del Río; Rafael Alarcón; Virginia Catmur

**NEWCASTLE-UNDER-LYME
COLLEGE LEARNING
RESOURCES**

First published 1995
by John Murray (Publishers) Ltd, a member of the Hodder Headline Group
338 Euston Road
London NW1 3BH

Second edition 2000

Reprinted 2000, 2001, 2002 (twice), 2003

Layouts by Black Dog Design
Illustrations by Art Construction, Mike Flanagan and Linden Artists
Cover design by John Townson/Creation

Audio material recorded at Gun Turret Studio, Bromsgrove and Motivation Sound Studios, London, and engineered at Motivation Sound Studios

Typeset in 10½/12 pt Berthold Walbaum by Wearset, Boldon, Tyne and Wear
Printed and bound in Spain by Bookprint, S.L., Barcelona

A CIP catalogue record for this book is available from the British Library

ISBN 0 7195 8522 8
Teacher's Resource Book 0 7195 8523 6
Audio on Cassette 0 7195 8524 4
Audio on CD 0 7195 8158 3

Contents

Acknowledgements

Thanks are due to the following sources for permission to reproduce text extracts:

pp.viii–ix All About Spain – Todo sobre España, http://www.red2000.com; **p.x** www.SiSpain.org; **p.1** Estudio CIS–Instituto de la Juventud, 2.265; **p.2** *Bravo* no. 86, 8/6/99; **p.9** Estudio CIS–Instituto de la Juventud, 2.262; **p.13** Estudio CIS–Instituto de la Juventud, 2.157; **p.14** *Bravo* no. 86, 8/6/99; **p.17** Estudio CIS–Instituto de la Juventud, 2.265; **p.18** *Mía* no. 353, 14–20/6/93; **p.19** Estudio CIS–Instituto de la Juventud, 2.262; **pp.21–2** Estudio CIS–Instituto de la Juventud, 2.265; **p.23** *Mía* no. 353, 14–20/6/93; **p.24** Estudio CIS 2.203; **p.25** © 1997–1998 by Martina Charaf and David de Prado (spanishculture.about.com), licensed to About.com. Used by permission of About.com, Inc. which can be found on the Web at www.about.com. All rights reserved; **p.26** *Mía* no. 353, 14–20/6/93; **p.28** *Blanco y Negro*, 18/4/93; **p.31** Estudio CIS 2.203; **pp.32, 35** *El País Semanal*, 15/11/98; **pp.38–9** *España*, 1997, Por cortesía de TURESPAÑA; **p.41** Estudio CIS, Boletín 11; **p.43** Estudio CIS 2.294; **p.44** www.geocities.com **and** www.cambio16.com; **p.45** www.diario-elcorreo.es; **p.46** *Quo* no. 9, 6/96; **p.50** *Quo* no. 43, 4/99; **p.53** www.cabildogc.step.es; **p.56** Estudio CIS 2.203; **p.61** www.noah.cuny.edu; **p.65** www.diario-elcorreo.es; **p.66** Estudio CIS 2.272; **p.67** Nuria Gambao en *TELVA* no. 719, 3/99; **p.68** Estudio CIS 2.272; **p.71** Estudio CIS 2.272; **p.72** www.gestmusic.es; **p.73** Estudio CIS 2.272; **p.74** *Mía* no. 389; **p.75** Por cortesía de la revista *Muy Interesante*; **p.78** Antena 3 de Televisión, S.A.; **p.80** www.ingenia.es; **p.82** *Shout Magazine* **and** www.noticias.com; **p.83** © 1997–1998 by Martina Charaf and David de Prado (spanishculture.about.com), licensed to About.com. Used by permission of About.com, Inc. which can be found on the Web at www.about.com. All rights reserved **and** Estudio CIS 2.272; **pp.85, 85–6** Estudio CIS, Boletín 1; **pp.88, 89, 91** www.periplo.com, Eusebio Díaz Campo y Juan Ramón Brotons Vitoria; **p.92** *Vida Hispánica* (ALL), no. 16, 12/97; **p.94** *El País Semanal*, 28/9/97; **p.95** Excmo. Ayuntamiento de Salamanca, www.dispanet.es/turismo/salamancacap2.htm; **p.96** *Turismo Europeo* no. 18 **and** www.andalucia.org; **p.98** Agència Valenciana del Turisme; **p.100** Guías de Publicidad Interactiva, SL, Gandía; **p.101** www.iturnet.es/navarra; **p.102** *El País Semanal*, 20/9/98; **p.103** www.SiSpain.org; **pp.104, 106** www.iturnet.es/navarra; **pp.107–8** *España*, 1997, Por cortesía de TURESPAÑA; **p.109** All About Spain – Todo sobre España, www.red2000.com; **p.110** *España*, 1997, Por cortesía de TURESPAÑA; **p.114** *El País Semanal*, 2/1/00; **p.115** Louise Mereles Gras and *Marie Claire Latin America*; **p.116** *Cambio 16* no. 1.426, 2/4/99; **p.118** www.flamenco-world.com; **p.120** *CNR* no. 7, 9/97; **p.121** *Noticias Latin America*, 3/99 **and** All About Spain – Todo sobre España, www.red2000.com; **p.122** *Noticias Latin America*, 3/99; **p.125** www.viadigital.net; **p.126** © 1997–1998 by Martina Charaf and David de Prado (spanishculture.about.com), licensed to About.com. Used by permission of About.com, Inc. which can be found on the Web at www.about.com. All rights reserved; **p.128** *La Verdad*; **p.129** www.cinespain.com; **p.130** *Mía* no. 403; **p.132** *Quo* no. 9, 6/96; **p.135** Estudio CIS 2.193; **p.137** *Mía* no. 400; **p.142** *Actualísimo*; **p.144** *Diario Menorca*, 30/8/79; **p.146** *Ronda Iberia*, 6/94; **p.147** www.planeta.com; **p.149** *El País Semanal*, 20/9/98; **p.151** *La Voz de Galicia*; **p.156** Penguin Books Ltd, Harmondsworth; **p.158** http://jubilo.com.mx; **p.162** *Noticias Latin America*, 3/99; **p.168** www.latinolink.com; **p.172** http://mexico.udg.mx; **pp.175, 176** © Laura Esquivel, 1989; **p.177** www.mexicodesconocido.com.mx

Please note that, in material supplied by the *Centro de Investigaciones Sociológicas*, percentages do not always add up to 100. This is due to rounding up or down to the nearest whole number.

All websites given should be prefixed http://www. unless indicated otherwise.

Picture acknowledgements

p.ix *t* Robert Harding Picture Library, *b* Getty Stone; **p.x** Images Colour Library/Age Fotostock; **p.1** *t* and *b* Getty Stone; **p.2** Powerstock; **p.8** Images Colour Library/Age Fotostock; **p.10** Images Colour Library/Age Fotostock; **p.13** Getty Stone; **p.16** Getty Stone; **p.18** Robert Harding Picture Library; **p.20** Getty Stone; **p.21** Cephas Picture Library; **p.23** Allsport/Shaun Botterill; **p.26** Getty Stone; **p.28** Prensa Española, S.A.; **p.35** Getty Stone; **p.31** Eye Ubiquitous; **p.32** Getty Stone; **p.33** Robert Harding Picture Library; **p.35** Getty Stone; **p.37** Allsport; **p.38** Cephas Picture Library; **p.39** Eye Ubiquitous; **p.40** Robert Harding Picture Library; **p.43** Images Colour Library/Age Fotostock; **p.44** *tr* and *cl* John Townson/Creation, *br* Robert Harding Picture Library; **p.48** *tl* Robert Harding Picture Library, *tr* Getty Stone; **p.50** *l* Robert Harding Picture Library, *r* Getty Stone; **p.52** Jeff Moore; **p.54** Jeff Moore; **p.57** Getty Stone; **p.58** Art Directors & Trip Photo Library; **p.59** AKG London; **p.60** *l* Powerstock, *c* and *r* Getty Stone; **p.63** Science Photo Library; **p.64** Powerstock; **p.67** Robert Harding Picture Library; **p.75** STERN/Harderer; **p.77** Mecky Fögeling; **p.78** Silvia Jato Núñez & Carlos García Hirschfeld: **p.82** Getty Stone; **p.83** Adams Picture Library/ Bruno Zarri; **p.87** *c* and *r* Getty Stone; **p.88** *l* Eye Ubiquitous/James Davis, *r* Robert Harding Picture Library; **p.89** Art Directors and Trip Photo Library; **p.90** AKG London; **p.91** *l* and *cl* Corbis UK Ltd, *cr* Robert Harding Picture Library, *r* Art Directors and Trip Photo Library; **p.92** and **p.94** Robert Harding Picture Library; **p.95** Getty Stone; **p.96** *t* and *b* Getty Stone; **p.98** *t* Art Directors and Trip Photo Library, *b* Adams Picture Library; **p.100** Adams Picture Library; **p.101** Eye Ubiquitous; **p.103** Images Colour Library/Age Fotostock; **p.104** Eye Ubiquitous; **p.105** *l* Art Directors and Trip Photo Library, *r* Adams Picture Library/David Simson; **p.106** Eye Ubiquitous; **p.107** Corbis UK Ltd; **p.108** Art Directors and Trip Photo Library; **p.109** *t* Mecky Fögeling, *b* Images Colour Library/Age Fotostock; **p.110** Getty Stone; **p.112** *tl* Bridgeman Art Library/Museo Nacional Centro De Arte Reina Sofia, Madrid, Spain, *tr* and *br* Corbis UK Ltd, *bl* Bridgeman Art Library/Prado, Madrid, Spain; **p.113** *tl* Bridgeman Art Library/Cleveland Museum of Art, OH, USA, *tr* Bridgeman Art Library/Prado, Madrid, *bl* Bridgeman Art Library/National Gallery, London, *br* Corbis UK Ltd; **p.114** Bridgeman Art Library; **p.115** Camera Press Ltd; **p.117** and **p.118** Images Colour Library/Age Fotostock; **p.122** Getty Stone; **p.123** Camera Press Ltd; **p.124** *l* and *r* Ronald Grant Archive; **p.125** Ronald Grant Archive; **p.127** Kobal Collection; **p.129** www.cinespain.com; **p.131** *t* Mecky Fögeling, *b* Powerstock; **p.136** Woodfin Camp & Associates Inc; **p.142** Getty Stone; **p.144, p.146** and **p.147** Art Directors and Trip Photo Library; **p.149** Corbis UK Ltd; **p.150** *t* Art Directors and Trip Photo Library, *bl* and *cr* Getty Stone; **p.153** and **154** Images Colour Library/Age Fotostock; **p.159** *tr*, *tl* and *b* Getty Stone; **p.160** Powerstock; **p.161** and **p.162** Getty Stone; **p.166** Javier Nicolás, Av. Pichucaloco # 17, San Cristóbal de las Casas, Chiapas, Mexico; **p.168** Woodfin Camp & Associates Inc; **p.170** Images Colour Library/Age Fotostock; **p.171** Robert Harding Picture Library; **p.172** *t* Camera Press/Alberstein, *b* AKG London; **p.173** *tl* Bridgeman Art Library/Colección Banco Nacional de México, *tr* Bridgeman Art Library/Christie's Images, *cr*, *cl* & *bl* Bridgeman Art Library, *br* AKG London; **p.174** AKG London **p.175** *t* Moviestore; *b* Jerry Bauer; **p.176** Camera Press Ltd; **p.177** *tr* and *trb* Getty Stone, *ca* Cephas, *cb* Camera Press Ltd, *b* Eye Ubiquitous/James Davis; **p.178** Magnum Photos/Paul Fusco; **p.179** Javier Nicolás, Av. Pichucaloco # 17, San Cristóbal de las Casas, Chiapas, Mexico.

(*t* = top, *b* = below, *r* = right, *l* = left, *a* = above, *c* = centre)

While every effort has been made to contact copyright holders, the publishers apologise for any omissions, which they will be pleased to rectify at the earliest opportunity.

Introduction

How does ¡Sigue! 1 work?

Making the adjustment to Advanced level Spanish from a GCSE or Standard Grade which may already seem a long time ago is quite a challenge, but one which we think you will enjoy with *¡Sigue! 1*. It is the first book in a two-part course, and will enable you to bridge the gap from GCSE to more advanced work and develop much greater scope and freedom in using Spanish. For AS Spanish, or Higher Spanish in Scotland, *¡Sigue! 1* is a complete course. For those going on to do the full A2 A level, *¡Sigue! 2* is the second part of the course.

What does ¡Sigue! 1 include?

The eight units

Each of the eight units looks at aspects of an Advanced level topic and focuses on particular language points which are listed at the start of the unit. The texts on the pages and on the recordings are the basis of a range of tasks, many of which will be familiar in form as they are similar to the kind of activities you will have done for GCSE or Standard Grade. The skills practised in a task are indicated by the following symbols:

 = Listening

 = Speaking

 = Reading

 = Writing

 = Role play

 = Group task

 = Workplace task

 = Task based on an excerpt from Spanish radio

 = ICT opportunity

Building your language skills

Apart from the tasks, you will also find throughout the units the following features designed to develop various language skills:

¡Exprésate! presents key vocabulary which you can re-use in a range of contexts, often to express an opinion or carry forward an argument. It also helps you to **structure** and **vary** your written work, which will gain you higher marks.

Consolidación practises specific grammar points arising from the text.

 ¡Infórmate! presents background information about Spanish and Latin American life and culture.

 ¿Cómo se dice? provides tips to improve your Spanish accent, using a recording and practical guidance.

¡EXPRÉSATE!

(no) estoy de acuerdo . . .
eso (no) es verdad . . .
(no) me parece correcto . . .
tengo que admitir que . . .

CONSOLIDACIÓN

Estudia: Radical-changing verbs – present tense, p. 203

Completa las siguientes frases con la forma correcta de un verbo de los de la lista.

1 ¿Cuántos años .... (tú)?
2 Me .... mucho iniciar una conversación.

¡Infórmate!

Los jóvenes de hoy

Quisiera saber tu opinión sobre los rasgos que caracterizan a los jóvenes hoy en día. ¿En qué medida crees tú que la juventud española actual es . . . ?

¿Cómo se dice . . . "d"?

Escucha a la entrevista otra vez, prestando mucha atención a cómo se dice la letra "d". Luego, escucha las dos voces que leen en voz alta las siguientes palabras y trata de imitarlas. Si eres hombre, tienes que imitar al hombre; si eres mujer,

The Study Skills unit

The Study Skills unit (pages 181–191) gives practical guidance on how to raise the level of your skills as you work through the course.

- We strongly recommend that you read it through before you start.
- Refer to it (you will be given reminders) as you work through the units.

Grammar Reference and Vocabulary

After the Study Skills unit comes the **Grammar Reference**, with clear explanations in English of all the grammar points practised in the course. Use it:

- to look up points of grammar when you are doing your work or checking it
- to help you do the *Consolidaciones*
- for revision.

Finally, at the back of the book, is the **Vocabulary**: the Spanish–English vocabulary list. This is for quick reference, but you will develop your language skills much better if you build the habit of using a dictionary effectively. A section on dictionary skills can be found in the Study Skills unit.

Plus . . .

Coursework themes and an Assessment unit are supplied in the Teacher's Resource Book that goes with this course. Your teacher or supervisor will guide you on when and how to use these.

¡Buena suerte!

¡Infórmate!

Datos sobre España

Área: 504,750 km²
Población: 39,5 millones (nivel de crecimiento 0.2%) de habitantes
Religión: 99% Católicos
Capital: Madrid
Forma de Gobierno: Monarquía Constitucional
Cabeza del Estado: Rey Juan Carlos I
Presidente: José María Aznar (Partido Popular)
Perfil Económico
RNB: US $548 billones
RNB per capita: US $14.000
Crecimiento anual: 3,5%
Inflación: 3,4%
Mercados Principales: Países de la U.E. y EE.UU.
Turismo: 45 millones de visitantes al año

www.red2000.com/spain

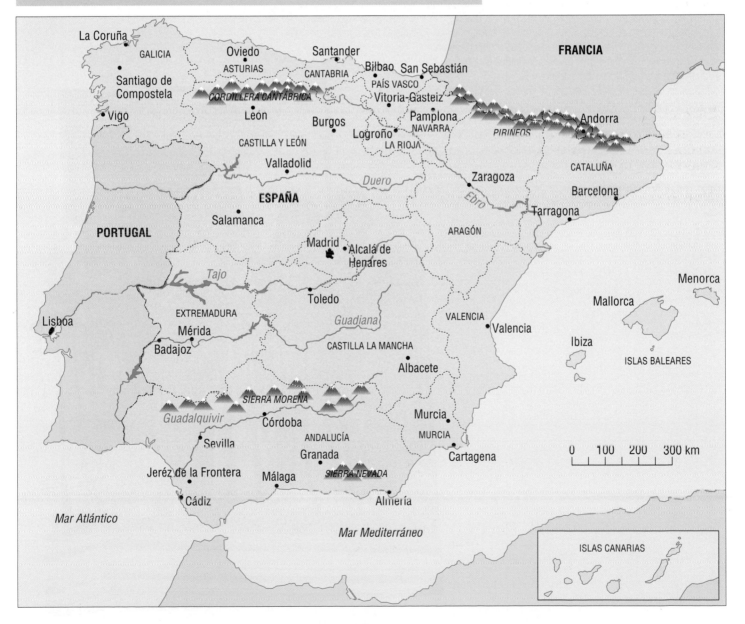

¡Infórmate!

España – una primera impresión

Conocida por su historia, arte, corridas de toros, flamenco, playas y el alto número de horas de sol al año, España es, sin embargo, no sólo esto, sino mucho más. Esta tierra es y ha sido desde hace milenios uno de los centros culturales de Europa. Muchas de sus ciudades, e incluso los lugares más remotos, albergan monumentos de extraordinario valor, ya sea por su antigüedad o por su riqueza artística, sin mencionar los extraordinarios parajes naturales con que cuenta esta antigua península.

España es un país lleno de contrastes, al que han llegado a llamar "la pequeña Europa" por la diversidad de sus paisajes, que frecuentemente recuerdan a puntos muy remotos del continente europeo. A su vez, cada región, cada ciudad dentro de una misma región, y a veces cada pueblo, presenta una realidad tan contradictoria como fascinante.

www.red2000.com/spain

¡Información!

Introducción a España

España y Portugal constituyen la Península Ibérica, la más occidental de las tres grandes penínsulas del sur de Europa. Forma un enorme promontorio octagonal en el extremo sudoeste del continente. España ocupa cuatro quintos de los 580.825 kilómetros cuadrados que constituyen el área total de la península. Limita al norte con el mar Cantábrico, Francia y Andorra, al este con el mar Mediterráneo, al sur con el Mediterráneo y el océano Atlántico, y al oeste con el océano Atlántico y Portugal.

En relación con el resto del mundo, España, con una superficie de 505.957 kilómetros cuadrados, ocupa solamente una pequeña parte del mapa. Sin embargo, en relación con el continente europeo, España es el tercer país más grande, después de Rusia y Francia.

La cifra antes mencionada incluye los 4.992 kilómetros cuadrados que constituyen las Islas Baleares, al este de la península, y los 7.447 kilómetros cuadrados de las Islas Canarias, que se encuentran a más de 1.000 km. al sur de la península, frente a la costa africana.

Estas últimas forman parte de la cadena de islas que llevan a las Américas a través de la ruta atlántica central. También forman parte de la nación dos ciudades españolas en el norte de África: Ceuta, con 18 kilómetros cuadrados, y Melilla, con 14 kilómetros cuadrados.

www.SiSpain.org

¡Información!

Lenguas habladas en España

El castellano es la lengua oficial del Estado español. Sin embargo, el castellano no es la única lengua española. En la actualidad existen otras lenguas españolas que constituyen un patrimonio lingüístico singularmente rico.

La Constitución Española reconoce el derecho de las Comunidades Autónomas de hablar en sus propias lenguas.

El artículo 3 de la Constitución dice:

1 *El castellano es la lengua oficial del Estado español. Todos los españoles tienen el deber de conocerla y el derecho de usarla.*
2 *Las otras lenguas españolas serán también oficiales en sus respectivas Comunidades Autónomas y de acuerdo con sus Estatutos.*
3 *La riqueza de las diferentes variantes lingüísticas de España es una herencia cultural que será objeto de respeto y protección especial.*

Las lenguas españolas oficialmente reconocidas por los Estatutos de las Comunidades Autónomas son euskera o vasco (País Vasco y Navarra), gallego (Galicia), catalán (Cataluña, Islas Baleares y comunidad valenciana donde, según el Diccionario de la Real Academia. la variedad del catalán recibe el nombre de valenciano).

www.SiSpain.org

unidad 1
La vida, la gente

En esta unidad vamos a considerar las relaciones entre los jóvenes, sus amistades y los problemas que encuentran.

1.1 ¿Cómo vemos a los otros?

A Escucha las descripciones. Para cada descripción, identifica a la persona de la foto **a**.

Ejemplo: **1** Pablo

a

b

B *Cara a cara*

1 **Persona A:** Elige a una de las personas de la foto **b**, pero no digas a tu pareja cuál es la persona elegida. Descríbela.
   Persona B: Identifica a la persona.
2 **Persona A:** Describe a una persona famosa, pero no menciones su nombre.
   Persona B: Identifica a la persona.
   ¡Turnaos!

En esta unidad vamos a consolidar tu conocimiento de los siguientes puntos gramaticales:

- presente *(present tense)*
- "ser" y "estar"
- pretérito *(preterite tense)*
- verbos reflexivos *(reflexive verbs)*
- pronombres – objeto directo/indirecto *(direct and indirect object pronouns)*
- género del sustantivo *(gender of nouns)*
- lo . . . *(neuter article)*
- concordancia y posición de adjetivos *(agreement and position of adjectives)*
- "por" y "para"
- adjetivos y pronombres posesivos *(possessive adjectives and pronouns)*

¡Infórmate!

Los jóvenes de hoy

Quisiera saber tu opinión sobre los rasgos que caracterizan a los jóvenes hoy en día. ¿En qué medida crees tú que la juventud española actual es . . . ?

	% muy o bastante
Consumista	90
Trabajadora	61
Solidaria	56
Responsable	54
Violenta	48
Indiferente	40
Politizada	17

Fuente: Estudio CIS–Instituto de la Juventud, 2.265

cis.sociol.es

1

1.2 *¿Te es fácil hacer amigos?*

Cuando te invitan a una fiesta o vas a la discoteca, ¿conectas fácilmente con la gente que no conoces o necesitas tiempo?

BRAVO TEST

1 a. "Lo siento; no estoy sola."
b. "¿Siempre sois así de impulsivos?"
c. "¡Perdeos y dejadme en paz!"

2 a. Sólo tengo un par de buenos/as amigos/as.
b. En realidad tengo muy pocos amigos/as, pero un montón de gente con la que suelo salir de marcha.
c. Tengo muchos amigos/as y cada vez tendré más, porque me encanta conocer gente.

3 a. Formo un grupo de gente de la clase y nos ponemos a hacerlo todos juntos.
b. Lo hago solo/a.
c. Busco una idea original e intento animar a otros/as.

4 a. Iría solo/a e intentaría hacer amigos, seguro que podría conocer a alguien especial.
b. Me quedaría en casa y regalaría o vendería ese billete.
c. Hablaría con un/a amigo/a para que comprara un billete y lo pagáramos a medias.

5 a. Busco a otra persona para que me acompañe y, si no la encuentro, me quedo en casa.
b. Asisto a la fiesta y trato de conocer al mayor número de gente posible.
c. Llamo a la persona que ha organizado la fiesta y le digo que no voy a poder ir.

6 a. Me olvido de él/ella hasta que se me pase el enfado y me apoyo en otra gente.
b. Trato de hablar y hacer las paces lo más pronto posible.
c. Depende del tipo de pelea, pero seguro que dejo pasar un par de días: así se me pasa el mosqueo.

7 a. Es su problema.
b. Intento hablar con él/ella de cualquier tema.
c. Me da mucha pena, porque a mí me ha pasado muchas veces.

8 a. Me enfado tanto que todo termina entre nosotros para siempre.
b. Tengo una conversación y espero una disculpa.
c. Con mis amigos no tengo ningún tipo de secretos, porque nos lo contamos todo.

Solución del test

	Pregunta	Respuesta		
		a	b	c
Suma los puntos que	**1**	6	3	0
corresponden a tus	**2**	0	3	6
respuestas y sabrás	**3**	6	0	3
el resultado.	**4**	6	0	3
	5	3	6	0
	6	0	3	6
	7	6	3	0
	8	0	3	6

De 0 a 21 puntos
No eres el tipo de persona que encuentra amigos/as fácilmente, sino todo lo contrario. Te cuesta mucho iniciar una conversación y no haces nada hasta que los demás no se acerquen a ti. Hasta que no rompan el hielo contigo, debe pasar mucho tiempo, porque te es muy difícil mostrarte tal y como eres a los demás. Nuestro consejo es que seas más abierto/a y cuentes algo de ti. No tengas tanto miedo y verás cómo conseguirás tener más suerte en el amor y en la amistad.

De 24 a 33 puntos
Eres una persona espontánea y sincera, y no te cuesta en absoluto lograr hacer buenos/as amigos/as. Te interesan las relaciones importantes, y por eso te muestras más simpático/a y abierto/a en tus conversaciones. Lo mismo ocurre cuando estás ligando; te acercas sin problema a la persona que te gusta e inicias un divertido diálogo. Con tus amigos de siempre, sabes que puedes contar al cien por cien y confiar en ellos para todo . . . ¡Enhorabuena!

De 36 a 48 puntos
Jamás tienes ningún problema para relacionarte con la gente. Siempre estás rodeado/a de personas a las que caes bien, y con las que tratas de pasar un rato agradable. Pocas veces te sientes solo/a, porque las invitaciones no te faltan. Eso sí: asegúrate de quiénes son tus amigos/as de verdad y cuáles son simplemente conocidos/as para pasar una noche divertida, porque luego puedes llevarte grandes decepciones.

A Para cada grupo de respuestas, identifica la pregunta apropiada.

Ejemplo: **1 iv**

i   En una fiesta de clase descubres que hay un(a) chico/a nuevo/a que está un poco arrinconado/a. ¿Qué haces?

ii   ¿Cómo es de grande el círculo de amigos/as con los/las que sales habitualmente?

iii   Acabas de ganar un viaje de fin de curso a París con hotel incluido, pero es un viaje para una sola persona. ¿Qué harías?

iv   Los dos chicos de la foto tratan de ligar con la chica, que está esperando a su novio. ¿Qué crees que les dice?

v   Hay un proyecto en clase y tienes que hacer un trabajo sobre cómo adornar el patio del instituto. ¿Qué haces?

vi   Descubres a tu mejor amigo/a leyendo tu diario personal. ¿Qué le dices?

vii   ¿Qué haces cuando te peleas con un(a) amigo/a?

viii   Tu amigo/a te ha invitado a una fiesta y en el último momento decide no ir. ¿Cuál es tu reacción?

arrinconado/a	*left out in the cold; on his/her own*
dispuesto a	*inclined to*
ligar con	*to chat up*
mosqueo (m)	*anger*
pelearse con	*to quarrel with*

B Haz el test. Trabajando con una pareja, calculad vuestros resultados.

C Traduce la descripción que más se ajuste a tu personalidad. ¿Estás de acuerdo con lo que dice en cuanto a tu carácter? ¿Por qué? ¿Por qué no? Comenta el test en una redacción de 100 palabras.

¡EXPRÉSATE!

(no) estoy de acuerdo …
eso (no) es verdad …
(no) me parece correcto …
tengo que admitir que …

CONSOLIDACIÓN

Estudia: Present tense, p. 203

Elige la forma correcta.

Para mí la vida **(1)** está/sería/es muy difícil. Yo **(2)** soy/estoy/está muy tímida y si un chico me **(3)** diga/dice/dicen algo, me **(4)** ponía/pone/pongo roja en seguida. Así tú **(5)** comprenderás/comprende/comprendes sin duda que me **(6)** faltan/falta/gustan amigos y yo **(7)** sabe/creo/tengo que **(8)** necesitar/necesita/necesito ayuda. No **(9)** sabes/sé/dudo cómo **(10)** voy/puedo/va a salir de esta situación. No **(11)** come/tiene/hago nada en todo el día. **(12)** Me quedo/Vivo/Salgo en casa, **(13)** compro/leo/escribo revistas y **(14)** cómo/comía/como todo el tiempo. **(15)** Gustaría/Trato/Quiero de tener más confianza en mí misma pero **(16)** está/me resulto/me resulta imposible. ¡Ayúdame!

CONSOLIDACIÓN

Estudia: Radical-changing verbs – present tense, p. 203

Completa las siguientes frases con la forma correcta de un verbo de los de la lista.

1   ¿Cuántos años .... (tú)?
2   Me .... mucho iniciar una conversación.
3   Nosotros .... ir al cine todos los sábados.
4   No quiero bailar, lo ....
5   ¡Date prisa! Mis amigos no .... esperar.
6   La historia que tú me .... es muy divertida.
7   Si .... mi trabajo, no sé qué voy a hacer.
8   ¿Dónde se .... la casa?
9   Mi hermano nunca .... sus sentimientos.
10   ¿A qué hora .... la película?

> contar   perder   costar   poder   empezar   sentir
> encontrar   soler   mostrar   tener

1.3 *Un cuento inapropiado*

A ¿Qué es lo que dicen?

1 **a** ¿Te duele la rodilla, Belén?
   b ¿Me lees un cuento, Belén?
   c ¿Has visto a Inma?
2 **a** ¡Dios mío!
   b ¡Enhorabuena!
   c ¡Qué letra más fea tiene Juanjo!
3 **a** El otro está en mi habitación.
   b No tengo tiempo.
   c Pues Inma siempre me lo lee.

4 **a** ¡Es que tú no sabes leer!
   b ¡No lo leas aquí!
   c Es mi libro.
5 **a** ¡Qué decepción!
   b ¡Tramposa!
   c ¡Qué palabrotas!

analfabeto/a	*illiterate*
¡Enhorabuena!	*Congratulations!*
palabrota (f)	*rude word, swear word*

B ¿Has comprendido bien la historia? Contesta oralmente a estas preguntas:

1 ¿Quiénes son los personajes de la historia?
2 ¿Cuántos años tienen?
3 ¿Cuál es la relación entre ellos?
4 ¿Cómo son?
5 ¿Dónde están?

C Completa esta historia con una palabra de la lista en cada espacio en blanco. (¡Ojo! No vas a necesitar todas las palabras.)

> acostado apropiado algo corriendo cuenta cuento debe donde hacer libro para problema punto tiene ver

Una tarde, Juanjo entra en el salón, llevando un **1** .... grueso. Pide a Belén que le cuente un **2** .... Belén abre el libro y está a **3** .... de empezar cuando descubre que el libro no es **4** .... para un niño tan pequeño como Juanjo. Intenta explicarle el **5** .... pero él se enfada y le dice que Inma a menudo le lee historias del libro. Piensa que Belén **6** .... de ser analfabeta y se va **7** .... Más tarde, Belén sube a la habitación de Juanjo, **8** .... encuentra al niño **9** .... y a Inma que le lee el libro. Pero la historia que cuenta ella no tiene nada que **10** .... con el libro.

CONSOLIDACIÓN

Estudia: *Ser* and *estar*, p. 211

Michael, el novio británico de Belén, intenta contarle la historia a un amigo por carta, pero está muy indeciso respecto al uso de "ser" o "estar". ¡Ayúdalo!

. . . y esta historia que te cuento ahora me parece que **(1)** está/es muy divertida. Juanjo, que **(2)** es/está un niño muy despabilado, le pide a Belén, que **(3)** es/está en el salón, que le lea un cuento. Ella **(4)** está/es ocupada, pero deja sus libros a un lado y coge el que Juanjo le da. **(5)** Está/es un libro muy grueso. Lo abre sin leer el título y **(6)** es/está a punto de empezar cuando ve que **(7)** está/es para adultos y se niega a leérselo. Juanjo le dice que **(8)** está/es analfabeta, porque Inma siempre **(9)** es/está dispuesta a leerle un cuento del libro. La solución a este misterio, querido Luis, **(10)** es/está la siguiente: Inma siempre le dice a Juanjo que le lee un cuento del libro, pero eso no **(11)** está/es verdad. Su cuento, como te debes imaginar, **(12)** es/está totalmente distinto.

D *¡Tu turno!*

Escribe en español unas 50 palabras sobre tus recuerdos de niñez. Las preguntas de la casilla ¡Exprésate! te ayudarán.

¡EXPRÉSATE!

Cuando tú eras joven:

- ¿Quién te leía cuentos?
- ¿Qué clase de cuento te gustaba?
- ¿Te acuerdas de algún cuento que te gustara mucho? ¿De qué trataba?

1.4 *Escuchamos tus problemas*

Cuatro chicas hablan de sus problemas amorosos.

arrepentido/a *repentant, sorry*
enrollarse *to get off with someone*
traicionar *to betray*

A ¿Quién . . .

1 . . . va al extranjero?
2 . . . ha perdido a una amiga?
3 . . . no gusta físicamente a alguien?
4 . . . conoció a alguien hace un año?
5 . . . volverá a ver a alguien?
6 . . . quiere cambiar su aspecto físico?
7 . . . tiene un novio que piensa abandonarla?
8 . . . no sabe si alguien dice la verdad?

B ¿Cuál de estos títulos **no** se refiere a **ninguna** de las cuatro chicas?

1 Le volveré a ver.
2 De amiga a enemiga.
3 No soy su tipo.
4 Quiero caerles bien.
5 Le perderé este verano.

C Escucha otra vez a las chicas, y después rellena los espacios.

Andrea:
1 Pero el otro día .... que me gusta.
2 Me dijo que .... cuando me vaya.

Lili:
1 Desde que .... se ha convertido en mi enemiga.
2 Me dice que .... a hacer.

Claudia:
1 Me ha confesado que .... altas y delgadas.
2 Por eso .... para adelgazar lo antes posible.

D Ahora escucha la **respuesta** siguiente. ¿A qué chica se refiere?

E *¡Tu turno!*

1 Elige a una de las chicas (que **no sea** la chica en el ejercicio D) y escríbele una respuesta.
2 Lee tu respuesta a tu pareja en voz alta. Él/ella tiene que identificar a la chica.

¿Cómo se dice ... "a"?

1 Escucha a Andrea otra vez, prestando mucha atención a cómo se dice la letra "a". Luego, escucha las dos voces que leen en voz alta las siguientes palabras y trata de imitarlas. Si eres hombre, tienes que imitar al hombre; si eres mujer, imita la voz de la mujer.

| estudi**a**r | ten**í**a | g**a**n**a**s | d**í**a | decl**a**ró | gust**a** | cu**a**ndo | m**a**rch**a**ba | ver**a**no |
| prefer**í**a | enroll**a**rse | p**a**r**a** | v**a**ya | destroz**a**da | p**a**sar | vi**a**je | h**a**go |

2 Si una palabra termina en una vocal, "s" o "n", se acentúa la penúltima sílaba, si no hay acento escrito en la palabra. En todas otras palabras se acentúa la última sílaba.

Escucha a Andrea otra vez:

Me voy a estudiar inglés a Estados Unidos.
. . . me dijo que prefería no enrollarse conmigo para no sufrir cuando me vaya.

Escucha ahora a Lili:

. . . me dice que se dejó llevar por él y que no lo volverá a hacer.

1.5 *10 claves para ser una persona atractiva*

A todo el mundo le gusta resultar atractivo, sentirse aceptado por los demás y tener éxito social. Pero no siempre es fácil lograrlo. Estas claves pueden ayudarte a conseguirlo . . .

a) Actuar con naturalidad. Es fundamental mostrarse ante los demás con la mayor naturalidad posible.

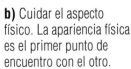 **b)** Cuidar el aspecto físico. La apariencia física es el primer punto de encuentro con el otro.

c) Saber escuchar. A todo el mundo le resulta agradable que alguien le escuche. Una persona en la que se puede confiar tiene grandes posibilidades de convertirse en un amigo para siempre.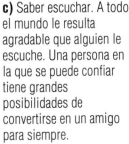

d) Buscar temas amenos de conversación. Los últimos acontecimientos ocurridos en el mundo suelen resultar interesantes para todos.

 e) Mostrar interés por el otro. Resulta fundamental recordar su nombre, su situación familiar y su trabajo.

f) Controlar el temperamento. Es muy importante no montar nunca escenas desagradables en público y saber conservar la calma.

g) Ser activo y emprendedor. Las personas activas y desenvueltas resultan siempre más atractivas.

h) Practicar un optimismo sano. Las personas melancólicas y tristes no son buena compañía, por lo que es aconsejable mantener una actitud positiva ante la vida.

i) Ser realista. Para resultar agradable a los demás es imprescindible transmitir una imagen de persona realista.

j) Tener sentido del humor. Para empezar, lo mejor es aprender a reírse de uno mismo.

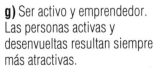
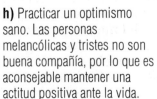
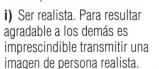

A ¿A qué clave corresponde cada frase?

1 Tienes que destacar tus cualidades positivas.
2 Muéstrate dispuesto a disfrutar de la vida.
3 Las personas competentes inspiran confianza.
4 Muéstrate interesado en lo que tu compañero te cuente.
5 No intentes cambiar tu personalidad.
6 Intenta mostrarte interesado en la vida de los demás.
7 Habla de cosas que os gusten a los dos.
8 No te tomes siempre en serio.
9 La animación y la vivacidad se contagian a los demás.
10 En todo momento, intenta mantenerte tranquilo.

CONSOLIDACIÓN

Estudia: Adjectives, p. 199

1 Completa las siguientes frases con un adjetivo de los de la lista. Pero ¡ten cuidado!: los adjetivos de la lista no están siempre en la forma correcta.

Ejemplo: Es propio de personas <u>sanas</u> sentirse optimista.

a Lucía siempre nos cuenta anécdotas muy ....
b Creo que le ha sucedido algo muy .... Está todo el día pensativo y ....
c Las preguntas del examen eran .... , por lo que creo que aprobaré.
d Son unas personas que tienen siempre temas muy .... de los que hablar.
e Es .... que entregues tu solicitud hoy si quieres que te acepten.
f Son hombres muy ...., no viven de sueños.
g Es una chica muy ...., con su pelo largo y su dulce mirada.
h ¡Qué mujer tan ....! No tiene ninguna educación ni respeto por los demás.
i La cuestión .... es si debemos permitir que pase lo mismo en el futuro o no.
j Son un grupo de jóvenes muy .... No hay quien los pare en sus proyectos.
k No es una actitud .... arrepentirse de los errores del pasado, sino aprender de ellos.
l Tiene un temperamento ...., por lo que procura que no se enfade.

> irritables   fácil   realista   emprendedora   atractivo   interesante   tristes   ameno
> desagradables   positivo   imprescindible   fundamentales   melancólica   sanos

2 A continuación, inventa siete frases con adjetivos del texto, pero cambiando su género y número.

Ejemplo: Es propio de personas sanas sentirse optimista.
No es sano hacerse enemigos por culpa de pequeños enfados.

B Estas palabras se encuentran en las 10 claves. Copia y completa la tabla con los sustantivos y verbos que faltan, según el ejemplo.

Sustantivo	Verbo
encuentro	*encontrar*
(1)	confiar
conversación	(2)
(3)	reír(se)
interés	(4)
(5)	practicar
situación	(6)
(7)	recordar
trabajo	(8)
(9)	conservar
vida	(10)
(11)	cuidar

C Ahora utiliza las palabras que acabas de encontrar (en B) para completar las frases siguientes. ¡Ojo! No vas a necesitar todas las palabras y quizás tendrás que cambiar la forma del verbo.

1 Lo que dice me .... mucho.
2 Es necesario tener .... al atravesar la calle.
3 La .... del medio ambiente es un gran problema.
4 No me gusta .... con la gente que no conozco.
5 No tengo ningún .... de lo que dijo el profesor.
6 Hay que .... para ganar dinero.
7 ¡Qué gracioso era el hombre! Me dio una ....
8 Muchas chicas no tienen .... en sí mismas.
9 Juan fue a .... a Barcelona con su familia.
10 Con mucha .... el español resultará más fácil.

Ahora, traduce al inglés las frases completas.

1.6 *¿Temor a la primera cita?*

Se dice que nunca se olvida de su primera cita. Lee los recuerdos de Susana y de Jorge.

a medida que	*in the course of*
armarse de valor	*to pluck up courage*
atreverse	*to dare*
con locura	*madly*
trama (f)	*plot (of film, etc.)*

Susana, 16:

Me enamoré de Jorge el momento en que le vi en mi nueva clase. Después de unos días, compartiendo amigos y aficiones, me armé de valor y le llamé por teléfono. Me resultó muy difícil dar ese paso, ya que no estaba acostumbrada a darlo yo, siempre había sido el chico . . . Me sentía llena de dudas, porque no sabía cómo iba a reaccionar él y tampoco yo sabía muy bien qué decirle. Por fin descolgué el auricular y marqué su número de teléfono. Cuando escuchó mi voz, se alegró mucho de mi llamada. Unos días después, en clase me pasó una nota, invitándome a ir al cine con él. Me quedé muy sorprendida, pero acepté con mucho gusto. Durante todo el día me sentí muy feliz. Por fin llegó la hora de la cita. Entramos en el cine y nos sentamos, sin decirnos ni una sola palabra durante toda la película. Aun así no conseguí concentrarme en la trama, ya que sólo pensaba en lo agradable que era estar sentada junto a él. Cuando salimos de la sala, fuimos a dar un paseo y estuvimos tomando un refresco en una terraza. Perdimos la noción del tiempo, y hablamos durante muchas horas. Claro está que al principio de nuestro encuentro ninguno de los dos sabíamos qué decir, porque tanto Jorge como yo estábamos algo cortados. Por fin encontramos un tema de conversación: nuestros gustos, amigos y profesores.

Ahora ya llevamos saliendo casi un año, y hoy me iría con él hasta el fin del mundo. ¡Le adoro! ■

Jorge, 17:

Me gustó mucho que Susana diera el primer paso, y me llamara por teléfono. Está muy bien que de vez en cuando sea la chica la que tome la iniciativa. Cuando me llamó, me preguntó si me gustaría salir un día con ella, y yo contesté que sí, sin dudarlo un solo momento. Un día, en clase, coincidimos en que a ambos nos gustaría ver la misma película. En aquellos momentos pensé que era mi mejor oportunidad para pedirle para salir y le propuse ir al cine a verla. Como no me atrevía a decírselo a la cara, le escribí una nota y ella me contestó que estaba encantada de salir conmigo. Quedamos para aquella misma noche. Susana estaba guapísima. Había cambiado los vaqueros y el jersey por una falda y una blusa de encaje. Se había maquillado como una mujer. Me gustó mucho que se presentara a nuestra primera cita tan bien arreglada. Disfruté mucho sentado a su lado; mis pensamientos estaban más centrados en ella que en la película. Después nos fuimos a dar un paseo y le propuse tomar algo en una terraza. La verdad es que no tenía ganas de separarme de ella. No nos importó para nada la hora, ya que tanto Susana como yo nos sentíamos muy bien juntos. Al principio estaba un poco cortado, porque no sabía qué decirle, quizás por temor a que pudiera decir algo que la molestara. Pero a medida que pasaba el tiempo, nos resultaba más fácil hablar sobre cualquier tema.

Para mí fueron la mejor tarde y la mejor noche de mi vida. Me siento muy bien con ella, y la quiero con locura. ■

A   Lee lo que dicen Susana y Jorge.

¿Quién . . .

1 . . . se sentía atraído/a desde su primer encuentro?
2 . . . tomó la iniciativa?
3 . . . dice que no tiene que ser siempre el chico el que dé el primer paso?
4 . . . no sabía si recibiría una respuesta positiva?
5 . . . no dudó un instante en decir que sí?
6 . . . sugirió ir a ver una película?
7 . . . se vistió de un manera distinta para la cita?
8 . . . no prestó atención a la película?
9 . . . propuso ir a tomar un refresco?
10 . . . nunca lo había pasado tan bien?

B *Cara a cara*

Cuenta a tu compañero/a tus recuerdos de tu primera cita. ¡Puedes emplear toda la imaginación que quieras! Las preguntas de abajo te ayudarán.

C

Un amigo de Jorge también recuerda su primera cita. ¿Puedes traducir sus palabras al español? Utiliza, si quieres, los textos anteriores para ayudarte.

From the first moment, I liked Isabel a lot, but I felt a little shy. In the end I made the first move and asked her to go for a drink. Without hesitating, she said "yes" and we arranged to meet that night. We have now been together for six months.

¡Infórmate!

¿Qué es lo más importante?

◆ ¿Cuál es el grado de importancia en tu vida de cada una de las siguientes cuestiones?

	% muy o bastante importante
La salud	99
La familia	98
La amistad	98
El trabajo	97
La vivienda	97
Ganar dinero	93
Los estudios/ la educación	93
El tiempo libre/el ocio	92
La religión	35
La política	22

Fuente: Estudio CIS–Instituto de la Juventud, 2.262

◆ ¿Cuál es tu grado de satisfacción con cada uno de los siguientes aspectos de tu vida personal?

	% más bien satisfecho
Tu familia	97
Tu salud	96
Tus amigos	95
Tu vivienda	88
Tu forma de disfrutar tu tiempo libre	87
Tus estudios	65
Tu trabajo*	60
El dinero de que dispones	57

Excluidos los casos en que no procede

Fuente: Estudio CIS–Instituto de la Juventud, 2.262

cis.sociol.es

¡EXPRÉSATE!

¿Cuántos años tenías?
¿Y él/ella?
¿Dónde le/la conociste?
¿Adónde fuisteis?
¿Te gustó? ¿Por qué (no)?
¿Te divertiste? ¿Por qué (no)?
¿Has salido otras veces con él/ella?

CONSOLIDACIÓN

Estudia: Direct and indirect object pronouns, p. 198

1 Lee esta versión, contada por Jorge, de su primera cita con Susana. Llena los espacios con uno de los pronombres de la casilla. No necitas todos los pronombres y otros tendrás que utilizar más de una vez.

Cuando **a** .... vi por primera vez, **b** .... pareció muy guapa, pero yo no tuve bastante coraje para hablar **c** .... Finalmente **d** .... pasé una nota que decía: **e** ¿......... gustaría ir al cine esta tarde?" **f** .... sonrió, y al salir de la clase **g** .... propuso que **h** .... recogiera a las ocho. Todo salió muy bien, **i** .... quiero con locura, y **j** .... divertimos mucho.

le	la	me	te	nos	os	les	las

2 A continuación, traduce estas frases al espanol:
a I phoned them.
b We liked the same films.
c She didn't know what to say to me.
d They love one another very much.
e The time didn't matter to them at all.

CONSOLIDACIÓN

Estudia: Preterite/Reflexive verbs, pp. 204, 210

1 Los verbos que vienen a continuación aparecen en la historia que Susana nos cuenta, en la 1ª o 3ª persona del singular (yo o él) o en la 1ª del plural (nosotros). Busca la forma que aparece en el texto y escribe las otras dos formas, como en los ejemplos.

a	Ver	**f**	Ir
b	Alegrar(se)	**g**	Pasar
c	Entrar	**h**	Hablar
d	Escuchar	**i**	Descolgar
e	Aceptar	**j**	Llegar

2 Ahora, escoge diez verbos en pretérito de la historia de Jorge y utilízalos para escribir diez frases sobre tu primera cita amorosa, o la de un amigo tuyo/una amiga tuya.

1.7 *Ojo con las citas amorosas*

Algunas veces una cita puede resultar diferente de lo que se esperaba.
Escucha estos consejos.

A ¿Cuánto has entendido? Aquí tienes seis frases que resumen lo que
acabas de escuchar. Complétalas: tienes que emparejar un número y
una letra.

1 Si un chico se acerca a ti y no
   te cae bien, debes . . .
2 Otro punto peligroso es cuando
   un hombre empieza a . . .
3 Cuidado también si
   inmediatamente pide . . .
4 Es aconsejable evitar a los
   hombres que no quieren . . .
5 Hay que tener cuidado con los
   que piensan que "no, para"
   quiere . . .
6 Si tu compañero ha bebido o
   tomado drogas, es mejor . . .

a . . . decir "sí, sigue".
b . . . hacer caso de tus deseos.
c . . . hablar de las mujeres de
   una manera negativa.
d . . . llamar un taxi y no
   acompañarle en su coche.
e . . . dejarle en seguida.
f . . . acostarse contigo.

B ¿Cómo se dice en la entrevista . . . ?
1 a highly topical subject
2 when things are turning ugly
3 to start talking
4 you don't like him
5 who doesn't care about what
   you want
6 obviously

C *Cara a cara*

Persona A: Estás en una discoteca esperando a tu novio/a. Ya tienes
tu copa. Tu novio/a tarda mucho en llegar, y empiezas a aburrirte.
De repente te das cuenta de que una persona desconocida te está
mirando fijamente . . .

Persona B: También estás en la discoteca. Ves a un chico/una chica
(la persona A) que te atrae mucho y que está solo/a. Te acercas a
él/ella, le/la invitas a tomar algo e intentas entablar conversación.

¿Cómo se dice . . . "d"?

Escucha a la entrevista otra vez, prestando mucha
atención a cómo se dice la letra "d". Luego,
escucha las dos voces que leen en voz alta las
siguientes palabras y trata de imitarlas. Si eres
hombre, tienes que imitar al hombre; si eres mujer,
imita la voz de la mujer.

actualidad	cuidado	pueden	invitado
llamada	cuando	poniendo	hablando
déjalo	todas	habiéndote	conocido
dominante	adónde	diría	haciéndolo
nadie	drogas	padres	maltratadas

1.8 *"Cuando calienta el sol..."*

Cuando estamos de vacaciones, puede que nos enamoremos. Pero ¿va a durar el romance?

ROMANCES DE VERANO... ¿AMORES DE INVIERNO?

ajetreo (m)	*hustle and bustle*
cinismo (m)	*cynicism*
grato/a	*pleasant*
ligue (m)	*a pick-up*

El sol, el murmullo de las olas, la dorada arena ... un escenario perfecto para las vacaciones. ¿Falta algo? Si somos sinceros, debemos reconocer que muchos incluiríamos una romántica historia de amor. Las vacaciones y el ocio nos hacen sentirnos predispuestos al romance. En parte, ello viene dado por la sensualidad propia de la estación, pero también porque nos sentimos con ganas de vivir experiencias nuevas, que los deberes laborales y la rutina mantienen fuera de nuestro alcance durante el resto del año. Y ¿por qué no? Conocer a alguien interesante o incluso vivir una bonita historia de amor es algo muy eficaz para reponernos del ajetreo de la vida moderna y será un grato recuerdo cuando nos invada la melancolía de los grises días de invierno.

Sin embargo, a menudo tenemos la tendencia de dejar desbordar nuestra imaginación. Y eso no es bueno: tenemos que estar preparados para afrontar tanto el éxito como el fracaso. En múltiples ocasiones, el "gran amor" no sobrevive ese mes o semanas de vacaciones, casi siempre porque uno de los dos no desea continuar la historia sentimental en cuestión. Ya se sabe, se acaba el verano y, con él, el romance.

Ser realistas es, pues, importante. Eso no significa caer en el cinismo. A veces, una aventura da paso a un noviazgo serio. Y no siempre es cruel decidir no continuar una relación. La distancia entre las ciudades de residencia de los enamorados es un factor que vale la pena considerar: la lejanía hace que, en muchos casos, la pasión del verano vaya cesando y se acabe. O a veces el distanciamiento surge porque las cosas se ven de otra manera, de vuelta a la rutina diaria. Sea como sea, se mantenga la relación por un breve período o no, no tiene sentido amargarse y culpar al otro de considerarnos sólo un "ligue de verano".

Enfrentarse al mundo con una actitud positiva es esencial. Toda historia de amor, por efímera que parezca, no debe considerarse una pérdida de tiempo: el amor alegra la vida, renueva los ánimos, nos hace sentirnos felices y, lo más importante de todo, nos enseña muchas cosas sobre nosotros mismos. ∎

A Completa estas frases de acuerdo con lo que cuenta el texto.

1 Durante las vacaciones nos sentimos más ...
2 Tendemos a dejarnos llevar por ...
3 Muchas veces la pareja de verano no quiere ...
4 Estas relaciones terminan frecuentemente porque ...
5 Hasta un amor corto puede valer la pena porque ...

B ¿Cómo se dice en el texto?

1 We want to have new experiences.
2 We must be prepared for both success and failure.
3 When summer ends, so does the romance.
4 It teaches us a lot about ourselves.

C Aquí tienes un resumen del texto, pero faltan algunas palabras. A ver si puedes descubrir cuáles son. Para cada espacio, elige **a**, **b** o **c**.

Algunas veces cuando **1** .... las vacaciones, lo que nos **2** .... una cosa estupenda, se convierte en **3** .... más bien molesto. Si eres tú la persona que **4** .... que terminar la relación, no **5** .... dar a tu ligue de verano falsas esperanzas. Diciéndole "nos veremos **6** ...." sólo sirve para retrasar el problema. Por otra parte, si eres tú la **7** .... abandonada, debes ver lo positivo de tu **8** .... y seguro que pronto **9** .... al hombre o a la mujer de tu **10** ....

1 a son	**b** acaban	**c** empieza
2 a parecía	**b** gustaba	**c** queríamos
3 a alguien	**b** alguno	**c** algo
4 a tienes	**b** tiene	**c** hay
5 a sabes	**b** debes	**c** puedes
6 a pronto	**b** allá	**c** nunca
7 a familia	**b** sola	**c** persona
8 a experiencia	**b** familia	**c** relación
9 a sabrás	**b** hablarás	**c** encontrarás
10 a cita	**b** vida	**c** imaginación

D *Cara a cara*

Persona A: Durante las vacaciones has conocido a un(a) chico/a. Tienes ganas de volverlo/la a ver. Lo estás contando a otro/a amigo/a.

Persona B: Escuchas a tu amigo/a. Tú lo ves muy negro. Explícale los problemas que puede tener.

1.9 *"... aquí en la playa ..."*

Escucha a Ignacio hablando sobre su romance de verano ...

A Las frases siguientes resumen lo que dice Ignacio. Para cada frase, elige y escribe "verdad", "mentira" o "no se dice".

1 Carmen tiene tres años menos que Ignacio.
2 Ignacio veraneaba con sus padres.
3 Carmen practicaba windsurf.
4 Se vieron por primera vez cerca del mar.
5 Ignacio preguntó su nombre a una de las amigas de Carmen.
6 Carmen e Ignacio se divirtieron mucho en la playa.
7 Hacían más o menos las mismas cosas todos los días.
8 Carmen se enamoró de Ignacio.
9 Se mandaron algunas cartas.
10 Ignacio echa mucho de menos a Carmen.

B ¿Cómo dice Ignacio las siguientes expresiones?

1 pasábamos el verano
2 quizás
3 íbamos muchas veces
4 a menudo

C ¡Tu turno!

Durante las vacaciones de verano conociste a un chico/una chica en la playa y os divertisteis mucho. Pero al volver a tu casa te das cuenta de que la relación no tiene futuro. Escríbele una carta para explicarle tus sentimientos actuales. Intenta no hacerle daño. La extensión debe ser de unas 150 palabras aproximadamente.

¿Cómo se dice...?

Entonación de preguntas

Escucha las preguntas de la entrevistadora otra vez, prestando mucha atención a la entonación de las preguntas. Luego escucha la voz del hombre que hace las mismas preguntas. Trata de imitar la voz de la persona de tu mismo sexo.

¿Cuántos años tenías cuando conociste a Carmen?
¿Dónde estabais veraneando?
¿Qué te llamó la atención de ella?
¿Qué te gustó más?
¿Qué hicisteis durante las vacaciones?
¿Qué pasó al final de las vacaciones?
¿Por qué no?

¡Infórmate!

El amor y las relaciones

◆ ¿Cuáles fueron los principales motivos que le impulsaron a establecer una relación amorosa estable?
Sólo a los que han mantenido alguna relación amorosa y actualmente mantienen una relación amorosa estable, multirrespuesta: máximo cuatro respuestas.

%	Mujeres	Hombres
La necesidad de compartir su vida con otra persona	58	59
El deseo de formar una familia y tener hijos	49	46
Buscar un sentido a su vida	24	28
Tener relaciones regulares/estables	15	22
El temor de estar solo/a el día de mañana	8	10
El deseo de sentirse protegido/a	13	5
Buscar la seguridad material o económica	3	1
El deseo de no ser diferente de los demás	2	3
Evitar el riesgo de las enfermedades de transmisión sexual por no tener una pareja estable	1	1
Prestigio social (ante sus amigos, familia, etc.)	1	1
Otro	3	2
Total	**718**	**643**

Motivos para la relación amorosa

Compartir la vida con otro/a
Formar una familia
Buscar sentido en vida
Tener relaciones estables
Temor de estar solo/a
Sentirse protegido/a
Buscar la seguridad material
No ser diferente
Evitar riesgos de enfermedades
Prestigio social

0 10 20 30 40 50 60 70%

■ No emparejados
□ Emparejados

Fuente: Estudio CIS 2.157, julio 1995

cis.sociol.es

1.10 ¡Desahógate!

Ignacio puede aceptar que hay relaciones que no salen bien, pero mucha gente necesita escribir a revistas para encontrar la solución a sus problemas del corazón . . .

honrado/a	*honest*
tachar de	*to brand/label someone as*

¿Qué me ocurre con los chicos?

Tengo 20 años y nunca un hombre me ha propuesto una cita de amor. Los demás suelen comentar que soy inteligente, atractiva y visto bien; pero la verdad es que los chicos no me invitan a salir. Cuando estaba en el colegio tuve algún novio, ahora salgo con amigos de la Universidad, pero ninguno ha llegado a sugerirme nada serio.

Esta situación empieza a resultar obsesiva. ¿Qué me ocurre con los chicos?

PATRICIA

Tengo miedo de perder a mi novio

Soy una chica de 19 años y salgo con un hombre al que quiero muchísimo. Sin embargo, tenemos muchos problemas. Él dice que no le amo porque me niego a hacer el amor: yo siempre he tenido la ilusión de llegar virgen al matrimonio. No sé qué hacer: tengo miedo de perder a mi novio y de que me tache de antigua . . .

NIEVES

Dice que estaba borracho

Mi novio es muy guapo y siempre ha tenido a muchas chicas detrás de él. Por eso me volví tan celosa y no dejábamos de discutir. Él siempre me ha dicho que ninguna de esas chicas le interesaba; sin embargo, hace poco descubrí que me había puesto los cuernos. Lo hablamos y me confesó que lo hizo porque estaba borracho. Me siento fatal, pero le quiero tanto que no me atrevo a dejarle. ¿Qué debería hacer?

VIRGO

No me atrae en la cama

Hace un mes conocí a un chico y empezamos a salir. A pesar de que es muy cariñoso, mis sentimientos hacia él son contrapuestos. Resulta maravilloso que me mime y me apoye en todo lo que hago, pero sexualmente no me atrae. Él conoce mis reservas y, a pesar de ello, quiere seguir conmigo. ¿Cuál es la postura más honrada por mi parte?

PILAR

A   Lee las cuatro cartas de Pilar, Nieves, Patricia y Virgo y contesta a las siguientes preguntas.

¿Quién . . .

1   . . . tiene muchas cualidades atractivas?
2   . . . tiene un novio que gusta a muchas chicas?
3   . . . se siente presionada?
4   . . . no se siente atraída físicamente por su novio?
5   . . . tiene un novio que no es fiel?
6   . . . está enamorada?
7   . . . está agradecida?
8   . . . no tiene éxito con los hombres?

B   En las cartas, ¿cómo se dice . . . ?

1   I refuse to
2   however
3   other people
4   to be
5   in spite of that
6   therefore
7   recently

C

1 Las chicas que cuentan sus problemas utilizan los verbos que ves en la tabla. Copia la tabla y complétala con los sustantivos correspondientes.

Verbo	Sustantivo
a proponer	
b invitar	
c sugerir	
d conocer	
e interesar	
f descubrir	
g resultar	
h apoyar	

2 Ahora, escribe ocho frases en español. Cada una debe contener uno de los sustantivos que acabas de escribir.

D *Cara a cara*

Persona A: Tienes un problema muy grave: te has peleado con un amigo/una amiga; tus padres no te entienden; tus profesores te exigen demasiado. Cuéntaselo al psicólogo/a la psicóloga.

Persona B: Eres psicólogo/a. Escucha el problema de tu paciente, pídele más detalles e intenta tranquilizarle con consejos útiles.

CONSOLIDACIÓN

Estudia: Agreement and position of adjectives, p. 194

1 En las cartas se usan los siguientes adjetivos. Copia y completa la tabla.

un chico	una mujer	unos hombres	unas chicas
			antiguas
			maravillosas
guapo			
		borrachos	
	celosa		
			cariñosas
atractivo			
inteligente			
		honrados	

2 ¿Dónde se pone el adjetivo?
 a un profesor (*divertido*)
 b una casa (*nueva*)
 c ¡Mi cabeza! (*pobre*)
 d dioooo (*diferentoo*)
 e de edad (*mediana*)
 f una mujer (*vieja*)
 g el día (*último*)
 h la vez (*primera*)

En ciertos casos el adjetivo se pone delante del sustantivo. En otros caso se pone detrás del sustantivo. Explica por qué.

1.11 *"Cuando te casas o te curas o te matas"*

Para una pareja que se ama, casarse puede ser una consecuencia lógica. Pero, después de la boda, las cosas pueden complicarse . . .

Nos conocimos en la secundaria y desde que nos vimos supe que éste era el chico con quien me iba a casar. ¿Qué nos llevó a tomar esa decisión a los dieciséis años? Apuro. ¡Eso! Apuro por tener relaciones sexuales, por escapar de nuestros padres, por vivir intensamente. Además, en aquellos momentos yo creía que Gerardo era el único, el gran amor de mi vida.

¿Qué dijeron mis padres cuando nosotros les hablamos de matrimonio? Ya puedes imaginártelo: Mamá se puso lívida y mi padre daba gritos histéricos. ¿El consenso de la familia? Que Gerardo y yo estábamos locos y que no, no, ¡NO! Yo me puse rebeldísima y Gerardo les dijo a sus papás que si no nos daban el permiso para casarnos, nos escaparíamos cuando menos lo pensaran. Entonces hubo reunión relámpago familiar y, a regañadientes, nos dieron la autorización. Por fin llegó el gran día.

Me casé como siempre soñé: de blanco. La luna de miel duró unos meses. Pero nuestro "amor" (que hoy me doy cuenta de que no era amor, sino atracción física y mucho capricho) no resistió a las presiones del matrimonio. Sobre todo, a Gerardo le ponía de mal humor trabajar y estudiar a la vez. Acabó

por abandonar los estudios y eso le amargó aún más. Resentía que yo, según él, tenía futuro y le dio por sentarse frente a la tele a tomar cervezas. Yo, la verdad, empecé a extrañar mi libertad: salir con las amigas, ir a la disco,

conocer a chicos, vivir despreocupadamente. De repente tenía encima tantas responsabilidades para las que no estaba preparada . . . Mi vida se convirtió en atender la casa y estirar el pobre sueldo de Gerardo de quincena a quincena (no nos alcanzaba ni para ir al cine en la tanda económica. ¡Te imaginas!).

Todo eso es super-difícil, pero se soporta cuando hay mucho amor. Gerardo y yo no nos amábamos, porque nos casamos sin conocernos realmente. Y ése es el peligro principal de los matrimonios adolescentes: que a esa edad uno no está definido; no sabe lo que quiere y, sobre todo, se deslumbra con facilidad. Es mejor esperar.

Hoy me siento atrapada y sin esperanzas de escape, porque estoy embarazada. Sí, hay una criatura inocente de por medio; por lo tanto, no puedo actuar a lo loco. Pero si pudiera volver a empezar, no apuraría las cosas. Ojalá saques algo de mi historia.

A   Lee el texto. Copia la tabla y rellena los espacios en blanco (no necesitas hacer frases completas).

Antes de la boda		Después de la boda	
Ejemplo: Dónde se conocieron	*en el colegio*	4 Duración de la luna de miel	
1 Por qué decidieron casarse (3 razones)		5 Los problemas de Gerardo . . .	
2 Reacciones: a del padre de la chica		6 . . . y sus consecuencias (2)	
b de la madre de la chica		7 Reacción de la joven casada	
c de Gerardo		8 Los problemas de la pareja	
d de la chica		9 Causas del deterioro del matrimonio (2)	
3 Resultado		10 Consejo dado a los jóvenes	

B Estos podrían ser los encabezamientos de varias partes del texto. ¿Los puedes poner en orden?

1 Problemas ulteriores
2 Resentimientos
3 Boda relámpago
4 ¿Solución ideal?
5 Errores reconocidos
6 Reacción hostil

C En el texto, ¿cómo se dicen las siguientes expresiones?

1 lo que pensaba toda la familia
2 sin estar de acuerdo
3 dijeron que sí
4 al mismo tiempo
5 sin problemas
6 lista

D Traduce desde "Me casé como siempre soñé … " hasta "… para las que no estaba preparada".

¡Infórmate!

Metas y aspiraciones

◆ No todo el mundo tiene las mismas metas y aspiraciones en la vida. De los siguientes objetivos, por orden de importancia, ¿cuál es el más significativo para ti?

	Primero (%)	Segundo (%)
Tener un trabajo estable	28	21
Tener un trabajo que me guste	26	18
Casarme, tener una familia	18	20
Luchar contra las injusticias	12	10
Ganar mucho dinero	7	8
Tener muchos amigos	5	15
Tener un trabajo bien considerado	3	5
Tener poder	1	1
No sabe/No contesta	1	3
Total	**2451**	**2448**

Fuente: Estudio CIS–Instituto de la Juventud, 2.265

◆ ¿Estás de acuerdo con cada una de las siguientes frases?

	% de acuerdo
Cuando gane lo suficiente para vivir, pienso salir de casa y vivir por mi cuenta, sin que eso signifique romper con mi familia	70
Por mucho esfuerzo que uno haga en la vida, casi nunca se consigue lo que se desea	36
Prefiero vivir al día sin pensar en el futuro	30
Teniendo en cuenta lo que ocurre actualmente, existe un futuro prometedor para los jóvenes	20

Fuente: Estudio CIS–Instituto de la Juventud, 2.265

cis.sociol.es

---

a regañadientes *reluctantly*
apuro (m) *haste (Latin America); hardship, difficulty (Spain)*
capricho (m) *whim*
lívido/a *purple (here pale)*
quincena (f) *fortnight*
secundaria (f) *secondary school*
tanda (f) económica *reduced rate (tickets)*

CONSOLIDACIÓN

Estudia: *Por* and *para*, p. 212

1 Completa las siguientes frases, añadiendo "por" o "para" en cada espacio en blanco.

a Al principio, Susana y Gerardo recibieron una negativa total a su deseo de casarse .... parte de sus familias.

b Pero pronto se dieron cuenta de que los jóvenes, llevados .... su amor de adolescencia, no estaban dispuestos a ceder en su empeño.

c La boda fue .... Susana la culminación de sus sueños.

d Sin embargo, los dos jóvenes no tardaron en darse cuenta de que no estaban preparados .... tantas obligaciones.

e Esa fue la razón .... la cual las cosas no funcionaron bien desde el principio.

f Susana no aconseja a nadie pasar .... la misma experiencia.

2 Ahora, ¿cómo dirías en español las siguientes frases, siendo lo más literal posible y, ¡por supuesto!, utilizando "por" o "para" en cada una de ellas?

a She gave up her studies to become a housewife.

b Because of his laziness and bad temper, he lost his girlfriend.

c They haven't got enough money to go out.

d We must do what we can to stay together.

e In order to convince her, he gave her flowers.

1.12 *El psicólogo ayuda*

Se supone que cuando somos mayores, aprendemos de nuestros errores – ¿pero es verdad?

A   Lee la carta y completa las frases con una palabra adecuada en cada espacio.

1   Las seis mujeres son todas muy ………
2   Ya no tienen ………
3   Mientras estaban de vacaciones, tres de ellas ……… problemas.
4   La que escribe al psicólogo no ……… qué hacer.

C   *¡Tu turno!*

Eres periodista y la historia de las ancianas te interesa mucho. Vas a entrevistar a la señora que escribió la carta. ¿Qué le preguntarás? Utiliza las palabras de la casilla "¡Exprésate!".

B   ¿Cómo dice el psicólogo … ?

1   exagera
2   los ancianos
3   resulta difícil
4   han sido útiles
5   frecuentemente
6   debido a ello

¡ E X P R É S A T E !
¿Quién?
¿Dónde?
¿Qué?
¿Cuándo?
¿Cómo?

bagatelas (fpl)   *trifles, trivialities*
chiquilladas (fpl)   *childish behaviour*
meritorio/a   *praiseworthy*
nimio/a   *insignificant*
quisquilloso/a   *fussy*
rencillas (fpl)   *grudges*

"Nos hemos enfadado tras muchos años de amistad"

A mis 78 años, tengo cinco amigas de toda la vida: tres de ellas de 81 y las otras dos de mi edad. Todas somos viudas. Hace cuatro meses, tres de ellas hicieron un viaje y no lo pasaron bien debido al mal tiempo y al mal servicio del hotel. Dos de ellas se enfadaron por tonterías y ahora no quieren salir juntas. Yo las quiero mucho a las dos, pero, evidentemente, no puedo estar con ambas a la vez. ¿Qué puedo hacer? Gracias.

Posiblemente, con los años, el ser humano, que debería haber aprendido casi todo y relativizado también casi todo, se vuelve más quisquilloso y hace una montaña de un grano de arena. Lo más razonable sería dedicarse a disfrutar y exprimirle el zumo a la vida con plena satisfacción, sin detenerse en absurdas bagatelas y en discusiones de niños. Pero no siempre es así. No pienses que pretendo criticar a las personas de edad por estas conductas. Todos, a cualquier edad, somos un poco como niños

que hacemos problemas de las cosas más nimias y nos cuesta perdonar, ser comprensivos y saber vivir.

"Aprended de una vez a comportaros como adultas"
La maravillosa amistad que habéis conservado hasta ahora es un tesoro que no podéis resignaros a perder. Diles de mi parte que tienen las dos una magnífica ocasión de demostrar que los años que han vivido les han servido para el aprendizaje más difícil y meritorio, el más característico de las personas verdaderamente grandes. Me estoy refiriendo a saber perdonar. He escrito ya en varias ocasiones que yo no veo al hombre o a la mujer más grande que cuando sabe admitir sus errores y decidirse por el perdón. Perdonar es amar a pesar de no haber recibido amor, e incluso a pesar de haber sido ofendido. Por eso, el perdón alcanza cotas sublimes. Léeles esta carta y pídeles que se dejen de chiquilladas, que se den un abrazo amistoso y olviden rencillas y discusiones. La amistad es un tesoro que hay que conservar.

1.13 *La autoestima*

La opinión que tenemos de nosotros, y la opinión que tienen de nosotros los demás, ¿por qué son tan importantes?

A Escucha la primera parte de la entrevista sobre la autoestima. Lee las frases 1–5 y complétalas con **a**, **b** o **c**.

1   La autoestima es el concepto que tenemos de ...
   a nosotros mismos
   b nuestras experiencias
   c nuestros sentimientos
2   Hemos adquirido este concepto durante ...
   a toda la vida
   b la niñez
   c los años viviendo en familia
3   Nuestras experiencias determinan ...
   a nuestro comportamiento
   b la perspectiva que tenemos del mundo
   c un sentimiento positivo o negativo hacia nosotros mismos
4   Las experiencias negativas culminan en un incómodo sentimiento de ...
   a no ser lo que esperábamos
   b temer el futuro
   c no querer relacionarse con los demás
5   Adquirimos el sentido de autoestima de ...
   a nosotros mismos
   b la aceptación de los demás
   c los bienes

¡Infórmate!

¿Crees que los jóvenes actuales son felices?

◆ ¿Hasta qué punto estás de acuerdo con cada una de las siguientes frases?

	% de acuerdo
Nuestra sociedad exige cada vez más a los jóvenes	83
Cada vez se tienen menos en cuenta las opiniones de los jóvenes	53
La juventud actual tiene muchas oportunidades que no aprovecha	41
Los jóvenes sólo piensan en divertirse	26
Los jóvenes de hoy no tienen ideales	21

Fuente: Estudio CIS–Instituto de la Juventud, 2.262

◆ Independientemente de tus características personales, o las de tus amigos, ¿hasta qué punto crees que los jóvenes actuales son felices? Para contestar utiliza una escala, en la que el 0 significa que los consideras "infelices", y el 10 que los consideras "felices". Utiliza el mismo procedimiento para las frases siguientes.

	Media	Desviación típica
Infelices/Felices	6,4	1,6
Infieles a sus principios, creencias, compromisos/Fieles a sus principios, creencias, compromisos	6,5	2,0
Indiferentes ante los problemas de la sociedad/Comprometidos con los problemas de la sociedad	6,0	1,9
Injustos con la generación de sus padres/Justos con la generación de sus padres	5,6	2,0

Fuente: Estudio CIS–Instituto de la Juventud, 2.262

cis.sociol.es

B Escucha la segunda parte sobre la importancia de la autoestima y lee el resumen siguiente. Faltan la mayoría de los verbos. ¿Puedes rellenar los espacios?

La autoestima y el concepto que uno tiene de sí mismo **1** .... un papel importante en la vida. Los éxitos y los fracasos, la satisfacción con uno mismo, el bienestar psíquico y las relaciones con los demás **2** .... una huella. **3** .... un concepto positivo de uno mismo y una autoestima positiva es muy importante para la vida personal, profesional y social. La autoestima **4** .... el sentido de la propia identidad, y **5** .... un marco de referencia desde el que interpretar la realidad externa y las propias experiencias. **6** .... en la realización como persona, **7** .... las expectativas y la motivación y **8** .... a la salud mental y al equilibrio psíquico.

unidad 2
Los deportes, el ocio

¿*T*rabajar todo el tiempo? ¡Qué horror! En esta unidad vamos a echar un vistazo a algunas actividades y a algunos deportes que suelen practicar los españoles.

En esta unidad vamos a consolidar tu conocimiento de los siguientes puntos gramaticales:

- "ser"/"estar"
- reflexivos   *(reflexive constructions)*
- "pero"/"sino"
- presente de subjuntivo   *(present subjunctive)*
- participios usados como adjetivos   *(participles used as adjectives)*
- pretérito   *(preterite tense)*
- imperfecto   *(imperfect tense)*
- perfecto   *(perfect tense)*
- pluscuamperfecto   *(pluperfect tense)*
- pronombres objeto   *(object pronouns)*

2.1 *¿Cómo te diviertes?*

Escucha a estas cinco personas que hablan de cómo se divertían cuando eran más jóvenes, y de lo que les gusta hacer ahora.

A   Copia la tabla y toma notas.

		Antes, por qué	Ahora, por qué
1	Stella		
2	Roxana		
3	Helena		
4	Mario		
5	José		

B   Escucha otra vez. Busca las frases españolas para:

1. I used to train twice a week.
2. We had a really good time.
3. I don't like sport much.
4. I used to like playing football.
5. I really like going to the cinema.

¿Cómo se dice...?

Lee la información sobre el acento en la página 6 otra vez, luego lee en voz alta las siguientes palabras:

solía	tenía	sucede	después
natación	ajedrez	éramos	relajante
estimula	además	escribir	me dedico
pasábamos	poesía	practico	fenomenal
prefiriendo	últimos	conseguir	actividades
películas	objetivo	preferencia	desarrollo
batería	sigue		

Ahora, escucha a las cinco personas otra vez y repite las mismas palabras para tu profesor.

C   ¿Y tú? Cuenta en unas 100 palabras cómo te divertías antes y cómo te diviertes ahora. Si tus pasatiempos no son los mismos que antes, explica por qué.

CONSOLIDACIÓN

Estudia: *Ser* and *estar*, p. 211

Un joven describe sus pasatiempos. Elige el verbo apropiado en cada caso.

Creo que **(1)** era/estaba muy fácil divertirme cuando **(2)** era/estaba más joven. **(3)** Era/Estaba todo el tiempo con mis amigos, jugando al fútbol. Mientras mis padres **(4)** eran/estaban en casa, yo **(5)** era/estaba al aire libre. Ahora que **(6)** soy/estoy mayor, **(7)** es/está más difícil divertirme porque **(8)** estoy/soy más ocupado, y no **(9)** es/está siempre posible hacer lo que me gustaría.

¡Infórmate!

¿Qué compran los jóvenes?

◆ ¿Compras alguno de los siguientes artículos al menos una vez al mes para tu uso personal?

	% Sí
Transporte	52
Discos compactos, casetes	43
Tabaco	41
Revistas	40
Periódicos	36
Libros de lectura	36
Juegos de azar (quinielas, lotería)	27
Anticonceptivos (preservativos, píldoras)	21
Videocasetes	9
Disquetes, juegos de ordenador, CD ROM	7
Tebeos, comics	6

Fuente: Estudio CIS–Instituto de la Juventud, 2.265

cis.sociol.es

◆ ¿Quién paga cada uno de los siguientes artículos: tú, tus padres o familiares o lo pagáis entre ambos?

%	Entrevistado	Padres o familiares	Entre ambos
Juegos de azar (quinielas, lotería)	81	15	4
Tabaco	77	18	5
Periódicos	70	26	4
Discos compactos, casetes	69	26	4
Videocasetes	69	25	6
Revistas	68	28	4
Tebeos, comics	61	35	5
Disquetes, juegos de ordenador, CD ROM	56	37	7
Libros de lectura	55	38	6
Transporte	51	44	5

Fuente: Estudio CIS–Instituto de la Juventud, 2.265

2.2 *Vamos de tapas*

Hay otras maneras mucho menos activas de divertirse. Una costumbre española muy extendida es ir de tapas. Escucha a José y Mario hablando de este pasatiempo.

A Escucha a José y Mario y contesta "verdad", "mentira" o "no se dice".

1 Es normal ir de tapas antes de ver una película.
2 Se comen las tapas sobre todo en lugares más pequeños.
3 Se inventó esta costumbre para dar una solución a un problema.
4 Los taberneros ponían un trozo de carne en la jarra para que no saliera el vino.
5 En ciertos lugares no hay que pagar las tapas.
6 A veces se comen tapas en vez de una comida.
7 Se suele ir de tapas solamente por la tarde.
8 Se suele pasar un rato en más de un bar.

B   Escucha la conversación otra vez y escribe las palabras que faltan en las siguientes frases.

1   Con la cerveza .... eh, que depende de los sitios en donde estés.
2   Las tapas son, eh, ... con una bebida.
3   Entonces, en los bares, ... una jarra de vino.
4   Bueno, el bar es un sitio .... mundo.
5   Estás un rato .... y te vas a otro bar.
6   Simplemente, es un sitio .... de tomar una cerveza . . .

¡Infórmate!

Dinero para gastar

"Actualmente, de cada 100 euros que gastamos los españoles, dedicamos 11 a restaurantes, bares y cafeterías, 10 a juegos de azar y tan sólo 3 euros a servicios médicos y sanitarios, y de ellas, 70 céntimos a medicinas."

José María Hernández, El Mundo.

◆ ¿Realizas alguna de las siguientes actividades al menos una vez al mes?

	% Sí
Ir de bares o cafeterías	88
Cine y teatro	57
Discotecas	45
Excursiones, salidas de fin de semana	31
Uso de instalaciones deportivas	23
Espectáculos deportivos	18
Conciertos de música	14
Máquinas de juego o juegos de salón	10

Fuente: Estudio CIS–Instituto de la Juventud, 2.265

◆ ¿Quién paga esas actividades – tú, te lo pagan tus padres o familiares o lo pagáis entre ambos?

%	Entrevistado	Padres o familiares	Entre ambos
Excursiones, salidas de fin de semana	69	23	8
Máquinas de juego o juegos de salón	66	28	5
Conciertos de música	65	28	6
Ir de bares o cafeterías	63	29	8
Cine y teatro	63	30	8
Discotecas	59	32	9
Espectáculos deportivos	59	30	9
Uso de instalaciones deportivas	58	36	5

Fuente: Estudio CIS–Instituto de la Juventud, 2.265

cis.sociol.es

2.3 *Un juego para todos*

Cuando se habla del fútbol, se cree que es un deporte que interesa solamente a los hombres. Pero eso no es verdad – lee la historia de Mónica.

árbitro (m)	*referee*
bullir	*to teem, be packed (place)*
soberanamente	*supremely*
montar un lío	*to cause trouble*

"EL ESTADIO BULLE"

Mónica Luengo es una de las pocas mujeres valientes que se reconoce adicta al fútbol. "Me fue gustando poco a poco, aunque siempre me han apasionado los deportes. Lo que sí digo con total sinceridad es que para que te guste el fútbol hay que saber de fútbol, y más si eres mujer, porque los hombres no suelen respetar nuestras opiniones. Si no sabes lo que es un penalti, difícilmente vas a poder discutir con tus amigos si el árbitro ha estado acertado o no, y éste es uno de los motivos por los que hay mujeres de forofos que se aburren soberanamente viendo un partido." Los domingos no suele salir, y mucho menos si hay partido del Real Madrid: "La verdad es que, aunque parezca ilógico, mi afición es por el Real Madrid, no por el fútbol. Me gusta estar al tanto de la Liga porque de cómo vayan los demás depende también que gane mi propio equipo."

Esta afición ilógica, como ella misma la llama, la llevó a pasar uno de los peores momentos de su vida. "Fue el año pasado, la famosa última jornada de Liga. Cuando acabó el partido con el Tenerife creía que me moría,

fundamentalmente porque esto suponía que el Madrid perdía la Liga ¡y que la ganaba el Barcelona! Las dos peores cosas que le pueden pasar a un buen aficionado del Real Madrid. Esa noche no quería saber absolutamente nada del mundo, decidí meterme en el cine para no tener que soportar que mi mejor amiga, que es aficionada del Barça, me llamara por teléfono."

Reconoce que lo que más le emociona es ir al campo porque "el estadio bulle, no se siente una sensación así en ninguna otra parte, la solidaridad con los de tu equipo es impresionante y

descargas todas las tensiones que has vivido durante la semana. Esto lleva a algunos, sobre todo a los más jóvenes, a comportarse de una forma violenta en las gradas, aunque la verdad es que son pocos ... pero montan tanto lío que acaba pareciendo que todos los aficionados al fútbol somos unos exaltados fanáticos que montamos bronca por cualquier motivo. El problema no está en tener una gran afición por este deporte, sino en no saber controlarse. Yo simplemente he encontrado en el fútbol una buena razón para divertirme."

A Lee la opinión de Mónica sobre el fútbol. ¿Expresa o no las siguientes ideas? Si no, ¿qué dice?

1 A Mónica siempre le ha gustado el fútbol.
2 Una mujer tiene que saber mucho de fútbol para ganarse el respeto de los hombres.
3 Muchas mujeres no entienden de fútbol.
4 Sólo sale los domingos si hay partido del Real Madrid.
5 Su afición siempre le ha proporcionado mucha satisfacción.
6 Una vez se escondió de su mejor amiga.
7 Lo que más le gusta es el ambiente especial del estadio.
8 Cree que los aficionados al fútbol son todos violentos.

B Antes de escribir este artículo, el periodista tuvo que hacer a Mónica muchas preguntas. Ahora es tu turno. Para que tus preguntas sean lo más variadas posible, utiliza todas las palabras de la casilla. Haz al menos 8 preguntas.

> ¿qué? ¿por qué? ¿cómo? ¿dónde?
> ¿cuándo? ¿quién?

C ¿Puedes traducir el siguiente texto al español? El artículo original te ayudará.

"You have to admit that, in Spain, there are not many women who understand football", says Mónica's friend. "I usually go to the stadium when I want to get rid of tension. I am not a football fanatic, but I like to sit in the stands with the young Barça fans. When my team won the league, I phoned Mónica but she had gone out. I think that she didn't want to speak to me."

> **¡ I n f ó r m a t e !**
>
> *Programas o retransmisiones de fútbol*
>
> ¿Cuántos españoles los ven habitualmente? 26%
> (Entre mujeres: 8%; entre hombres: 45%)

CONSOLIDACIÓN

Estudia: *Pero* and *sino*, p. 213

Completa estas frases con "pero", "sino" o "sino que".

1 No es que a las mujeres no nos guste el fútbol, ... la mayoría no conocemos las reglas del juego.
2 No voy muy a menudo al fútbol, ... cuando voy me lo paso muy bien.
3 Mi pasión no es por el fútbol en sí, ... por el Real Madrid.
4 Hay algunos que se comportan de forma violenta en el estadio, ... son pocos.
5 No sé si mi afición por el fútbol es exagerada, ... con ella no hago daño a nadie, ..., por el contrario, me divierto muchísimo.
6 Algunos de mis amigos no comprenden mi afición .... la respetan.
7 Me desahogo de las tensiones de la vida cotidiana no en casa, ... en las gradas.
8 Soy una entusiasta seguidora del Real Madrid, ... ello no afecta a mi amistad con seguidores del Barcelona.

D *Cara a cara*

Persona A: Eres español(a). Tu amigo/a británico/a está pasando las vacaciones contigo. Eres gran aficionado/a al fútbol y tienes dos entradas, muy difíciles de conseguir, para el partido entre el Barça y el Real Madrid. Invita a tu amigo/a a acompañarte.

Persona B: No te gusta mucho el fútbol. Prefieres hacer otra cosa (ir al cine o a la discoteca, por ejemplo). No quieres ofender a tu amigo/a pero no te gustan las muchedumbres. Trata de convencer a tu amigo/a para que haga lo que quieres tú.

> **¡ I n f ó r m a t e !**
>
> *La sociabilidad*
>
> ◆ Durante su tiempo libre, y en términos generales, ¿prefiere Vd. estar solo, con su familia, con sus amigos o en un sitio animado con mucha gente?
>
> | | Total % | Mujeres % | Hombres % |
> |---|---|---|---|
> | Con su familia | 61 | 64 | 59 |
> | Con sus amigos | 21 | 16 | 25 |
> | Solo | 8 | 9 | 6 |
> | En un sitio animado con mucha gente | 4 | 4 | 4 |
> | Depende | 6 | 7 | 6 |
>
> *Fuente: Estudio CIS 2203*
>
> **cis.sociol.es**

2.4 *El deporte más popular*

El fútbol, ¿es tan popular en España que en otros países?

http://spanishculture.about.com/library/

Fútbol en España

El *Soccer* (o fútbol en español, palabra que viene del inglés *football*) es más que un deporte en España. Es casi una religión para los aficionados. Semana tras semana, millones de españoles siguen de manera apasionada los partidos de fútbol. El país se paraliza y las calles se quedan desiertas cada vez que hay un partido importante de la Selección Nacional. Para aquéllos que no lo viven con esa pasión, es el momento perfecto para ir al cine, dar un paseo o ir de compras. A ninguno de estos *desapasionados* se le ocurre ir a un bar o a una cafetería: están llenas de gente viendo el partido por la tele, escuchándolo por la radio y gritando en cada lance importante del juego.

El fútbol es el deporte rey en España y, como alguien dijo, una terapia de bajo costo para enfrentarse a los problemas cotidianos. Franco usó a menudo el fútbol para desviar los problemas que se derivaban de su dictadura. El anticomunismo y el nacionalismo exacerbado del régimen enorgullecían a la gente cada vez que la selección derrotaba a Gran Bretaña, *la pérfida Albión* (por el problema de Gibraltar), o a la Unión Soviética (el *pueblo* de la Iglesia Católica humillaba al *diablo rojo* de nuevo, tal y como había sucedido en 1936).

Hoy en día no sufrimos *el problema Franco*, pero todavía quedan muchos problemas por resolver. Por cierto, aunque ahora no vivimos en un régimen fascista, hay más partidos televisados que nunca. ¡Incluso te puedes comprar una televisión vía satélite y ver el maravilloso partido Arabia Saudí–Egipto!

El hecho es que el fútbol no sólo produce diversión, sino muchísimo dinero. Los clubs de fútbol *compran y venden* jugadores a precios que pueden asombrarnos a todos. Los presidentes o dueños de los grandes equipos tienen mucho poder por la única y exclusiva razón de ser presidentes. Aparecen en la televisión, hablan en la radio, incluso se meten en la política.

El fútbol trae también problemas. La violencia relacionada con el fútbol ha crecido en los últimos años. Miles de policías se encargan de la seguridad en los estadios y fuera de ellos (¡y todos los ciudadanos pagamos por ello!). Muchos de los seguidores radicales de los equipos son neo-nazis y cuando hay un *derby* (un partido que enfrenta a dos clubs con enconada rivalidad como Madrid–Barcelona, Betis–Sevilla, Bilbao–Real Sociedad) siempre hay problemas. Fútbol y España son dos términos estrechamente ligados. Este deporte es la pasión de hombres, niños y mujeres, lo que puede resultar difícil de entender para la gente de países sin tradición futbolística.

A Tienes prácticas laborales en la editorial de una revista de deportes. A tu jefe le interesa mucho el fútbol español. Ha encontrado este artículo en el Internet y aunque entiende lo que dice en general, te ha pedido que escribas un resumen en inglés que contenga los detalles más importantes.

derrotar   *to defeat, beat*
enconado/a   *fierce, passionate*
enorgullecer   *to make someone proud*

1 Haz una telaraña de puntos clave de cada párrafo del texto.
2 Utiliza tus notas para hacer el resumen para tu jefe (150 palabras).

B *¡Tu turno!*

Prepara una respuesta para enviar a la página web donde se ha publicado este artículo. Podría incluir los siguientes puntos:

- your interest in football
- your view of the writer's concern about the violence at football matches
- your opinion about the role of the police at football matches
- your opinion about how much players are paid
- your view on football as a business

¡EXPRÉSATE!

Hay frases útiles en la página 23.

2.5 *Una pasión por los toros*

Sí, hay muchos españoles que van regularmente a los partidos de fútbol; pero también son muchos los aficionados a los toros. Para algunas personas éstos representan la lucha entre la vida y la muerte. Maisi Sopeña explica su obsesión por las corridas.

"Los toros son algo visceral"

Esta mujer pasó su infancia rodeada de un cierto ambiente taurino. Su padre, un reconocido ginecólogo de Madrid, era un gran aficionado a los toros. Maisi Sopeña define su pasión por los toros como un don que le vino de familia: "Cuando era pequeña y llegaba a casa desde el colegio siempre estaba puesta la televisión porque mi padre, entre consulta y consulta, salía al salón para seguir la corrida de la tarde. Yo soñaba con ir a la plaza un día a ver aquello que a mi padre conseguía entusiasmarle de aquella manera. Recuerdo que la primera vez que mi sueño se hizo realidad fue en El Puerto de Santa María, en Cádiz. Ahora ya hace siete años que tengo abono en la Feria de San Isidro, y no hay nada con lo que disfrute tanto como con una buena tarde de toros."

Aparte de entusiasmarse en la plaza, disfruta también con las críticas taurinas de Vidal y Zabala y asegura haberse leído la enciclopedia taurina de Cossío de arriba abajo. Otros buenos ratos que le proporciona su afición son las charlas con los amigos después de la corrida. "Solemos reunirnos todos a la salida en un bar cercano a las Ventas. Cada uno expone sus inquietudes, habla de sus decepciones o alaba a su torero favorito. Todos entendemos mucho de toros y nuestras discusiones dan pie para que también aprendamos muchas más cosas. Realmente los toros para mí son como un patrimonio, algo visceral, aunque reconozco que haya gente a quien la lidia le parezca repugnante.

Sin ir más lejos, todos mis alumnos del Instituto Británico coinciden en que detestan dos detalles básicos de mí: que fume y que me gusten tanto los toros."

A la pregunta de qué estaría dispuesta a hacer por su afición nos contesta: "Cada año, cuando llega mayo, soy capaz de dejarlo todo por ver una buena corrida. No olvido nunca que a los toros les debo algunos de los momentos más felices de mi vida. Entre mis recuerdos favoritos está aquella tarde en la que se me saltaron las lágrimas viendo torear a César Rincón; fue algo inolvidable e irrepetible, una de esas cosas que no se repiten dos veces en una vida. Al fin y al cabo los toros son para mí una forma fácil de ser feliz. No es escapismo del tedio de la vida diaria. En una época en la que hay tan pocas personas o cosas a las que admirar, una afición tan sana como ésta resulta siempre muy placentera."

A Lee el artículo. ¿Cómo se expresan las palabras y frases siguientes?

1 célebre
2 deseaba con toda mi alma
3 logré mi deseo
4 todo el libro
5 conversaciones
6 dice lo que le preocupa
7 están de acuerdo
8 lista
9 empecé a llorar
10 de lo que me acordaré para siempre
11 después de todo
12 de todos los días

B   Las siguientes frases forman un resumen de la primera parte del artículo, hasta "me gusten tanto los toros". Completa las frases con una palabra adecuada en cada espacio.

1   Un ambiente taurino .... a Maisi Sopeña cuando era ....

2   .... su niñez, ... vez que llegaba a casa su padre ya había puesto la televisión para .... la corrida.

3   Desde hace siete años .... abono a la fiesta de San Isidro y nada le gusta .... que una buena tarde de toros.

4   Después de .... de la corrida .... charlar con sus amigos.

5   Maisi y sus amigos .... mucho de toros, aunque ellos .... que a .... gente le .... la lidia.

C   Los sustantivos y verbos de la siguiente tabla aparecen en la misma parte del artículo. ¿Puedes encontrar la forma correspondiente? Busca en el diccionario si hace falta.

Sustantivo	Verbo
pasión	**1**
2	entusiasmar(se)
realidad	**3**
4	recordar
crítica	**5**
6	leer
inquietud	**7**
8	reunir
decepción	**9**
10	reconocer
discusión	**11**

E   Traduce al inglés el último párrafo del artículo, desde "A la pregunta".

CONSOLIDACIÓN

Estudia: Preterite and Imperfect, pp. 204, 205

Lee esta versión de la historia contada por Maisi. Escribe la forma correcta de cada verbo.

1 [*pasar*] mi infancia en Madrid donde mi padre **2** [*ser*] médico. Le **3** [*gustar*] ver la televisión cuando no **4** [*tener*] pacientes, sobre todo si **5** [*haber*] una corrida. Un día me **6** [*decir*] "¡Ven aquí, Maisi!" cuando me **7** [*ver*] en la puerta. **8** [*Entrar*] en el salón y **9** [*sentarse*] al lado de papá. Cada vez que el torero **10** [*hacer*] un pase con su capa mi padre **11** [*gritar*] "¡Olé!". Me acuerdo de que la primera vez que **12** [*ir*] a la plaza de toros lo que me **13** [*encantar*] **14** [*ser*] los colores vivos de los trajes de luces que **15** [*llevar*] los toreros y el ruido del público.

D   Trabajando con un/a compañero/a, elige un sustantivo y un verbo de la tabla (C). Tu compañero/a debe construir una frase que contenga estas dos palabras. Claro que puedes cambiar la forma del verbo si quieres.

CONSOLIDACIÓN

Estudia: Present subjunctive, p. 207

Los alumnos de Maisi Sopeña coinciden en que detestan dos cosas de ella: que fume y que le gusten los toros. Escribe diez frases contándole a tu amigo español qué es lo que tus amigos detestan de ti. ¡No olvides utilizar el "que"!

Ejemplo: Mis amigos detestan que me muerda las uñas.

CONSOLIDACIÓN

Estudia: Participles used as adjectives, p. 203

Traduce las siguientes frases al inglés:

1 Estoy rodeado por gente que no entiende mi pasión.

2 Es un hecho conocido: a muchos les repugna la lidia.

3 Las corridas de la temporada pasada fueron muy aburridas.

4 En una fiesta, estoy aburrida hasta que se habla de toros.

5 César Rincón es un torero muy admirado.

6 Un alumno, muy enfadado, me dijo que el toreo es inmoral.

2.6 *Tardes de gloria*

Maisi nos ha explicado lo que significan para ella los toros – pero ¿cómo es la vida de un torero? Lee este artículo sobre el famoso torero, Enrique Ponce.

capote (m)	*bullfighter's cloak*
chiquillo (m)	*young boy*
lentejuela (f)	*sequin*

ENRIQUE PONCE
"Este año triunfo en Sevilla"

Rojo y oro. Enrique Ponce tiene el corazón bordado de diminutas y brillantes lentejuelas, como un capote de fiesta. Desde que era un chiquillo y no levantaba un palmo del suelo, fue siempre el mejor y en esa lucha consigo mismo, jugando con la muerte, ha demostrado encontrarse entre los grandes.

Ahora, en su recién acabada temporada en América, ha conseguido un triunfo que se puede calificar de espectacular. "Sí – dice – la verdad es que he tenido mucha suerte y allí he triunfado en todas las ferias. Para mí, la tarde más importante fue en Bogotá, en un mano a mano con César Rincón, donde conseguí un gran éxito. Lo mismo pasó en Cali, aunque la verdad es que el público me recibió con las uñas muy afiladas." Días antes, la prensa había aireado una serie de declaraciones en las que se hacía referencia a una especie de duelo entre estos dos diestros, que debían encontrarse frente a frente en la arena. Y el ambiente se calentó hasta extremos insospechados. "Fue terrible, porque yo no había hecho ninguno de aquellos comentarios sobre nuestra rivalidad – asegura. – Todo eran enredos y equívocos. Una cosa es encontrarse con un ambiente frío y otra darse de bruces con una tremenda injusticia. Al final, corté tres orejas y el público se volcó."

No todo ha sido tardes de gloria. El 13 de diciembre del pasado año sufrió en México una cogida, con cornada en el muslo derecho. Sin embargo, continuó dando pases naturales y mató al toro. "La herida tuvo dos trayectorias, una de quince centímetros hacia arriba y otra de seis. Menos mal que fue una cornada muy limpia, porque si me llega a coger la arteria femoral hubiera sido más complicado. Afortunadamente, no pasó nada de eso y en quince días me recuperé."

Pero ha sido en Valencia, en su propia tierra y en la primera corrida de la temporada, donde el torero ha dado lo mejor de sí mismo. En tres tardes cortó seis orejas y salió dos veces a hombros por la puerta grande. "Ahora, el 25 y el 28 de abril tengo dos corridas en Sevilla, una con Curro Romero y Chamaco, y la otra con éste último y Joselito. Voy con muchísima ilusión, porque en la Maestranza es donde más me está costando destacar. El año pasado estuve a punto de conseguir grandes triunfos allí, pero perdí las orejas por culpa de la espada. De todas formas, el público se entregó. Ahora me encuentro mejor que nunca y creo que este año triunfo en Sevilla. Más tarde, iré a la feria de San Isidro, que, junto a la de Sevilla, es la que nos quita el sueño a los toreros."

Mientras tanto, juega al fútbol con sus amigos, caza cuando puede, sigue de cerca con los albañiles la construcción de su casa y contempla con asombro cómo crece esa brava familia de toros que hoy es su propia ganadería.

A Lee el artículo. ¿Las siguientes frases son verdaderas o falsas?

1 Cuando era pequeño, Enrique no parecía tener aptitudes para el toreo.
2 Acaba de tener mucho éxito en América.
3 En Cali, el público se mostró bastante hostil.
4 Admite haber criticado mucho a César Rincón.
5 El año pasado sufrió una herida grave.
6 Continuó toreando a pesar de la herida.
7 Tuvo que pasar dos semanas recuperándose.
8 Sufrió dos heridas en el hombro en abril.
9 El año pasado se destacó en la Maestranza de Sevilla.
10 La feria de San Isidro es mucho más importante para los toreros que la de Sevilla.
11 Tiene varios pasatiempos aparte del toreo.

B ¿Qué significan las siguientes frases que aparecen en el artículo?

1 no levantaba un palmo del suelo
 a no tenía muchas fuerzas
 b no quería andar
 c era muy pequeño

2 el público me recibió con las uñas muy afiladas
 a tuve un recibimiento hostil
 b me gritaron con entusiasmo
 c vieron que estaba herido

3 darse de bruces
 a entusiasmarse por
 b tropezar con
 c soñar con

4 el público se entregó
 a los espectadores se enfadaron
 b la gente se entusiasmó
 c el público no estaba contento

5 nos quita el sueño a los toreros
 a no hay bastante tiempo para dormir
 b nos preocupa mucho a los toreros
 c es lo más interesante

C Traduce al español el siguiente texto. Puedes utilizar el artículo para ayudarte.

Enrique Ponce dices with death every time that he finds himself face to face with a bull in the ring. He says that he has been very lucky. It is true that last year he suffered an injury when he was gored but, fortunately, he recovered within a fortnight. The new season is about to start and next week he will be going to Seville where he thinks he will be a great success.

¡Infórmate! *i*

El toreo

La fiesta nacional, que así se llaman las corridas de toros en España, está viviendo un inesperado renacimiento, con un gran aumento de público y la aparición de una nueva generación de jóvenes toreros que se alternan con los maestros consagrados.

Gonzalo Argote de Molina fue el primero en escribir las reglas del toreo en su Libro de Montería que Alfonso XI le mandó escribir. Sin embargo las normas más detalladas sobre la práctica del toreo a caballo se escribieron a mediados del siglo XVII.

El toreo se realizaba originalmente a caballo y era un deporte reservado para la aristocracia. Los ayudantes sólo estaban para entregar las lanzas a sus señores o para ayudarles a subir al caballo si se caían durante la lucha. La transformación radical del toreo tuvo lugar cuando Felipe V prohibió a los nobles su práctica ya que consideraba este deporte como un mal ejemplo para la educación del público.

Desde entonces los ayudantes de los aristócratas, gente del pueblo, les reemplazaron y comenzaron a torear desarmados, esquivando al toro, saltando por encima de él con una vara, alzando pequeñas lanzas (origen de las banderillas actuales) y también valiéndose de objetos o trapos para evitar a las bestias; un pasatiempo que caló tan hondo y se hizo tan popular que eminentes investigadores empezaron a llamarlo "la más nacional" de las fiestas.

NÚMERO DE CORRIDAS DE TOROS EN ESPAÑA

803

654
613
479
492
541
302
288
323
428
242
215
151
145

1930 1935 1940 1945 1950 1955 1960 1965 1970 1975 1980 1985 1990 1995

D Trabajas para el departamento del turismo de tu ciudad. Santander es vuestra ciudad hermana. Tu jefe acaba de recibir el siguiente mensaje en el contestador automático. Sabe que comprendes español y pide que le cuentes en inglés lo que dice.

1 Apunta la información que se pide en inglés.

- position of the person who left the message
- why she was phoning
- what she has organised and when it will take place
- what she wants to know
- how and when to contact her

2 Al día siguiente recibes este fax. Escribe los puntos clave en inglés.

Estimado señor:

Con relación al mensaje que dejé ayer en el contestador automático, me olvidé de decir que uno de mis compañeros, que tiene una hija de 16 años, quiere saber si Vd conoce a algún joven al que le interesaría pasar un mes con su familia durante las vacaciones escolares. Puede que los siguientes detalles sean útiles:

- su hija, María, estudia inglés desde hace 5 años
- es buena tenista y le gustan muchos otros deportes
- es muy alegre y tiene muchos amigos
- la familia tiene un apartamento en la Costa Blanca, donde suelen pasar el mes de agosto
- si es posible, quiere que María realice una visita de intercambio a su país el próximo año

Le ruego que me haga saber lo más pronto posible si hay alguien a quien le interese esto. A la espera de respuesta, le saluda atentamente,

Begoña González Cervo

3 Tu jefe te pide que mandes un fax con los siguientes detalles:

- Thank BGC for her message and for all her hard work in connection with your visit.
- Say you are all looking forward to visiting your twin town and seeing her again.
- Confirm that everyone wants to see the bullfight and to meet the *toreros* afterwards.
- Agree about the publicity value for the twinning scheme.
- Three people would prefer not to have *paella* – ask what alternative is available.
- Ask when the Spanish group hopes to pay a return visit.
- Thanks for your enquiry re María – I will ask my colleagues.

CONSOLIDACIÓN

Estudia: *Pluperfect*, p. 206

Haz una lista de todos los ejemplos de perfecto y pluscuamperfecto que hay en el texto (página 28). Fíjate bien en el uso de estos dos tiempos verbales, especialmente en las frases donde se utilizan ambos. Ahora, pon los tiempos verbales adecuados (perfecto, pretérito, pluscuamperfecto) en los espacios en blanco en este párrafo:

Tras años de duro trabajo, [**1** *demostrar*] estar entre los mejores de mi profesión. En la actualidad, soy lo que se puede decir rico: [**2** *invertir*] mi primer millón de pesetas (6000 euros) hace ya más de diez años. Aunque últimamente no [**3** *ganar*] mucho debido a la recesión, [**4** *tener*] más suerte que otros que conozco. Pero no todo [**5** *ser*] un camino de rosas, a lo largo de mi carrera: hay mucha competitividad en el mundo del toreo. El mes pasado [**6** *aparecer*] falsas noticias anunciando mi retirada en todos los periódicos nacionales. Yo no [**7** *decir*] a nadie nada parecido, aunque es verdad que mi mujer [**8** *da*] una entrevista a un periodista poco serio y parece ser que él [**9** *sacar*] las ideas de su contexto. ¡Y nosotros que creíamos que nos [**10** *asegurar*] de sus credenciales!

2.7 *Tauromaquia*

Sin embargo, no les entusiasman los toros a todos los españoles.
Escucha a Olga dando su opinión.

A Escucha esta conversación entre Olga y Herman y escribe para
cada una de las siguientes opiniones quién la da – Olga, Herman o
nadie.

1 La tauromaquia es algo maravilloso.
2 Los toros no sufren antes de entrar en el ruedo.
3 Los toros reciben un trato distinto de los otros animales.
4 Hay ciertos pueblos donde no se permite hacer daño a los toros.
5 Le da asco todo lo que hace referencia a la tauromaquia.
6 Los toreros son crueles.
7 La tauromaquia no es tan cruel como dicen.
8 Le gustan las corridas.

B *¡Tu turno!*

¿Te gustaría ir a los toros? Haz
una corta presentación a la clase
para explicar tu opinión.

C Imagina que eres Olga.
Escribe una carta en español a
una organización antitaurina
explicando la razón por la que
quieres inscribirte.

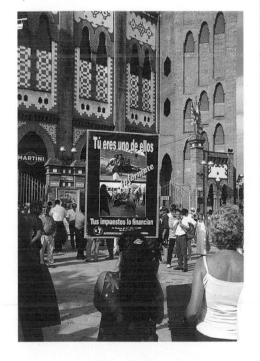

> ### ¿Cómo se dice ... "z"?
>
>
> Escucha otra vez, prestando mucha atención a
> cómo se dice la letra "z". Luego lee en voz alta las
> palabras siguientes. Si eres hombre, imita la voz
> del hombre; si eres mujer, imita a la mujer.
>
> Aunque te parezca mentira . . .
> la matanza de animales
> es ilegal utilizar animales
> es una vergüenza . . .
>
> Has escuchado voces españolas. En América Latina
> se pronuncia la "z" como la "s".

¡Infórmate!

◆ ¿Está Vd. más bien a favor o más bien en contra de . . . ?

Las corridas de toros

	Total	Mujeres	Hombres
A favor	46	40	51
En contra	40	43	36
No sabe/no contesta	15	17	13

La caza

	Total	Mujeres	Hombres
A favor	42	34	51
En contra	43	49	37
NS/NC	15	17	12

Las corridas de toros (% Edad)

	18–24	25–34	35–44	45–54	55–64	65 y más
A favor	30	39	44	49	55	56
En contra	59	46	40	33	32	30
NS/NC	11	15	16	18	14	14

La caza (% Edad)

	18–24	25–34	35–44	45–54	55–64	65 y más
A favor	33	37	39	46	47	51
En contra	56	50	44	39	37	31
NS/NC	11	13	16	15	15	18

Fuente: Estudio CIS 2203, diciembre 1995

cis.sociol.es

2.8 *Atrapado en la red*

Para ser campeón, a menudo hay que empezar a practicar un deporte desde muy joven. Lee este artículo sobre Rafael, a la edad de once anos ya un tenista excepcional.

Rafael Nadal

Atrapado en la red

11 años. Tenista.

Su carrera es meteórica. Es bicampeón, en los últimos dos años, del Master de España del Nike Junior Tour; bicampeón de España y de Baleares alevín y subcampeón de España infantil. A nivel internacional ganó un torneo en Francia y acaba de jugar en Stuttgart el Master europeo del Nike Junior Tour.

Rafael descubrió a los cuatro años que le gustaba el tenis, pero comenzó a entrenar "un poco en serio" a los seis añitos. Desde entonces en su vida no hay sitios para imprevistos. "Cada dia voy al colegio hasta las dos. Los lunes, martes y viernes a las tres estoy en la Escuela Superior de Tenis del Govern Balear, de Palma de Mallorca, y hago tenis durante tres horas y luego una hora más de educación física. Los miércoles y los jueves entreno en Manacor de tres y media a cinco y luego a las cinco y media me preparo en fútbol. Los sábados, si no hay torneo de tenis, entreno desde las 9 hasta las 12 y por la tarde juego al fútbol."

Sus compañeros de clase sólo le preguntan por el tenis cuando él ha participado en una competición, pero sus aventuras en las pistas, en las aulas son una mera anécdota. Rafael, de 11 años, estudia primer curso de la ESO en el colegio San Vicente de Paul, en Palma de Mallorca. "Como alumno no me paso, pero apruebo todas las asignaturas." De todos modos, tiene claro que cuando acabe sus estudios lo suyo no será seguir una carrera universitaria, sino perfeccionarse en tenis. Entrenar las horas que entrena es un placer y por el deporte no ha renunciado a nada, ni siquiera a comer bien "sobre todo pescado, chocolates y bollos".

A pesar de que su vida gira en torno al tenis, los fines de semana Rafael se lo pasa bomba jugando con su consola de videojuegos, o con sus amigos "haciendo burradas". Nunca escucha música, jamás lee un libro "a no ser que me lo manden en la escuela" y apenas mira la tele. En cuanto a las chicas, es mejor ni mencionarlas. Es demasiado pronto. No obstante, muy de tanto en tanto, habla con sus amigotes sobre ellas: "Decimos que son asquerosas y muy tontas. Todo el tiempo están con las Spice Girls, con Alejandro Sanz y esas cosas, ¡son unas tontas!" Pero siempre existe una excepción: hay una niña a la que Rafael sí quiere; es su hermana de siete años y la adora básicamente "porque a ella le gusta jugar al fútbol".

A   Las frases siguientes forman un resumen del artículo. ¿Puedes ponerlas en orden?

1   Rafael suele comer lo que quiere.
2   Su hermana también practica un deporte.
3   No le gusta la lectura.
4   Se le reveló muy joven su aptitud para el tenis.
5   Rafael ha jugado en muchos países europeos.
6   Es demasiado joven para interesarse mucho por las chicas.
7   No saca sobresaliente en sus estudios.
8   Tiene una rutina diaria muy estricta.

| alevín (mf, adj) | *junior* |

B   Lee otra vez el artículo; ¿cómo se expresan las palabras y frases siguientes?

1 lo que sucede inesperadamente
2 soy excelente
3 mejorar
4 aunque
5 se divierte mucho

6 casi nunca
7 con respecto a
8 más vale
9 sin embargo
10 muy raramente

C *Cara a cara*

Antes de escribir el artículo el periodista ha hecho sin duda muchas preguntas. ¿Puedes escribir cinco preguntas cuyas respuestas se encuentran en el artículo?

Ahora haz las preguntas a tu compañero/a que tiene que contestar sin mirar el artículo.

2.9 *Esta es mi vida*

Rafael es, sin duda, un joven con mucho talento. Lee ahora la historia de otro tenista, Álvaro, que tiene un coraje excepcional.

¿Quién dijo imposible?

Una parálisis cerebral le ató a una silla de ruedas. Sin embargo, Álvaro ha marcado un "set" al destino, ganando así el "juego" de su vida.

Nací hace 21 años en Madrid. Soy el menor de una familia de siete hermanos. Desde un principio, la vida se presentó para mí llena de limitaciones, mucho más complicada que la de cualquier otro recién nacido.

Mi nombre es Álvaro Delgado, y sufro parálisis cerebral de nacimiento.

Los médicos les aseguraron a mis padres que nunca podría ponerme de pie, que siempre estaría postrado en una silla de ruedas. Sin embargo, desde que tuve uso de razón, me rebelé contra esta posibilidad, intentando, por todos los medios, llevar una vida normal.

LUCHA DIARIA
Fuerza de voluntad y afán de superación han caracterizado todos estos años. Horas de rehabilitación, de lucha diaria, de esperanzas y desilusiones. A los ocho años, me sometí a dos operaciones quirúrgicas, con el fin de mejorar mi estado general. Las predicciones no eran muy positivas: un cincuenta por ciento de posibilidades de conseguir una mejoría notable.

Poco a poco, lo fui consiguiendo. Ni que decir tiene el esfuerzo – físico y psicológico – que tenía que esgrimir para lograr superarme. Cada paso (nunca mejor dicho) era una batalla ganada. Aunque, todo hay que decirlo, a cada una de ellas contribuyeron de forma decisiva mi familia y mis amigos, quienes con su apoyo moral y comprensión y, lo que es más importante, con su trato igualitario, me brindaron un apoyo decisivo. Sentirte uno más, cuando luchas por serlo, resulta fundamental. Los resultados empezaron a dejarse notar. Conseguí, con gran dificultad, ponerme en pie y abandonar mi silla de ruedas. Así, se abrían una multitud de posibilidades de las que hasta ese momento había carecido. Una de ellas, de máxima importancia para mí, era el deporte.

A   ¿Cómo dice Álvaro las siguientes frases y palabras?

1 el más joven
2 bebé
3 determinación

4 lentamente
5 logré
6 muchas

B Empareja las mitades para hacer frases completas.

Ejemplo: **1e**

1 Álvaro nació …	**a** … ha tenido muchas dificultades.
2 Álvaro tiene seis hermanos …	**b** … como todo el mundo.
3 Desde su nacimiento …	**c** … pasó algún tiempo en el hospital.
4 A sus padres les dijeron …	**d** … que no podría caminar nunca.
5 Álvaro no quiso aceptar …	**e** … en la capital.
6 Quería ser …	**f** … que vencer problemas.
7 Todos los días tenía …	**g** … muchas otras cosas.
8 Cuando tenía ocho años …	**h** … mayores que él.
9 Los médicos no eran optimistas …	**i** … lo que dijeron los médicos.
	j … gracias al apoyo de los que le querían.
10 Consiguió superar sus dificultades…	**k** … su silla de ruedas.
11 Logró pasearse sin …	**l** en cuanto a la salud de Álvaro en el futuro.
12 Desde entonces pudo hacer …	

C Traduce la segunda parte del texto al inglés.

Siempre me había apasionado jugar al tenis. Mi padre, que también es un gran aficionado, jugaba desde hacía años. Por eso, consciente de mi afición, me animó a practicarlo y así lo hice. Al principio, y aunque cueste creerlo, jugaba de rodillas. Entonces contaba con el apoyo incondicional de mi padre, quien me animaba diciendo que nunca había visto un jugador de tenis tan bueno que jugara de rodillas.

Lo que comenzó siendo una afición, y una buena forma de mejorar mi estado, se ha convertido con el tiempo en una pasión. Y, tras jugar como *amateur* durante cuatro años, cuando cumplí los diecinueve decidí tomármelo más en serio. Ahora, entreno tres horas diarias y, aún siendo consciente de la dificultad, mi sueño es ser capitán del equipo de Copa Davis.

D Lo que sigue es el último párrafo de la historia de Álvaro, pero hay algunas palabras que faltan. ¿Puedes elegir la palabra adecuada para cada espacio en blanco?

Mi **1** ……… por el deporte llega hasta **2** ……… punto que, como no pude estudiar Educación Física, **3** ……… por hacer Periodismo, al ser una carrera que **4** ……… estar relacionada con actividades deportivas. Este año **5** ……… la carrera, ¡si no lo hago, mis padres me matan! Lo **6** ……… es el tenis, pero, quién sabe, a lo mejor **7** ……… de un tiempo me dedico al **8** ……… . Ahora, mi vida la llenan el deporte, mis estudios, mis amigos … **9** ……… siento uno más, y si tropiezo y me caigo soy el **10** ……… que se ríe.

1 a aficionado	**b** afición	**c** aficiones
2 a tal	**b** tan	**c** tanto
3 a opto	**b** optó	**c** opté
4 a puede	**b** podrá	**c** pudo
5 a acabé	**b** acabó	**c** acabo
6 a mío	**b** mismo	**c** mi
7 a antes	**b** dentro	**c** después
8 a periódico	**b** periodista	**c** periodismo
9 a lo	**b** los	**c** me
10 a primero	**b** primer	**c** último

CONSOLIDACIÓN

Estudia: Object pronouns, p. 198

Completa las frases con el pronombre adecuado de la casilla.

1 ¿El rugby? ……… encuentro aburrido.
2 He perdido mi pulsera. ……… estoy buscando.
3 ¿Has visto mis llaves? Creo que ……… dejé en la cocina.
4 Aquí tienes una foto de mis nietos. ……… quiero mucho.
5 ¿Te gusta mi reloj? ……… ……… regaló mi novio para mi cumpleaños.
6 Mi hermano y yo sabemos dónde está Luis. ……… mandó una postal desde Australia.
7 ¡Paco! ¡Teléfono! Tu abuela ……… llama.
8 ¡Chicas! Si no dejáis de hacer tonterías, ……… voy a castigar.
9 Miguel tiene un empleo a tiempo parcial. ……… están pagando 6 euros por hora.
10 ¡Date prisa, hombre! Son las ocho ya, y las chicas ……… quieren encontrar a las ocho y media.
11 ¿La nevera? Pues pónga……… en la cocina.
12 Tienes que escribir……… cada semana, cariño.
13 Necesito su pasaporte, señor. ……… devolveré mañana.

lo	la	los	las	le	les
me	te	nos	os	se	

2.10 *La campeona de la clase*

Álvaro ha triunfado sobre sus dificultades físicas. Otra joven, Patricia, tiene también una resolución de hierro para realizar su ambición.

Patricia Céspedes

El ritmo en la sangre

13 años. Gimnasta.

Lleva cuatro años haciendo gimnasia rítmica y ya ha saboreado las mieles del éxito. Ha sido campeona de España en el 96 en la modalidad de pelota en la categoría infantil B. En 1997 obtuvo el título de campeona absoluta de España, además de recibir las medallas de primera en cuerda, pelota y aro, y segunda en manos libres. Patricia ya se ha asomado a lo mejor de la gimnasia rítmica, pero también ha conocido lo peor de este deporte: la envidia. Para ella, eso es más duro que el resto de sacrificios que acarrea esta disciplina, y que han llevado a otras gimnastas, como María Pardo, a denunciar el "insoportable" régimen de vida de la alta competición. "Creo que en todos los deportes hay cosas que no gustan. Se sienten envidias entre compañeras y compañeros. . . Lo más grave es que tu entrenadora no ponga mano dura para cortar en seco semejantes cosas; eso te acaba hundiendo psicológicamente."

Esta preciosa madrileña, que sueña con ser olímpica, prefiere correr un tupido velo sobre sus malas experiencias, no hablar de las puñaladas recibidas y seguir adelante; la gimnasia para ella es lo primero. "Creo poder superarlo, tengo fuerzas para eso y para más. Ahora soy una persona feliz, antes no lo era; por eso le doy gracias a mis nuevas entrenadoras y a mis nuevas compañeras por acogerme tan bien y con tanto cariño."

Patricia desconoce el significado de la palabra agotamiento. Entrena diariamente tres horas, incluidos los sábados, en el Pabellón Europa y en el Colegio Zambrano de la localidad madrileña de Leganés; para ello hace 120 kilómetros diarios, entre desplazamientos de idas y vueltas, porque vive en San Fernando de Henares.

Si bien el deporte es lo que más le ilusiona no descuida los estudios. Cursa 2° de la ESO en el colegio Miguel Hernández. Su nivel de responsabilidad, para compaginar ambas ocupaciones, podría dejar boquiabierto a más de uno. "No creo en el sacrificio si disfrutas con lo que haces. Lo llevo muy bien. Cuando llego a casa hago la tarea y estudio y no me importa quedarme estudiando hasta las dos de la madrugada. Me gusta hacer las cosas con ganas, porque sé que si no lo hago así salen peor." Excelente alumna, con sobresaliente en todas las asignaturas, la gimnasta tiene claro que de mayor seguirá una carrera universitaria, probablemente de letras o quizá arqueología.

---

boquiabierto/a	*astonished, open-mouthed*
correr un tupido velo	*to draw a veil over something*
cortar en seco	*to cut short/put a stop to*
descuidar	*to neglect*
desplazamiento (m)	*trip*
hundir	*to destroy, sink*
puñaladas (fpl)	*backstabbing*
semejante	*similar*

A Completa las frases siguientes, según el sentido del artículo.

1 Patricia hace gimnasia rítmica desde la edad de ....
2 Ha recibido muchas ....
3 La envidia es ....
4 Lo que no pueden soportar las otras gimnastas es ....
5 Patricia tiene la ambición de participar en ....
6 Ahora no tiene ningún problema porque ....
7 Aunque Patricia entrena mucho, no ....
8 Entrena tres horas todos ....
9 Debido al hecho de que no entrena donde vive, cada día tiene ....
10 No cree en el sacrificio porque ....

B

1 Los siguientes sustantivos se utilizan en el artículo. ¿Puedes descubrir un adjetivo correspondiente?

	Sustantivo	Adjetivo
a	envidia	
b	fuerza	
c	deporte	
d	experiencia	
e	agotamiento	
f	localidad	
g	estudio	
h	ocupación	

2 Ahora escribe seis frases. Cada una tiene que contener uno de los adjetivos que acabas de escribir – y tiene que referirse al contenido del artículo.

C

Traduce al inglés desde "Su nivel de responsabilidad" hasta "quizá arqueología".

D

Para terminar, lee la última parte del artículo. En el texto faltan algunas palabras. Elige entre las tres palabras para completar cada espacio.

1	**a** como	**b** de	**c** semejante
2	**a** para	**b** con	**c** por
3	**a** amigas	**b** aficiones	**c** maneras
4	**a** soy	**b** estoy	**c** sea
5	**a** y	**b** pero	**c** también
6	**a** disfruta	**b** hay	**c** tiene
7	**a** son	**b** están	**c** estén
8	**a** los	**b** las	**c** sus

Esta niña con movimientos **1** .... gacela, responsable y disciplinada, de algún modo se las apaña **2** .... fabricar tiempo que dedicar a otras **3** .... "Me gusta escribir; cuando **4** .... inspirada hago poesías; **5** .... leo mucho y me encanta la música, especialmente la clásica." También dedica momentos a sus amistades, **6** .... muchas amigas y no todas **7** .... gimnastas y, hoy por hoy, tener novio no está entre **8** .... planes.

2.11 *La pelota*

La gimnasia se practica en muchos países del mundo. Sin embargo, hay un deporte que se asocia principalmente con una región de España – la pelota. Para saber más, escucha la siguiente conversación.

A Las siguientes frases se refieren a la conversación. Hay que unir números y letras para hacer frases completas. Hay una letra que sobra.

1 Se ruega	**a** a toda la familia.
2 Se juega	**b** en el norte de España.
3 Es un deporte que atrae	**c** a más hombres que mujeres.
4 Se ha exportado la pelota	**d** de varias maneras.
5 Se juega sobre todo	**e** una explicación de la pelota.
6 El "jai alai" se juega	**f** en los EE.UU.
	g a otros países.

B Escucha otra vez la conversación. Escribe correctamente las siguientes frases que contienen ciertas palabras que no se oyen en la conversación.

1 Oye, Helena, tú que eres **bilbaína**, ¿por qué no me cuentas algo **de** la pelota?

2 **Se puede jugar** en frontones internos, es decir, en pistas internas, cerradas, o **quizás** al aire libre.

3 . . . todos los miembros de la familia, que **prefieren** ir el **sábado** a ver un partido.

4 Es un juego que **se puede ver** en **muchos países del** mundo.

5 . . . **sobre todo** en aquellos **sitios** donde hay poblaciones vascas **grandes**.

2.12 *Punto de radio: Para los mayores*

1 Se mencionan cinco cosas que los juguetes ayudan a desarrollar. ¿Cuáles son?

2 ¿Por qué no es fácil elegir un juguete?

3 Los padres, ¿qué tienen que explicar a sus hijos? Si los hijos no les creen, ¿cómo podrían convencerles?

4 Se mencionan dos fuentes de consejos sobre juguetes apropiados. ¿Cuáles son?

5 ¿Qué se dice sobre los juguetes para hijos e hijas?

6 ¿Cuántos accidentes relacionados con juguetes hubo el año pasado?

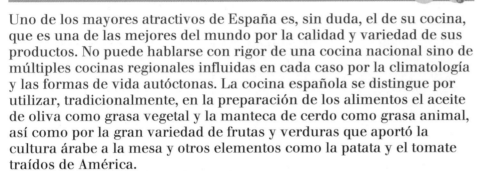

unidad 3
La comida, la salud

T odo el mundo quiere estar bien de salud, y disfrutar de la vida. Pero, ¿cómo se consigue? ¿Qué debemos comer, hacer o evitar? ¿Y cuáles son las consecuencias de las cosas que eligimos o los hábitos que adquirimos? Sigue leyendo . . .

En esta unidad vamos a consolidar tu conocimiento de los siguientes puntos gramaticales:

- adjetivos *(adjectives)*
- artículos *(articles)*
- interrogativos *(interrogatives)*
- plurales *(plurals)*
- presente de subjuntivo *(present subjunctive)*
- imperativos *(imperatives)*
- adverbios *(adverbs)*

3.1 *La gastronomía española*

Uno de los mayores atractivos de España es, sin duda, el de su cocina, que es una de las mejores del mundo por la calidad y variedad de sus productos. No puede hablarse con rigor de una cocina nacional sino de múltiples cocinas regionales influidas en cada caso por la climatología y las formas de vida autóctonas. La cocina española se distingue por utilizar, tradicionalmente, en la preparación de los alimentos el aceite de oliva como grasa vegetal y la manteca de cerdo como grasa animal, así como por la gran variedad de frutas y verduras que aportó la cultura árabe a la mesa y otros elementos como la patata y el tomate traídos de América.

Por otra parte, el gran desarrollo de la cocina española en los últimos lustros se debe también a la aparición de grandes profesionales que han sabido reinterpretar los platos y las recetas tradicionales en consonancia con el tiempo actual, dotando a la gastronomía española de una nueva dimensión en presencia y sabores.

La cocina del norte

El norte es una región húmeda y lluviosa que ofrece una gastronomía muy rica y variada tanto en carnes como en pescados. **El País Vasco** presenta una cocina estacional, basada en los fogones familiares, con platos propios como el *marmitako* (patatas con bonito) y el *txangurro* (almejas y centollo). **Asturias** proporciona también unas particularidades dignas de mención como la fabada (guiso de alubias y productos del cerdo), el queso y la sidra (vino de manzana). **Cantabria** ofrece mucha diversidad en cocina de mar y de montaña, con productos de gran calidad como la carne vacuna, la anchoa y los derivados lácteos. Entre las particularidades de **Galicia** son dignos de mención el pote, las *caldeiradas*, el pulpo, los productos lácteos y la repostería.

Variedad y riqueza son los términos que definen una cocina sencilla, opípara y natural que se nutre de la excelencia de los productos de la tierra como es la de **Aragón**, **La Rioja** y **Navarra**. Las frutas y verduras cuentan con un verdadero paraíso en sus fértiles valles y los espárragos, pimientos, borrajas, cardos así como los melocotones y las peras gozan de merecida fama por su exquisita calidad. Las patatas, los cogollos y las menestras de verdura o las legumbres tiernas dan lugar a platos que complementan sus riquísimas truchas de los ríos de montaña y sus carnes preparadas con los peculiares chilindrones y los confits, de influencia francesa. También están los postres, entre los que priman el buen queso o los lácteos (cuajada), fruta fresca, chocolatada o en conserva, y una larga tradición de panes de gran calidad que completan una gastronomía muy apreciada por todos.

La cocina de la meseta

La cocina de la meseta es producto de una climatología extremada y una tierra poco fértil que exige del hombre un esfuerzo duro y continuado en su labor. En **Castilla y León** la base son las alubias, los garbanzos y las lentejas. La matanza del cerdo (que alcanza en la variedad ibérica, alimentada con bellota y castaña, su culmen de calidad y sabor) es también básica en los productos típicos regionales (como la morcilla) así como la caza. Lechazo, cabrito y cochinillo en sus exquisitos asados son hoy platos estrella, que se completan con truchas y bacalaos y la gran variedad de sus quesos de cabra, de oveja o vacunos. Cualquier pastelería ofrece una repostería que en las yemas y las hojaldres representa la expresión más refinada de la tradición árabe.

Extremadura participa de estas características, aunque en esta región destacan sobre todo los productos y platos derivados del cerdo. Hay escabeches fríos, verduras silvestres (setas, puerros) y una gran variedad de quesos artesanos al amparo de los fogones conventuales (Gualupe, Yuste, Alcántara) y del arraigo popular. Aquella cocina recreada en *El Quijote* de olla y salpicón puede acercarnos a **Castilla–la Mancha**, que tiene particularidades como las del azafrán, la miel de La Alcarria y el queso manchego (de oveja).

A Empareja correctamente las dos partes de las frases. Sobra una letra.

1 El carácter de la gastronomía de cada región se debe a …
2 La cocina de las zonas marítimas se caracteriza por …
3 La gastronomía del interior se basa en …
4 La riqueza de la repostería es legado de …
5 La matanza de la cabra, de la oveja y del cerdo es más frecuente que …
6 En los últimos años ha aparecido …

a … la cultura árabe.
b … una nueva ola de cocineros que han reinterpretado la cocina tradicional.
c … la variedad de su pescado y sus mariscos.
d … la larga tradición de productos caseros.
e … la situación geográfica y climatológica.
f … la del vacuno.
g … el cultivo de legumbres y la crianza del cerdo.

almeja (f)   *clam*
autóctono/a   *indigenous*
bacalao (m)   *cod*
bellota (f)   *acorn*
caldeirada (f)   *fish/lamb stew*
cardo (m)   *thistle*
carne vacuna (f)   *beef and veal*
centollo (m)   *spider crab*
cogollo (m)   *heart (lettuce, cabbage)*
dotar a   *to endow, bless*
en consonancia con   *in keeping with*
escabeche (m)   *marinated fish or meat dish*
espumoso/a   *sparkling*
fogón (m)   *stove*
gozar de   *to enjoy*
hojaldres (nfpl)   *sweets made with puff pastry*
lechazo (m)   *young lamb*
llanura (f)   *plain, flat land*
manteca (f)   *lard*
merecido/a   *deserved*
morcilla (f)   *blood sausage*
pote (m)   *stew*
puerro (m)   *leek*
repostería (f)   *pastries and sweets*
yema (f)   *type of sweet*

B Haz una telaraña de palabras del texto bajo los siguientes títulos. Todos son tipos de alimentos.

• carnes
• pescados
• verduras/legumbres
• frutas
• productos lácteos
• dulces

C Lee otra vez el primer párrafo en la página 38. Sustituye las siguientes palabras por las originales del texto.

Ejemplo: Uno de los mayores **alicientes** de España ...

la alimentación   alicientes   el clima   emplear   gastronomías
hortalizas   locales   llegados   muchas   usar

D Escucha la información sobre la cocina española y lee las frases 1–8. ¿Se refieren a Cataluña (C), a la región valenciana (V) o a Andalucía (A)?

1 Su cocina disfruta de productos del mar, de la montaña y del llano.
2 Su vino tiene un gran prestigio internacional, sobre todo en los países anglosajones.
3 Conjuga los platos típicamente mediterráneos con los del interior.
4 Se basa en la trilogía del trigo, el olivo y la viña.
5 Su repostería es la expresión más refinada de la tradición árabe.
6 El vino más típico es achampañado.
7 Su gazpacho no se hace con carne, sino con tomate, pimiento y ajo.
8 El producto estrella de su cocina es el arroz.

E Lee el párrafo siguiente sobre comer fuera en España. Las líneas están desordenadas: ponlas en el orden correcto.

Ejemplo: **6**, ...

1 hora y media aproximadamente de la media europea, si bien la amplitud de los
2 plato y del mantel, hacen que sea muy fácil encontrar, tanto en las grandes
3 tenedores (máxima clasificación en un baremo que va de uno a cinco), cada uno
4 variedad y riqueza de su gastronomía así como el gusto del español por la cultura del
5 ciudades como en las pequeñas aldeas rurales, un sitio donde comer bien. Desde la
6 Comer en España es uno de los ritos más agradables de la vida cotidiana. La
7 horarios de los establecimientos permiten a cada cliente mantener su horario habitual.
8 gustos y preferencias. Los horarios de todas las comidas suelen retrasarse una
9 comida casera tradicional a la de los afamados restaurantes de cinco
10 puede encontrar la mejor relación entre precio y calidad de acuerdo con sus

---

CONSOLIDACIÓN

Estudia: Use of the definite article, p. 193

1 Traduce al inglés el primer párrafo del artículo. Fíjate dónde se usa el artículo definido (el, la, los, las) en español, pero no en inglés.

2 Escribe las siguientes frases en español.

a One of the great attractions of Spanish regional cookery is that it makes use of local foodstuffs.

b In mountainous areas, regional dishes are based on meat and dairy products.

c Fish, seafood and octopus are all popular ingredients.

d Wine accompanies most meals; cider is drunk mostly in the north, and *sangría* in the south.

e Eating and drinking are two of the most pleasant rituals in daily life.

f Mealtimes are usually later in the south: lunch is eaten between two and three, and supper from ten o'clock at night.

¡Infórmate!

¿Quién decide qué se va a comer al día siguiente?

%	Siempre o habitualmente las mujeres	Ambos a la vez	Siempre o habitualmente los hombres	Una tercera persona
Gran Bretaña	70	36	5	—
EE.UU.	55	39	6	0
España	81	17	1	1

cis.sociol.es

CONSOLIDACIÓN

Estudia: Shortened adjectives, p. 194

1   Busca ejemplos de las palabras "grande", "bueno", "cualquiera", "alguno".

2   Escribe las palabras entre paréntesis en la forma correcta.

a   La (grande) variedad de la cocina española se debe, en parte, a la influencia árabe.

b   No hay (ninguno) cocina regional tan rica como la valenciana.

c   No hay nada mejor que una (bueno) comida y un (bueno) vino para acompañarla.

d   (Cualquiera) madre de familia tiene una gama de recetas regionales.

e   La (primero) cosa que una madre quiere saber sobre una posible nuera es: ¿sabe cocinar?

f   Según las abuelas, la dieta moderna a base de comidas congeladas y precocinadas da un (malo) ejemplo a la generación más joven.

3.2 *Bebidas españolas*

Existe una gran variedad de bebidas en España y cada región tiene sus especialidades.

A   Nuria y José hablan de tres bebidas españolas. Escucha la conversación: para cada bebida, apunta el número del dibujo que mejor corresponde.

B   Escucha otra conversación sobre las bebidas españolas y empareja correctamente las dos partes de las frases según lo que se dice. ¡Cuidado – sobran tres letras!

1   El vino de Rioja . . .
2   Ni el mosto ni la horchata . . .
3   El Ribeiro . . .
4   La sangría . . .
5   La queimada . . .
6   El pacharán . . .

a   . . . se suele beber caliente.
b   . . . es de Galicia.
c   . . . no contiene azúcar.
d   . . . suele ser de calidad variable y puede ser muy caro.
e   . . . es típico/a de la región de Navarra.
f   . . . es una bebida valenciana.
g   . . . contiene vino y fruta y se toma fría.
h   . . . se bebe con la carne y el pescado.
i   . . . tiene alcohol.

3.3 *Comprar: costumbres y cambios*

¿Dónde y qué suele comprar la gente joven de hoy? ¿Las costumbres han cambiado o no?

A   Escucha a Stella, Pilar y José que hablan de la compra y de la comida. ¿Se habla de las siguientes cuestiones o no? Escribe sí o no.

¿Se habla de . . .

1   dónde suele comprar la gente joven y la gente mayor?
2   la diferencia entre lo que compra la gente joven y la gente mayor?
3   la diferencia entre las costumbres del centro y del norte de España?
4   las ventajas de los supermercados?
5   la desaparición de las tiendas pequeñas?
6   el ambiente anónimo de los grandes supermercados?
7   el trato familiar de los pequeños comercios?
8   las horas que puede dedicar la gente mayor a la compra?

B   Escucha el resto de la conversación y en cada una de las afirmaciones (1–6), rellena los espacios con las expresiones correctas (a–d).

1   En la ciudad de México, los .... han sido reemplazados por ....
   a   supermercados
   b   pequeños comercios
   c   grandes superficies
   d   mercados

2   .... la ciudad de México resulta tan difícil hoy en día que la gente no tiene tiempo para .... la compra.
   a   llegar a
   b   dedicarse a
   c   preocuparse de
   d   desplazarse por

3   La .... del mercado de frutas y verduras frescas acabará en su ....
   a   disminución
   b   existencia
   c   desaparición
   d   venta

4   En los pueblos, ... al mercado o .... allí no suele presentar tantos problemas como en las grandes ciudades.
   a   el transporte público
   b   desplazarse
   c   comprar
   d   congregarse

5   Las .... distancias en las grandes ciudades resultan en .... tiempo para hacer la compra.
   a   menos
   b   menores
   c   mayores
   d   más

6   Como a los jóvenes les gusta salir el fin de semana, prefieren .... , pero también suelen .... para sus reuniones.
   a   utilizar alimentos frescos
   b   buscar ingredientes en el mercado
   c   comer fuera
   d   comprar comida precocinada

CONSOLIDACIÓN

Estudia: Interrogatives, p. 201

Rellena los espacios en el diálogo con una palabra interrogativa.

Tendero: Buenos días. ¿En .... puedo servirle?
Cliente: ¿Tiene fresas?
Tendero: Sí. ¿ .... quiere?
Cliente: Medio kilo, por favor. ¿ .... son?
Tendero: Muy frescas, señora. Las he cogido esta mañana. ¿Algo más?
Cliente: Sí, quiero un melón.
Tendero: ¿ .... ?
Cliente: Aquél, por favor. Parece que está maduro. ¿Y .... es esta fruta? No la reconozco.
Tendero: Se llama la chirimoya.
Cliente: ¿De .... viene?
Tendero: Creo que se cultiva en Perú, pero no estoy seguro. Son muy dulces. ¿Quiere algunas para probar?
Cliente: ¿ .... no?
Tendero: ¿Algo más?
Cliente: Creo que no. Pero, ¿ .... ya no vende Vd. aquellas manzanas inglesas? Son deliciosas.
Tendero: ¿ .... las compró Vd.?
Cliente: El otoño pasado.
Tendero: ¿Y .... eran?
Cliente: Si me recuerdo bien, "Worcester Pearmains", creo.
Tendero: Ah, sí. Este año están demasiado caras. Es una lástima.
Cliente: Bueno, ¿ .... le debo?
Tendero: Cuatro euros cincuenta, por favor.
Cliente: Pero . . . ¿de .... es esta cartera en el suelo? Se le habrá caído a alguien del bolso.
Tendero: A ver. Déjela aquí, y yo la guardaré. Si nadie viene a reclamarla, la llevaré a la comisaría.

¡Infórmate!

Ir de compras

◆ ¿Acostumbra a realizar, personalmente, las compras de productos de alimentación, bebidas, productos de limpieza, etc.?

%	Total	Mujeres	Hombres
Siempre o casi siempre	52	79	23
Algunas veces	18	11	26
Nunca o casi nunca	30	11	50
Total	2484	1288	1196

◆ ¿Dónde suele realizar la compra de productos de limpieza, alimentación, bebidas, etc., principalmente? ¿Y en segundo lugar?
Sólo a los que suelen comprar personalmente los productos de alimentación, de limpieza, bebidas, etc.

%	Principalmente	En segundo lugar
En supermercados	41	25
En tiendas especializadas (fruterías, pescaderías, etc. de la calle)	22	26
En hipermercados	19	17
En mercados de barrio	15	16
En grandes almacenes	3	5
En mercadillos o venta ambulante	1	5
No contesta	0	7
Total	1742	1730

Fuente: Estudio CIS 2.294, julio de 1998

cis.sociol.es

¿Cómo se dice ...?

Los acentos

1 Escucha de nuevo la primera parte de la conversación (3.3A).
A las siguientes palabras les faltan los acentos que marcan su pronunciación correcta – pero ¿dónde? Pon los acentos sobre las letras apropiadas, y escucha otra vez si es necesario.

preparacion	solia
jovenes	conociamos
Andalucia	panaderia
economicos	todavia

2 Escucha la segunda parte de la conversación (3.3B).
Anota todas las palabras que tienen acento para marcar su pronunciación. Hay 17 palabras con letras acentuadas (algunas se oyen más de una vez). Escucha dos o tres veces para verificar tu lista.

◆ De las siguientes razones, ¿cuál le parece más importante para comprar en un supermercado?

	%
Tienen mejores precios	31
Están más cerca de su domicilio	26
Tienen mayor variedad de productos	14
Permanecen abiertos más horas	5
Tienen productos de más calidad	5
Ofrecen mejor trato al cliente	4
Abren algunos domingos y días festivos	1
Otras respuestas	3
No sabe/no contesta	11
Total	2473

3.4 *La dieta moderna – ¿beneficiosa o perjudicial?*

La americanización de la comida no tiene el apoyo de todos . . .

¡INVASIÓN!

En estos últimos años, la dieta mediterránea sólo la siguen las abuelas (como en mi casa). La causa de esto es la incorporación de las mujeres al mercado laboral, y como consecuencia el paso a un estilo de vida en el que se consumen comidas rápidas, congeladas y precocinadas, además de la invasión de la comida americana, como las hamburguesas, también pizzas, comida china . . . Nuestra dieta está perdiendo mucha calidad, y esto es una pena. La comida basura nos invade.

Así que utilizando el poder comunicativo que me concede esta página web, yo invito a las personas que viven en mi entorno a que no perdamos nuestras costumbres alimenticias tradicionales, que son muy saludables y a las personas que viven lejos a que hagan un esfuerzo por comer más sano, ya que como dice el refrán "Somos lo que comemos." (Merche)

www.geocities.com

HAY UNA HAMBURGUESA EN LA MESA

La verdad es que las comidas rápidas, que en muchas partes del mundo han desplazado a las gastronomías nacionales, no han encontrado en Francia más público que los turistas. Mientras no haya muchedumbres hambrientas que consuman el mismo sandwich envuelto en cartón, las comidas rápidas siguen siendo secundarias frente a la gran oferta de platos de un país que considera la gastronomía no como una función, sino como un arte.

Lo que han hecho los franceses, aparte de mantener fuera del alcance de estas novedades sus sagrados recintos culinarios, es inventar maneras de ofrecer comidas ya preparadas en lugar de comidas rápidas, que no es lo mismo ni es igual. Aparte de las célebres *crêpes* que siguen oliendo en las calles donde las hacen, y de las panaderías y reposterías, las neveras de los supermercados están llenas de ofertas de comidas rápidas. Es posible encontrar casi de todo en los supermercados, en paquetes, listos para el horno o la parrilla, en una solución inteligente – y por lo que se ve exitosa – para dar respuesta a la demanda de platos fáciles de preparar.

La oferta no sólo incluye los corderos sazonados, los salmones ahumados, los patos bien adobados, que se pueden preparar en diez minutos, sino hasta las ensaladas, ese acompañamiento siempre presente en las comidas franceses, se venden preparadas y en porciones. No es necesario tener que secar la lechuga y cortar los tomates, y no se pierden la frescura y el buen aspecto.

Es cierto: en los últimos años ha aumentado la venta de hamburguesas en Francia. Sí. Pero seguro que no al ritmo de otras naciones. Los franceses, según las estadísticas, siguen siendo los habitantes del primer mundo que gastan menos en comidas de ese tipo, mientras aumenta cada día más el consumo de ellos en EE.UU. y Canadá. La batalla de las hamburguesas no se ha cobrado en Francia una nueva víctima porque la gastronomía francesa mantiene su posición preeminente, resistiendo los embates de la publicidad de las cadenas de comida basura, y sus promociones de "cómase un perrito caliente y llévese un balón". Ojalá pase lo mismo en España. (Héctor)

www.cambio16.com

¡Infórmate!

La dieta mediterránea

La dieta mediterránea se basa en una gran variedad de verduras, legumbres y frutas, y – en menor grado – de pescado y carne, con el trigo y el arroz como alimentos complementarios. La grasa que más se usa es el aceite vegetal, sobre todo de oliva. Además de aportar muchas vitaminas y minerales, no contiene excesivas grasas animales, con poca proteína animal, que es muy beneficiosa para la salud. El inconveniente reside en el hecho de que precisa una preparación más larga.

A Lee las opiniones de Merche y Héctor y las posibles causas del cambio en las costumbres de comer (1–8). ¿Quién habla sobre cada uno de los temas siguientes? Escribe "M" (Merche), "H" (Héctor), o "N" (ninguno de los dos).

1 los puestos de comida en la calle
2 la incorporación femenina al mundo del trabajo
3 la introducción de las comidas rápidas
4 la disminución de la demanda de bocadillos
5 la llegada de productos congelados
6 las exigencias del turismo
7 el interés del público en otras cocinas nacionales
8 la influencia estadounidense

C Escribe una definición de cada tipo de comida. Utiliza la definición de la dieta mediterránea (¡Infórmate!) para ayudarte.

1 la gastronomía nacional de mi país
2 la comida rápida
3 la comida basura
4 la comida preparada

D *¡Tu turno!*

Trabajas para una compañía en Gran Bretaña que exporta alimentos a México. Al gerente mexicano le interesa la idea de exportar a Gran Bretaña alimentos típicamente mexicanos precocinados: tacos rellenos, tortillas mexicanas, etc. Usa las notas de tu gerente británico para escribir un informe en español, utilizando frases completas.

Market trends are as follows:
· continuing change in British eating habits
· less reliance on traditional cooking (due partly to presence of more women in the workplace, rise in numbers of single working men and women)
· much public interest currently in other national cuisines
· fast-food chains continue to do well, and are expanding their range of meals
· increase in sales of fast food in supermarkets generally
· pre-prepared and pre-cooked foods very popular, especially oven-ready meals or those which just need to be grilled
· could be a good market for pre-packaged Mexican fast food which is chilled (rather than frozen) and to be eaten within a short space of time

---

¡Infórmate! *(i)*

Tres de cada cuatro españolas mayores de 45 años son sedentarias y obesas

Tres de cada cuatro mujeres mayores de 45 años tienen problemas de sobrepeso, no sólo por razones alimentarias sino también porque llevan un tipo de vida sedentario. La mayoría reconoce que no practica regularmente deporte y que no realiza más ejercicio físico que paseos o labores de jardinería. Éstas son algunas de las conclusiones de un estudio realizado sobre este sector determinado de población, que refleja un alto grado de cultura sanitaria. Son muy pocas las mujeres de esta edad que fuman y sólo un 23% consume vino o cerveza en la comida a diario.

www.diario-elcorreo.es

B Contesta a las preguntas en tus propias palabras.

1 ¿Cómo se puede describir el tono del primer párrafo de la carta de Merche?
2 ¿Qué es lo que no quiere Merche que desaparezca?
3 Según Héctor, ¿cuál es la actitud de los franceses con respecto a la comida rápida?
4 ¿Cuáles son las ventajas de la comida preparada?
5 ¿Por qué compara Héctor favorablemente a Francia con los EE.UU. y el Canadá?
6 ¿En qué tono habla Héctor de las cadenas multinacionales de comida rápida?

adobado/a *marinated*
ahumado/a *smoked*
alcance (m) *reach*
cordero (m) *lamb*
desplazar a *to displace*
embate (m) *campaign, attack*
muchedumbre (f) *crowd*
nevera (f) *fridge*
parrilla (f) *grill*
pato (m) *duck*
precocinado/a *precooked*
recinto (m) *enclosed area*
repostería (f) *pastries and sweets*
saludable *healthy*
sazonado/a *seasoned*

CONSOLIDACIÓN

Estudia: Plurals, p. 193

Pon en plural los sustantivos entre paréntesis.

En el desarrollo de *(la gastronomía nacional)*, siempre hay muchas *(crisis)*. *(El cambio)* de clima, *(el desastre natural o ecológico)* y *(la invasión)* de *(grupo étnico diverso)* – todo influye en *(el régimen alimenticio)*. *(La imagen)* que tenemos de una cocina española homogénea, a base de paella valenciana y vinos *(catalán o andaluz)* son falsas: los *(árabe)*, los *(francés)* y – ahora – los *(americano)* han dejado sus *(huella)* en los diferentes *(carácter)* de nuestras *(cocina regional)*.

¡EXPRÉSATE!

consiste en . . .
consta de . . .
a base de . . .
se basa en . . .
se utiliza(n)/se usa(n) . . .
la ventaja es que . . .
el inconveniente es que . . .

3.5 *Comer sano*

La producción y la venta de la comida biológica siguen aumentando en muchos países europeos: pero no todo el mundo está a favor.

Los alimentos biológicos – ¿merecen la pena?

a Los productos pueden calificarse como *ecológicos*, *biológicos* u *orgánicos*, aunque su denominación legal es *alimentos provenientes de la agricultura o ganadería ecológica*. Un elemento es legalmente ecológico cuando lleva un número de registro y el logotipo del Consejo Regulador de la Agricultura Ecológica (CRAE) o de la Comisión de Agricultura Ecológica de su comunidad autónoma. Para que esto sea posible, el cultivo debe utilizar una cantidad muy limitada de productos químicos. Está prohibido el uso de abonos, fertilizantes, plaguicidas o fungicidas artificiales. También es importante la situación de la finca: no se admiten fincas al lado de una carretera o de una autopista, ya que éstas generan residuos tóxicos. Deben analizarse el suelo, el agua y los alrededores, y las semillas tienen que provenir de la agricultura ecológica.

c No merece la pena dejar de utilizar plaguicidas. Es cierto que los agricultores han cometido errores muchas veces, entre ellos la utilización de productos como el DDT. Pero eso ya no tiene por qué ocurrir, al menos en los países desarrollados. Además, se trata de que las nuevas generaciones de plaguicidas sean biodegradables, para que no perjudiquen el medio ambiente.

e Los promotores de productos ecológicos aseguran que son "como los de antes": cultivados mediante métodos naturales, sin abonos ni plaguicidas químicos. Con un número creciente de consumidores en Europa y los EE.UU., los españoles apenas empezamos ahora a interesarnos por los alimentos ecológicos. Sin embargo, está aún por comprobar si sus presuntas propiedades benéficas justifican sus precios. No cabe duda de que esta nueva forma de alimentación cuesta hasta un 40% más. ¿Le sacamos jugo al dinero o es tirarlo?

b En los supermercados han empezado a aparecer unos vegetales de aspecto muy poco atractivo. Suelen ser más pequeños que los habituales y tienen una apariencia menos apetitosa. Sin embargo, a pesar de ello, es innegable que su precio es bastante superior. Su origen tuvo mucho que ver con el sueño de unos *hippies* trasnochados que se fueron a vivir al campo para rodearse de gallinas y sembrar un huerto de lechugas.

d Además de frutas y verduras ecológicas, cada vez hay más elementos derivados de los animales que tienen esta misma denominación. Los filetes, huevos, leche, queso, yogures, o pollos ecológicos van entrando poco a poco en los supermercados españoles. Pero en vez de rechazar los abonos y los plaguicidas, lo que se evita sobre todo es el exceso de antibióticos y las hormonas. Los dueños deben dejar que sus animales pasten a su aire y sólo nutrirles de productos ecológicos. Hay que admitir que la carne "ecológica" sabe mejor.

f Es evidente que, para alimentar a una población mundial creciente, hay que utilizar todas las herramientas que proporcionan la ciencia y la tecnología actuales. Nadie puede negar que la cantidad de calorías que se produce por cada hectárea de tierra dedicada al cultivo ecológio es mucho menor – teniendo en cuenta la situación de hambre en el mundo, no es seguro que sea el mejor camino a seguir.

A ¿Cuál de los seis textos (a–f) . . .

1   . . . habla de la ganadería ecológica?
2   . . . da una definición de un producto ecológico?
3   . . . censura a la agricultura ecológica por la escasez de su producción?
4   . . . se muestra escéptico sobre los beneficios de los productos?
5   . . . es optimista en cuanto al uso de productos para combatir las plagas del campo?
6   . . . tiene un tono sarcástico, como si no quisiera tomar el asunto en serio?

B   Busca en los textos a–f las palabras que corresponden a las siguientes definiciones.

1   conjunto de letras o símbolos que constituye el distintivo de algo [a]
2   sustancias que se añaden a la tierra para hacerla más fértil [a]
3   productos venenosos que se usan en el campo [a]
4   sustancias que destruyen los hongos [a]
5   pálidos, macilentos [b]
6   terreno dedicado al cultivo de legumbres, hortalizas, árboles frutales, etc. [b]
7   no utilizar, no admitir [d]
8   comer la hierba en los prados [d]
9   alimentar [d]
10   instrumentos utilizados para la realización de un trabajo [f]

C   Lee de nuevo los seis textos. En las siguientes frases, cada segunda frase significa lo mismo que la primera. Rellena los espacios con una palabra que sea apropiada – en algunos casos hay más de una posibilidad.

Ejemplo: **1** utilizar

1   Está prohibido el uso de abonos, fertilizantes, plaguicidas o fungicidas artificiales.
    = No se permite .... agentes químicos.
2   Su precio es bastante superior.
    = Los productos ecológicos .... más que los "normales".
3   Es cierto que los agricultores han cometido errores muchas veces, entre ellos la utilización de productos como el DDT.
    = No cabe duda de que el uso del insecticida DDT ha sido un .... catastrófico.
4   Los dueños deben dejar que sus animales pasten a su aire y nutrirles de productos ecológicos.
    = Es necesario .... a los animales destinados a ese tipo de ganadería con productos ecológicos, y darles más libertad.
5   Los españoles apenas empezamos ahora a interesarnos por los alimentos ecológicos.
    = Hasta ahora, los consumidores españoles no se han interesado en la .... ecológica.
6   Nadie puede negar que la cantidad de comida que se produce por cada hectárea de tierra dedicada al cultivo ecológico es mucho menor.
    = Es evidente que .... la tierra ecológicamente no rinde tanto como con el sistema agrícola actual.

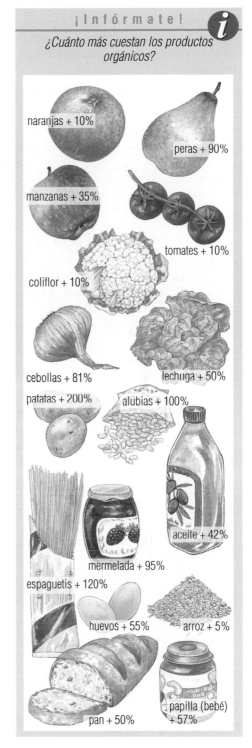

¡Infórmate!

¿Cuánto más cuestan los productos orgánicos?

naranjas + 10%
peras + 90%
manzanas + 35%
tomates + 10%
coliflor + 10%
cebollas + 81%
lechuga + 50%
patatas + 200%
alubias + 100%
aceite + 42%
mermelada + 95%
espaguetis + 120%
huevos + 55%
arroz + 5%
pan + 50%
papilla (bebé) + 57%

D   En los textos se usan varias expresiones diferentes para indicar la certeza o la convicción. ¿Las puedes buscar y traducirlas al inglés?

Ejemplo: es innegable que . . . *it's an undeniable fact that . . .*

Busca otras **cinco** expresiones.

E Escucha la entrevista sobre los alimentos orgánicos y lee las frases 1–10. En cada una hay un error. Escucha de nuevo la entrevista y cambia una palabra en cada frase para que se corresponda a las respuestas de la entrevista.

1 El comercio orientado hacia la exportación está menos desarrollado que el comercio interior.

2 Las regiones más orientadas hacia la exportación son las que se encuentran cerca de las capitales mediterráneas.

3 En la agricultura química se acumulan sustancias tóxicas en los alimentos, poniendo en peligro la salud de los productores.

4 Con la compra de productos orgánicos adquirimos productos que perjudican nuestra salud.

5 El cultivo de productos orgánicos contribuye poco a la salud del ecosistema.

6 La agricultura industrializada garantiza una alimentación segura en los países del Tercer Mundo.

7 La venta de productos permitidos en los países industrializados intoxica la tierra de los países en vías de desarrollo.

8 La utilización de plaguicidas tiene como resultado la elaboración de venenos más tóxicos que los productos originales.

9 Los antiguos conocimientos del cultivo son incompatibles hoy con los actuales procesos y medidas.

10 La ausencia de datos sobre los efectos de los alimentos transgénicos a corto plazo dificulta su aceptación por la agricultura ecológica.

F Para cada sustantivo, busca un adjetivo correspondiente del texto. Escucha de nuevo para comprobar tus respuestas.

1 la ecología	**6** el globo
2 la agricultura	**7** la industrialización
3 la orientación	**8** la alimentación
4 el campo	**9** el crecimiento
5 el daño	**10** la toxina

¿ C ó m o   s e   d i c e ... " g " ?

La pronunciación de la letra "g" depende de la letra que la sigue.

- Delante de "e" o "i", es gutural, como la "ch" escocesa en "loch" (escoger, ecológico).

- Delante de "a", "o", "u" o una consonante, se pronuncia como en "gate" en inglés (tengo ganas, grabación).

Escucha otra vez las siguientes palabras que acabas de escuchar en la entrevista, e imita la voz del hombre (si eres hombre) o de la mujer (si eres mujer).

los productos orgánicos
las zonas agrícolas
las grandes capitales
los productos llegan
la salud global
el magnesio y el hierro
cansancio y alergias
garantizar la seguridad alimentaria
algunos dentro del movimiento ecologista critican
la agricultura industrial
elevados consumos de energía
nunca conseguirá un aprovechamiento íntegro
los plaguicidas de hoy no son biodegradables
no hay ninguna seguridad
las plagas y enfermedades
el viento y el agua
la grasa de los pingüinos

G Haz una comparación entre los productos orgánicos y los "normales". Considera los aspectos siguientes. Puedes escuchar la entrevista otra vez, puedes utilizar los textos anteriores y tus respuestas del ejercicio F, y puedes añadir otros datos informativos que conozcas.

1 el valor nutritivo y el aspecto físico
2 su precio
3 el cultivo: los pros y los contras
4 los efectos sobre el organismo humano
5 las consecuencias para el ecosistema
6 su atractivo con respecto al Tercer Mundo

I Trabajas para una compañía pequeña del sector del comercio de importación en Gran Bretaña.

1 Escucha este mensaje de la compañía española Mercamadrid. Apunta los siguientes detalles: el apellido de la agente de ventas, su teléfono, y los detalles del pedido (artículos, cantidad y precios).

2 Tu director acaba de recibir la siguiente carta de Mercamadrid. Tienes que resumirla en inglés. Tu versión debe contener todos los detalles de la carta, sin traducirla necesariamente palabra por palabra.

Mercamadrid

3 de diciembre de 2001

Señores:

Les agradecemos la confirmación de su pedido, que ejecutaremos a la mayor brevedad. Les llamamos la atención sobre lo siguiente:

- Debido al número de ventas y pedidos más elevado de lo que esperábamos durante el período previo a la Navidad, es posible que haya un retraso de 48 horas en la fecha de entrega a ciertas zonas. En este caso, les avisaremos por teléfono el día anterior a la fecha de entrega original. Lamentamos cualquier posible retraso, pero en caso de dificultad, les rogamos que se pongan en contacto con nosotros inmediatamente.
- ¡Nuevos precios para la compra de cantidades grandes! Descuento del 20% para cada pedido de 50 kilos o más durante el mes de enero.
- Nos complace poder informarles de la expansión de Mercamadrid, que amplía su producción actual para incluir frutas secas y verduras congeladas, con precios excelentes para el comerciante al por menor. Tengan la bondad de ponerse en contacto con su agente de ventas para más detalles o un catálogo general.
- ¿Entusiasmados por nuestras ofertas, pero preocupados por problemas de almacenaje? ¡Nuestra empresa hermana Frigomadrid los puede solucionar! Llamen a Nuria Villegas en la sección de ventas.

3 El día después, tu director te pasa este memorándum. Escribe el fax que te pide.

H *¡Tu turno!*

Prepara una breve presentación para tus compañeros de clase sobre los pros y los contras de los productos orgánicos. Investiga por tu cuenta: busca más información en Internet, por ejemplo. Otras cuestiones que se pueden tener en cuenta:

- ¿Hay otros factores importantes en el debate de los pros y los contras?
- El mercado de productos orgánicos en tu país, ¿es más grande que en España?
- ¿Cómo se comparan las diferencias de precio entre productos orgánicos y productos "normales" en los dos países?

¡EXPRÉSATE!

Para expresar certeza:
- ver el Ejercicio D

Para expresar dudas:
- No es seguro que ...
- Es dudoso que ...
- Dudo/dudamos que ...
- No estoy seguro/a de que ...
- No hay ninguna seguridad de que ...
- No existe indicación alguna de que ... (ver los ejercicios de Consolidación de abajo.)

CONSOLIDACIÓN

Estudia: Present subjunctive, p. 207

1 Vuelve a escuchar la entrevista del Ejercicio E. Apunta las expresiones que indican duda.
2 Escribe el verbo en la forma correcta, eligiendo entre el indicativo y el subjuntivo.
   a Es dudoso que la agricultura ecológica (*poder*) alimentar a la población mundial.
   b Nadie puede negar que los productos orgánicos (*ser*) mejores para la salud.
   c No es seguro que la alimentación orgánica (*tener*) un sabor mejor.
   d Es cierto que el cultivo químico (*dejar*) residuos tóxicos en el suelo.
   e No hay ninguna seguridad de que los alimentos transgénicos (*dañar*) al organismo humano.
   f Los productores de plaguicidas dudan de que (*haber*) la posibilidad de otro error químico como el del DDT.

> Please fax Mercamadrid Sales department and explain that we need our order to be delivered on the original delivery date given (16 December) when the order was confirmed. If they are unable to guarantee this, we will cancel the order: ask them to reply before midday tomorrow. Say that we're interested in increasing our imports to include dried fruit and ask if they have organic items as well - can they send us a price list?

3.6 *Los mejores remedios*

"Pasar la noche en blanco", "no pegar ojo", "contar ovejitas" . . .
Existen muchas expresiones referidas a uno de los problemas más
comunes de nuestro siglo: el insomnio. Aquí tienes algunos de los
mejores remedios para conseguir un sueño refrescante.

Cómo combatir el insomnio

HACER EJERCICIO Los deportes suaves como caminar, montar en bicicleta o hacer yoga ayudan a eliminar el estrés. Pero debes realizar ejercicio por la mañana o a primera hora de la tarde, ya que el deporte activa el organismo y es necesario dar cierto tiempo al cuerpo para que se relaje antes de meterse en la cama.

REÍRSE Algunos expertos aseguran que un solo minuto de risa a carcajada limpia equivale a 45

minutos de ejercicio físico y, además, relaja.

RELAJARSE El método de relajación progresiva es muy eficaz. Para realizarlo, túmbate y tensa todos los dedos de los pies, al tiempo que inspiras aire. Mantén la tensión y respiración durante diez segundos y luego relaja los dedos y espira a la vez. Después, repite este ejercicio con cada una de las partes del cuerpo.

EVITAR LAS PESADILLAS La acupuntura ha dado buenos resultados en el tratamiento de pesadillas y terrores nocturnos. Y el quiromasaje contribuye a la relajación.

APRENDER A RESPIRAR Respirar bien ayuda a relajarse y a dormir mejor. Tiéndete boca arriba en una postura cómoda, cierra los ojos y suelta los músculos. Realiza un ciclo de inspiración – completa

pero sin llenar demasiado los pulmones – pausa y espira. Repite el ciclo tres veces, y al final de la tercera espiración, retén el aire un tiempo. Repite el proceso cinco o seis veces.

SEGUIR UNA DIETA EQUILIBRADA Es fundamental comer un buen desayuno, una comida adecuada, y una cena ligera con alimentos como pasta, frutas, verduras . . . Debes beber alrededor de 1,5 litros de agua cada día. Pero a última hora de la tarde limita la ingestión de líquidos, con el fin de no tener que levantarte por la noche para ir al baño. Respecto a las tisanas, la única hierba con efectos probados contra el insomnio es la valeriana.

EL DORMITORIO Los expertos recomiendan que el dormitorio resulte acogedor, y que la temperatura sea de 17° a 19°. Una habitación con mucho ruido te impedirá conciliar el sueño. Se recomienda que esté bien aislado para evitar los ruidos de la calle. Y si las persianas no están bien cerradas, la luz del día te despertará muy temprano.

A   ¿Se habla de las siguientes cuestiones en el artículo? Apunta "sí" o
"no" para cada una.

1 El humor como factor relajante.
2 Las condiciones físicas idóneas para dormir.
3 Comidas o bebidas inadecuadas.
4 Las mejores luces para el dormitorio.
5 Las terapias alternativas.
6 Tomar tranquilizantes para dormir.
7 El mal entorno.
8 Comidas o bebidas adecuadas.
9 Los beneficios del baño.
10 La importancia de una buena respiración.

B Busca las palabras del texto que quieren decir lo **contrario** de las siguientes y escríbelas. ¡Ojo! Los verbos no aparecen siempre en el infinitivo en el texto.

Ejemplo: impedir – ayudar (texto: ayuda)

1 dormir bien
2 impedir
3 levantarse
4 ponerse de pie
5 inspirar
6 un sueño agradable
7 tensar
8 soltar
9 espiración

C Lee los ocho comentarios siguientes. Apunta los nombres de las personas que, de acuerdo con el contenido del artículo, tienen muchas probabilidades de sufrir algún tipo de insomnio y explica por qué.

Julio
Por la noche suelo ver la tele hasta las once o así: me gusta relajarme con dos o tres cervezas y un buen plato de jamón y queso.

Adriana
Antes de acostarme, me preparo un té de hierbabuena: la abuelita decía que era ideal para tranquilizarse.

Marisol
Soy muy aficionada a los ejercicios orientales. Practico el tai-chi todos los días.

Trinidad
No ceno mucho: un plato de arroz con un huevo, una manzana o una naranja . . .

Catalina
Mi jornada laboral se acaba bastante tarde, sobre las nueve. Como el trabajo es estresante, no hay nada que me guste más que ir al gimnasio después para desfogarme.

Paco
Siempre duermo con las cortinas descorridas y la ventana abierta.

Angela
Al ejercicio físico no soy muy aficionada, ¡pero a las películas de humor, sí! Para esparcirme después de todas las dificultades del día, no hay nada mejor.

Gabriel
Para liberarme de tensiones físicas y mentales que se han acumulado durante el día, suelo hacer ejercicios de respiración antes de meterme en la cama.

D Traduce al español el párrafo siguiente.

Everyone needs a refreshing sleep in order to feel well, and spending a sleepless night can seem like a form of torture! But sleep is one of those subjects about which there are many myths. Although the most important thing is that sleep should be uninterrupted, waking up briefly seven or eight times a night – though we are not conscious of it – is normal. We need periods of deep sleep, alternating with REM sleep, when we experience dreams and nightmares. There are a number of sleep disturbances: from difficulty in falling asleep to chronic insomnia. The best advice is: relax before going to bed, don't drink lots of liquid, eat something light and close the shutters to keep out street noise.

CONSOLIDACIÓN

Estudia: Imperative, p. 209

1 En vez del imperativo, se puede utilizar el infinitivo también. Haz una lista de todos los imperativos en el texto y escríbelos en el infinitivo.

Ejemplo: túmbate – tumbarse

2 Escribe los siguientes verbos en el imperativo (forma "tú").

a *(Encontrar)* una manera de relajarte antes de acostarte.
b *(Hacer)* algún tipo de ejercicio suave.
c *(Seguir)* una dieta equilibrada durante el día.
d *(Evitar)* las bebidas estimulantes como el café y la cola.
e No *(cenar)* fuerte: algo ligero es mejor.
f No *(dormir)* con las persianas abiertas: el ruido y la luz te molestarán.
g *(Relajarse)* haciendo ejercicios de respiración: son muy eficaces.
h Si los trastornos de sueño duran más de quince días, *(acudir)* al médico.

E *Punto de radio*

Escucha la propaganda y rellena cada espacio con un adjetivo.

Se terminó salir al extranjero para seguir el tratamiento de la .... Doctora Ashland. Ahora ya está en farmacia su .... tratamiento para cuidar y tratar la piel. Sus cápsulas actúan desde dentro renovando las células de la piel potenciando la .... eficacia de la crema GEROVITAL H3. Con la Doctora Ashland la piel se renueva rápidamente, revive y brilla de .... Tratamiento .... GEROVITAL de la Doctora Ashland. Una realidad .... para tu piel.
¡Por fin en tu farmacia!

3.7 *Mitos sobre el tabaco*

Fumar o no fumar: ¿los argumentos en contra pesan más que los a favor?

A   Lee rápidamente las respuestas a–l en la página 53. ¿De cuáles de los siguientes temas (1–6) se tratan?

1   Los distintos tipos de tabaco
2   Los efectos físicos de fumar
3   El fumar pasivamente
4   El tabaco como tranquilizante
5   El peligro de fumar durante el embarazo
6   El papel que juega el tabaco en la enfermedad

B   Para cada mito (1–12), busca la respuesta (a–l) que corresponda.

1
Los cigarrillos light no hacen daño, no son cancerígenos.

2
El tabaco me ayuda a relajarme.

3
De algo tenemos que morir.

4
No noto que me haga daño. Todavía tengo que fumar mucho más tiempo para notar los efectos negativos del tabaco.

5
Fumar es un signo de libertad y de autoafirmación. No voy a dejar de fumar porque me digan que es malo.

6
El tabaco contamina, pero los coches y las fábricas también – y más. Te puede dar un cáncer de pulmón por la contaminación del medio ambiente.

7
Se pasa muy mal cuando se deja. Es peor el remedio que la enfermedad.

8
La nicotina es una droga blanda – no te pasa nada grave por tomarla.

9
Hay cosas que son peores que el tabaco.

10
Yo no dependo del tabaco. Puedo dejar de fumar cuando quiera.

11
El tabaco no hace mucho daño a largo plazo – conozco a personas muy mayores que fuman mucho.

12
Fumar no provoca cáncer.

C   Haz una telaraña de palabras o frases del texto asociadas con los siguientes temas:

• términos médicos *(la tensión arterial, . . .)*
• el tabaco *(la nicotina, . . .)*
• la psicología de fumar *(el grado de satisfacción del fumador, . . .)*

D   Busca en los textos los equivalentes españoles de estas frases o palabras.

1   moreover
2   it may be that
3   on the other hand
4   is considered
5   basically

6   to a lesser degree
7   as regards
8   even so
9   nevertheless

a La sola acción de fumar un cigarrillo produce un aumento de la tensión arterial sistemática que dura 15 minutos y una elevación de la frecuencia cardíaca de 10 a 15 latidos por minuto. Además, estudios médicos realizados demuestran que la inyección intravenosa de 5 gotas de nicotina a una persona sana le produciría la muerte entre 5 y 30 minutos después de su administración. Puede que usted no note el daño, pero su organismo sí que lo detecta.

b No muchas, porque el tabaco es causa de cáncer y el cáncer es la segunda causa de mortalidad en los países industrializados, después de las enfermedades cardiovasculares, con las que el tabaco se encuentra directamente relacionado. Por otra parte se considera al tabaquismo como inductor de otro tipo de toxicomanías, fundamentalmente marihuana y en menor proporción morfina, heroína y LSD.

c La asociación consumo de tabaco–presencia de cáncer (sobre todo cáncer broncopulmonar) es una realidad apoyada por clínicos e investigadores. La Organización Mundial de la Salud (OMS), en su informe 568, declara: "El riesgo de cáncer del pulmón se multiplica por 25 o 30 entre la población de fumadores, con respecto a los no fumadores."

d Los estudios epidemiológicos señalan que el tabaco es causante del 30% de todos los cánceres diagnosticados, frente a un 2% producido por la contaminación ambiental.

e Usted ha aprendido a regular su forma de fumar para relajarse. ¿Cree usted que los no fumadores no se angustian ni se preocupan ni se enfrentan a situaciones difíciles? Lo hacen de otro modo y sin poner en juego su salud.

f La dependencia física de la nicotina sólo dura alrededor de una semana; sin embargo, los beneficios secundarios al abandono del tabaco son progresivos y aparecen rápidamente desde el momento en que se deja de fumar. Mejorará su respiración, la piel, el olfato (¡y usted tendrá un olor más agradable también!) y el bolsillo – ¿se ha fijado usted en cuánto dinero se gasta a la semana en tabaco? Nadie se arrepiente de dejarlo.

g Los cigarrillos bajos en nicotina y alquitrán son menos nocivos pero el grado de satisfacción del fumador depende directamente de la concentración de nicotina en la sangre, lo que se traduce muchas veces en un aumento del número de cigarrillos consumidos; por lo tanto, el beneficio se anula. Otro mito asociado es que el tabaco rubio es menos nocivo que el negro pero en realidad el rubio presenta una mayor concentración de alquitranes cancerígenos.

h Usted seguramente recuerda a algún anciano que ha fumado toda su vida y está bien. Observe su calidad de vida: ¿tose? ¿le cuesta respirar? ¿qué grado de actividad física tiene? . . . Aun así, ese anciano ha tenido suerte: ¿usted puede asegurarse una suerte igual? Recuerde que cada organismo es distinto y no se sabe lo que está ocurriendo en el suyo. No olvide que usted sólo ve a los que llegan a ser muy mayores, a los que han muerto a causa del tabaco no los ve envejecer.

i Pruebe a dejar de fumar en una situación cotidiana de su vida y verá que es algo más difícil de lo que pensaba. Usted se da autoexcusas para continuar con su adicción y su dependencia. Todo fumador es dependiente aunque fume poco.

j La nicotina es una droga que ejerce una acción en el sistema nervioso central y aumenta el riesgo de muerte súbita por los efectos provocados en el corazón.

k Es cierto. Pero deténgase a pensar que usted está fabricando su propia muerte, y eso es algo que sólo hacen los suicidas. Probablemente, usted no se plantea en serio el hecho de que el tabaco puede ser responsable de su muerte.

l Este punto de vista es la consecuencia de lo que nos han hecho creer las grandes compañías tabacaleras a través de la publicidad y del cine. Lo mismo ha ocurrido con ciertos perfumes, coches, bebidas gaseosas, marcas de ropa, etc. Si usted se cree estos mensajes, ¿puede considerarse libre? Una vez que usted sepa perfectamente lo que le está haciendo a su organismo, sabrá a qué atenerse, y respetaremos su decisión.

E   Completa las siguientes frases.

1   A corto plazo, los efectos físicos de fumar son . . .
2   El tabaquismo es responsable de enfermedades como . . .
3   La nicotina es peligrosa porque . . .
4   Cuando se deja de fumar, se nota en un plazo muy corto la mejoría en . . .
5   Fumar tabaco puede inducir a uno a fumar otras sustancias como . . .
6   La publicidad de las compañías tabacaleras nos quiere hacer creer que . . .

F   *¡Tu turno!*

Prepara un póster con cinco mensajes para animar a un fumador habitual a dejar de fumar.

G   *Punto de radio*

1   Escucha la publicidad. En tu opinión, ¿esta publicidad va dirigida a personas de qué edad? Explica tu respuesta.
2   ¿A qué se refieren los números siguientes que acabas de escuchar?
   a 354 a 3   **b** 3 minutos   **c** 52

3.8   *El fumador pasivo*

Aún si tú no fumas, puede ser que tu salud esté en peligro si tus compañeros fuman.

A   Escucha varias veces la entrevista sobre el fumador pasivo. Completa el orden en el cual se habla de los siguientes temas y contesta a las preguntas.

Tema	Orden	Detalles acerca de . . .
a los efectos inmediatos del humo sobre el bebé en el útero		¿Cómo le afecta el humo?
b los niños que son fumadores pasivos		¿Cuáles son las consecuencias?
c los bebés varones		¿Cómo les afecta el tabaco?
d el aire acondicionado		¿Por qué no es una solución?
e la cantidad de sustancias tóxicas del tabaco		¿Cuántas hay?
f el riesgo que corren los fumadores pasivos	1	¿En qué consiste el riesgo?
g la muerte en la cuna		¿Cuáles son los factores?
h los cigarrillos que se dejan quemar		¿Por qué son más nocivos?

¡EXPRÉSATE!

Para el Ejercicio F, comienza cada frase con una de las exhortaciones siguientes:

¡Recuerde que . . .!
¡No olvide que . . .!
¿Cree usted que . . .?
¿Se ha fijado usted en . . .?
¡Deténgase pensar que . . .!

CONSOLIDACIÓN

Estudia: Adverbs, p. 196

1   Lee de nuevo el texto y busca seis ejemplos de adverbios. ¡Ojo – no todos terminan en "-mente"!
2   Cambia los adjetivos subrayados por adverbios.

Último, habrás leído mucho sobre los efectos nocivos de fumar. Uno puede enviciarse <u>fácil</u> con el tabaco y – <u>desgraciado</u> – cuesta dejarlo. Puede que mueras <u>lento</u>, sufriendo de enfermedades pulmonares, o <u>súbito</u> de un infarto. Mientras enciendes <u>tranquilo</u> un pitillo, tu cuerpo responde <u>rápido</u> con alteraciones en la tensión arterial. ¿Por qué lo haces? A corto plazo, hueles <u>malo</u>, y a la larga, no te vas a sentir <u>bueno</u> – si es que llegas a los cincuenta años. ¡Déjalo! Vive tu vida <u>sano y alegre</u>: la vida es para vivir, y el tabaco para morir.

acosado/a   *harassed*
aferrado/a   *attached*
alquitrán (m)   *tar*
cenicero (m)   *ashtray*
embarazada   *pregnant*
empapar   *to permeate, drench*
primar   *to give priority to*
tachado/a   *attacked, criticised*

B Los diez fragmentos de texto siguientes forman parte de dos artículos. Uno está escrito por un fumador empedernido y el otro por AFECTA (primera asociación estatal de afectados por el tabaquismo y para la defensa de los no fumadores). ¿Los puedes identificar?

Ejemplo: **1** el fumador empedernido

1   La gente fuma desde hace siglos. El cuarenta y cinco por ciento de la población fuma. Es un placer muy sencillo y mucho más inofensivo que tirar papeles en la calle o conducir un coche cuyos gases contaminan el medio ambiente.

2   En España, todavía se ve como algo normal fumar donde está prohibido, subir a un taxi donde el conductor exhala el humo de un puro durante todo el trayecto o trabajar en una oficina donde a ciertas horas de la tarde el humo de los cigarrillos forma una nube que empapa la ropa interior y hasta el último alveolo de los pulmones de los trabajadores.

3   La mayoría de la gente fumadora es cortés, trabajadora y de vida sana – no como esos desgraciados que se ven doblados en los portales de las oficinas y tiendas inyectándose Dios sabe qué, o tumbados en el parque debajo de los árboles aferrados a una jeringuilla.

4   Así y todo, los fumadores se sienten víctimas acosadas cada vez que aparece un nuevo estudio sobre los perjuicios del tabaco o se les sugiere que apaguen el cigarrillo en algún lugar público. Y los no fumadores que se atreven a quejarse y reclamar su derecho a respirar un aire sin humo suelen ser tachados de intolerantes y plastas.

5   Todo eso del fumar pasivamente no es nada más que una propaganda promovida por los bienhechores y fisgones que quieren acabar con la libertad individual. Hay que resistir. Me importan un bledo sus datos y cifras.

6   En EE.UU., el llamado "humo de segundo mano" mata a 3.000 no fumadores al año por cáncer de pulmón y a 37.000 por cardiopatías. En España se estima que la cifra está entre las 3.000 y las 4.000 víctimas. Contando a los fumadores, las víctimas suman 50.000. Los datos científicos van acumulándose en el grupo de razones para mantenerse lo más lejos posible del tabaco.

7   Sin embargo, en España el gobierno hace caso omiso de estos datos y mantiene así contenta a la población fumadora que, además de acabar con su salud y la de sus vecinos, está manteniendo el negocio multimillonario de las compañías tabaqueras. A pesar de que la mayoría de los ciudadanos no fuma, parecen primar más los intereses económicos que el derecho a la salud.

8   Las organizaciones anti-tabaco dicen que los fumadores hacemos daño a los no fumadores, que no queremos reconocer este hecho, y que queremos meter la cabeza debajo del ala. Si lo hacemos, es porque estamos hartos de tener que escuchar las quejas continuas de esos aguafiestas que se denominan "no fumadores", siempre citando sus estadísticas y sermoneándote cada vez que enciendes un pitillo.

9   Nos llaman egoístas, y opinan que damos mal ejemplo a la juventud, ¡pero los jóvenes nunca respetan a sus mayores! El mal ejemplo es no saber cómo vivir y dejar vivir.

10   En muchos otros países (incluyendo algunos de Asia y África) ya existe una legislación para respetar a los no fumadores. En España es casi inexistente y se cuentan con los dedos de una mano los recintos con zonas libres de humos. Desde el Real Decreto de 1988 que advertía de los peligros del tabaco y establecía ciertas restricciones para su consumo – y que pocas personas conocen y apenas se cumple – no se ha vuelto a ampliar la legislación.

C Busca en los fragmentos de texto las palabras o expresiones que corresponden a las siguientes definiciones.

1 un cigarro
2 personas que no hacen nada útil
3 perseguidas
4 aburridos
5 personas que intentan saber lo que pasa en las vidas ajenas
6 valorar
7 evitar ver los hechos
8 personas que estropean la diversión de los demás
9 un cigarrillo
10 los lugares

D Aquí tienes un resumen de las ideas de los dos artículos. Escribe frases completas, utilizando el vocabulario que se da a continuación para ayudarte.

Ejemplo: A pesar de las leyes vigentes en España, las autoridades hacen caso omiso de los derechos de los no fumadores.

1 a pesar de, leyes, vigente, España, autoridades, hacer caso omiso, derecho, no fumador.
2 verse normal, fumar, recinto, público, o, en, lugar, trabajo.
3 acumularse, datos, científico, sobre, efecto, perjudicial, humo.
4 gente, que, encender, pitillo, no solamente, fastidiar, no fumador, sino también, hacer daño.
5 gobierno, mantiene, negocio, compañías, tabaquero, no primar, salud, físico, ciudadanos.
6 en general, no conocerse, y, no cumplirse, legislación, que, deber, proteger, no fumador.

E Traduce al inglés los fragmentos del texto del fumador empedernido.

F Tú eres un/a no fumador/a joven. Escribe una respuesta al fumador empedernido en español, dando respuesta a sus argumentos.

G *Trabajo en grupo*

¡Un debate! Se considera normal en muchos institutos y colegios en España que los alumnos y los profes fumen en los pasillos. Imaginad que sois alumnos/as y/o profesores/as españoles/as que debaten los méritos de prohibir fumar en el instituto. Unos están a favor, otros en contra. Discutid el tema.

¡Infórmate!

El fumar en lugares públicos

◆ ¿Está Vd. más bien a favor o más bien en contra de las restricciones al consumo de tabaco en lugares públicos?

Sexo %	Total	Mujeres	Hombres
A favor	74	76	71
En contra	21	18	24
No sabe/no contesta	6	6	5

%	18–24	25–34	35–44	45–54	55–64	65 y más
A favor	67	67	72	79	80	80
En contra	28	28	23	17	14	13
No sabe/no contesta	5	5	5	4	6	7

Fuente: Estudio CIS 2203, diciembre 1995

cis.sociol.es

3.9 *Así conseguí dejar de fumar*

Dejar de fumar no es fácil – pero se puede hacer.

A   Nuria quiere dejar de fumar. Escucha la primera parte de su historia. Apunta los números de los siguientes factores (1–10) que la animan a dejar de fumar.

1 el olor del humo
2 el disgusto
3 dónde vive
4 ver tantas colillas en el cenicero
5 las moscas atraídas por el humo
6 sus ataques de histerismo médico
7 su falta de autodominio
8 su cáncer
9 la ausencia de fuerza de voluntad
10 su estado psicológico

B   Escucha otra vez la primera parte de la historia. ¿Cómo dice Nuria . . . ?

1 I'm fed up with smoking.
2 What disgusts me the most is . . .
3 I began to smoke when I was thirteen . . .
4 I'm annoyed at not being able to control . . .
5 I have the feeling that I wouldn't be able to . . .
6 It drives me mad.
7 There are even some days when I think that . . .

C   Escucha la segunda parte de la historia. Para cada frase 1–12, escribe el momento más apropiado:

- intento inicial
- primer día
- segundo día
- primer fin de semana
- segunda semana
- después de un mes

Ejemplo: **1** intento inicial

¿En qué momento Nuria . . .

1 . . . nota una mejoría en su estado físico?
2 . . . se siente muy satisfecha de su éxito?
3 . . . descubre los beneficios económicos?
4 . . . se enfada por no ser capaz de resistir la tentación?
5 . . . no deja de pensar en el tabaco?
6 . . . cree, tal vez prematuramente, haber ganado la batalla?
7 . . . vuelve a las malas costumbres?
8 . . . experimenta los beneficios a nivel psicológico?
9 . . . oscila entre el fumar y el querer dejarlo definitivamente?
10 . . . encuentra más difícil no fumar en casa que en la oficina?
11 . . . considera inútil reducir la cantidad de cigarrillos que fuma – mejor dejarlo definitivamente?
12 . . . descubre su falta de amor propio?

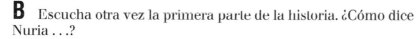

¿Cómo se dice . . . "c"?

La pronunciación de la letra "c" depende de la letra que la sigue.

- Delante de una "e" o una "i", se pronuncia como la "th" inglesa (pronunciación, se dice). En América Latina, se pronuncia como la "s".
- Delante de "a", "o", "u" o una consonante, se pronuncia como en "cat" en inglés (como, cuando, clima, cruzar).

Escucha las siguientes palabras que acabas de oír en la cinta e imita la voz del hombre (si eres hombre) o de la mujer (si eres mujer).

*lo **c**ontrario*
*re**c**ono**zc**o que*
*tengo la sensa**c**ión de que*
*mi habita**c**ión*
*ni**c**otina re**c**on**c**entrada*
*el **c**eni**c**ero lleno de **c**olillas*
*se reprodu**c**en **c**omo mos**c**as*
*capaz de **c**ontrolar*
ciertos cigarrillos
*creo que vuel**c**o mi malestar **c**onmigo misma*

D Muchas personas que intentan romper con una adicción recorren toda la gama de emociones. Escucha otra vez el diario de Nuria, y apunta la frase que mejor muestra las emociones 1–10. (Están en el mismo orden que en el texto.)

Ejemplo: **1** "Hoy no voy a fumar nada, y lo voy a hacer por las bravas."

1 una resolución firme
2 una autoestima baja
3 la confianza (ante sus compañeros)
4 la desesperación
5 la desconfianza en sí misma
6 la autofelicitación
7 la autodecepción
8 la indecisión
9 el realismo
10 el placer/el optimismo

F *¡Tu turno!*

Imagina que has conseguido de dejar de fumar. Prepara un diario oral para que lo oiga tu clase. Habla de:

• tus motivos para dejarlo
• los días de éxito
• tus fracasos
• tus emociones
• los beneficios

E Utiliza el diccionario para encontrar *un verbo*, o *un verbo + un adjetivo* que corresponda a las emociones 1–10 del ejercicio anterior.

Ejemplo: **1** una resolución firme – estar resuelto/a a . . .

CONSOLIDACIÓN

Estudia: Preterite (regular verbs), p. 204

Escribe las frases 1–12 del Ejercicio C como afirmaciones en el pretérito, en la primera persona ("yo").

Ejemplo: **1** Noté una mejoría en mi estado físico.

3.10 *El amigo alcohólico*

No hay nada malo en tomarse una copa de vez en cuando, pero cuando la bebida se convierte en lo único que realmente importa, las consecuencias pueden llegar a ser fatales.

A Escucha esta historia y toma notas en español sobre:

1 Las razones por las cuales el hombre empezó a beber.
2 Cómo empezó.
3 Los efectos del alcohol sobre su salud física y mental.

B Escucha de nuevo la historia y completa, en español, las siguientes frases:

1 . . . se fue a pique y, ... , pues, le quedó muy poco.
2 . . . dos o tres whiskys . . . . a nadie.
3 . . . sin darse cuenta, ... de la cuenta.
4 . . . su mujer, Lucía, ... poco clara.
5 . . . pero, al final, ... muy seriamente que o paraba de beber o su salud corría peligro.

C *¡Tu turno!*

Prepara un folleto informativo que señale los peligros del alcohol.

3.11 *La Vida es Sueño*

La Vida es Sueño es una de las obras dramáticas españolas más famosas del siglo XVII. En esta sección, el protagonista Segismundo habla del soñar.

SEGISMUNDO:

Es verdad: pues reprimamos
esta fiera condición,
esta furia, esta ambición,
por si alguna vez soñamos;
y sí haremos, pues estamos

en un mundo tan singular,
que el vivir sólo es soñar;
y la experiencia me enseña
que el hombre que vive, sueña
lo que es, hasta despertar.

Sueña el rey que es rey, y vive
con este engaño mandando,
disponiendo y gobernando;
y este aplauso, que recibe
prestado, en el viento escribe,

y en cenizas le convierte
la muerte, ¡desdicha fuerte!
¡Qué hay quien intente reinar,
viendo que ha de despertar
en el sueño de la muerte!

Sueña el rico en su riqueza,
que más cuidados le ofrece;
sueña el pobre que padece
su miseria y su pobreza;
sueña el que a medrar empieza,

sueña el que afana y pretende,
sueña el que agravia y ofende,
y en el mundo, en conclusión,
todos sueñan lo que son,
aunque ninguno lo entiende.

Yo sueño que estoy aquí
de estas prisiones cargado,
y soñé que en otro estado
más lisonjero me vi.
¿Qué es la vida? Un frenesí.

¿Qué es la vida? Una ilusión,
una sombra, una ficción,
y el mayor bien es pequeño;
que toda la vida es sueño,
y los sueños, sueños son.

(CALDERÓN DE LA BARCA)

A   Lee el extracto de "La Vida es Sueño". ¿Cómo se siente Segismundo? Elige los adjetivos de la lista que te parezcan apropiados.

abatido	ilusionado	triste	agotado
pensativo	furioso	distraído	resignado
	somnoliento		

B   Elige la respuesta que mejor convenga.

1   Segismundo . . .
   a es un rey   **b** está encarcelado   **c** es un juez
2   Debemos ser . . .
   a ambiciosos   **b** coléricos   **c** prudentes
3   Morir es . . .
   a reinar para siempre   **b** despertarse   **c** vivir para siempre
4   La aprobación es . . .
   a una ilusión   **b** una decepción   **c** sempiterna
5   Los ricos padecen . . .
   a menos que los pobres   **b** igual que los pobres   **c** más que los pobres
6   Antes, Segismundo . . .
   a vivía en otro país   **b** era más guapo   **c** tenía una vida mejor
7   No comprendemos la realidad de . . .
   a los sueños   **b** la muerte   **c** lo que somos

C   Lee el siguiente resumen, y elige la palabra apropiada en cada caso.

Para Segismundo vivir es **1** (dormir/soñar/morir). Todo lo que nos parece **2** (verdad/mentira/bueno) no es nada más que un sueño. Lo que **3** (queremos/tenemos/estimamos) no vale para nada: ni la fama, ni la **4** (realidad/fortuna/amor). La riqueza es **5** (fingida/importante/eterna); los pobres **6** (también/tampoco/siempre) penetran la realidad en que viven. Todo es **7** (difícil/ilusión/trabajo).

¡Infórmate!

Calderón de la Barca

Fechas: 1600–1681
Estudios: Universidades de Alcalá y Salamanca
Trabajo: Poeta favorito de la Corte durante la década de 1650. Se ordenó sacerdote a los 51 años.
Fama: Se le considera como el último de los autores del Siglo de Oro español.
Obras: Entre sus 120 dramas, 80 autos sacramentales y 20 piezas menores, uno de los más famosos es "La Vida es Sueño".
Ideas: "La Vida es Sueño" tiene una profunda dimensión religiosa. Se manifiesta en la idea de que el hombre, con su libre albedrío, debe dominar los instintos y pasiones para salvarse. El protagonista, Segismundo, es un personaje simbólico de dimensiones universales.

3.12 *Perspectivas personales*

Las razones por las cuales la gente empieza a drogarse son muchas: no es simplemente una cuestión de curiosidad...

1

¿Por qué tomar drogas?

Yo tomé drogas durante tres años: los peores de mi vida. ¿Por qué lo hice? Al principio – como muchos – por motivos de curiosidad, y con la ilusión de probar lo prohibido. Después, cuando se separaron mis padres, para sentirme feliz y para olvidar mis problemas. Al final, durante los últimos meses, porque no podía pasarme sin ellas. Era una drogata: siempre rabiando por un pinchazo. La adicción es un proceso insidioso: acabas aumentando las dosis para conseguir el mismo placer que antes.

(Roxana)

Yo empecé a consumir drogas porque mis amigos solían pincharse, y yo quería ser como los demás. Como muchos, me decía: "Me quedo con la droga blanda, no tomo la dura" – pero no me daba cuenta del peligro. Nunca se sabe lo que hay en la droga que se está tomando: puede estar contaminada, o ser una mezcla de varias drogas. Cuando cayó enfermo mi mejor amigo y, finalmente, se murió después de tomar éxtasis, dejé de experimentar. La droga no es una varita mágica que hace desaparecer tus problemas: es más bien un boomerang que pega duro.

(Raúl)

No sé exactamente por qué, ni cómo, comencé a darle al porro casi todos los días. La toxicomanía y el tráfico de drogas eran endémicos en mi barrio, casi todo el mundo estaba metido en ella. De pequeño, solía esnifar disolventes; más tarde, fui "camello" pero no estoy orgulloso de ello. Compraba y vendía drogas hasta que nos pilló la brigada de estupefacientes, y me mandaron a un centro de recuperación donde ayudaban a los jóvenes a deshacerse del vicio que es la droga. Pagué un precio muy alto a cambio de nada: sólo una adolescencia arruinada. El aburrimiento, el paro, la imposibilidad de encontrar trabajo – todos son factores importantes.

(Miguel)

2

El abuso de la droga

El abuso de una droga ocurre cuando un individuo la consume repetitivamente debido a un deseo fuerte de obtener placer o evitar el malestar. El abuso de drogas deteriora el cuerpo, el bienestar emocional, la vida familiar, el desempeño en el trabajo y las amistades de quien las consume. También causa cambios de personalidad y alucinaciones y deterioro en el juicio. Esto puede provocar el absentismo laboral y puede llevar a la imposibilidad de trabajar, a un aumento de irritabilidad, a discusiones familiares violentas y a un comportamiento irracional. Según progresa el abuso de drogas, éste puede producir aislamiento, accidentes de tráfico, actas de violencia incontrolada, y sobredosis mortal.

Como la persona que consume drogas (el farmacodependiente) consigue gratificación a través de las mismas, a menudo le es difícil admitir que existe un problema. La renuencia o incapacidad de reconocer la existencia de un problema ante la clara evidencia se denomina "negación". La familia y los amigos son los primeros que lo notan. Ellos alientan al farmacodependiente a que busque ayuda. La negación a menudo puede causar que las sugerencias (hechas con fines de ayuda) sean interpretadas como ataques personales. Aunque el consumidor de drogas reconozca que tiene un problema, no admite la seriedad de su situación. El reconocimiento de que hay un problema es el primer paso hacia el éxito de la recuperación.

www.noah.cuny.edu

A Lee los dos artículos y la siguiente lista de temas (1–8). El tema ¿se refiere al artículo "¿Por qué tomar drogas?" (P), al artículo "El abuso de la droga" (A) o a los dos (P + A)?

1 Los síntomas físicos de tomar drogas
2 Las razones por las que uno se droga
3 Las repercusiones sociales
4 Las consecuencias de la negación

5 Las consecuencias a nivel laboral
6 Los narcotraficantes
7 La presión del grupo paritario
8 La autodecepción del drogadicto

aislamiento (m)   *isolation*
brigada de estupefacientes (f)   *drugs squad*
darle a   *to be at something*
juicio (m)   *judgement*
metido en   *involved in*
pegar   *to hit*
pinchazo (m)   *a fix (literally a shot/injection)*
porro (m)   *joint*
rabiar por   *to be dying/desperate for something*

B Lee otra vez los comentarios de Roxana, Raúl y Miguel. Busca la expresión del texto que corresponde a cada explicación (1–8).

Roxana
1 una persona adicta a la droga
2 con fuertes deseos de tomar drogas

Raúl
3 inyectarse

Miguel
4 fumar un narcótico con regularidad
5 un traficante de drogas
6 el abuso de la droga
7 inhalar pegamento
8 la policía que investiga el tráfico de drogas

C Lee otra vez el primer párrafo del artículo "El abuso de la droga". Clasifica las consecuencias del abuso de drogas según el siguiente esquema.

El estado físico	Las relaciones con los demás	El trabajo	El estado mental y afectivo
deteriora el cuerpo	deteriora la vida familiar		

D Une las dos mitades de las siguientes frases. Hay una letra que sobra.

1 Algunos usan las drogas para intentar cambiar su estado de ánimo, siendo su fin ...
2 Otros consumen drogas para satisfacer ...
3 El peligro que se corre en la mayor parte de las ocasiones ...
4 Los jóvenes no son conscientes de los peligros y perjuicios que la droga ...
5 La droga, por sí sola, no resuelve los problemas; sólo ...
6 El placer de tomar una droga es efímero: no perdura, y esto ...
7 Desgraciadamente, como consecuencia, es necesario ...

a ... procede del desconocimiento de la sustancia utilizada.
b ... los pospone y, casi siempre, los agrava.
c ... sentirse más felices, o quizá intentar escapar de sus problemas.
d ... aumentar la dosis para lograr el efecto apetecido.
e ... puede acarrear por sí misma o por las mezclas que realizan los traficantes.
f ... afectar la salud física, mental y afectiva.
g ... la curiosidad o probar lo prohibido.
h ... induce a volver a consumirla.

E Escucha el programa de la radio. Para cada frase 1–7, elige la letra que *no* sea verdad.

1 Desempeña un papel importante en el abuso de drogas:
   a la sociedad **b** el medio ambiente **c** la familia
2 Según Joaquín Rodríguez, los padres dan un mal ejemplo a los niños cuando:
   a toman medicamentos **b** utilizan tranquilizantes **c** usan drogas ilegales
3 A cierta edad, los adolescentes tienen una necesidad psicológica de:
   a experimentar **b** formar parte de un grupo **c** ser rebeldes
4 El consumo de drogas es menor cuando un/a joven vive:
   a con su familia **b** con un grupo de iguales **c** solo/a
5 Hay más consumo de sustancias tóxicas entre:
   a las edades de 16–20 años **b** los chicos **c** los jóvenes en paro
6 Otro factor importante es:
   a el fracaso escolar **b** el ocio **c** la ruptura familiar
7 Los medios de comunicación incitan a los jóvenes a:
   a consumir sustancias ilegales **b** beber y fumar **c** tomar sustancias tóxicas legales

F Escucha otra vez el programa y lee las frases 1–8. Complétalas y tradúcelas al inglés.

Ejemplo: **1** razón
There is no obvious reason to explain why (some individuals abuse drugs ...)

1 No hay una .... clara que explique por qué (algunos individuos consumen drogas ...)
2 Es .... para todos que (el ambiente social puede desempeñar un papel importante ...)
3 Otro .... importante es (la edad: la adolescencia es un momento particularmente crucial ...)
4 Las .... muestran que hay (más consumo ...)
5 No hay que .... que (el consumo de estas drogas ilegales ...)
6 Este .... se debe a (varias razones ...)
7 El fracaso escolar es más ....
8 De ahí a la droga no hay nada más que ....

G Adapta las frases 1–8 del Ejercicio F para escribir otras ocho frases relacionadas con el tema.

Ejemplo: No hay una razón clara que explique por qué algunos jóvenes empiezan a tomar drogas duras, y otros no.

H *Trabajo en grupo*

1 Trabaja con tu compañero/a. Utilizad el diccionario si es necesario para:

- escribir palabras o expresiones que describan el estado de ánimo de la adolescente
- escribir en dos o tres globos los pensamientos posibles de la adolescente

2 Imagina que eres la adolescente de la foto. Elige **una** de estas actividades:

- Te han invitado a hablar durante 3–4 minutos, en la radio o en la televisión, sobre tu experiencia como drogadicto/a. Prepara tu charla y dala a tu grupo o clase. Grábala, si quieres.
- Escribe un artículo para una revista juvenil sobre tu experiencia. Puede ser en forma de relato o de entrevista.

Piensa en tu situación familiar/escolar/laboral: las causas de tu adicción; los efectos físicos/mentales/interpersonales; tus reflexiones.

CONSOLIDACIÓN

Estudia: Preterite (spelling changes), p. 204

Vuelve a leer el artículo "¿Por qué tomar drogas?"
1 Busca las expresiones españolas que correspondan a las siguientes.
2 Apunta el infinitivo de los verbos subrayados.

Ejemplo: <u>Empecé</u> a consumir drogas *(empezar)*

a I <u>began</u> to use drugs
b when my best friend <u>fell</u> ill
o He <u>died</u>
d I don't know how or why I <u>began</u> to . . .
e I <u>paid</u> a high price

Los medios de comunicación

En esta unidad vamos a informarnos un poco sobre lo que son los medios de comunicación en España, especialmente la televisión. ¿Es una cosa buena, la televisión, o puede tener un efecto perjudicial debido a su contenido sexual o de violencia, o a las campañas publicitarias? ¿Y qué pueden hacer los padres para que sus hijos vean la televisión de modo responsable? ¿Cuál es el papel de la televisión y de la radio en el mundo actual?

En esta unidad vamos a consolidar tu conocimiento de los siguientes puntos gramaticales:

- imperfecto *(imperfect tense)*
- pretérito *(preterite tense)*
- presente de subjuntivo *(present subjunctive)*
- imperativo *(imperative)*
- perfecto *(perfect tense)*
- pluscuamperfecto *(pluperfect tense)*
- futuro *(future tense)*

4.1 *Sé escuchar*

Lee la entrevista en la página 65 con Ana García Lozano, periodista que jugaba el papel de confesora televisiva.

A

1 Elige una palabra de la lista de abajo para completar las frases de la entrevista.

1 quiero; querían; quería

2 llevaba; llevan; llevar

3 era; ser; estaba

4 buscó; buscaba; busca

5 ofrezco; ofrezcan; ofreció

6 acepto; aceptaban; acepté

7 imagino; imagina; imaginaron

8 dirigen; dirigimos; dirigir

9 ser; estar; dejar

10 estar; ver; poder

11 pongo; pusimos; ponen

12 diciendo; haciendo; escuchando

13 resulte; resultan; resulta

14 cuenta; contó; contaban

15 están; eran; estaban

16 parecía; parece; parecían

17 demuestra; demostraron; demostraba

18 llego; llegó; llega

19 saqué; sacaban; saco

20 tiene; tendrían; tenía

21 dejo; dejaba; dejamos

22 tendría; tiene; tuvieron

23 pase; paso; pasaba

24 convierte; convertían; convertiría

25 llamo; llamó; llamaban

26 sé; conoce; conozco

27 siento; sentía; sentirían

28 confiaba; confiar; confiese

29 será; estará; quedaré

30 conozco; supo; sé

ENTREVISTADOR: *¿Por qué se decide ahora a cambiar de rol y abandonar su papel de confesora televisiva?*

ANA: La verdad es que **(1) quería** cambiar de aires. **(2)** cinco temporadas con el mismo programa entre Telemadrid, Euskal Telebista y Tele 5 y **(3)** un poco harta. **(4)** algo más dinámico. Tele 5 me lo **(5)**, y yo **(6)**.

ENTREVISTADOR: *¿El verano es una buena época para iniciar un proyecto televisivo?*

ANA: Me **(7)** que no. Además, nos **(8)** a un público no demasiado mayor que prefiere **(9)** tirado en la piscina que viendo la televisión.

ENTREVISTADOR: *¿No es un poco agobiante **(10)** dependiendo siempre de lo que dicen los audímetros y las encuestas?*

ANA: No ya por la audiencia, que siempre es agobiante, sino porque es la nota que te **(11)** en tu trabajo. Por eso tienes que estar **(12)** cambios y ver lo que **(13)** y lo que no.

ENTREVISTADOR: *En sus anteriores programas, algunas de las historias que se **(14)** por parte de los invitados **(15)** difíciles de creer. **(16)** imposibles.*

ANA: Sí, la verdad es que se **(17)** aquello de que a veces la realidad **(18)** a superar la ficción.

ENTREVISTADOR: *¿Y de dónde **(19)** esas historias?*

ANA: El mérito lo **(20)** el equipo de redacción que se **(21)** los cuernos.

ENTREVISTADOR: *Pero me imagino que su capacidad para buscar temas y personajes **(22)** un límite.*

ANA: Es que luego **(23)** algo curioso. Los mismos invitados se **(24)** en colaboradores, y **(25)** diciendo: ¡Oye, **(26)** a alguien que te puede interesar!

ENTREVISTADOR: *¿No se **(27)** como una psiquiatra?*

ANA: Tanto como eso no.

ENTREVISTADOR: *¿Y por qué sería que la gente le **(28)** sus problemas?*

ANA: **(29)** porque **(30)** escuchar.

2 Ahora, escucha la entrevista para comprobar tus respuestas.

B Ahora lee el texto completo e identifica los puntos de información que se mencionan.

1 Ana era confesora televisiva.
2 Ana había trabajado con Jerry Springer.
3 Ana llevaba cinco temporadas con el mismo programa.
4 Tele 5 le ofreció un nuevo programa.
5 Tele 5 le ofreció más dinero.
6 El verano no es una buena época para iniciar un proyecto televisivo.
7 Los audímetros y las encuestas producían resultados excelentes.
8 En sus anteriores programas había unas historias extrañas.
9 El equipo de redacción de Ana había trabajado mucho.
10 El equipo de redacción de Ana estaba compuesto solamente de mujeres.
11 Los participantes en los programas ayudaban a buscar temas y personajes.
12 Ana no se sentía como una psiquiatra.
13 Ana va a continuar viviendo en Madrid.
14 La gente le confiaba sus problemas porque sabe escuchar.

D *Cara a cara*

Persona A: Estás pasando una tarde con un(a) amigo/a español(a). Quieres ver un programa de televisión testimonial. Lo encuentras un poco chocante, pero al fin y al cabo es una diversión, y no hace ningún daño a nadie. Trata de persuadir a tu pareja para que vea el programa.

Persona B: Tu amigo/a quiere ver un programa de televisión testimonial, pero tú no estás de acuerdo con este tipo de programa. En tu opinión, son humillantes para los invitados, y tienen una fascinación morbosa para los televidentes que a ti te parece insana. Te toca a ti sugerir otras actividades, pero no olvides que eres huésped en la casa de tu corresponsal ...

C Busca en el texto una frase que signifique:

1 a bit fed up
2 a good time
3 a bit stifling
4 you have to make changes
5 by the guests
6 reality is stranger than fiction
7 worked their socks off
8 something odd would happen

E *¡Tu turno!*

1 Escribe una carta a Ana García Lozano (150 palabras). Tú no estás de acuerdo con la televisión testimonial, porque crees que no es ni divertida ni informativa. Es sólo una diversión morbosa.

2 Ahora escribe otra carta a la señora García, felicitándola. Estás a favor de la televisión testimonial, porque en tu opinión es una diversión inocua, y al mismo tiempo puede contribuir a que los invitados resuelvan sus problemas. Escribe unas 150 palabras.

CONSOLIDACIÓN

Estudia: Imperfect, p. 205; preterite, p. 204

1 Copia el párrafo, cambiando los verbos del presente al imperfecto. Empieza el nuevo párrafo con la frase: "Cuando tenía once años . . ."

Cada día me levanto a las siete. Me ducho y me visto, y a las siete y media tomo el desayuno. Salgo de casa a las ocho, y tomo el autobús a las ocho y diez. El viaje al insti dura unos veinticinco minutos, y llego a las nueve menos veinticinco. Paso diez minutos en el patio, donde charlo con mis amigos, luego entro en el aula a las nueve menos cuarto. El profe pasa lista a las nueve menos diez, luego las clases empiezan a las nueve. Hay un recreo a las once, y tomo el almuerzo en el comedor escolar a las doce y veinte. Normalmente como bocadillos y bebo un zumo de fruta. Empezamos otra vez a la una y media, y las clases terminan a las tres y media. Llego a casa otra vez a las cuatro y veinte. Hago mis deberes, ceno a eso de las seis, luego salgo en pandilla con mis amigos. Vamos al cine, al club de jóvenes o a la bolera. Me acuesto a las diez y media, y veo un poco de televisión antes de dormir.

2 El cantante del famoso grupo *Los Lobos Rojos* está describiendo un concierto al aire libre en Madrid. En cada caso elige la forma correcta del verbo en el tiempo pretérito.

"Pues, (*llegar*) al Parque del Retiro a eso de mediodía. (*Descargar*) la camioneta, luego (*llevar*) el equipo al escenario. Primero, (*instalar*) el sistema de altavoces. (*Conectar*) el amplificador con los altavoces, luego yo (*montar*) los micrófonos. (*Enchufar*) la guitarra, la (*afinar*), luego (*hacer*) media hora de ensayo. (*Establecer*) que el sonido era bueno, luego (*descansar*) un rato. Antes de empezar el concierto, (*comer*). Yo no como mucho. (*Comer*) un poco de pollo y una ensalada. Y no (*beber*) nada más que agua mineral. El café y el alcohol no son buenos para la voz. (*Abrir*) las puertas de entrada a las ocho y media, y el público (*empezar*) a entrar. (*Salir*) al escenario a eso de las diez de la noche, y (*tocar*) hasta medianoche. Los espectadores (*cantar*) y (*bailar*), y el concierto (*ser*) un éxito tremendo. (*Vender*) muchos discos y camisetas."

Grupos de vocales

Escucha otra vez la entrevista con Ana García Lozano, prestando mucha atención a cómo se dicen las palabras que contienen grupos de dos vocálicos (ia, ie, ue, por ejemplo). Fíjate que se pronuncian siempre ambas letras. A continuación escucha las dos voces que leen en voz alta las siguientes palabras. Trata de imitarlas. Si eres hombre, tienes que imitar al entrevistador – si eres mujer, imita la voz de Ana.

Entrevistador
camb**ia**r de rol
un poco agob**ia**nte
depend**ie**ndo s**ie**mpre de lo que dicen las
enc**ue**stas
sus anter**io**res programas
las histor**ia**s . . . eran difíciles de cr**ee**r
Parec**í**an imposibles
l**ue**go pasaba algo cur**io**so
¿No se sent**í**a como una psiqu**ia**tra?

Ana
quer**í**a camb**ia**r de **ai**res
Tele 5 me lo ofrec**ió**
pref**ie**re estar tirado en la piscina que v**ie**ndo la
televis**ió**n
la **au**d**ie**ncia, que s**ie**mpre es agob**ia**nte
t**ie**nes que estar hac**ie**ndo camb**io**s
la r**ea**lidad llega a superar la ficc**ió**n
lo ten**í**a el equipo de redacc**ió**n que se dejaba los
c**ue**rnos
llamaban dic**ie**ndo: ¡Oye, conozco a algu**ie**n . . . !

¡Infórmate!

Televidentes y radioyentes

◆ ¿Con qué frecuencia ve Vd. la televisión? ¿Y con qué frecuencia escucha la radio?

	%	
	Ve la TV	**Escucha la radio**
Todos o casi todos los días	85	57
Cuatro o cinco días por semana	4	3
Dos o tres veces por semana	3	5
Sólo los fines de semana	2	2
De vez en cuando	4	7
Nunca o casi nunca	3	27

	% todos o casi todos los días	
	Ve la TV	**Escucha la radio**
Total	85	57
Género		
Mujeres	85	55
Hombres	85	58
Edad		
18 a 34 años	81	59
35 a 44 años	81	65
45 a 54 años	85	53
55 a 64 años	89	53
65 años y más	91	49

cis.sociol.es

4.2 ¿Tele sí? ¿Tele no?

¿Deben intervenir los padres para hacer que los niños sean televidentes perspicaces? ¿En qué consiste un régimen de televisión apropiado para los jóvenes? Lee el texto.

Tele sí, pero en la justa medida

Los niños la adoran, pero en cuanto el tema sale a relucir, estalla una verdadera guerra en el ambiente cultural y pedagógico, con detractores acérrimos y defensores empedernidos. ¿Tele sí? ¿Tele no? Como en tantas otras cosas, en el término medio está la virtud. Muchas veces los padres tenemos la culpa de que los niños vean tanta televisión. ¡Qué cómoda es esta niñera electrónica! En cuanto se enciende, dejan de sobresaltarnos las peleas infantiles y las carreras por el parquet. No se oye ni el vuelo de una mosca. Sin embargo, la influencia de la pequeña pantalla sobre los niños es tal, que no se debe perder de vista ofrecerles contenidos adecuados a su edad y a su capacidad de entendimiento: "Si los niños ven programas que fomentan la violencia, la agresividad, el triunfo de lo arrogante, con modelos que se mueven por poder o por dinero, estaremos creando unos arquetipos indeseables y contribuyendo a que la televisión se convierta en una herramienta perjudicial," asegura el catedrático Alfonso Delgado. "Esto significa un esfuerzo para los padres, una dedicación a la que hay que dedicar un tiempo, como a cualquier función educativa."

Efectivamente, la pequeña pantalla también puede afectar a los niños de manera negativa. Si muestran signos de agitación o alteraciones en el sueño, y parece que la tele tiene algo que ver, una buena idea es aumentar el control de los programas que ven y, en caso necesario, suprimirla durante unos días y ver si mejoran.

Durante este espacio de tiempo proponles actividades creativas, ocúpate de que su tiempo libre esté bien cubierto, pero nunca, nunca, utilices la tele como método de premio o castigo. No funciona y sería concederle una importancia que no tiene: contribuiría a aumentar el morbo que tus hijos tienen por ello. Y finalmente, no te olvides de la actitud de Groucho Marx, a quien se le atribuye esta observación:

"Encuentro que la televisión es muy educativa: cada vez que alguien la enciende, me voy a otra habitación a leer un libro."

A   Busca en el texto el contrario de:

odian; vicio; se apaga; conveniente; inocuo; empeoran; disminuir; no te acuerdas de

B   Busca en el texto una frase que signifique:

1   una cosa que hace de canguro
2   las disputas entre niños
3   unos personajes que, en realidad, no queremos que nuestros hijos vean
4   una cosa que puede hacer daño
5   la televisión tiene la culpa
6   prohibir a los niños que vean la televisión un rato
7   la atracción malsana

carrera (f)	*race*
castigo (m)	*punishment*
empedernido/a	*confirmed, hardened*
estallar	*to break out (war)*
niñera (f)	*childminder*
pantalla (f)	*screen*
premio (m)	*prize, reward*
suprimir	*to withdraw*

C Contesta las preguntas.

1 ¿Quién tiene la culpa muchas veces de que los niños vean tanta televisión?
2 ¿Cuáles son los beneficios para los padres cuando encienden la tele?
3 ¿Qué debemos ofrecer a los niños televidentes?
4 ¿Qué tipo de programa se considera malo para los niños?
5 ¿Qué deben hacer los padres por regla general?
6 ¿Cómo puede afectar físicamente a los niños ver tanta tele?
7 En este caso, ¿qué deben hacer los padres?
8 ¿Qué no deben hacer nunca los padres?
9 ¿Puedes explicar por qué, *utilizando tus propias palabras*?

¡Información!

La violencia en la televisión

◆ En su opinión, ¿la televisión emite contenidos violentos en sus distintos programas o películas?

	%
Muchos	43
Bastantes	46
Pocos	8
NS/NC	3

◆ En concreto, durante las horas que los niños suelen ver la televisión, ¿cómo cree Vd. que es el grado de violencia de los programas o películas que se emiten?

	%
Muy alto	27
Más bien alto	46
Ni alto ni bajo	10
Más bien bajo	5
Muy bajo	1
NS/NC	12

◆ ¿Está Vd. de acuerdo o en desacuerdo con cada una de las opiniones siguientes?

	% más bien de acuerdo
Los padres son los únicos responsables de evitar que los niños vean programas violentos o que no sean adecuados para ellos	61
Las distintas cadenas de televisión deberían llegar a un acuerdo entre ellas para emitir menos contenidos violentos en su programación	90
En las horas en que los niños suelen ver la televisión, debería impedirse que las cadenas de televisión emitan programas violentos o que no sean adecuados para ellos	89

cis.sociol.es

D Inventa un producto destinado a los niños de 6 a 8 años. ¿Cómo vas a promocionarlo? Escribe el guión de un anuncio que va a emitirse durante la programación infantil.

¡EXPRÉSATE!

Palabras y frases útiles:

barato	disfrutar
diseñado	un regalo
disponible	un juguete
divertido	coleccionar
un juego	una marca
entretenido	gratis
infantil	máxima calidad
No te (lo/la/los/las) pierdas	una muñeca
	IVA incluido
potente	ofrecer
de sencillo manejo	
veloz	

CONSOLIDACIÓN

Estudia: Present subjunctive, p. 207

Completa las frases con la forma correcta del verbo.

1 Es una lástima que tú no (*poder*) venir.
2 Compraré una revista cuando (*aterrizar*) en Barajas.
3 Espero que Mikel (*tener*) bastante dinero.
4 Prefiero que tú (*poner*) la mesa.
5 Dudo que Pedro (*saber*) donde está la bolera.
6 No es cierto que Maribel (*conocer*) a mi hermano.
7 Espero que Toñi (*ir*) a la fiesta de Marifé.
8 Mis padres quieren que mi hermano y yo (*quedarse*) en casa esta noche.
9 Es mejor que tú le (*hablar*).
10 Es probable que Iñaki (*estar*) enfermo.

4.3 *Sexo – las cadenas incumplen la ley*

disposición (f)	*regulation*
entorpecer	*to hold up, slow down*
proceloso/a	*stormy, tempestuous*

La incidencia de las escenas explícitas en la televisión es un asunto polémico no sólo en España sino también en otras partes del mundo. Pero ¿qué opinan los españoles?

A Escucha el reportaje y completa las notas en español.

1 La disposición principal de la Ley 25/94 y la Directiva de la TV Sin Fronteras Europea:
2 Razón por la que la ley es tan polémica:
3 Colaboración entre las cadenas y el Ministerio de Educación:
4 ¿Desde hace cuánto tiempo?
5 Problema con esta colaboración aparente:
6 ¿Qué grupos de gente están de acuerdo?
7 ¿Con qué?
8 Consejos sobre lo que hay que hacer frente a un avance explícito durante la programación infantil:
9 ¿Qué es más importante para los niños?

C ¿Verdadero o falso? Determina, después de escuchar el reportaje otra vez, si las siguientes frases son verdaderas o falsas, y luego corrige las frases falsas.

1 No se pueden emitir contenidos que afecten a los menores entre las 10 de la noche y las 6 de la mañana.
2 La Ley 25/94 es muy polémica.
3 No existe una definición adecuada de la palabra *seriamente*.
4 Las cadenas y el Ministerio de Educación firmaron un Código de Autorregulación hace cuatro meses.
5 El Código es muy efectivo.
6 Un niño no está preparado para ver escenas explícitas de sexo en la tele.
7 Lo que aparece en la pantalla es más importante que tu reacción.

B Escucha otra vez este reportaje e indica qué palabra completa mejor la frase. Escribe la letra correcta para cada frase.

1 De las seis de la mañana a las veintidós horas, no pueden emitirse contenidos que afectan a los menores ...
  a diariamente
  b inmediatamente
  c seriamente   **d** efectivamente
2 La disposición se mueve por aguas ...
  a tranquilas   **b** profundas
  c azules   **d** tempestuosas
3 El Código de Autorregulación no tiene ninguna ...
  a legalidad   **b** eficacia
  c moralidad   **d** exactitud
4 Padres, profesores, psicólogos y pediatras son de la misma ...
  a opinión   **b** escena
  c educación   **d** efectividad
5 La naturalidad con los niños frente a la pantalla es ...
  a inolvidable   **b** inexplicable
  c indeseable   **d** importante

D Haz una presentación de unos tres minutos sobre este tema: "La televisión – ¿caja de encantos o herramienta perjudicial?"

E *¡Tu turno!*

"La culpable de todos los males no es la televisión, sino nosotros, los padres, los abuelos, los maestros." ¿Estás de acuerdo con esta opinión o no? Escribe unas 150 palabras en español, expresando lo que piensas.

¡EXPRÉSATE!	
emitirse	los menores
el nivel físico	el Código de Autorregulación
el nivel moral	la niñera electrónica
la influencia de la pequeña pantalla	los contenidos adecuados a su edad
los programas que fomentan la violencia	una herramienta perjudicial
los arquetipos indeseables	de manera negativa
aumentar el control sobre los programas que vean los niños	el método de premio o castigo
psicológicamente	las escenas explícitas
el alto contenido erótico	el sentido de divertimiento
la ventana abierta al mundo	sentarse delante de la caja tonta
difundir la cultura	quedarse pegado al televisor
las actividades creativas	suprimir

4.4 *Seis reglas inteligentes*

¿Qué pueden hacer los padres de manera práctica para asegurarse de que la televisión que ven los niños no sea perjudicial, tanto desde el punto de vista moral como psicológico? Lee el texto.

1. SELECCIONA programas que sean instructivos y reveladores y aléjalos de los que sean violentos, con sexo inadecuado para su edad, alarmantes, estúpidos o carentes de gusto. La manera más simple es fijar unas normas claras y explicarles los motivos.

2. INSISTE en que los deberes y las tareas domésticas se hagan antes de encender el aparato y mantente inflexible aunque tengas que oír muchas protestas.

3. ACOSTÚMBRALOS a pedir un programa concreto en vez de "ver la televisión" e intenta que no hagan zapping.

4. SIÉNTATE con ellos a ver documentales históricos, científicos y sobre la naturaleza. Las buenas comedias también son muy divertidas y os brindan la oportunidad de reíros juntos.

5. SI YA ES UN POCO TARDE, y los chicos se resisten a tus esfuerzos, con las nuevas tecnologías de bloqueo de canales, tu trabajo será más fácil. De momento, eres el/la responsable del uso que tus hijos hagan de la televisión.

6. SI HAY UN SOLO televisor en casa, será más fácil que los pequeños cumplan las normas.

A Escucha a estas seis personas. Estas personas están violando las normas, pero ¿cuáles? Empareja cada persona con la norma que está violando.

alejar   *to distance, keep away from*
brindar   *to give, afford*
inadecuado/a   *inappropriate*

B Busca en el texto una palabra que corresponda a los siguientes significados: educativos; les faltan; reglas; quehaceres; cambiar de canal con frecuencia; dan; obedezcan.

C Busca en el texto una frase española que signifique:

1 lacking in taste
2 some clear rules
3 try to prevent them from channel-hopping
4 they give you the chance to laugh together
5 the new technologies for blocking channels
6 it will be easier for children to obey the rules

¡Infórmate!

Padres, hijos y la tele

◆ ¿Pone límite al tiempo que sus hijos pueden ver la televisión?

	Sí	No	Sólo a veces	% NC
Los días laborales	50	42	7	2
El fin de semana o los días festivos	25	58	16	1
Las vacaciones escolares	22	62	15	1

◆ ¿Tiene conversaciones con sus hijos sobre los programas que ven ellos por TV?

	%
Siempre o casi siempre	45
A veces	38
Casi nunca o nunca	17
NC	1

◆ ¿Controla los programas de TV que ven sus hijos?

	%
Sí	59
No	28
Sólo a veces	12

◆ ¿Orienta a sus hijos sobre los programas de TV que son más convenientes para ellos?

	%
Siempre	24
Casi siempre	27
A veces	20
Casi nunca	14
Nunca	15
NC	1

cis.sociol.es

CONSOLIDACIÓN

Estudia: Imperative, p. 209

Escribe lo que dice el padre a su hijo en cada caso.

Ejemplo: El padre quiere que el hijo haga los deberes antes de ver la televisión:

¡Haz los deberes antes de ver la televisión!

1 El padre quiere que el hijo no cambie a otro canal con el mando a distancia.
2 El padre no quiere que el hijo vea la televisión mientras hace los deberes.
3 El padre quiere que el hijo vea un documental interesante con él.
4 El padre no quiere que el hijo vea una película violenta.
5 El padre no quiere que el hijo tenga un televisor en su dormitorio.
6 El padre no quiere que el hijo sea responsable del uso que hace de la televisión.

4.5 *Moros y Cristianos*

¿Cuál es el valor de cierto tipos de programa? Los debates ¿tienen un papel significativo, o son simplemente morbosos y voyeuristas? "Moros y Cristianos" es un programa de debates en los que el público puede intervenir de una manera activa, tanto desde el plató como desde su propio hogar.

PROGRAMAS ANTERIORES
moycri@gestmusic.es

DEBATES ANTERIORES

¿Somos cotillas los españoles? – 31 enero

¿Los jóvenes de hoy lo tienen más fácil? – 24 enero

¿Quiénes mandan mejor, hombres o mujeres? – 10 enero

¿Es el Papa un ejemplo a seguir? – 20 diciembre

¿Podemos fiarnos de los curanderos? – 13 diciembre

¿Hay que sacrificarse para no estar gordo? – 29 noviembre

¿Hay que fiarse de los tópicos? – 22 noviembre

¿La promiscuidad es cosa de hombres? – 15 noviembre

¿Hay vida después de la muerte? – 8 noviembre

¿Habita el diablo entre nosotros? – 18 octubre

¿Les ha gustado la boda? – 4 octubre

¿Siguen estando las mujeres discriminadas? – 27 septiembre

¿Somos racistas los españoles? – 20 septiembre

¿Hay que legalizar las drogas? – 13 septiembre

Estamos muy interesados en oír las opiniones de todo el mundo. Si usted tiene un testimonio que nos quiere hacer llegar, hágalo llenando este formulario:

Nombre

Población

Provincia

E-mail

Cuéntenos su testimonio:

☐ A favor   ☐ En contra

(Enviar a Moros y Cristianos)   (Borrar formulario)

http://www.gestmusic.es/myc/anteriores/debatant.htm

A

1 Lee la información sobre los debates anteriores de "Moros y Cristianos" y copia y completa la tabla con las fechas correspondientes, como en el ejemplo.

2 Ahora escribe unas notas en inglés para tu amigo que no habla español sobre lo que hay que hacer para hacer llegar un testimonio al programa.

Debate(s) about . . .	Date(s)
decriminalising drugs	13.9
alternative medicine	
modern youth having things easy	
sexual discrimination	
religion	
dieting	
men and sex	
racism	

C ¡Tu turno!

Imagina que acabas de ver el programa sobre la legalización de la droga. ¿Estás a favor de esta proposición o en contra? Escribe un testimonio de 150 palabras en español para enviar al programa.

B

Escucha el programa de radio, y luego copia y completa la tabla:

español	inglés
	sale
penalizada	
	would decline
	to worsen
el narcotráfico	
	"hooked" (on drugs)
el estanco	
	chemist's
	to legalise
correo electrónico	

D

Haz una presentación oral de tres minutos sobre el tema de los programas de debate.

- ¿Qué opinas tú de tales programas?
- ¿Es verdad que pueden contribuir a soluciones para los problemas más insolubles con que se enfrenta la sociedad? ¿O son sólo una forma de voyeurismo?
- ¿Son válidos como programación, o son simplemente sórdidos?
- ¿Son sólo una oportunidad para que la gente obtenga sus "quince minutos de la fama"?
- ¿Hay algo verdaderamente profundo y significativo que pueda salir de un programa de este tipo?
- ¿Te gusta ver tales programas o no? ¿Por qué (no)?

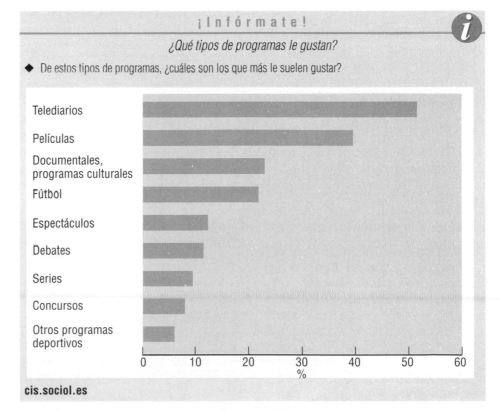

¡Infórmate!

¿Qué tipos de programas le gustan?

◆ De estos tipos de programas, ¿cuáles son los que más le suelen gustar?

Telediarios
Películas
Documentales, programas culturales
Fútbol
Espectáculos
Debates
Series
Concursos
Otros programas deportivos

0 10 20 30 40 50 60
%

cis.sociol.es

4.6 *Males ajenos*

Se supone que las telenovelas imitan la vida real – pero, ¿debería la vida real imitar las telenovelas?

¿Por qué tienen tanto éxito los "reality shows"?

Su éxito ha sido sorprendente y, en la mayoría de los casos, los índices de audiencia de las principales cadenas televisivas del país se han disparado. No todos son iguales, pero la fórmula que explotan forma parte de la misma base: hacer del dominio público hasta las parcelas más íntimas de algunos ciudadanos, en la mayoría de los casos con bastantes problemas.

El morbo está servido en bandeja de plata para tres, cuatro, cinco, seis e incluso hasta siete millones de espectadores, como ocurrió el día en que cierta despechada ex de un conde italiano se despachó a gusto contra la nueva amante de su ex. Al día siguiente no había español que no hablase o pidiese información sobre el tema. Alimentar nuestro morbo y jugar con él es la fórmula de su éxito. El cohete de salida lo lanzó Nieves Herrero cuando, en directo desde Alcácer, nos mostró a los familiares y vecinos del pueblo de las niñas brutalmente asesinadas. El programa dirigido y presentado por Paco Lobatón, *¿Quién sabe dónde?*, procura tratar los temas con bastante sensibilidad, aunque cae frecuentemente en la sensiblería.

Olvidamos nuestros problemas al ver los de los demás

Los españoles invertimos un promedio de tres horas y cuarto al día en ver la televisión, y la mayor parte la dedicamos a este tipo de programas. ¿Por qué nos gusta ver esa procesión de víctimas y verdugos desfilando ante nuestros ojos? Pues bien, entre las razones que podemos encontrar podríamos enumerar éstas:

• Son una forma de olvidar nuestros verdaderos problemas. Al interesarnos por la vida de personas a las que ni siquiera conocemos, nuestra propia vida pasa durante un rato a un segundo plano.

• Alimentan la necesidad de conocer males ajenos para tener temas de los que hablar. Antes de existir los medios de comunicación de masas era mucho más frecuente cotillear sobre la vida y milagros de los vecinos y familiares. Ahora, cada vez tenemos menos oportunidades de hacerlo; pero, gracias a la televisión tenemos información de primera mano sobre todo tipo de desastres.

Últimamente han pasado al primer plano otros *reality shows* más tiernos que tienen al amor como protagonista, y cuyo contenido se basa en manifestaciones de amor en vivo y en directo ... éstos alimentan nuestro romanticismo además de nuestra curiosidad.

---

cotillear *to gossip*
despechado/a *spiteful*
en vivo y en directo *live*
promedio (m) *average*
sensibilidad (f) *sensitivity*
sensiblería (f) *sentimentality*
vida (f) y milagros (mpl) *"life and wonders" – details about someone's life (public and private)*

A Lee el texto y contesta a estas preguntas:

1 ¿Cuáles son los temas principales de estos programas?
2 ¿Por qué tienen tanto éxito?

B Con la ayuda del artículo, traduce al español el siguiente texto.

Most Spaniards spend an average of three and a quarter hours a day watching television. Viewers devote most of this time to "reality shows", which recently have been very successful. These programmes feed our need to know about other people's lives and, by interesting us in their problems, help us to put our own lives aside.

CONSOLIDACIÓN

Estudia: Perfect, p. 206; preterite, p. 204

En el siguiente texto, en el que una mujer nos habla sobre la influencia de un "reality show" en la vida de un amigo, los espacios correspondientes a los verbos están por rellenar. Completa el texto.

Su vida (**1** *cambiar*) por completo desde que (**2** *salir*) en la tele. Sus amigos (**3** *distanciarse*) mucho, e incluso algunos (**4** *romper*) toda relación inmediatamente después de su aparición en el programa. La razón principal es que no creen que sea alguien en quien confiar. Incluso su mujer, de la que está separado, (**5** *decidir*), después de mucho pensárselo, restringirle el acceso a su hijo pequeño. El (**6** *ofrecerse*) a aparecer en el programa porque creía así obtener la atención y comprensión de su familia, pero desde ese día fatídico, no (**7** *tener*) noticias de ellos.

4.7 *La publicidad*

¿Qué impacto tienen las campañas publicitarias, sobre todo en los niños? ¿Son una pérdida de tiempo, o son simplemente una diversión que no hace daño a nadie?

A Lee el texto, luego escribe V, F o ? para las frases 1–7.

V = está claramente de acuerdo con el contenido del texto
F = contradice claramente el contenido del texto
? = no se puede juzgar si está de acuerdo con el texto o no

1 Brad Bushman es psicólogo en el Canadá.
2 La universidad pagó los gastos de los participantes en el estudio.
3 Había muchos estudiantes en el grupo.
4 Podían recordar los anuncios sin problema.
5 Se trata de las películas violentas.
6 Los televidentes no pueden absorber el mensaje del anuncio.
7 A los estudiantes no les gustaban las películas violentas.

Los anuncios y la violencia no van unidos

Ver en televisión películas con escenas de cierta violencia parece que produce *amnesia publicitaria*. En un estudio realizado por Brad Bushman, psicólogo de la Universidad de Iowa State en Ames (EE.UU.), con un numeroso grupo de estudiantes voluntarios, observó que a éstos les resultaba difícil recordar las marcas y detalles de los anuncios que habían salido en pantalla después de una película de tinte violento. "Estos films agresivos hacen que, en vez de recibir el mensaje del anuncio, los telespectadores estén tratando de calmarse", dice Bushman.

Product placement
La publicidad encubierta invade, poco a poco, el cine y las series televisivas.

B *¡Mamá, cómprame!*

Escucha el reportaje y busca la siguiente información. Toma notas en español.

1 Cuatro tipos de programa que los niños prefieren.
2 Tres ejemplos de marcas comerciales.
3 Tres segmentos del mercado infantil.
4 Dos tipos de ídolo para los mayores de doce años.
5 El porcentaje de la compra de la familia representado por los niños.
6 Tres elementos del consumidor lúcido.
7 Tres grupos que, según el reportero, son culpables de todos los males.
8 Dos juegos callejeros de antaño.
9 Cuatro posibilidades para hoy en día.
10 Tres cosas que pueden hacer los niños en estos sitios.
11 Tres sugerencias que los adultos pueden hacer a los hijos.
12 Una cosa que tienen todos los televisores.

C *Punto de radio – coches*

Escucha los cuatro anuncios de coches **a–d**.

1 Para cada anuncio, elige el grupo al que va dirigido.

Ejemplo: **a** hombres de 25–35 años

2 Corrige los errores en las siguientes frases.
 a El anuncio para el Golf ocurre en una tienda.
 b El hombre que habla en el anuncio del Golf quiere ejercitar su pierna izquierda.
 c El coche que se asocia con Tarzán es el Clio.
 d Los coches que se ofrecen a precios bajos se encuentran en la Avenida de las Jubias.
 e No se puede comprar un Opel el sábado.
 f El Clio tiene airbag, CD y faro de doble.

D

1 Empareja los títulos con los párrafos. ¡Ojo! Sobran dos títulos.

El bombardeo publicitario

1
En el hábito consumista de los más pequeños juegan una baza fundamental los medios de comunicación, que bombardean a los futuros adultos del siglo XXI. Hace dos años, en un estudio sobre la campaña navideña de juguetes en televisión, los alumnos de la Universidad Autónoma de Madrid contabilizaron entre doscientos veinte y doscientos cincuenta anuncios emitidos en cuatro horas de programación infantil. En la misma línea, la agencia Media Planning habla de cuarenta y seis mil novecientos setenta y tres *spots* emitidos durante el pasado mes de septiembre.

2
"Hay que promover valores que contribuyen a racionalizar el consumo de los niños, de lo contrario puede llegar a ser peligroso. Y en esto los padres juegan un papel fundamental," señala Alejandra Navarro, psicóloga.

3
Ella y su colega Cuadrado advierten de las frustraciones que padecen muchos pequeños al no poder acceder a determinadas marcas y quedar marginados al comparar sus adquisiciones con las de sus amigos.

4
Los cambios a la hora de divertirse también repercuten en el bolsillo familiar. "Yo cuando era pequeño me pasaba el día en la calle, no necesitaba dinero para divertirme; y ahora a mis hijas parece que les ha hecho la boca un fraile." Miguel recuerda que hace treinta años, él se lo pasaba en grande jugando a las chapas, al fútbol o a las canicas e incluso a veces a la comba o a la goma con las niñas. Sin embargo, ahora se queja de lo caras que salen sus hijas. Y encima tiene cuatro, de dieciocho, catorce, nueve y siete años.

Títulos:
a El padre compara su juventud con la de sus hijas.
b Los niños son esclavos de la tele.
c Los padres deben promover los valores positivos.
d Los niños están expuestos a mucha publicidad.
e Quedan marginados si no tienen ciertas marcas.
f Los tres temas que sensibilizan al mundo que rodea a la infancia.

2 Ahora, haz un resumen en inglés de la información más importante del artículo.

E *Punto de radio – tiendas*

Escucha los cuatro anuncios y contesta las preguntas en español.

1 ¿Qué día Mobilar está abierto hasta tarde?
2 ¿Cuántas plantas tiene Mobilar?
3 ¿Qué oferta hay en Alcampo este mes?
4 ¿Qué descuento se ofrece en Muebles Arume?
5 ¿En qué consisten las rebajas de Mercamueble?

CONSOLIDACIÓN

Estudio: Present subjunctive, p. 207

Escucha otra vez el anuncio para Alcampo (Ejercicio E), luego traduce las siguientes frases al español, utilizando la palabra "que".

1 I've persuaded Ana to come to the cinema with us.
2 He persuaded me to buy that game!
3 No advert will persuade me to change my mind.
4 I'll make sure he's OK.
5 He's making sure the work is finished.
6 We'll make sure she gets home safely.

CONSOLIDACIÓN

Estudia: Perfect, p. 206; pluperfect, p. 206

1 El señor Tiquismiquis va a salir de vacaciones, pero antes de salir de casa, tiene que discutir varias cosas con su mujer. Pon los verbos del diálogo en el tiempo perfecto:

El señor Tiquismiquis: A ver, cariño, ¿(*cerrar*) las ventanas?
La señora Tiquismiquis: Sí, (*cerrar*) las ventanas.
El señor T: ¿(*apagar*) el televisor?
La señora T: Sí, (*apagar*) el televisor.
El señor T: ¿(*Coger*) los pasaportes?
La señora T: Sí, (*coger*) los pasaportes.
El señor T: ¿(*Dar*) de comer al gato?
La señora T: Sí, (*dar*) de comer al gato.
El señor T: ¿(*Cambiar*) el dinero?
La señora T: Claro que lo (*cambiar*).
El señor T: ¿(*Vaciar*) la nevera?
La señora T: Sí, la (*vaciar*).
El señor T: ¿(*Poner*) las llaves en el bolso?
La señora T: No, se las (*dejar*) a la vecina.
El señor T: Ah, sí. Ahora estamos listos. Podemos salir.
La señora T: Pero cariño, ¡(*dejar*) abierta la puerta!

2 Completa la historia, poniendo los verbos en el pluscuamperfecto.
El señor Despistado bajó a la cocina para lavar la ropa. Abrió la lavadora, y encontró dentro una barra de pan. ¿Cómo (*ocurrir*) eso?

Pues la noche anterior, (*sonar*) el teléfono a eso de las seis. Su amigo le (*invitar*) a cenar en un restaurante. (*Salir*) a las nueve, y (*tomar*) una copa con su amigo en un bar cerca del restaurante. (*Cenar*) juntos a las diez; (*comer*) una paella muy rica y (*beber*) una botella de vino tinto. Después de cenar su amigo le (*ofrecer*) un coñac con el café, y a eso de la una de la madrugada, el señor Despistado (*darse cuenta*) de que (*perder*) el último autobús, así que (*volver*) a casa a pie. De camino (*comprar*) el pan para el desayuno en un supermercado abierto veinticuatro horas, y al entrar en casa (*acordarse*) de que no (*lavar*) la ropa esa semana. (*Abrir*) la lavadora, pero en vez de poner la ropa dentro, (*poner*) la barra de pan que tenía en la mano.

4.8 *Los medios – ¿qué opinan los españoles?*

Escucha a estos jóvenes españoles, que hablan sobre la prensa, las noticias y la publicidad.

A   Nuria, José y Llorenç hablan de los periódicos de España y los de Inglaterra. Escucha y corrige las frases falsas.

1 La prensa escrita en España se parece mucho a la de Inglaterra.
2 En España existe una prensa de tabloides muy popular.
3 Los periódicos españoles se parecen a los periódicos ingleses como el *Guardian*.
4 Los periódicos españoles no tratan temas muy serios.
5 Los periódicos españoles no tienen una orientación política muy clara.
6 Se intentó publicar un periódico tabloide en España, pero fue un fracaso.
7 La prensa del corazón sirve como prensa tabloide en España.
8 Del tipo tabloide, lo único que existe es un periódico sobre cine.
9 El periódico de deporte más vendido se llama *ABC*.
10 Los periódicos españoles son más manejables en el tren o el autobús.
11 En un periódico español se analizan las noticias más que en uno inglés.
12 En un periódico inglés aparece información de casi todos los lugares.

B   Escucha a Maribel y Blanca y contesta las preguntas en español.

1 ¿Por qué prefiere Blanca la televisión para las noticias?
2 ¿Por qué prefiere la madre de Maribel la radio?
3 ¿Qué escuchan los hermanos de Maribel?
4 ¿Cuándo escucha la radio Blanca sobre todo?
5 ¿Y Maribel? ¿Por qué?
6 ¿Cuándo lee Maribel el periódico?
7 ¿Qué otros problemas hay con el periódico, según las chicas?

C   ¿Cuáles de estas opiniones sobre anuncios son positivas, y cuáles son negativas?

D   Escucha la conversación. ¿Verdadero, falso o no se sabe?

1 No hay muchos anuncios sexistas en la televisión.
2 Muy a menudo la publicidad está dirigida a un público muy particular.
3 Generalmente, a las mujeres no les gustan los anuncios de coches.
4 Los vendedores siguen utilizando la estrategia del anuncio sexista porque la estrategia sigue funcionando.
5 Los anuncios del alcohol siempre muestran a una mujer muy sexy bebiendo el producto.
6 Los anuncios de coches utilizan muchos efectos especiales.
7 Estos anuncios atraen sólo a los hombres.
8 Los anuncios dirigidos a las amas de casa son de una calidad superior.

1 Yo creo que ya lo aprovechan para bombardearnos un poco, sobre todo cuando llega la Navidad.

2 Es muy visual.

3 No me deja huella un anuncio de radio.

4 Es que, a mí, me parece un rollo tremendo.

5 Sí que me ayuda y me decido a comprar cosas.

6 Los anuncios en la televisión son un medio efectivo de anunciar un producto.

7 Yo tengo tendencia a ir por un producto si me ha gustado el anuncio.

8 Cada diez minutos te interrumpen la película.

9 La tele sí te ayuda.

E Blanca, José y Llorenç hablan sobre la publicidad en la tele. Rellena los espacios con la palabra correspondiente de la grabación.

1 el .... de la publicidad
2 un constante .... de anuncios
3 yo estoy, en realidad, ...
4 un .... que no se ha puesto a la publicidad
5 publicidad para niños está .... a los padres .... una manera un poco ....
6 incitar a los niños que .... a sus padres a que les .... cosas
7 se .... mucho a los niños
8 utilizan el fútbol como .... para que se .... ese producto
9 son como más .... y son más .... también
10 parece muy .... es una .... de la .... que la publicidad tiene
11 del dinero que se .... en ella
12 otra manera de .... también la publicidad

F

1 Haz una presentación de unos tres minutos sobre un anuncio que te ha hecho reír, o que te ha enfadado. Describe el anuncio y explica por qué te ha conmovido.

2 ¿Cuáles son las diferencias en tu opinión entre los periódicos de la prensa tabloide y los periódicos de gran formato en Inglaterra? ¿Tienes alguna preferencia? ¿Por qué?

4.9 *Impacto TV*

Hay una afición del público para los programas que muestran la actualidad: los desastres, la violencia en las carreteras, etc. en cuanto se producen los acontecimientos. ¿Es pura diversión, o algo más pernicioso? ¿Es una afición malsana? Lee el siguiente texto sobre un programa muy popular.

domicilio (m) *home*
estrenar *to mark the debut of*
etapa (m) *stage*
rescate (m) *rescue*
rodar *to film*

En Antena – Programas
Antena 3 Televisión

Impacto TV

Antena 3 Televisión — Programas

Presentado por Carlos García Hirschfeld y Silvia Jato, **"IMPACTO TV"** estrena un concepto televisivo nuevo en España en el que la imagen es la gran protagonista. Todas las imágenes que ofrece el programa tienen como característica común el haber sido rodadas mientras el suceso se produce, no después. **"IMPACTO TV"** lleva a la pantalla el aspecto más inusual, inolvidable y diferente de la vida real con imágenes que sorprenden e informan.

Desde el asesinato de Kennedy a la explosión del Challenger, pasando por el rescate de los náufragos de una inundación, el origen de los materiales que alimentan **"IMPACTO TV"** es de lo más variado. En una primera etapa, los fondos del programa procederán básicamente de formatos de televisión o productoras norteamericanas, del archivo documental de ANTENA 3 y de videoaficionados españoles.

Si dispone de grabaciones con imágenes de carácter noticioso de cualquier parte del mundo, llame al teléfono 902 443 443 o rellene el formulario de la página de "Contacto". **"IMPACTO TV"** recogerá el material en su domicilio y gratificará a aquellas personas que colaboren con el programa.

Director: Julio Sánchez
Subdirector: Eduardo Mendoza y Silvia Salgado
Productor: Carlos Navarro

Realizador: Juan Pérez Cabrera
Presentadores: Carlos García Hirschfeld y Silvia Jato

Programación   Contacto A3   Novedades   Trial   Antena 3 Televisión

A ¿Son verdaderas o falsas estas frases? Corrige las frases falsas.

1 "Impacto TV" es una idea nueva en España.
2 Carlos García Hirschfeld y Silvia Jato son los protagonistas.
3 Las imágenes se filmaron mientras el acontecimiento tenía lugar.
4 La primera serie consiste exclusivamente en filmaciones de EE.UU.
5 Hay una recompensa para cada grabación procedente del público utilizada en el programa.

C Busca en el texto una palabra o una frase que signifique:

1 El acto de salvar la vida a una persona en peligro
2 La muerte violenta de una persona de manera criminal
3 Lo que se ve en la pantalla
4 Dará una recompensa
5 Los programas grabados en el pasado
6 Las cintas de vídeo que tratan de sucesos extraordinarios
7 Vendrá a casa por las grabaciones
8 La hoja de solicitud
9 Estadounidenses
10 Personas que graban cintas de vídeo como pasatiempo

E ¡Tu turno!

Lee otra vez la descripción de "Impacto TV" (página 78). ¿Te gusta este tipo de programa? Escribe unas 150 palabras en español contando lo que piensas.

SALGO EN LA TELE LUEGO EXISTO

B Traduce el segundo párrafo al inglés ("Desde el asesinato de Kennedy …").

D *Cara a cara*

Persona A: Quieres ver la televisión esta tarde, y en particular quieres ver "Impacto TV". Trata de persuadir a tu pareja para que vea el programa. ¿Qué te gusta de este tipo de programa? ¿Por qué tienes tantas ganas de verlo?

Persona B: No te apetece tanto ver "Impacto TV". Prefieres los documentales, y te sientes un poco a disgusto. Este tipo de programa para ti puede ser una invasión de la vida privada de la gente, sobre todo cuando se trata de muerte o de desastres. Te toca a ti sugerir otras actividades.

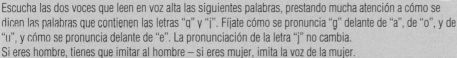

¿Cómo se dice … "g", "j"?

Escucha las dos voces que leen en voz alta las siguientes palabras, prestando mucha atención a cómo se dicen las palabras que contienen las letras "g" y "j". Fíjate cómo se pronuncia "g" delante de "a", de "o", y de "u", y cómo se pronuncia delante de "e". La pronunciación de la letra "j" no cambia.
Si eres hombre, tienes que imitar al hombre – si eres mujer, imita la voz de la mujer.

los dibujos animados, las series y los **j**ue**g**os
se**g**uidos por documentales
toman a sus persona**j**es como ima**g**en
persona**j**es de Disney
"extran**j**eros íntimos"
Por lo **g**eneral el ob**j**etivo de las marcas …
golosinas o **j**u**g**uetes pequeños
no de**j**arse convencer
no se puede **j**u**g**ar … al te**j**o
hacer e**j**ercicio físico
tu hi**j**o por e**j**emplo
y que **g**ane el me**j**or

CONSOLIDACIÓN

Estudia: Future, p. 206; object pronouns, p. 198

La madre está enojada. El dormitorio del hijo está hecho una pocilga, y el hijo es muy perezoso. Nunca hace hoy lo que se puede hacer mañana. Escribe las respuestas del hijo a las instrucciones de la madre, como en el ejemplo.

Ejemplo: ¡Arregla tu armario! Lo arreglaré mañana.

1 ¡Haz los deberes!
2 ¡Plánchate la camisa!
3 ¡Dobla las camisetas!
4 ¡Lleva los vasos a la cocina!
5 ¡Pasa la aspiradora!
6 ¡Saca la basura!
7 ¡Quita el polvo del escritorio!
8 ¡Recoge la ropa sucia del suelo!
9 ¡Pon los calcetines en el cajón!
10 ¡Limpia las ventanas!

4.10 *Televisión por cable*

Con Internet y los sistemas de televisión por cable, hay posibilidades que ni siquiera podemos imaginar.

SEVILLA
Sistemas de Cable

¿QUIÉN ES SEVILLA SISTEMAS DE CABLE?

Sevilla Sistemas de Cable es una sociedad creada específicamente para construir y gestionar el sistema de telecomunicaciones por cable de fibra óptica en la ciudad de Sevilla.

¿QUÉ ES UNA RED DE CABLE DE FIBRA ÓPTICA?

Una red de cable de fibra óptica es un sistema avanzado de comunicación con capacidad ilimitada de transmisión de señales de voz, imagen y datos al que puede conectarse su hogar.

Algunos de los servicios que prestamos están ya disponibles en Sevilla y en España (por ejemplo, la televisión por cable) y otros se irán incorporando próximamente (como el teléfono, acceso a Internet, telecompra, etc.). Algunos de ellos ni siquiera podemos imaginarlos.

¿QUÉ SERVICIOS PUEDEN PRESTARSE?

Todos los hogares conectados a la red de Sevilla Sistemas de Cable pueden acceder de forma inmediata y a corto plazo a los siguientes servicios:

- Televisión por cable: éste es el primer servicio disponible que permite a sus abonados elegir la programación deseada las 24 horas del día, entre las áreas temáticas siguientes: cine, deportes, documentales, infantil, noticias, entretenimiento general y canales internacionales. A este servicio le seguirán otros servicios como: películas a la carta, pago por programa, etc.
- Servicios de telefonía: servicios de telefonía digital alternativos a los prestados por la empresa Telefónica, S.A.
- Telecompra.
- Banco en casa.
- Acceso a Internet (alta velocidad) y a otras bases de datos.
- "Hogares inteligentes": servicios de seguridad, medida de contadores, etc.

¿QUÉ VENTAJAS OFRECE MULTIVISIÓN SOBRE OTROS SISTEMAS DE TELEVISIÓN?

MulTiVisión aporta ventajas definidas sobre otros sistemas de televisión:

- La posibilidad de elegir la programación que desee ver en cada momento entre las siguientes áreas temáticas: CINE, DEPORTES, DOCUMENTALES, INFANTIL, MÚSICA, NOTICIAS, ENTRETENIMIENTO E INTERNACIONAL.
- Servicios avanzados: gracias a las posibilidades tecnológicas e interactivas del cable, podrá disfrutar de servicios como películas a la carta, pago por programa, etc.
- Constante actualización e incorporación de nuevos canales seleccionados entre la mejor oferta televisiva existente en cada momento.
- Máxima calidad de imagen sin interferencias de ningún tipo.
- Garantía técnica total con nuestro servicio de atención al cliente.
- Sencillez de trabajo.
- Precio muy competitivo.

http://www.ingenia.es/petrel/empresas/multivis.html

A Lee la información sobre "Sevilla Sistemas de Cable" y apunta una palabra en español que signifique:

1 que no tiene límites
2 que se puede utilizar ahora mismo
3 la capacidad de comprar cosas sin salir de casa
4 una casa
5 ahora mismo y en el futuro próximo
6 la gente que ha pagado para recibir el servicio
7 las emisiones suministradas por las compañías de televisión
8 una emisión que no se puede ver sin abonarse

B Trabajas para una compañía de televisión por cable, y tu jefe te da el artículo que encontró en Internet. Quiere saber la gama de servicios prestados por esta compañía española. Traduce al inglés el párrafo que empieza "¿Qué servicios pueden prestarse?"

C *Cara a cara*

Persona A: Tu amigo/a ha venido desde su país. Mira otra vez la información sobre "Sevilla Sistemas de Cable" y explica a tu amigo/a en qué consiste este sistema. Trata de persuadirle/la de que solicite los servicios de este sistema hasta que le visites en su país el año próximo.

Persona B: No ves mucho la tele en casa en tu país – prefieres una vida más activa, y te gusta practicar deporte. No estás convencido/a de los beneficios de un sistema de cable, y crees que el abono va a costar demasiado. Para ti, significa más programas que no vas a ver.

D ¿Cuáles son las ventajas y los inconvenientes de un sistema de televisión por cable? Escribe unas 150 palabras en español resumiendo la cuestión.

¡EXPRÉSATE!

Hay muchas frases en español para dar tu opinión. Copia y completa la tabla con una frase inglesa que corresponda a cada frase española.

español	inglés
es vergonzoso que . . .	
no estoy ni a favor ni en contra de . . .	
me parece lógico que . . .	
la sociedad no puede soportar . . .	
es intolerable que . . .	
a mi modo de ver . . .	
ésta no es una opinión que yo comparto	
me preocupa que . . .	
eso sería demasiado optimista	
parece mentira que . . .	
es inútil . . .	
mucha gente piensa que . . .	
uno debe ponerse en contra de . . .	
estoy a favor de . . .	
estoy en contra de . . .	
(no) me sorprende que . . .	
en mi opinión . . .	
a nadie le importa si . . .	
es lamentable que . . .	
es difícil de imaginar que . . .	

4.11 *El teléfono móvil*

El teléfono celular – ¿ha liberado a la gente, o la ha condenado a otro tipo de cárcel?

¿Los celulares provocan cáncer cerebral?

Un estudio realizado por el médico sueco Lennart Hardell demostraría que las radiaciones que emiten los teléfonos celulares aumentan considerablemente el riesgo de padecer algún tipo de cáncer en el cerebro. El personaje ha saltado a la luz pública después de que el tema fuese tratado por la BBC. El análisis indica que puede existir una relación entre la utilización intensiva de teléfonos móviles y algunas formas poco frecuentes de cáncer cerebral, concluyendo que es necesario investigar más sobre el tema. Los fabricantes de estos aparatos coinciden en que es necesario realizar más estudios para confirmar que no existe ningún problema, pero rechazan admitir que sus teléfonos produzcan directamente algún mal a la salud.

No obstante, el "National Radiological Protection Board" del Reino Unido considera que este estudio es poco fiable debido a las imprecisiones estadísticas que contiene y al reducido número de casos estudiados.

www.shout.com.ar

A Lee el reportaje sobre los teléfonos móviles y el cáncer. Busca en el texto una palabra o una expresión española que signifique:

1 carried out
2 Swedish
3 cellphones
4 to suffer
5 manufacturers
6 they refuse
7 not trustworthy
8 statistical inaccuracies

B Estás haciendo tus prácticas laborales en una compañía que vende teléfonos celulares. El gerente ha visto el reportaje en Internet, y te ha pedido un resumen del artículo. Haz un resumen en inglés con la información más significativa.

C *Cara a cara*

Persona A: Acabas de comprar un teléfono móvil, y se lo estás enseñando a tu pareja. Estás muy entusiasmado/a, y tratas de explicar a tu pareja las ventajas del aparato, con la intención de persuadirle/la de que se compre uno.

Persona B: No estás convencido/a de las ventajas de los teléfonos móviles. Te parece que pueden ser peligrosos. Trata de explicar a tu pareja los peligros del uso de teléfonos móviles. Utiliza el artículo como ayuda.

D El teléfono móvil – ¿bendición o maldición? Utiliza las notas de al lado para escribir unas 150 palabras sobre las ventajas e inconvenientes de poseer un teléfono celular.

+	–
mujer sola – noche – coche averiado	la salud
tren lleva retraso	innecesario – hay cabinas públicas
último autobús perdido – avisar a los padres para que no se preocupen, ¡o para que vengan a buscarte!	muy pesado – cafeterías, restaurantes, cines, teatros
accidente de carretera – avisar a los servicios de emergencia	peligroso – aviones, hospitales
útil para los médicos, los veterinarios, etc. cuando tienen que estar disponibles	costoso

4.12 *La radio hoy en día*

¿Hay un papel para la radio en el mundo actual?

La Radio en España

La radio es un elemento muy importante de la vida diaria de un ciudadano español medio. España es un país en el que a la gente le encanta escuchar radio, hasta el punto de que sería difícil entender la cotidianeidad sin ella, por lo cual no nos puede extrañar que algunos de los periodistas más respetados e influyentes trabajen en ese medio.

Los españoles nos levantamos con la radio, escuchamos la radio en el trabajo, en el autobús, en el taxi o en la cama. De hecho, vuestros Guías están escuchando *Carrusel Deportivo* (el magazine de deportes del fin de semana) mientras escriben este artículo.

La radio, de hecho, es un elemento de la cultura española. La gente siguió el fallido golpe de estado de 1981 a través de la radio. La gente escucha los debates sobre la actualidad más candente en sus emisoras favoritas. La gente aún recuerda a Matías Prats narrando el gol de Zarra contra Inglaterra. Al menos dos generaciones han crecido escuchando *radionovelas*. Estos son algunos ejemplos de la importancia de este medio para la sociedad española.

spanishculture.miningco.com

A Lee el texto. ¿Verdadero o falso? Corrige las frases falsas.

1 A muchos españoles no les gusta la radio.

2 Los españoles escuchan la radio en muchos sitios diferentes.

3 *Carrusel Deportivo* se emite todos los días de la semana.

4 Los españoles se enteraron del golpe de estado del 23 de febrero de 1981 por medio de la televisión.

5 Matías Prats es comentarista de deportes.

6 Las radionovelas son un nuevo tipo de programa.

B *¡Tu turno!*

Prepara una presentación de unos tres minutos sobre el papel de la radio en la vida moderna. Utiliza estas preguntas y la información de esta página como ayuda:

• ¿Te gusta escuchar la radio?
• ¿Cuándo la escuchas más?
• ¿Dónde la escuchas?
• ¿Qué tipo de programa te gusta?
• ¿Escuchas la radio para informarte o para relajarte?
• ¿Utilizas la radio como un tipo de papel pintado en audio, es decir sólo por el ruido que hace porque odias el silencio total?
• "Las obras teatrales son mejores en la radio porque es la imaginación la que crea los personajes y las escenas, y no el capricho de un director." ¿Estás de acuerdo con esta afirmación o no?
• ¿Prefieres ver en la televisión un acontecimiento de gran popularidad, por ejemplo la boda de un miembro de la familia real, o escucharlo en la radio?
• ¿Para quién es muy importante la radio?

¡Infórmate!

La radio

◆ Dígame con qué frecuencia escucha cada uno de los siguientes tipos de programas de radio.
Sólo a aquellos que declaran escuchar la radio: N = 1.816

cis.sociol.es

	% habitualmente
Noticias/informativos	47
Programas de música moderna	28
Tertulias	21
Magazines/programas de entrevistas	19
Programas o retransmisiones de fútbol	16
Programas culturales/divulgativos	12
Otros programas o retransmisiones deportivas	11
Programas de música clásica	7
Seriales	1

unidad 5
Un viaje por España

En esta unidad vamos a conocer las regiones españolas en mayor profundidad y descubrir las diferencias culturales, geográficas, climáticas y gastronómicas que existen entre ellas.

En esta unidad vamos a consolidar tu conocimiento de los siguientes puntos gramaticales:

- adjetivos *(adjectives)*
- presente de subjuntivo *(present subjunctive)*
- negativos *(negatives)*
- imperfecto de subjuntivo *(imperfect subjunctive)*
- futuro *(future)*
- el uso de "lo" *(use of* lo*)*

5.1 *Estereotipos*

¿Hay un carácter típico español? ¿O piensas que es peligroso hablar de estereotipos?

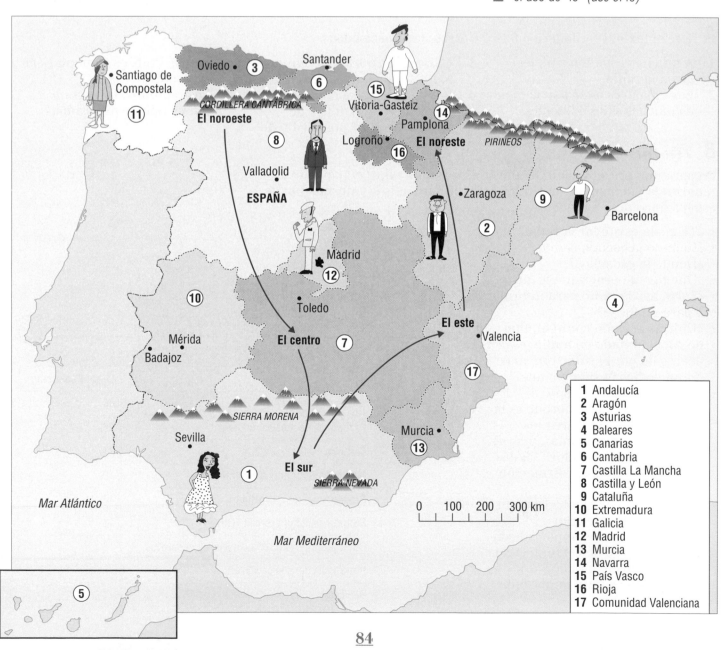

1	Andalucía
2	Aragón
3	Asturias
4	Baleares
5	Canarias
6	Cantabria
7	Castilla La Mancha
8	Castilla y León
9	Cataluña
10	Extremadura
11	Galicia
12	Madrid
13	Murcia
14	Navarra
15	País Vasco
16	Rioja
17	Comunidad Valenciana

¡Cómo somos!

Una encuesta del CIS (Centro de Investigaciones Sociológicas) revela un lento abandono de los arquetipos regionales. El madrileño es menos chulo; el catalán, menos tacaño; y el gallego, menos reservado.

La sangre latina que corre por las venas de los españoles hace pensar en su homogeneidad de espíritu. Una encuesta realizada por el CIS demuestra lo contrario. Las principales características de unos y otros, extraídas de las respuestas más frecuentes de los 3.000 encuestados en toda España, marcan unos estereotipos muy diferenciados entre sí. Los madrileños, chulos; los andaluces,

alegres; los catalanes, tacaños; los gallegos, supersticiosos. También hay unanimidad en la nobleza de los aragoneses y en la seriedad de los castellanos.

La personalidad de cada región no parece cambiar con el paso del tiempo. Nadie duda a estas alturas de la gracia y la alegría que caracterizan a los andaluces. Sin embargo, los andaluces cargan con la fama de ser poco trabajadores y la culpable de este calificativo parece ser su adicción a la juerga.

En Galicia hay menos tiempo para la diversión. El misterio y la superstición esculpen el carácter y la fama de los

habitantes del noroeste de la Península. Son amantes de la tierra que les vio nacer. Tienen fama en el resto de la Península de ser cerrados y desconfiados.

Los vascos tienen fama de separatistas ante los ojos del resto de los españoles pero también se les ve esencialmente como personas nobles, generosas, muy amantes de su tierra.

Entre los que peor fama tienen están los catalanes que son considerados tacaños, independientes, orgullosos, emprendedores y cerrados.

cis.sociol.es

A Copia y completa la tabla con las palabras que correspondan.

Región/ciudad	un hombre es . . .	una mujer es . . .	los hombres son . . .	las mujeres son . . .
Madrid	madrileño			
Galicia				
			andaluces	
		catalana		
Aragón				
				castellanas
País Vasco			vascos	

calificativo (m)	*label, description*
desconfiado/a	*untrustworthy*
emprendedor(a)	*entrepreneurial*
encuesta (f)	*survey*
esculpir	*to sculpt, create*
juerga (f)	*partying*

B

1 De acuerdo a la información contenida en el texto y en la casilla ¡Infórmate!, ¿cómo son los habitantes de estas comunidades de España?
   a Andalucía
   b Cataluña
   c País Vasco
   d Galicia
   e Madrid
2 Haz un resumen de 150 palabras en español sobre las características de las diferentes comunidades españolas que has apuntado.

¡Infórmate!

Estereotipos regionales

Todos tenemos una opinión, una imagen general sobre el modo de ser de los habitantes de las diferentes Comunidades Autónomas. ¿Cómo cree que son en general los habitantes de cada una de las Comunidades Autónomas? ¿Cuáles son, a su juicio, sus rasgos más característicos?

Rasgos comunes a todos

	Buena gente	Amantes de su tierra	Trabajadores	Amables
Andaluces	26	15	9	19
Aragoneses	30	17	12	12
Castellanos	30	13	15	11
Catalanes	12	18	27	5
Gallegos	27	21	17	11
Madrileños	22	9	9	13
Valencianos	24	18	15	12
Vascos	19	20	15	6

Rasgos diferenciales
Andaluces

	Estereotipo	Vistos por sí mismos	Vistos por los demás
Alegres	46	44	47
Graciosos	25	21	26
Juerguistas	21	15	22
Charlatanes	11	5	13
Hospitalarios	10	17	9

Catalanes

	Estereotipo	Vistos por sí mismos	Vistos por los demás
Tacaños	32	15	35
Independientes	18	13	19
Orgullosos	11	6	12
Emprendedores	11	14	10
Cerrados	14	12	14

Gallegos

	Estereotipo	Vistos por sí mismos	Vistos por los demás
Cerrados	11	7	12
Supersticiosos	10	6	10
Cariñosos	9	7	9
Desconfiados	9	13	8
Sencillos	9	6	9

Madrileños

	Estereotipo	Vistos por sí mismos	Vistos por los demás
Chulos	35	19	37
Abiertos	15	29	12
Orgullosos	13	7	14
Hospitalarios	11	25	8
Alegres	9	16	8

C   *Cara a cara*

¿Cuáles son los estereotipos que existen sobre tu país?

Persona A: Crees en los estereotipos, incluso los que existen sobre tu país. Trata de convencer a tu pareja de que los estereotipos reflejen la realidad.

Persona B: No estás de acuerdo con los estereotipos en general y tampoco con los que existen sobre tus compatriotas. Trata de convencer a tu pareja de que los estereotipos no tengan ninguna base.

CONSOLIDACIÓN

Estudia: Adjectives p.194

Completa las frases con la forma apropiada del adjetivo, atendiendo al género (femenino o masculino) y al número (singular o plural).

1 Los ejercicios son *(difícil)*.
2 Nadie ponía en duda que Juan fuera *(inteligente)* y *(capaz)*.
3 Los vascos tienen fama de ser *(noble)*, *(generoso)* y también *(separatista)*.
4 María estaba considerada como una persona demasiado *(independiente)* y *(orgulloso)*.
5 Mis amigos *(andaluz)* son muy *(alegre)*, *(emprendedor)* y *(entusiasta)*.
6 El personaje de Emma en la película *Herida de muerte* es el de una mujer *(apasionado)*, *(efusivo)* y *(amante)* del riesgo.
7 Theodora es *(griego)*, *(originario)* de Thessaloniki e hija de padres *(egipcio)*.
8 Sus niños comen *(demasiado)* dulces y tienen, por ello, tendencia a ser *(obeso)* y poco *(saludable)*.

¡Infórmate!

¿Cómo son los españoles y los europeos?

¿Qué rasgos, en su opinión, caracterizan a los españoles en general? ¿Y a los europeos?

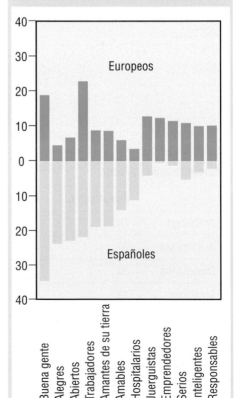

5.2 *El norte y el sur*

A Antes de escuchar la conversación, trata de adivinar lo que la gente dice sobre las diferencias entre el norte y el sur de España, teniendo en cuenta lo que has leído en 5.1. Fíjate en estos aspectos:

- el clima y el interés turístico
- la gastronomía
- la gente

B Busca las palabras de la conversación que se corresponden a las siguientes frases inglesas.

1 If you had to choose between . . .
2 I would also choose . . .
  because you cannot risk . . .
3 Besides, I prefer the north . . .
4 It's also worth mentioning . . .
5 . . . attract me a lot.
6 I don't like the southern beaches at all.
7 Talking about stereotypes is a little dangerous.
8 with respect to . . .
9 Perhaps the fact that you select the south . . .
10 I'm happy with . . .

C *¿Quién dice qué?*

Identifica quién expresa las siguientes opiniones:

1 El clima del norte me parece más interesante.
2 Es importante que haga buen tiempo.
3 La gente del norte todavía conserva sus tradiciones.
4 El clima influye en el carácter de la gente.
5 Para la gente del norte la amistad es algo muy importante.
6 La gente del sur es muy creativa.
7 En la gastronomía del sur se encuentra de todo.
8 La gastronomía es un aspecto importante de la vida.

D *Cara a cara*

1 Trabajando con un(a) pareja, identifica las diferencias entre el norte y el sur de acuerdo con los siguientes aspectos:

- clima
- luz
- playas
- carácter de la gente
- gastronomía

2 Ahora discute con tu pareja las diferencias entre el norte y el sur en tu país. Utiliza las expresiones que aparecen en la conversación.

E Elige una ciudad o una región británica que conozcas bastante bien. Imagínate que trabajas para el departamento de turismo. Escribe un texto de unas 150 palabras sobre tu ciudad/región para un folleto dirigido a turistas españoles. No olvides mencionar aspectos como:

- el clima
- la riqueza artística
- la gente
- la gastronomía
- los lugares de recreo

---

arriesgar   *to risk*
autóctono/a   *native, indigenous*
calentito/a   *nice and warm*
chipirón (m)   *small cuttlefish*
estropear   *to ruin*
juergista   *fun-loving, party animal*
nécora (f)   *type of seafood similar to a crab*
percebe (m)   *goose barnacle (type of seafood)*
raba (f)   *fried squid ring*
recatado/a   *reserved*

CONSOLIDACIÓN

Estudia: Present subjunctive p.207

Completa las siguientes expresiones utilizando el subjuntivo:

1 Me gusta que el agua *(estar)* caliente.
2 Me llama más la atención que el paisaje *(ser)* verde.
3 Odio que *(llover)*
4 Me molesta que el avión *(retrasarse)*.
5 No puedes arriesgarte a que te *(cancelar)* la reserva.
6 No creo que *(ser)* ciertos los estereotipos.
7 Preferimos que nos *(servir)* comida del norte.

¿Cómo se dice...?

Escucha los diferentes acentos del norte y del sur. ¿En qué se diferencian? Fíjate en especial en la pronunciación de la "s" y las vocales y las terminaciones de las palabras. Concéntrate en la parte de la entrevista en la que Pilar habla de los estereotipos y de la comida.

El noroeste:
Cantabria y Asturias

5.3 *Cantabria: ríos y montañas*

A Busca en el diccionario y explica **en inglés** el significado de las palabras subrayadas en el texto.

La Cordillera Cantábrica, que se une a los Picos de Europa al suroeste, en el sur, y el mar Cantábrico, al norte, constituyen los límites y la peculiaridad geográfica más notable de Cantabria. La Cordillera pierde altura abruptamente hacia el Cantábrico (menos de 40 km en línea recta) y la atraviesan perpendicularmente los valles fluviales. Esto produce un relieve de montes y collados que van perdiendo altura de sur a norte y que encajonan sendos ríos, torrenciales en su origen y de corto recorrido, que acaban desembocando en el Cantábrico en estuarios y bahías. La parte central de la región se extiende al sur de la Cordillera Cantábrica en dos comarcas, Campoó y Valderredible que se adentran en tierras meseteñas.

Deva, Nansa, Saja, Besaya, Pas, Miera, Asón y Agüera son los ríos principales de oeste a este. Estos ríos forman lindos valles en su descenso, a veces vertiginoso, de la Cordillera al mar. Solo el río Ebro, que surge en Fontibre, en Campoó, no vierte sus aguas al Cantábrico, sino al Mediterráneo, después de su paso en sus primeros kilómetros por tierras de Cantabria, donde queda embalsado en la presa de Arroyo con fines reguladores de su caudal. Esto da lugar a que el Ebro a su paso por Valderredible, después de la presa, sea un río que paradójicamente tenga más caudal en verano que en invierno.

Los valles fluviales caracterizan la Cantabria interior. Pero estos ríos que surcan Cantabria, marcando su peculiar relieve de valles orientados de sur a norte, acaban marcando, también, el relieve de la costa. Su desembocadura en forma de bahías y estuarios marca un litoral en el que se alternan las zonas bajas de estas desembocaduras, con espectaculares formaciones de acantilados. Ríos y regatos acaban su recorrido en el mar formando playas en su entorno rematando una peculiar geografía costera de inigualable belleza y variedad.

Bahías como las de Santander, Santoña, San Vicente de la Barquera y estuarios como los de Tina Mayor, Tina Menor, Suances, Mogro, Ajo y Oriñón se suceden en la costa cántabra, alternando con formaciones de acantilados.

Situados más hacia el norte que la Cordillera, a tan solo 25 km del mar y con alturas superiores a las de la Cordillera, por encima de los 2.000 metros, los Picos de Europa son un espectacular macizo calizo excavado por los ríos en profundos desfiladeros. Y si impresionante resulta el resalte de los Picos en altura, no menos impresionantes resultan sus formaciones subterráneas, con gran número de cuevas y simas de las más grandes de Europa. Pero, si bien cualquier montañero improvisado puede hacer sus rutas de montaña (según la época y condiciones climatológicas), no puede decirse lo mismo de los Picos subterráneos, que sólo están al alcance de especialistas con un alto grado de preparación.

www.periplo.com

B Elige la respuesta correcta de acuerdo con la información del texto.

1 Cantabria es una región **a** de la costa **b** del interior
2 Su relieve es **a** llano **b** montañoso
3 Tiene muchos ríos que desembocan
   a en el Cantábrico **b** tanto en el Cantábrico como en el
   Mediterráneo
4 Los valles fluviales son **a** de formas variadas **b** todos iguales
5 Las bahías y estuarios acaban en
   a precipicios rocosos **b** superficies planas
6 Los Picos de Europa son una cadena de montañas
   a de poca altura **b** muy elevadas
7 Los Picos tienen como atractivo adicional
   a sus cuevas y bellezas subterráneas **b** sus laderas

C *¡Tu turno!*

Escribe un texto de 150 palabras para un póster o panfleto para
promocionar en Madrid el turismo por Cantabria.

5.4 *Santillana del Mar – ciudad medieval*

¡Infórmate! *i*

Cantabria, "La estrella del norte"

Cantabria, una de las Comunidades Autónomas
más pequeñas de España, se encuentra situada en
el centro de la Cornisa Cantábrica, en el norte de la
Península.

Su superficie total es de 5.300 km², incluyendo
200 km de costa, para un perímetro total de
600 km. Su población es de alrededor de 530.000
habitantes, que viven mayoritariamente en el eje
Santander–Torrelavega (más del 60% de la
población).

El Principado de Asturias, al oeste; el Mar
Cantábrico al norte; Vizcaya al este y Burgos,
Palencia y León al sur, establecen sus límites
geográficos.

www.periplo.com/cantabria

Benito Pérez Galdós nos describe la ciudad de
Santillana del Mar, ciudad medieval situada
cerca de Santander y que tiene un encanto
singular.

Santander•

• Santillana del Mar

Al entrar en Santillana parece que se sale del mundo. Es aquella una entrada que dice: "No entres." El camino mismo, al ver de cerca la principal calle de la antiquísima villa, tuerce a la izquierda y se escurre por junto a las tapias del palacio de Casa-Mena, marchando en busca de los alegres caseríos de Alfoz de Lloredo. El telégrafo, que ha venido desde Torrelavega en busca de lugares animados y vividores, desde el momento que acierta a ver las calles de Santillana da también media vuelta y se va por donde fue el camino. Locomotoras nunca se vieron ni oyeron en aquellos sitios encantados. El mar, que es el mejor y más generoso amigo de la hermosa Cantabria, a quien da por tributo deliciosa frescura y fácil camino para el comercio; el mar de quien Santillana toma su apellido, como la esposa recibe el del esposo, no se digna mirarla ni tampoco dejarse ver de ella. Jamás ha pensado hacerle el obsequio de un puertecillo, que en otras partes tanto prodiga; y si por misericordia le concede la playa de Ubiarco, las aviesas colinas que mantienen tierra adentro a la desgraciada villa no le permiten hacer uso de aquel mezquino desahogo. Contra Santillana se conjura todo: los cerros que la aplastan, las nubes que la mojan, el mar que la desprecia, los senderos que de ella huyen, el telégrafo que la mira y pasa, el comercio que no la conoce, la moda que nunca se ha dignado a dirigirle su graciosa sonrisa.

El viajero no ve a Santillana sino cuando está en ella. Desde el momento que sale la pierde de vista. No puede concebirse un pueblo más arrinconado, más distante de las ordinarias rutas de la vida comercial y activa. Todo lugar de mediana importancia sirve de paso a otros, y la calle Real de los pueblos más solitarios se ve casi diariamente recorrida por ruidosos vehículos que transportan viajeros, que los matan si es preciso, pero que al fin y al cabo los llevan. Por la calle central de Santillana no se va a ninguna parte más que a ella misma. Nadie podrá decir: "He visto a Santillana de paso." Para verla es preciso visitarla.

A Elige la opción correcta de acuerdo con la información del texto.

1 ¿Cuándo piensas que se escribió este texto?
  a 1879 **b** 1950 **c** 1995
2 ¿Cuál piensas que era la profesión de Galdós?
  a Un empleado de una agencia de viajes **b** Un escritor
  c Un agricultor de Santillana
3 Él pensaba que Santillana era:
  a como un museo aburrido
  b un lugar que avanzaba con el tiempo
  c un lugar en el que se preservaba el pasado
4 El mar, a pesar de aparecer en su nombre,
  a es un ausente **b** está alejado del pueblo
  c sólo sirve para embellecerlo
5 Todos los elementos de la naturaleza, según el autor,
  a están contra Santillana **b** acompañan la belleza del lugar
  c se pueden ver en ella
6 Santillana es un pueblo
  a en contacto con otros pueblos
  b alejado de las otras poblaciones **c** abandonado
7 En los demás pueblos por la calle Real:
  a no pasa nadie **b** hay mucho tránsito **c** sólo pasan los peatones
8 A Santillana
  a se puede llegar por casualidad **b** hay que ir expresamente
  c sólo se llega a pie

acertar a   *to manage to*
arrinconado/a   *remote, off the beaten track (literally, in a corner)*
caserío (m)   *farmhouse*
ciego/a   *blind*
Derecho (m)   *Law*
desahogo (m)   *relief, comfort*
mezquino/a   *paltry, tiny*
misericordia (f)   *pity*
obra (f)   *work (of literature, art, etc.)*
prodigar   *to lavish*
puertecillo (m)   *little port*
testigo (m)   *witness*

¡Infórmate!

Benito Pérez Galdós

Benito Peréz Galdós (n. Las Palmas, 1843, m. Madrid, 1920) ha sido considerado el escritor español más importante después de Cervantes. Su enorme producción de novelas cortas en las que narra la historia y describe la sociedad del siglo XIX ha hecho que se le compare con Honoré de Balzac y con Charles Dickens.

Nacido en una familia de clase media, Galdós fue a Madrid a estudiar Derecho pero pronto abandonó sus estudios y se dedicó al periodismo. Después del éxito de su primera novela, *La Fontana de Oro* (1870), comenzó una serie de novelas históricas que le dieron un enorme prestigio y que eran el ejemplo de un tipo perfecto de ficción histórica, basado en una investigación meticulosa, utilizando memorias, viejos artículos de periódico y testimonios de testigos. Estas 46 novelas componen el ciclo que se denomina *Episodios Nacionales*. Entre 1880 y 1890 Galdós escribió una serie de novelas de carácter social en las que describió con maestría el ambiente de la España de finales de siglo. Llamadas *Novelas Españolas Contemporáneas*, estas novelas incluyen títulos como *Doña Perfecta*, *La desheredada* y *Fortunata y Jacinta*.

Galdós murió en 1920 en Madrid, ciudad que describió con excelencia en sus obras, después de haberse quedado ciego en 1912. Su influencia en la literatura española ha sido enorme.

¿Cómo se dice...?

Pronunciación

Fíjate en la entonación de las frases largas. Aquí tienes un patrón que te lo muestra. Piensa también que siempre hay que hacer pausas en los signos de puntuación (,;). Lee en voz alta las frases que comienzan con:

1 El camino mismo . . .
2 El telégrafo . . .
3 El mar . . .
4 Contra Santillana . . .
5 Todo lugar . . .

CONSOLIDACIÓN

Estudia: Negatives p.202

Escribe las siguientes frases en negativa fijándote en los ejemplos de las frases señaladas en el texto.

1 Siempre veían la televisión.
2 En esta librería se puede tomar un café y también leer los periódicos.
3 Puedo imaginarme una playa más hermosa.
4 Alguien va a reconocerte.
5 Algunas veces compro regalos para mis parientes.
6 Me permiten ver a mi abuela a menudo en la residencia.
7 Los fines de semana vamos a muchos sitios.
8 Siempre hay algunos turistas esperando en la taquilla.

5.5 *Santillana del Mar – una visita a la plaza medieval*

Santillana del Mar ha sabido mantener la magia del pasado. Su arquitectura ha servido de inspiración a escritores y artistas de todo el mundo.

abrevadero (m)	*trough, watering hole*
bifurcarse	*to fork (road)*
bizcocho (m)	*sponge cake*
blasonado/a	*displaying coats of arms*
innegable	*undeniable*
perola (f)	*large container*
rotundo/a	*categorical, emphatic*

A Santillana del Mar se llega por tres caminos, pero desde ninguno de ellos es posible imaginar el encanto y la belleza de esta villa medieval.

Santillana ya no es la villa silenciosa y solitaria de finales del siglo XIX; miles de visitantes llegan a ella cada año atraídos por una fama que, ya en 1938, hizo decir a Jean-Paul Sartre, a través de su novela *La Nausée*, que Santillana es el pueblo más bonito de España. Sin hacer una afirmación tan rotunda, puede decirse que Santillana es un bellísimo museo vivo de la arquitectura de los siglos XII al XVIII. Es innegable que en la plaza, con sus torres y la colegiata románica, se encuentran las construcciones que más llaman la atención. Pero Santillana es también sus calles, por las que aún siguen circulando los carros de hierba, por las que las vacas van o regresan del abrevadero o por las que algún vecino transporta las perolas de leche recién ordeñada; y los puestos en los que se ofrece leche y bizcocho, y las docenas de tiendas para turistas, en las que más de un despistado adquiere como cosas típicas de la región una cerámica de Talavera o una navaja de Albacete. Santillana es, también, todo eso.

A la villa se accede por una única calle que pronto se bifurca, de modo que cada uno de sus dos ramales conduce respectivamente a la plaza y a la colegiata. Pero ya antes de que la calle de Santo Domingo se divida en dos, aparecen a los lados de la misma sendas casas-palacio con su correspondiente jardín, buena muestra de la elegante arquitectura del siglo XVIII.

Tomando la calle de la izquierda, que es la que conduce hacia la plaza, se suceden una serie de construcciones más sencillas, aunque casi todas ellas blasonadas, que, en su mayor parte, datan del siglo XVII.

La plaza está constituida por un espacio de forma más o menos triangular y a ella se abren algunos de los más atractivos edificios de Santillana. Llegando desde la calle Juan Infante, a la derecha, queda el parador de turismo Gil Blas, antigua casa de los Barreda-Bracho, construida en el siglo XVIII.

Algo más adelantada hacia el centro de la plaza, otra casona del siglo XVIII es hoy la sede del Ayuntamiento. Al fondo, en la parte más baja de este espacio triangular en el que se celebraron los mercados semanales, desde que en 1209 Alfonso VIII le diera fuero a la villa, aparece la torre de Don Borja y junto a ella las casas que con el tiempo se fueron añadiendo a la construcción principal. La torre de Don Borja es una de las edificaciones más nobles de Santillana; fue levantada a finales del siglo XIV o quizás más probablemente a comienzos del XV, y a pesar de haber sido modificada posteriormente con la apertura de los balcones y las ventanas, aún mantiene ese aire de obra gótica fortificada.

La última gran construcción de la plaza, y también la más antigua, es la llamada torre del Merino, conocida popularmente como la "torrona". Situada en el ángulo que se abre al callejón de las Lindas, esta edificación maciza y tosca fue levantada en el siglo XIV como residencia fortificada de los merinos, administradores que representaban en la villa los intereses de los reyes.

www.periplo.com

A Empareja las fotos a–d con las descripciones. Hay una descripción que sobra.

1 La Calle del Río y la colegiata
2 Una de las casonas históricas
3 En Santillana la vida ha cambiado poco
4 La arquitectura atractiva de la plaza
5 La torre de Don Borja

B *Cara a cara*

Cada persona tiene que pensar en cuatro preguntas con relación al texto y luego por turnos tiene que hacerle esas preguntas a su pareja.

CONSOLIDACIÓN

Estudia: Adjectives p.194

Busca todos los adjetivos del texto, elige un sustantivo femenino y escribe una frase, ajustando el adjetivo donde sea necesario.

Ejemplo: medieval   una iglesia medieval

5.6 *Asturias: un paisaje espectacular*

En Asturias no pasarás hambre. Su paisaje, dominado por los espectaculares Picos de Europa, y su rica y variada gastronomía no decepcionarán al viajero que elija esta región para pasar sus vacaciones.

Asturias: país de leyenda

1 Después de la segunda guerra mundial Asturias era una de las regiones más ricas de la Península, sustentada por la producción del carbón, su industria pesada y su ganadería. Sin embargo con la desaparición de las barreras arancelarias y el desarrollo de otras fuentes de energía, empezó el declive del carbón y la gradual transformación socio-económica del Principado hacia una economía basada en el sector terciario, proceso que se repitió en muchas otras zonas de España durante el mismo período. Hoy en día las actividades principales son la industria y la minería (30% de la población activa), el sector servicios (57%) y la agricultura y la ganadería. El PIB refleja esta distribución dividiéndose entre servicios (53%), industria (44%) y agricultura y ganadería (3%). El turismo ocupa un lugar importante en el sector servicios y es una de las novedades de las últimas décadas.

2 Para renovar y restructurar la cuenca minera central, compuesta por 10 municipios habitados por más de 430.000 personas, la Sociedad para el Desarrollo de las Comarcas Mineras S.A. (SODECO) ha promovido la creación de un centro de empresas que pretende crear una infraestructura

adecuada que permita la instalación de pequeñas empresas con expectativas de futuro.

3 El turismo de Asturias ofrece sol y playas, eso sí, pero su atracción principal es el turismo rural, basado en un entorno natural enormemente variado de ríos, valles, playas, montes, aldeas y puertos donde el visitante puede practicar el senderismo, el ciclismo, el piragüismo o los paseos a caballo. Estas actividades, para todos los gustos y para visitantes de cualquier edad, contrastan con la paz del campo y de la montaña en una región rica en historia y arte. Puede encontrarse alojamiento en los varios campings de la costa, pero está creciendo el número de casas de turismo rural o casas aldea, en los pueblos del interior, además de los hoteles con encanto y otros hoteles de mucho carácter originalmente

construidos como palacetes o antiguas casas de la nobleza.

4 "El comer y dormir no quiere prisa" y la gastronomía asturiana invita a pasar un largo rato en la mesa. La famosa fabada compuesta de *fabes* (judías blancas), chorizo, tocino y pimentón compite con los pescados y mariscos tan apreciados por el turismo británico en platos como la caldereta de pescados y mariscos. Y no olvidemos los quesos, entre ellos el famosísimo queso de cabrales, fuerte, con un potente olor, elaborado a base de leche de vaca, un poco de leche de oveja y de cabra y envuelto en hojas de arce para conservar el sabor. El clima y la tierra de Asturias no son adecuados para la actividad vitivinícola por lo que la bebida típica de la región es la sidra, que se fabrica con manzanas cuyo mosto se fermenta en toneles de madera de castaño.

A   Lee rápidamente el artículo y, para cada párrafo enumerado, identifica un título apropiado. Un título sobra.

a   No pasará hambre en Asturias
b   La política
c   La economía moderna de Asturias
d   Un paraíso para los visitantes
e   Asturias después del año 1945

B   Une las siguientes palabras con sus equivalentes.

1 sustentada por
2 barreras arancelarias
3 empezó el declive
4 ha promovido
5 pretende
6 para todos los gustos
7 contrastan con
8 envuelto
9 se fermenta

a comenzó la decadencia
b ha promocionado
c tasas de frontera
d tiene el objetivo de
e transforma en una bebida alcohólica
f se diferencian de
g para diferentes tipos de personas
h basada en
i empaquetado

C Completa las siguientes frases de acuerdo con la información del texto.

1 Después de la guerra ....
2 La economía de Asturias se transformó en .... debido a ....
3 Las actividades más importantes de la región hoy en día son ....
4 La Sociedad para el Desarrollo de las Comarcas Mineras S.A. ha impulsado .... para ....
5 Además de sol y playas, el turismo de Asturias ....
6 "El comer y dormir no quiere prisa" es un dicho que significa que ....

D Trabajas en el Departamento de Turismo de Asturias. Recibes la siguiente carta. Escribe una carta en respuesta (100 palabras) en la que das la información solicitada. Utiliza la información del texto y las siguientes direcciones de agencias de viaje:

Aviantur
Gran Vía 88
Oviedo

Agencias Unidas de Hostelería
Sta Cruz 9
Gijón 15006

Estimados Sres:

Les envío la presente para solicitarles información sobre la Comunidad Autónoma de Asturias ya que me gustaría viajar a esa región durante mis vacaciones estivales. Si no tienen inconveniente me gustaría que me envíen detalles sobre su economía, paisaje, atractivos turísticos, gastronomía, etc.

Me gustaría asimismo que me informen de cómo puedo ponerme en contacto con los hoteles o agencias de viaje más indicados para hacer las correspondientes reservas.

Agradeciéndoles su atención de antemano, les saluda atentamente

Juan García

¡Infórmate!
Asturias cultural

Arte asturiano
El arte en Asturias representa un complemento perfecto del paisaje. Todos nuestros vestigios y monumentos evocan la presencia de un rico pasado. Asturias cuenta igualmente con una amplia red de museos abiertos todo el año.

Fiestas y costumbres
Asturias presenta a lo largo de todo el año una serie de celebraciones en las que podemos apreciar el verdadero carácter asturiano y disfrutar de las costumbres más arraigadas y ancestrales de la Europa Atlántica. En verano es cuando se produce una verdadera explosión de colorido, de fiestas, de conciertos.

Gastronomía
La cultura que el pueblo asturiano ha ido fraguando a través de su historia es única y a su vez ha sido enriquecida con aportaciones de otros pueblos y otras gentes. La gastronomía es una de las principales manifestaciones de la cultura popular asturiana.

www.asturies.org

---

casa (f) aldea   *village house*
castaño (m)   *chestnut*
cuenca (f) minera   *coal-mining area*
hoja (f) de arce   *maple leaf*
PIB (= Producto Interior Bruto)   *GDP*
sector (m) terciario   *tertiary sector (service industries)*
senderismo (m)   *hiking*
tonel (m)   *barrel*

CONSOLIDACIÓN

Estudia: Imperfect subjunctive p.208

Traduce las siguientes frases al español, utilizando el imperfecto de subjuntivo.

1 I would like you *(usted)* to give me some information about accommodation in Oviedo.
2 We wanted you *(tú)* to find a hotel that faced the sea.
3 I was sorry that you *(tú)* couldn't come to the party.
4 I don't consider (believe) they invested enough money in the renewal of the sector.
5 We would rather you *(vosotros)* went to Asturias on holiday and not to Benidorm.
6 I hoped the weather would be good, but it rained.
7 I would like you *(ustedes)* to give me some advice.
8 They wanted him to accompany them to Madrid.

CONSOLIDACIÓN

Estudia: Use of *lo* p.193

"Asturias presenta **a lo largo de** todo el año . . .".

Rellena los espacios con la frase más apropiada de la casilla.

1 Es muy urgente. Necesito los documentos ....
2 Llegarán temprano ....
3 Desde el balcón del hotel se puede ver la Sierra Nevada ....
4 Me han robado la cartera, pero .... tengo mi pasaporte.
5 Vi a Paco en la Plaza Mayor anoche. .... tiene otra novia.
6 .... su vida ha viajado a lugares muy diversos.
7 Hay un mirador .... la montaña.

> por lo menos   a lo mejor   por lo visto
> a lo lejos   a lo largo de   lo antes posible
> en lo alto de

El centro

5.7 *Salamanca: provincia y ciudad*

Salamanca, ciudad y provincia, reúne múltiples atractivos para hacer muy agradable la estancia de quienes la visitan con el ánimo de pasar unas jornadas donde trabajo y ocio se equilibren gratamente.

LA VIDA EN LA GRAN PLAZA

La ciudad del Tormes es una completa lección de historia

Es difícil encontrar una ciudad española cuya vida cotidiana dependa tanto de su plaza mayor como Salamanca. Desde que el sol sale, resulta improbable encontrar quien, habitando en ella, no haya pasado por su plaza dos o tres veces durante el día. A pesar de la aparente simetría de la plaza, cada uno tiene su lugar. En el café Novelty, el histórico, se reúne la clase universitaria junto a quienes comparten cierta inquietud intelectual; en Las Torres, los comerciantes y constructores; en Altamira se mezclan oficinistas con visitantes esporádicos; en el Berysa, los empresarios de servicios; el Cervantes tiene fama de ser el más caro de la plaza; Los Escudos es frecuentado por ganaderos y gente de campo, especialmente el martes, día en que se comenta cómo fue el mercado semanal que se celebra los lunes. Entre las terrazas, sobre los escasos bancos de piedra o el mismísimo suelo de la plaza, se sientan como en un enjambre estudiantes extranjeros, turistas y jóvenes.

Pocos de éstos son salmantinos, porque si hacemos caso de algunas estadísticas extraoficiales, sólo uno de cada cinco universitarios charros se queda aquí. De este modo, la ciudad se convierte año tras año en un lugar cuya riqueza se basa en la industria de la enseñanza del español a extranjeros (sólo superada por Sevilla) y en la de los servicios destinados a ellos, junto a otros sectores, como la construcción y el campo. Salamanca es ciudad que vive de espaldas a su

río, el Tormes, al que se considera un accidente, no un elemento perfectamente incorporado a su geografía urbana. Tal vez sea porque hay tanta belleza hecha piedra que el agua y todo lo que a ella se refiera pasan totalmente inadvertidos, incluido un puente romano escondido entre las Salas Bajas que sería orgullo de cualquier población que lo tuviera. Allí hay que ir al atardecer de cualquier día soleado y esperar pacientemente hasta que el cielo adquiera tonalidades violeta que contrasten con el amarillo intenso de la iluminación ciudadana. Es la mejor manera de acabar el día, después de emborracharse de arte en las dos catedrales, las iglesias, los palacios y casas solariegas, la Universidad o los patios y jardines que forman parte de este gran patrimonio de la humanidad.

De noche se nota claramente que Salamanca no es ciudad casta desde los tiempos en que los arzobispos Diego de Anaya y los Fonseca hablaban de sus juegos entre las sábanas. No menos de 225 locales nocturnos, entre bares y discotecas, abren sus puertas al anochecer en torno a la zona baja de la Gran Vía y los alrededores de la Plaza Mayor, algunos de ellos (como Camelot, levantado en la antigua iglesia románica del convento de las Úrsulas; Cum Lavde, que tiene en sus paredes auténticas tallas de piedra salmantina, o el Gran Café Moderno, revestido de materiales viejos) con una excelente, costosa e imaginativa decoración. Tan sólo hay que escoger el ambiente adecuado a cada uno.

A Une cada palabra a su equivalente.

1	habitar	a	encontrarse
2	reunirse	b	interés
3	inquietud	c	hombres de negocios
4	empresarios	d	grupo de abejas
5	enjambre	e	pocos
6	charro	f	parte posterior del cuerpo
7	riqueza	g	originario de Salamanca
8	escasos	h	ignorado
9	espalda	i	ingresos principales
10	inadvertido	j	en el área de
11	alrededores	k	vivir

B Responde a las siguientes preguntas sobre el texto.

1 ¿Qué significado tiene la plaza de Salamanca?
2 ¿Qué tipo de clientes acude a los cinco cafés más importantes de la plaza?
3 ¿En qué se basa la riqueza de Salamanca?
4 ¿En qué entorno está enclavada Salamanca? ¿En qué parte de España y en qué medio natural?
5 ¿Cómo describirías su vida nocturna?

C En unos folletos turísticos ha aparecido el siguiente texto sobre Salamanca con información incorrecta. Escribe al responsable de esa publicación una carta corrigiendo esos errores.

Salamanca es una ciudad que gira en torno a una gran avenida por donde pasean principalmente familias con niños y ancianos. Los lugares más frecuentados por sus habitantes son sus famosísimas cervecerías, situadas en torno a esa gran calle. Cada lunes se celebra una feria. Sus ciudadanos nacen y crecen en Salamanca y nunca abandonan ese lugar. Situada en las orillas del mar Mediterráneo, vive del turismo de sus playas y del sector urbanístico. Sus cielos se tiñen de rojo al anochecer. Es una ciudad de reciente creación y su principal atractivo lo constituye su arquitectura moderna. Apenas hay vida nocturna.

D *¡Tu turno!*

Imagina que has visitado Salamanca últimamente. Haz una presentación de dos minutos sobre las características de tu propia ciudad, comparándola con Salamanca.

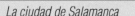

¡Infórmate!

La ciudad de Salamanca

En el centro de la Provincia y a orillas del río Tormes, en la Ruta de la Plata, descubrimos la ciudad de Salamanca.

Ciudad universitaria por excelencia, conocida en todo el mundo por ser el "Alma Mater" de la enseñanza española, en ella se mezclan todas las tendencias artísticas: Románico, Gótico, Plateresco y Barroco, estilos que dejaron sus huellas. Ciudad de oro, de palacios y colegios mayores, de blasones y títulos.

La Catedral, la Universidad, la Clerecía y la Plaza Mayor, la Casa de las Conchas, el Palacio de Monterrey, el Colegio de Fonseca, Santa Clara . . .

Símbolo universal en una ciudad que lo es en muchos otros aspectos, la Plaza Mayor, edificada entre 1729 y 1755, es, en su belleza y unidad, el centro de la vida salmantina. Reloj cuadrilátero por el que han pasado los tiempos de todas sus generaciones, sus quehaceres y su ocio.

La vida cotidiana actual de Salamanca se centra en su Universidad, en la alegría cosmopolita y políglota de los visitantes que pasean por sus calles y que se concentran en la magnífica Plaza Mayor, punto de encuentro de todos los acontecimientos ciudadanos.

www.dipsanet.es/turismo

El sur: Andalucía

5.8 *La ruta del Califato*

¡Inf órmate!

Bienvenidos a Andalucía

La ruta del Califato discurre entre las ciudades de Córdoba y Granada, está marcada por las cadenas montañosas de Sierra Morena y Sierra Nevada y une las principales ciudades de la España Andalusí, cuna de la cultura árabe que dominó en España durante 800 años.

Durante casi ocho siglos gran parte de la Península Ibérica fue una tierra en la que se creó una espléndida y refinada civilización; una arquitectura sutil, una poesía luminosa y sensual junto a las más sofisticadas aportaciones en los más variados campos, como filosofía, literatura, vida espiritual, medicina, agricultura, geografía e historia. Al-Andalus fue un lugar donde se mezclaron diferentes culturas, religiones y razas, dando lugar a un amplio mestizaje físico y cultural que nos ha legado importantes obras de arte y una filosofía de convivencia y tolerancia.

En estos años de ocupación musulmana predominaba la idea de que el pluralismo de las culturas no está en conflicto con el concepto de un solo Dios. Fue en esta región de la España del sur llamada Al-Andalus por los musulmanes, donde las tres grandes religiones monoteístas del mundo mediterráneo (Cristianismo, Judaísmo e Islam) iniciaron su fructífera y difícil relación.

Maravillas arquitectónicas de la época califal y nazarí, como la Mezquita de Córdoba y Medina Azahara, son algunos de los monumentos de los que se puede disfrutar en esta ruta. La visita monumental empieza por Medina Azahara, situada a unos 7 kilómetros de Córdoba. Abd-Al-Raman III, enamorado de una bella muchacha de su harén llamada Azahara, inició en su honor la construcción de esta ciudad. Fruto de la más deslumbrante imaginación y fantasía, Medina Azahara es el símbolo de la mejor época de la historia de Córdoba. Cuentan los escritos que se conservan de la época que tenía el tejado de oro y mármol de varios colores y un estanque lleno de mercurio, en el que los rayos de sol se reflejaban dibujando en los muros figuras de luz y sombra.

Andalucía pretende mostrar su realidad turística en estas páginas. Una realidad compleja y diversa en la que el viajero podrá conocer lugares en los que se suceden armónicamente playas, monumentos, patrimonio, naturaleza, o paraísos para la práctica deportiva.

Andalucía, la comunidad más poblada de España, es uno de los lugares más privilegiados del sur de Europa. Cultura singular y universal, síntesis de pueblos, razas y religiones a lo largo de siglos. Tierra abierta, mediterránea y atlántica, donde su gente se funde armónicamente con el paisaje y posee de forma innata el "arte de vivir".

Los andaluces saben combinar con sabiduría la memoria de un pasado lleno de tradiciones con la modernidad de una tierra hospitalaria que apuesta por el progreso.

www.andalucia.org

En Córdoba, podemos visitar la mezquita más grande jamás construida. Constaba de 1200 columnas que reproducían todos los estilos del Mediterráneo que pasaron por España: griego, romano, cartaginés, bizantino . . .

Continuando la Ruta del Califato, pasamos por Espejo, Castro del Río, Baena, Alcaudete . . . Finalmente, se llega a Granada, punto de encuentro de todas las rutas de Al-Andalus y ciudad en que la cultura andalusí está más presente. La Alhambra y el Generalife, principales bastiones del Reino de Granada, se alzan sobre la ciudad y, desde allí hay una vista espectacular de toda la ciudad.

constar de   *to consist of*
deslumbrante   *dazzling, stunning*
fructífero/a   *fruitful*
harén (m)   *harem*
mestizaje (m)   *mixture of races and cultures*
monoteísta   *monotheist (believing in one God)*
punto (m) de encuentro   *meeting place*

A Une cada una de las siguientes palabras del artículo con su sinónimo.

1 discurre
2 marcada
3 sutil
4 legado
5 predominaba
6 mestizaje
7 fructífera
8 tejado
9 constaba de
10 bastiones

a fusión de razas
b pasa
c se componía de
d dejado en herencia
e techo
f prevalecía
g ciudadelas de defensa
h caracterizada
i productiva
j delicada

CONSOLIDACIÓN

Estudia: Future p.206

Imagina que eres el arquitecto que va a construir Medina Azahara. Describe lo que harás, utilizando verbos en futuro. Escribe diez frases.

Ejemplo: Utilizaré mármol y alabastro para construir las columnas.

B Une el principio de cada frase de la primera columna con el final de la segunda columna, de acuerdo a la información que aparece en el texto.

1 La ruta del Califato es una vía turística ...

2 Al Andalus es el nombre árabe de Andalucía y es el lugar ...

3 La cultura Andalusí se caracterizó por ...

4 En la España de Al-Andalus se creía en ...

5 Todavía sobrevive hoy en Al-Andalus ...

6 Abd-Al-Raman III construyó Medina Azahara ...

7 La Mezquita de Córdoba fue construida con ...

8 Granada está presidida por ...

a ... en el cual se desarrolló una convivencia de culturas durante casi 800 años.

b ... en honor de una esposa de su harén de quien estaba enamorado.

c ... su lujo y refinamiento.

d ... que une Córdoba y Granada.

e ... la tolerancia religiosa y en la pacífica convivencia de culturas.

f ... la herencia arquitectónica de las épocas nazarí y califal.

g ... las fortalezas de La Alhambra y El Generalife.

h ... todos los estilos de las culturas del Mediterráneo.

C *Cara a cara*

Organiza la información del texto bajo los siguientes títulos. Coméntala con tu pareja para ver si te falta algo. Forma al menos 10 frases completas.

Al-Andalus:

• Situación geográfica
• Rasgos culturales
• Religión
• Cultura en general
• Razas
• Arquitectura: características y ejemplos

El este: Valencia

Valencia: turismo urbano

Pocas ciudades son, como Valencia, capaces de hacer convivir tan armónicamente los restos de su pasado más remoto, datado en el año 138 a.C., con las edificaciones más innovadoras y vanguardistas que se levantan al borde del nuevo milenio.

Cuando se camina por Valencia, se puede sentir, entre sus muros y bajo el pavimento, el latir de muchos siglos. Desde los restos del foro romano fundado por Junius Brutus, encontrados en la actual Plaza de la Virgen, que dio origen a *Valentia*, hasta la emblemática Ciudad de las Artes y las Ciencias, la población ha ido transformando su fisonomía al tiempo que ha rescatado monumentos que son testimonio de épocas pretéritas.

En Valencia se conservan intactas tradiciones, costumbres y fiestas centenarias que sus habitantes han sabido integrar en la época contemporánea. La cita del Tribunal de las Aguas, cada jueves al mediodía, y la celebración de las Fallas – del 15 al 19 de marzo – son tan sólo muestras de una ciudad que mantiene vivos sus orígenes.

Valencia se ha convertido en un destacado centro de congresos en Europa y punto de encuentro de primer orden para quienes desean desarrollar sus negocios o participar en sus certámenes feriales. Todo ello en una ciudad cosmopolita, que conjuga las más completas infraestructuras y servicios con una extensa oferta cultural y de ocio. El Palacio de Congresos consolida esta oferta y convierte a la ciudad en lugar idóneo para la actividad comercial y el intercambio cultural.

Las suaves temperaturas de Valencia son una invitación más para conocerla. El aire mediterráneo impregna esta ciudad que, como su gente, es abierta, cordial, cálida y hospitalaria.

www.comunidad-valenciana.com

cálido/a   *warm*
certamen (m)   *competition, contest*
idóneo/a   *ideal, perfect*
latir   *to throb, pulsate*
suave   *gentle, pleasant*

5.9 *"El turismo de la región es fiel"*

Sol y playa son los dos factores que atraen al visitante a la comunidad de Valencia. Para el presidente de la Asociación Valenciana de Turismo hay otros tipos de ofertas que hay que potenciar, como el turismo de interior.

Roc Gregori ha dedicado su carrera a potenciar el turismo. Primero desde el Ayuntamiento de Benidorm y ahora desde la Agencia Valenciana de Turismo. Alicantino, originario de la ciudad de L'Alfás del Pi, Gregori lleva el turismo en sus venas y no le importa recorrer en coche cientos de kilómetros con tal de dar a conocer su comunidad.

A Escucha la entrevista con Roc Gregori y elige la opción correcta.

1 El turismo de playa es
   a el menos solicitado **b** el preferido **c** el que más ha descendido
2 El turismo de interior se presenta
   a como más variado y solicitado **b** cada vez con más
   competencia de otras regiones **c** cada vez más en declive
3 En FITUR lo más novedoso fue
   a el turismo de playa **b** la novedad de las convenciones
   c la oferta de ocio
4 Existe un elemento que diferencia
   a al producto turístico de la comunidad **b** al ocio de los turistas
   c a los segmentos de la demanda
5 El balance del año
   a ha sido muy positivo **b** ha sido desalentador
   c se ha mantenido estable
6 Las perspectivas de futuro
   a son muy positivas **b** no se conocen
   c se mantendrán como hasta ahora
7 El tipo de turismo de la comunidad es
   a familiar **b** de gente joven **c** de gente de la tercera edad

C Indica si son verdaderas o falsas las siguientes afirmaciones.

1 Las montañas son lo que más atrae al visitante a la Comunidad
   Valenciana.
2 Roc Gregori siempre ha trabajado en el sector del turismo.
3 Se está tratando de potenciar el turismo de playa.
4 Hay planes para que Valencia se convierta en un centro de
   congresos y de ocio.
5 Este año las previsiones no son muy alentadoras.
6 El turista típico de la Comunidad Valenciana es un turista soltero
   que se siente atraído por la vida nocturna del lugar.
7 La mayoría de los turistas extranjeros son alemanes.
8 La mayoría de los turistas que visitan la Comunidad se alojan en
   tiendas de campaña.

D ¿Puedes señalar algunas características de Roc Gregori? ¿Cómo lo
describirías? ¿Cuál es su trabajo? ¿Y su principales preocupaciones?
Toma notas en español.

E *Cara a cara*

Imagina que eres el delegado de turismo de tu ciudad (Londres,
Edimburgo etc . . .). Tu pareja va a hacerte unas preguntas y tú tienes
que responderlas. Elaborad una entrevista parecida prestando
atención a:

- Turismo actual
- Características
- Ventajas/desventajas
- Oferta cultural
- Ocio
- Otros tipos de turismo que hay que potenciar

aparición (f)	*appearance*
comportamiento (m)	*behaviour*
firmeza (f)	*strength*
foráneo/a	*foreign*
mayoritariamente	*mainly*
pernoctación (f)	*overnight stay*

B Explica las siguientes
expresiones en español.

1 Lleva el turismo en sus venas.
2 No le importa recorrer cientos
   de kilómetros con tal de dar a
   conocer su comunidad.
3 El turismo de sol y playa
   continúa siendo el principal
   patrimonio.
4 En este contexto, se enmarca
   la política de diversificación.
5 El crecimiento del alojamiento
   rural . . . cabe considerarlo
   como extraordinario.
6 El objetivo es . . . por un lado,
   ampliar la oferta de ocio.
7 La época de bonanza
   económica nacional . . . (ha)
   hecho que . . . los resultados
   hayan superado los ejercicios
   precedentes.
8 ¿Cuál es el perfil del turista
   que visita la Comunidad
   Valenciana?
9 Otra característica común . . .
   es el elevado grado de
   fidelidad a los destinos.
10 ¿Cuál es la capacidad hotelera
   de la Comunidad Valenciana?

F *¡Tu turno!*

Eres periodista y tienes que
escribir un breve artículo sobre el
turismo en la Comunidad
Valenciana (150 palabras).

5.10 *Rutas ecoturísticas en Valencia*

A continuación vas a escuchar una grabación de un programa de radio en el que se explican recorridos turísticos alternativos que se pueden hacer en bicicleta.

A Responde a las siguientes preguntas antes de escuchar la grabación. Podrías hablar con tu pareja.

1 ¿Te gusta ir en bicicleta?
2 ¿Te gusta hacer recorridos largos/viajar en bicicleta?
3 ¿Qué esperas de un viaje en bicicleta? ¿Cuáles son los aspectos más interesantes de este tipo de aventura?
4 ¿Irías a España para hacer cicloturismo? ¿Por qué?/¿Por qué no?

B Busca sinónimos para las siguientes palabras que aparecen en la grabación.

1	barranco	6	ruinas
2	reposo	7	vestigios
3	itinerario	8	lomas
4	ascienda	9	bancales
5	serpentea	10	merecido

C *Cara a cara*

Imagina que has hecho un viaje en bicicleta. Traza el recorrido en un mapa de España y cuenta a tu pareja cómo fue el viaje, incluyendo algunas anécdotas.

D Traduce al inglés el siguiente párrafo de la grabación.

> Si es usted deportista, ascienda por la senda de la montaña, visite la font de Bona-vista, la font de Canut y suba a Tres Cruces. Desde allí podrá contemplar el valle con todo su esplendor, y entonces comprenderá sin más explicaciones, por qué Jaime II el Justo le dio el nombre de Valldigna en el siglo XIII. De igual modo, suba usted al puerto, esta vez en coche, y vaya a Barx donde encontrará pinares que no imaginaba que nuestro valle tuviese. Pase por Simat y visite la font Gran. En fin, vaya donde quiera y se dará cuenta de que la Valldigna es un valle digno de ser visitado. Este es un buen ejemplo de ruta ecoturística.
>
>
> **www.costamediterranea.com**

E *¡Tu turno!*

Escribe una carta a un periódico explicando las ventajas del cicloturismo (150 palabras).

¡EXPRÉSATE!

Mira la página 181, Study Skills, para ayudarte.

El noreste: Navarra

Navarra, Pirineos

En la foto: cerca de Belagua, la más alta cumbre de Navarra, **la Mesa de los Tres Reyes**, así denominada porque, según la leyenda, en ella podían conferenciar los antiguos Reyes de Aragón, Francia y Navarra sentados cada uno en sus dominios.

Desde su altura (2.438 metros), situada en el extremo nororiental de Navarra, los Pirineos descienden suavemente hacia el Mar Cantábrico; hacia el sur, con valles verdes que se van haciendo ocres hacia la Ribera del Ebro. Los valles más notables son Aezkoa, Baztán, Roncal, Salazar y otros, una veintena de los más preciosos y bien conservados espacios naturales de Europa. Los ríos bajan rápidamente y son circulados por amantes del piragüismo; más adelante cortan en las zonas rocosas creando las llamadas Foz (por hoz, o corte de las aguas: destiladeros) de Arbayún, Foz de Mintxate, y otras.

La mayor masa forestal es la Selva de Irati, el primer bosque de hayas y abetos europeo. También se puede destacar el Señorío de Bertiz, más de dos mil hectáreas de parque protegido.

Esquí de fondo en las más altas montañas, alpinismo y montañismo en todas. Espeleología en las grutas de San Martín, de más de 11 kilómetros de longitud. A su lado, la impresionante meseta kárstica de Larra, al borde mismo de la frontera con Francia.

La fauna más destacable en las laderas pirenaicas es el buitre llamado quebrantahuesos, antes en vías de extinción y hoy completamente salvado. Algo parecido se intenta hacer con otras especies.

www.iturnet.es/navarra

5.11 *El turismo religioso: El Camino de Santiago*

En la Alta Edad Media europea nació el Camino de Santiago, uno de los más importantes fenómenos religiosos y culturales de la época, que desde Francia y Alemania, siguiendo la Vía Láctea (o Camino de Santiago en los cielos), atravesaba Navarra en dirección al extremo oeste de Europa, el *finis terrae* del mundo conocido, la ciudad de Santiago, en Galicia, donde se decía que estaba la tumba de Santiago el Mayor, el pescador, el Hijo del Trueno, uno de los doce Apóstoles.

El Camino de Santiago, en su atravesar durante siglos, naciones y bosques, monasterios y ciudades, con milagros y milagreros, de la mano peregrinos y pícaros, fue uno de los pilares de la civilización europea. Sólo las peregrinaciones a Roma y a Tierra Santa competían con la de Santiago.

En Navarra se unían el camino francés y el camino aragonés.

El camino de Santiago

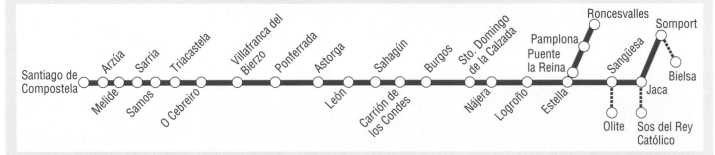

En el año 813 y en tiempos de Alfonso II el Casto, fue descubierta la tumba del Apóstol Santiago. Miles de cristianos encontraron entonces un motivo espiritual que les hizo abandonar sus casas e iniciar una ruta de fe que llegó a convertirse, frente a otras grandes rutas de peregrinación como Jerusalén o Roma, en el gran itinerario espiritual y cultural del Occidente.

Declarado Patrimonio de la Humanidad, ha sido siempre punto de encuentro de culturas, idiomas y formas de vida que hoy hace revivir, en cuerpo y en espíritu, lo que ya sintieron aquellos peregrinos que soñaban con postrarse ante la tumba del Apóstol.

Hoy, sumergirse en lo que ha venido llamándose Cultura del Camino es una experiencia única no sólo desde el punto de vista religioso, sino también desde el cultural y de ocio. Recorrer cualquiera de sus rutas o caminos, de los que hay cientos, supone disfrutar de increíbles bellezas naturales, empaparse de arte e historia visitando iglesias, castillos y monasterios y compartir con peregrinos de todo el mundo vivencias irrepetibles. La ruta terrestre por excelencia, que es a su vez la más conocida y mejor acondicionada, es la que se conoce por el "camino francés". Entra en España por Somport o Roncesvalles en los Pirineos y se unifica después en Puente la Reina. Por tierras de Navarra y La Rioja encontramos iglesias tan sobresalientes como San Millán de la Cogolla y Santo Domingo de la Calzada, para alcanzar después Burgos con su monumental catedral gótica y el Monasterio de las Huelgas. Más tarde, se pierde por los campos palentinos con sus bellísimas huellas románicas (Frómista, Villalcázar de Sirga, Carrión de los Condes) para llegar a Sahagún y San Pedro de Dueñas y recalar en León, con su catedral enjoyada de majestuosas vidrieras y San Isidro y San Marcos como monumentos espléndidos del románico y plateresco.

Desde allí, por Astorga y las tierras del Bierzo, entra en Galicia por O Cebreiro, que alberga el templo de Santa María la Real en torno al cual se celebra la concurrida romería del Milagro. El camino nos lleva hasta Santiago a través de hermosas abadías (San Xulián de Samos, Vilar de Donas, Sobrado de los Monjes), templos prerrománicos y románicos (San Antolín de Yoques, San Pedro de Mélide, Santiago de Barbadelo) y antiguos albergues de peregrinos (Palas de Rei, Leboreiro, Castañeda) hasta alcanzar Labacolla y el Monte del Gozo en las proximidades de la ciudad, para realizar a pie el último tramo y postrarse ante las reliquias del Santo en el recinto de la catedral.

La ciudad del Apóstol está llena de monumentos y recorrer sus calles, plazas y rincones es el mejor atractivo antes de degustar la excelente cocina gallega y adquirir algún objeto de su afamada orfebrería o artesanía como recuerdo de la estancia. Las festividades mayores son los días 24 y 25 de julio para honra de Santiago.

A Busca en el texto los equivalentes de las siguientes expresiones.

1 una razón
2 camino
3 inclinarse
4 experimentar, ahondar en
5 andar por
6 llenarse de

7 más conocida
8 la más preparada
9 adornada
10 la última parte
11 probar

empaparse   *to immerse yourself*
palentino/a   *of Palencia*
para honra de   *in honour of*
peregrinación (f)   *pilgrimage*
postrarse   *to prostrate yourself*
(kneel or lie on the floor to show
respect for someone)
ruta (f) de fe   *pilgrimage route*
(literally route of faith)
sobresaliente   *outstanding*
vivencia (f)   *experience*

B Busca las palabras del texto que tengan relación con los siguientes títulos:

• Camino
• Iglesia
• Tiempo libre
• Monumentos

C Completa las siguientes frases.

1 En el año 813 se encontró la tumba de Santiago y desde entonces . . .
2 Ha sido reconocido como . . .
3 Junto con las rutas de Jerusalén o Roma . . .
4 La Cultura del Camino es . . .
5 Recorrer cualquiera de sus rutas . . .
6 La ruta mejor conocida es la que se denomina . . . y va desde . . . hasta . . .
7 Algunos de los monumentos más sobresalientes son . . . de estilos . . .
8 Entre los mayores atractivos de Santiago están . . .

D Siguiendo las indicaciones del texto, copia un mapa de España y señala la ruta francesa y la ruta aragonesa.

¡ I n f ó r m a t e !

El Catolicismo, la religión de la mayoría

Durante la Edad Media, el Cristianismo coexistió junto con el Judaísmo y el Islam, pero desde la época de los Reyes Católicos, se convirtió en la religión obligatoria de los españoles, con la Inquisición siempre vigilante, protegiendo la ortodoxia católica romana hasta principios del siglo XIX. Las Constituciones liberales del siglo XIX establecieron la libertad religiosa, pero durante los períodos conservadores la religión católica se convirtió en la religión oficial del Estado y la única cuyas manifestaciones públicas estaban permitidas.

Durante los dos últimos siglos la secularización se ha extendido ampliamente, aunque la influencia de la Iglesia católica es todavía muy importante.

Prácticamente todos los españoles son católicos, y aunque pocos participan activamente, la mayoría celebra, de acuerdo con los ritos de la Iglesia, las tres ceremonias consideradas más importantes por todas las sociedades para marcar el ciclo vital individual: nacimiento (bautismo), matrimonio y muerte. A ellas hay que añadir una cuarta, reciente pero con amplia tradición entre los niños: la Primera Comunión, que se celebra entre los 7 y 10 años de edad.

Por tanto, existe la religiosidad externa e interna, basada en creencia y sentimientos. Sin embargo, para una minoría, existe otra importante distinción entre religión personal y religión popular. El centro de esta religiosidad popular es la devoción a la Virgen María y a los santos, mostrada en oraciones, culto de imágenes y, sobre todo, en fiestas.

www.SiSpain.org

CONSOLIDACIÓN

Estudia: Future p.206

1 Imagina que eres miembro de un grupo de peregrinos que va a recorrer la ruta. ¿Qué monumentos visitaréis y dónde os vais a alojar? Escribe al menos 12 frases utilizando el futuro.

Ejemplo: Entraremos en España por Roncesvalles . . . Luego llegaremos a . . .

2 Transforma el siguiente párrafo utilizando el futuro simple.

Voy a Santiago. Voy a adorar al apóstol, a ver su tumba. Para ello, voy a recorrer su ruta a pie, voy a visitar sus famosas iglesias, castillos y monasterios y voy a compartir con peregrinos de todo el mundo momentos inolvidables. Voy a comenzar en Irún, y voy a atravesar el País Vasco. Vamos a llegar hasta Santillana del Mar y luego a Oviedo y Mondoñedo. En la ruta resalta la gran variedad cultural de las regiones y comarcas que vamos a cruzar, vamos a conocer a personas que se destacan por su hospitalidad y vamos a vivir experiencias irrepetibles. También vamos a degustar las especialidades culinarias y nos vamos a alojar en los albergues más tradicionales. Al final vamos a llegar a Santiago, vamos a pasear por sus calles y vamos a disfrutar de su atmósfera mágica.

5.12 *Fiesta en Pamplona: los Sanfermines*

Las fiestas de San Fermín (o Sanfermines) son unas de las fiestas más celebradas del mundo. Curiosamente, San Fermín (un santo francés de vida incierta) no es el patrón de Pamplona: lo es San Saturnino. Ni tampoco es su fecha conmemorativa la que se celebra. Sin embargo, éstos son "errores" sin importancia. El día 7 de julio, o más exactamente desde su víspera, empieza una semana de fiesta popular, centrada en el Casco Antiguo de Pamplona.

Las fiestas de San Fermín

Las fiestas de Pamplona tienen un carácter sin igual en cuanto a su colorido y fama se refiere. A continuación describimos los cinco elementos principales de esta celebración conocida en todo el mundo.

«EL CHUPINAZO»

Desde el año 1941, el comienzo de las fiestas de San Fermín se anuncia mediante un cohete que se lanza desde el balcón central de la Casa Consistorial de Pamplona, a las doce en punto del mediodía del seis de julio. Un concejal es quien prende la mecha del cohete y pronuncia los clásicos ¡Viva San Fermín. Gora San Fermín!

LA COMPARSA DE GIGANTES Y CABEZUDOS

Son de cartón, pero cualquiera diría que albergan un corazón humano, a juzgar por el cariño que profesan los pamploneses a este conjunto de figuras grotescas que acompaña a la Corporación Municipal y que hace las delicias de chicos y grandes en las mañanas sanfermineras.
Ocho parejas de gigantes, cinco cabezudos, seis "kilikis" y seis "zaldikis" o "caballicos" integran esta comparsa solemne y jaranera imprescindible en las fiestas de

San Fermín. Además de acompañar al Ayuntamiento en los actos protocolarios como la Procesión y la Octava, parten cada día a las 9.30 de la mañana de su "hogar" en la Estación de Autobuses y recorren, al son de la gaita, txistu y tamboril, diversas calles céntricas de Pamplona durante más de cuatro horas. Los gigantes fueron construidos en 1860 por el artesano Tadeo Amorena, quien, poco ducho en geografía, quiso representar con ellos "las cuatro partes del mundo". Así los concibió y así perviven en la actualidad: cuatro parejas, respectivamente, de reyes europeos, asiáticos, africanos y americanos. Los cabezudos, creados por Félix Flores quince años después, responden a los nombres de Alcalde, Concejal, Abuela, Japonés y Japonesa. Los "kilikis" salieron a principios del siglo XX de talleres barceloneses y valencianos.

Algunos datos sobre Pamplona:

Extensión: 23,6 km² (Navarra, 10.000 km² aprox.)

Población: 185.000 habitantes aprox. (con la Comarca, 225.000 habitantes; Navarra, 500.000 habitantes aprox.)

Zonas verdes: Numerosos parques y jardines; destacan los de la Vuelta del Castillo y Ciudadela; la Taconera y la Media Luna y otros parques más recientes como el de Yamaguchi (que recibe su nombre por una ciudad japonesa hermanada con Pamplona).

Aspectos culturales y deportivos: Pamplona cuenta con tres universidades, si incluimos la Universidad a Distancia: la ciudad vive en gran medida de profesores y estudiantes (unos 25.000 aprox.). Hay numerosos locales de exposición cultural, el teatro Gayarre, el Planetario, varios multicines ... y agrupaciones culturales de todo tipo, más las "peñas" sanfermineras, de labor también cultural, deportiva y benéfica. Como detalle, Pamplona tiene el primer cibercafé del norte de la Península y uno de los primeros de Europa, ya desde 1995.

Algo más de la mitad de la población practica algún tipo de deporte para lo que no faltan instalaciones como frontones, parques, piscinas (muchas de ellas cubiertas), polideportivos ... Hay que señalar la creciente afición al ciclismo entre la población, la existencia de varios campos de golf cercanos, y el aumento de la afición al baloncesto y al balonmano.

www.iturnet.es/navarra

LA PROCESIÓN

La culminación de las actividades de San Fermín en Pamplona la compone sin lugar de dudas la celebración religiosa de la procesión de San Fermín que tiene lugar el día de julio a las 10 de la mañana, y, hora y media después, la Misa Solemne en la capilla de San Fermín.

Concluida la celebración litúrgica, el Ayuntamiento acompaña al cabildo a la Catedral. La llegada al templo catedralicio, conocido como el "momentico", es uno de los episodios más entrañables de la fiesta, por la confluencia desbaratada de gigantes, gaitas, corporativos, clarines . . .

LAS PEÑAS

Las peñas sanfermineras, nacidas a partir de cuadrillas de amigos de diversos barrios de Pamplona, son el rostro joven, colorista y desenfadado de la fiesta.

Actualmente están integradas por unos cinco mil socios, cuyo derecho principal es el abono para asistir a las corridas de toros desde la salida del sol, aportando a la plaza de Pamplona ese ambiente característico que no puede hallarse en ninguna otra arena del mundo.

EL ENCIERRO

Con más de cuatrocientos años de historia, el encierro es el acto central de las fiestas de San Fermín, y también el más peligroso. Tiene lugar cada día, a las 8 de la mañana, del 7 al 14 de julio, ambos inclusive.

Los seis toros que van a lidiarse en la plaza por la tarde, acompañados de mansos o cabestros, corren desde los corralillos de Santo Domingo, pasando por la plaza Consistorial, calles Mercaderes y Estafeta y diversos callejones hasta los toriles del coso taurino, donde después tiene lugar el espectáculo de la suelta de vaquillas.

El comienzo del encierro es anunciado por el estampido de un cohete, al que sigue un segundo disparo cuando toda la manada ha abandonado los corralillos. Otro cohete anuncia la entrada de todos los toros en la Plaza y el último, con el que Pamplona suspira de alivio, pregona que la torada está ya en los chiqueros y que el encierro ha terminado.

Las puertas de la Plaza de Toros se abren para los espectadores a las seis de la mañana, y se cierran cuando se estima que las localidades han sido ocupadas totalmente por el público.

No lo dudéis y acudid a las fiestas de . . . ¡San Fermín!

A Identifica diez palabras o frases cortas que te parecen las más importantes del texto.

B Escribe con tus propias palabras en español una frase para explicar el significado de las palabras que has buscado en el Ejercicio A.

C Vuelve a leer la parte del artículo en la página 104 titulada "La comparsa de gigantes y cabezudos". Luego, rellena los espacios en blanco con palabras de la lista.

Tadeo Amorena **1** .... los gigantes en 1860. Representan los **2** .... de las cuatro partes del mundo. Los cabezudos y los "kilikis" se **3** .... durante los cincuenta años **4** .... Todos son muy feos, pero la gente de Pamplona les tiene gran afecto, como si fueran **5** .... humanos y no sólo figuras de **6** .... Durante las fiestas, salen cada **7** .... de la Estación de Autobuses y desfilan por las calles de la ciudad **8** .... la hora de comer.

> cartón construidos construyó corazón
> crearon creyeron durante hasta hora
> mañana parejas profesores próximos reyes
> seres siguientes

D *Cara a cara*

En español explica las fotos a tu pareja. ¡Turnaos!

E Traduce al inglés toda la parte del artículo titulada "El encierro".

G *¡Tu turno!*

Resume los puntos más importantes de la información del artículo para un anuncio publicitario en el que promocionas las fiestas de San Fermín (150 palabras).

F Las palabras que ves en esta tabla aparecen en el texto. Copia y completa la tabla con los sustantivos y verbos correspondientes.

Sustantivo	Verbo
comienzo	1 ....
2	albergar
celebración	3 ....
4	recorrer
nombre	5 ....
6	concebir
abertura	7 ....
8	anunciar(se)
disparo	9 ....
10	componer
encierro	11 ....
12	construir
fiesta	13 ....
14	lidiar

¡Infórmate!

Historia de los Sanfermines

Como en el caso de tantas ciudades medievales, nacieron los Sanfermines como feria comercial y como fiesta secular, tomando las fechas de fiestas religiosas cristianas, éstas a su vez de orígenes anteriores, del paganismo vasco y latino. A comienzo del siglo XIII se celebraban unas ferias comerciales tras la noche de San Juan, entre el día 23 y el 24 de junio, con el comienzo del verano. A San Juan seguía San Pedro y luego Santiago, el 25 de julio, un mes después; en medio, San Fermín (como un santo entre tantos: no es el patrón de Pamplona). Tenemos, pues, en plena Edad Media, ferias comerciales y fiestas religiosas a lo largo de un mes, en el inicio del verano.

A las ferias comerciales acudían mercaderes y aldeanos, ganaderos y gentes de todo tipo. También eran pretexto para fiestas y, en algún momento, comenzaron a organizarse corridas de toros. Así nacieron, probablemente a finales del siglo XVI, algo que podríamos considerar propiamente los primeros Sanfermines.

Desde el año 1324, el 10 de octubre se celebraba en Pamplona una feria de siete días por privilegio del rey Carlos I de Navarra y IV de Francia. En 1381, por privilegio del rey Carlos II de Navarra, pasó a ser feria franca.

Estas dos ferias y fiestas, al inicio y al final del verano, se unificaron, para aprovechar el mejor clima, en la que desde entonces comienza el día séptimo del séptimo mes: el 7 de julio (que no es el día de San Fermín pero nadie se acuerda de ello). Aunque todavía en la actualidad, a finales del verano, se celebran los llamados Sanfermines *txikis* (pequeños Sanfermines) sólo para los íntimos. Así queda para todos el "uno de enero, dos de febrero, tres de marzo, cuatro de abril, cinco de mayo, seis de junio, siete de julio, ¡San Fermín!".

www.iturnet.es

alivio (m) *relief*
cabezudo (m) *"big head" –*
  carnival figure made of cardboard
Casa (f) Consistorial *town hall*
chiquero (m) *bull pen*
cohete (m) *rocket (firework)*
comparsa (f) *festive procession*
concejal (m) *town councillor*
corralillo (m) *small stockyard*
entrañable *intimate*
hallarse *to be found*
jaranero/a *merry*
pregonar *to make public, proclaim*
rostro (m) *face, aspect*
tamboril (m) *tabor (small drum)*
¡Viva!/¡Gora S. Fermín! *Long live*
  S. Fermín! (Gora = Basque)

5.13 *Fiestas populares*

Esplendor, alegría e imaginación popular son características básicas de las fiestas españolas. Las grandes fechas festivas que jalonan el año tienen al pueblo como protagonista y como espectador que posee la conciencia de ser simultáneamente ambas cosas.

A *Cara a cara*

Discute las siguientes cuestiones, referentes a la fotografía de abajo, con tu pareja.

1 ¿Qué te sugieren estas personas vestidas de esta manera? ¿Están en un carnaval, en un baile de disfraces?

2 ¿De todas las que se mencionan en el texto, a qué festividad se corresponde la fotografía?

3 ¿Qué simbolizan esos trajes? ¿Qué acontecimiento histórico están recreando?

FIESTAS POPULARES

Las fiestas, un fenómeno propio de nuestra vitalidad, se suceden en lugares y estaciones sin apenas interrupción, por lo que el viajero encontrará siempre el momento propicio para asistir a alguno de esos fenómenos mágicos y espectaculares que alteran día a día el ritmo cotidiano de nuestra sociedad.

El carnaval

Máscaras y botargas, gigantes y diablos, son, en febrero, los protagonistas de las primeras fiestas del año en España. Los carnavales de Lanz (Navarra) con sus personajes mitológicos (Ziripot y Zaldico) nos hablan de tradiciones milenarias, como los de Villanueva de la Jara (Cáceres) con la quema del muñeco Pero Palo. El carnaval toma una dimensión satírica y bufa en Cádiz con sus charangas y se reviste de fiesta espectacular en Tenerife y Las Palmas de Gran Canaria, que rivalizan en cromatismo y belleza.

El fuego y la pólvora son los protagonistas en marzo. Valencia celebra sus tradicionales "fallas" poniendo en pie todo el ingenio, la algarabía y pasión que esta celebración, de fama universal, tiene por norma, en la quema de los *ninots* o muñecos falleros.

La fiesta religiosa

La Semana Santa es la fiesta religiosa por excelencia, en la que la tradición conserva huellas imborrables. Las procesiones de las cofradías y la belleza de los pasos cobran especial relevancia en lugares como Sevilla, Valladolid, Zamora, Murcia y Cuenca.

Ferias y romerías

La primavera nos deja la explosión de luz y color de festejos como los de su mismo nombre en Murcia y la castiza Feria de Abril en Sevilla, una semana consagrada al colorido de su folklore y a la exaltación de la alegría. Espectacular y colorista es también la celebración de la fiesta de *moros y cristianos* que tiene en la levantina Alcoy su máxima expresión de riqueza y tipismo.

Las romerías o fiestas campestres se extienden a centenares por la geografía española. Algunas de gran tradición son "La Caballada" de Atienza (Guadalajara) y "A rapa das bestas" (captura de caballos salvajes) de la sierra de La Groba (Galicia), pero la que se lleva la palma en cuanto a clamor popular y belleza es la del Rocío en Almonte (Huelva) en honor de la Virgen.

Otra fiesta religiosa de gran fuste es la celebración del Corpus Christi en Toledo, con su procesión y desfile de las centenarias cofradías. Dicha celebración cobra también especial relevancia en Camuñas (Toledo) y Berga (Barcelona).

Los ritos del estío

La noche de San Juan en el mes de junio nos deja también fiestas emblemáticas como la del paso del fuego que tiene lugar en San Pedro Manrique (Soria) y la menorquina de los *Caragols* de Ciudadela.

Julio es el mes por excelencia de los Sanfermines pamplonicas. Sus famosos encierros taurinos y su masiva participación popular han dado la vuelta al mundo. Ferias y romerías como la gallega de Ribarteme y sus *resucitados* de Santa Marta o la asturiana de la boda *vaqueira* ponen de manifiesto también la profusión de fiestas que los ritos de la cosecha provocan en España.

Elche, en el sur de la provincia de Alicante, es la protagonista de otra fiesta de renombre nacional: el Misterio, que se celebra en el mes de agosto y que conmemora la Asunción de la Virgen a los cielos.

Las fiestas mayores y el folklore

De gran tipismo son las Fiestas Mayores de La Alberca (Salamanca), Vejer de la Frontera (Cádiz), Toro (Zamora), Ondarroa (Vizcaya), Logroño, Soria y otras muchas que tienen lugar entre los meses de agosto y octubre.

La Navidad cierra el ciclo festivo del año y tiene en España particularidades dignas de mención como los tradicionales belenes y desfiles de la Epifanía (Reyes Magos).

El *folklore* es la expresión de los sentimientos y de los saberes más profundos y entrañables del pueblo español. Casi todas las regiones poseen un rico tesoro propio de bailes y canciones que inspiran muchos de los espectáculos públicos de carácter lírico y coreográfico. Entre las expresiones más conocidas de la danza popular española figuran la *muñeira* gallega, las *jotas* aragonesas y valencianas, la *sardana* catalana, el *zortzikot* vasco y las *sevillanas* andaluzas.

B Busca en el párrafo indicado del texto las expresiones que se corresponden a las siguientes frases en inglés.

1 the right moment [primer párrafo]
2 develops a satirical, comic dimension ["El carnaval"]
3 setting in motion all the inventiveness, celebratory spirit and excitement that you would expect from this festival ["El carnaval"]
4 makes a permanent impression ["La fiesta religiosa"]
5 produces an explosion of light and colour of festivals such as … ["Ferias y romerías"]
6 the festival that takes first prize for general popularity and beauty ["Ferias y romerías"]
7 another major religious festival ["Ferias y romerías"]
8 also gives us symbolic festivals ["Los ritos del estío"]
9 (they) are evidence of the abundance of festivals ["Los ritos del estío"]
10 (it) has special features worth mentioning ["Las fiestas mayores y el folklore"]

C *Cara a cara*

1 Agrupa las festividades que se mencionan en el texto en los siguientes apartados:

- Carnaval
- Semana Santa
- Ferias y romerías
- Ritos de verano
- Fiestas Mayores

2 Explícale a tu pareja en qué consisten dos de las siguientes fiestas y dónde tienen lugar, guiándote por la información del texto:

- Carnaval de Lanz
- Las fallas de Valencia
- Semana Santa en Sevilla
- Moros y cristianos
- Romería del Rocío
- El Misterio de Elche

D   Eres periodista y tienes que escribir un artículo sobre el significado de las fiestas populares en España con la información que te suministra el texto. No te olvides de tratar los siguientes aspectos:

1   Significado de las fiestas
2   Origen histórico
3   Quién es el protagonista
4   En qué épocas del año se celebran las fiestas más importantes
5   Qué tipo de acontecimientos se celebran
6   Otros aspectos del folklore

E   Haz una presentación breve sobre las fiestas en España y en tu país. Presta atención a aspectos tales como:

1   ¿Se celebran las fiestas populares en tu país del mismo modo?
2   ¿Qué fiestas hay en común?
3   ¿Se mantienen en tu país algunos elementos del folklore? ¿Cuáles?

¡Informate! *i*

Fiestas y Folklore

Las más conocidas mundialmente entre las tradiciones folklóricas españolas son ciertamente el **Flamenco** y los **Toros**. Las corridas de toros se celebran en todo el país, siendo los más populares y conocidos espectáculos los encierros que se celebran durante los **Sanfermines** en **Pamplona**.

Otra fiesta excepcional son **"Las Fallas de San José"** en Valencia, que se celebran en marzo, cuando toda la ciudad se convierte en un escenario enorme de fiesta y arte, con inmensas cantidades de la más extraordinaria pirotecnia.

Una *semana salvaje* se puede encontrar también en San Sebastián durante el mes de febrero, cuando se celebra **La Tamburrada**.

Las fiestas más típicas de Madrid son las de **"San Isidro"**, en mayo. En estas fechas se celebran unas de las más importantes corridas de toros del año.

El Carnaval tiene su popularidad en muy diversos puntos del país, siendo muy conocidos el de Santa Cruz de Tenerife, el de Sitges y el de Cádiz.

www.red2000.com/spain

Dossier: las artes españolas

En esta unidad vamos a informarnos sobre las artes en España, sobre todo la pintura, la música, el baile y el cine. Vamos a examinar las influencias culturales que han dado forma al desarrollo del arte, y también las tendencias modernas en la música popular. Vamos a aprender algo sobre dos formas clásicas de baile, el flamenco y el tango, un poco sobre la carrera del cineasta español, Pedro Almodóvar, y un poco sobre la industria del cine en España en general.

En esta unidad vamos a consolidar tu conocimiento de los siguientes puntos gramaticales:

- el "a" personal (personal "a")
- condicional (conditional)
- formas pasivas/activas (passive/active forms)
- adjetivos (adjectives)
- verbos (pasado) (verbs – past tenses)
- pluscuamperfecto de subjuntivo (pluperfect subjunctive)
- presente continuo (present continuous)

6.1 El arte en España

España, crisol de varias culturas durante muchos siglos. Aquí seguimos el desarrollo cultural de la península desde los orígenes hasta hoy en día.

España está integrada por un conjunto de culturas pertenecientes a civilizaciones que a lo largo de los siglos fueron poblando el solar ibérico. El legado histórico se nutre de la variedad de ese mosaico, de su riqueza de matices y de la fusión entre sus aportaciones. Las grandes corrientes de la cultura y del arte han tenido también en nuestra tierra la expresión de un talento creador propio y de gran relieve universal.

Los orígenes. La cueva de Altamira (Cantabria) y sus pinturas rupestres pintadas hace unos quince mil años es la más sobresaliente de un conjunto arqueológico muy abundante en yacimientos y cuevas. En otros lugares de Castilla y Levante encontramos los primeros ejemplos del arte ibérico en la edad de hierro (Toros de Guisando, Dama de Elche).

Los fenicios crean colonias y dejan huellas de su cultura en la costa andaluza, en la levantina, y en Ibiza. Los griegos fundan sus colonias en puntos del levante y sur, pero la conquista romana de la Península en 218 a.C. marca el aporte de una civilización vigorosa.

La romanización es tan profunda que España aportará emperadores, intelectuales y militares recibiendo un legado de grandes infraestructuras y obras civiles así como la creación de numerosas ciudades (Tarragona, Barcelona, Mérida) que aún conservan su legado (termas, baños, teatros, circos) así como las ruinas en muchas otras ciudades.

El Medievo: crisol de culturas. La penetración árabe en el año 711 y su pervivencia durante ocho siglos va a crear una civilización llena de esplendor teniendo un puente formidable entre Oriente y Occidente.

La huella del Islam es tan profunda que va a impregnar incluso el estilo cristiano y va a formar dos estilos propios: el mozárabe de las minorías cristianas y el mudéjar de las minorías árabes.

La comunidad judía, tercera cultura en el crisol de las tierras de España durante varios siglos, estará próxima también en sus expresiones a las formas artísticas del Islam. Sus juderías, baños rituales y sinagogas son huellas destacadas de su impronta.

La cultura cristiana dará lugar a la aparición del arte románico en la estela del Camino de Santiago y a su posterior evolución por las influencias bizantinas y francesas. Los siglos XIII y XIV señalan la preeminencia del gótico, y al llegar el siglo XV el gótico florido nos dejará obras tan importantes como la catedral de Sevilla.

El arte islámico alcanzará en el siglo X, durante el período califal, su mayor esplendor, con, por ejemplo, la Mezquita de Córdoba. Del período taifal (siglo XI) es la Alcazaba de Málaga, y del almohade posterior la Giralda y Torre de Oro de Sevilla. El arte nazarí dejará en los siglos XIV y XV muestras bellísimas de su gusto ornamental, que tienen como culmen el complejo de la Alhambra de Granada.

Los descubrimientos y el Siglo de Oro. El descubrimiento de América y el renacimiento humanista que inspira un estilo, el plateresco, dejan en el siglo XVI muestras espléndidas como la fachada ☞

de la universidad de Salamanca y, dentro del austero estilo herreriano, el monasterio de San Lorenzo de El Escorial.

Pintores como Morales y El Greco van a ser precursores del conocido como *Siglo de Oro español* (Siglo XVII) por la aportación de sus pintores (Velázquez, Zurbarán, Ribera, Murillo).

Las puertas de la modernidad. La vuelta al neoclasicismo marcará la aparición genial del pintor Francisco de Goya, auténtico precursor de la pintura contemporánea. El eclecticismo de estilos del siglo XIX encontrará aliento en el romanticismo para los temas históricos y costumbristas y la aparición del

modernismo en los últimos años del siglo supondrá una renovación genial de la mano del catalán Antonio Gaudí.

Las vanguardias artísticas del siglo XX encontrarán en el pintor malagueño Pablo Ruiz Picasso un genio universal en tanto que Salvador Dalí y Joan Miró serán figuras clave en el surrealismo y la abstracción.

A Lee el texto, y da un ejemplo de cada estilo de arte:

1 El renacimiento
2 El surrealismo
3 El neoclasicismo
4 La pintura rupestre
5 El gótico florido
6 El Siglo de Oro
7 La romanización
8 El arte islámico del período califal
9 El modernismo
10 La cultura judía
11 El arte islámico del período almohade
12 El arte románico
13 Los precursores del Siglo de Oro
14 El arte islámico del período taifal
15 El arte nazarí

Ahora pon los estilos en orden cronológico.

B Empareja las frases 1–9 con las terminaciones a–i de forma que coincidan con algunas de las afirmaciones del texto.

1 El legado histórico se nutre ...
2 Los fenicios crean colonias y dejan huellas de su cultura ...
3 La penetración árabe en el año 711 y su pervivencia durante ocho siglos ...
4 La huella del Islam es tan profunda ...
5 Al llegar el siglo XV ...
6 El renacimiento deja en el siglo XVI muestras espléndidas del estilo plateresco ...
7 La vuelta al neoclasicismo marcará ...
8 La aparición del modernismo en los últimos años del siglo XIX ...
9 Pablo Picasso, Salvador Dalí y Joan Miró serán ...

a ... la aparición del pintor Francisco de Goya.
b ... que va a impregnar incluso el estilo cristiano.
c ... de la variedad de un mosaico de culturas.
d ... el gótico florido nos dejará obras tan importantes como la catedral de Sevilla.
e ... en la costa andaluza, la levantina y en Ibiza.
f ... figuras clave en el surrealismo y la abstracción.
g ... va a crear una civilización llena de esplendor.
h ... supondrá una renovación de la mano de Antonio Gaudí.
i como la fachada de la universidad de Salamanca.

C *Cara a cara*

Persona A: Lee otra vez la primera parte del texto, desde el principio hasta la sección sobre la comunidad judía ("... huellas destacadas de su impronta"). Luego escribe seis preguntas en español sobre el resto del artículo y hazlas a tu pareja.

Persona B: Lee la segunda parte del texto otra vez, desde la sección sobre "La cultura cristiana" hasta el final. Luego escribe seis preguntas en español sobre la primera parte del artículo, desde el principio hasta la sección sobre la comunidad judía ("... huellas destacadas de su impronta") y hazlas a tu pareja.

Anota un punto por cada respuesta acertada. ¿Quién gana?

D Utiliza Internet o una enciclopedia de arte para buscar información sobre uno de los siguientes artistas españoles:

• El Greco
• Velázquez
• Goya
• Picasso
• Dalí
• Miró

Quizás uno de los profesores de dibujo te pueda prestar algún libro.

Haz una presentación de unos dos minutos sobre uno de los artistas, su vida y su obra.

6.2 *Unas grandes obras*

Vamos a considerar algunas de las obras de arte más reconocidas de España, hechas por unos artistas muy célebres.

a *Guernica* (Picasso)

b *El tres de mayo 1808* (Goya)

c *Las meninas* (Velázquez)

d *Cristo abrazando la cruz* (El Greco)

A Empareja las descripciones con las pinturas.

1 Jesucristo, llevando la cruz a hombros, se dirige al Padre. El artista se fía más del color que del gesto para ilustrar la nobleza de Jesucristo. Con la cabeza rodeada de luz y la túnica color escarlata refleja la divinidad de Jesucristo.

2 A la derecha hay una muralla sólida de soldados, tirando a quemarropa. Las víctimas avanzan dando traspiés cuesta arriba para hacer frente al pelotón de ejecución con gestos o de desafío o de desesperanza, y se caen boca abajo en un charco de sangre. El cielo nocturno y la luz áspera de la linterna ayudan a producir una intensidad dramática y un tono emotivo.

3   La pintura es una expresión intensa y trágica de los sentimientos de horror del artista frente a la guerra y en particular el bombardeo aéreo de un pequeño pueblo vasco en el mes de abril de 1937. El artista utiliza muchos símbolos, especialmente los del toro y del caballo, y utiliza al mismo tiempo todas las estratagemas de composición que había desarrollado desde la época del cubismo hasta la del surrealismo.

4   Vestido de cortesano, el artista está delante de un lienzo muy grande, el pincel y la paleta en la mano. Al lado del artista está la Infanta Margarita, con sus doncellas y otros funcionarios de la corte. La presencia imaginada del rey y de la reina completa la escena. Se pueden ver los reflejos en el espejo desde el punto de vista del espectador, mientras posan para la pintura en que trabaja el artista.

B   Busca en los textos una frase que corresponda al inglés.

1   The artist relies more on colour
2   The scarlet tunic
3   firing at point-blank range
4   a dramatic intensity and emotional pitch
5   an intense and tragic expression
6   uses at the same time all the compositional devices
7   the era of cubism
8   the spectator's point of view

C   Estás en un museo de pintura en España, y escuchas las descripciones de estas pinturas. Empareja las descripciones con las pinturas.

a   b

c   d

demacrado/a   *haggard, drawn*
naturaleza (f) muerta   *still life*
semejanza (f)   *similarity, making things look real*

¿Cómo se dice ...?

Los acentos

Ya sabes que en español los acentos tienen dos funciones:

* mostrar énfasis
* indicar una pregunta directa o indirecta

Escucha otra vez las descripciones y escribe las siguientes palabras, poniendo los acentos que faltan.

contemporanea   composicion   arboles
quizas   acido   tension   incomoda
agitacion   bodegon   homologa
representacion   maestria   alegorica
periodo

D   Escucha las descripciones otra vez, y apunta la palabra española que significa:

1   contemporary
2   composition
3   balanced
4   approach
5   poses
6   gestures
7   realism
8   sitter

9   atmosphere
10   style
11   still life
12   naturalistic
13   mastery
14   likeness
15   allegorical
16   monochrome

6.3 *Pablo Picasso*

Casi todo el mundo conoce el nombre de Pablo Ruiz Picasso, el pintor más famoso de España.

Picasso Paisaje interior y exterior

"**Mujer desnuda**", óleo sobre tela de 1902.

Si uno se atiene a las pautas académicas que definen el género, Picasso no es un gran paisajista. Si se amplía el registro de ese concepto uno se da cuenta, sin embargo, de que cualquier objeto o figura en la que el genio malagueño descansó su mirada, adquiere el tratamiento de paisaje. Puede ser un cuerpo desnudo – como el de Marie Thérèse Walter – o los espacios de sus sucesivos talleres, sus paisajes interiores en los que la fuerza creadora renovada se hace a golpes de luz. *Picasso: Paisaje interior y exterior*, exhibición que reúne un centenar de trabajos, combina la transgresión de la mirada externa a la mirada interna, punto de partida de la contemporaneidad, y ejercicio al que se entrega el artista con entusiasmo. Aquí se ve la transformación de la perspectiva renacentista con las premisas del arte contemporáneo. Unión que permite un recorrido por la evolución artística del siglo, encontrándose en estos cuadros la esencialidad cubista de Juan Gris, la monumentalidad formal de Henry Moore, y la versión surrealista celeste de Benjamín Palencia. No hay que olvidar las formas confusas de planos geométricos y materias plásticas de su última etapa, en la que una pincelada gruesa y emborronada no aspira a claridades. Todo está en Picasso, desde el arte íbero y el africano, hasta el clasicismo italianizante y los maestros hispanoholandeses del Siglo de Oro.

• *Barcelona. Museo Picasso. Hasta el 30 de enero.*

A ¿Cómo se dicen en otras palabras en español las siguientes expresiones del texto?

1 se atiene
2 descansó su mirada
3 adquiere el tratamiento de
4 a golpes de luz
5 un centenar de
6 combina
7 punto de partida
8 la esencialidad
9 no aspira a claridades
10 Todo está en Picasso

emborronado/a *smudged*
etapa (f) *stage*
género (m) *genre, category of art*
malagueño/a *native of Málaga*
paisajista (m/f) *landscape painter*
pauta (f) *guideline, rule*
renacentista *renaissance*
transgresión (f) *progression*

B ¿Verdadero o falso?

1 Picasso era un especialista en pintar paisajes.
2 El genio de Picasso consiste en que con su mirada hace que cualquier cosa se convierta en un paisaje.
3 La exhibición comprende la obra completa de Picasso.
4 La muestra nos ofrece una visión de conjunto de la evolución artística de Picasso.
5 No se aprecia en su obra ningún tipo de influencia.
6 Lo más original de la obra de Picasso es su última época.

C Haz un resumen con tus propias palabras en español del contenido básico de este artículo sobre Picasso (50 palabras).

D Mira la pintura. ¿Qué puedes ver en ella? ¿Cómo definirías el estilo? ¿Quiénes son los protagonistas de la pintura? ¿Qué sensaciones te transmite la pintura?
Inventa una historia sobre los protagonistas de la pintura y haz una breve presentación.

E Escucha el mensaje en el contestador automático e identifica la información que se pide.

• Nombre del comunicante
• Está llamando de . . .
• Motivo de la llamada
• Detalles
• Día de llegada de los pósters
• Lo que quiere saber
• Número de teléfono

6.4 *Gloria Estefan*

La música de la cantante cubana Gloria Estefan es muy popular entre los jóvenes, haciéndola superestrella de la música pop. Pero ¿cómo es Gloria Estefan como persona, mujer y madre?

A Escucha la entrevista con Gloria Estefan. Estas frases ¿son verdaderas o falsas?

1 Gloria no es una persona sentimental.
2 A Gloria le gusta vivir para el momento.
3 Cree que hay que aprender de las cosas que pasan en la vida.
4 Se siente posesiva con sus hijos.
5 Cuando va de gira emplea una niñera para sus hijos.
6 Su nuevo disco trata de la tristeza.
7 Es un disco basado en el pasado.
8 No le gusta la música de su país natal.
9 Está demasiado ocupada para hacer ejercicio.
10 No está de acuerdo con la imagen de la mujer difundida por los medios de comunicación.

B Escucha otra vez, y completa las frases.

1 No puedo .... películas tristes.
2 El pasado ya no puedes .... y el futuro es incierto.
3 Hay que .... lo que te hace feliz.
4 Trato de .... al tanto de sus emociones.
5 No voy a .... ni a un adolescente ni a un bebé solos.
6 Las cosas deben .... del corazón.
7 El público puede .... cuando algo es real.
8 No .... una persona que .... artistas.
9 .... tal crecimiento en la tecnología.
10 Nuestras vidas .... simplificado.
11 Trato de .... cinco días a la semana.
12 Si .... a Aladino, ¿qué deseos le .... ?

C Estás haciendo tus prácticas laborales en la oficina de una revista de música pop. Escribe unas notas en inglés sobre la entrevista con Gloria Estefan para la redactora que no entiende español.

¿Cómo se dice ... "o"?

La letra "o" en español no se dice exactamente igual que en inglés. Escucha la primera parte de la entrevista otra vez, prestando mucha atención a las palabras que contienen la letra "o". A continuación, lee la entrevista en voz alta, tratando de imitar a las personas que hablan. Si eres mujer, imita a Gloria, si eres hombre, imita al entrevistador.

Entrevistador	Gloria
¿Eres una persona sentimental?	Una llora hasta con los comerciales de Kleenex que ponen en la televisión. Las cosas me llegan mucho; no puedo ver películas tristes de animales porque sufro. Mi marido Emilio es igual.
¿Cuál es tu filosofía de la vida?	Disfrutar de cada momento, no dejar las cosas para después. Hay que planificar por supuesto, pero hacerlo con la idea de que uno tiene que disfrutar el presente, porque el pasado ya no puedes cambiar y el futuro es incierto. Intento ser expresiva con mis seres queridos y ser lo más feliz posible.

CONSOLIDACIÓN

Estudia: The personal *a* p.212

1 Escucha otra vez la entrevista con Gloria Estefan. ¿Cuántos ejemplos de "a" personal puedes identificar?
2 Ahora lee la siguiente declaración del testigo de un crimen. Rellena los espacios con la preposición "a" (o "al") cuando sea necesario.

Eran las ocho de la tarde. Cogí .... las llaves y salí de casa para pasear .... perro. Vi .... mi vecino, el señor Alonso, y le dije buenas tardes. Se iba al aeropuerto a recoger .... su hija. Unos momentos después, vi .... un coche aparcado debajo de un árbol. No reconocí .... conductor. Vi .... otro hombre cerca de la puerta de entrada de la casa de los Rodríguez. Busqué .... un teléfono para llamar .... la policía. La policía llegó y entró en la casa. Encontraron .... ladrón en la cocina. Llevaba .... unas bolsas de plástico. La policía arrestó .... ladrón, pero no encontraron .... coche, así que no pudieron arrestar .... conductor.

CONSOLIDACIÓN

Estudia: Conditional p.207

Escribe tu respuesta a la última pregunta de la entrevistadora: si encontraras a Aladino, ¿qué deseos le pedirías?

Ahora contesta a estas preguntas personalmente:

1 Si te tocara el gordo en la lotería, ¿qué cosas comprarías?
2 Si pudieras vivir en cualquier parte del mundo, ¿dónde vivirías? ¿Por qué?
3 Si pudieras hablar con un personaje histórico por teléfono, ¿con quién hablarías? ¿Qué dirías?
4 Si pudieras conducir cualquier coche, ¿qué coche conducirías?
5 Si pasaras un día con un personaje famoso, ¿con quién lo pasarías? ¿Qué haríais juntos?
6 Si tuvieras una cita a ciegas, ¿con quién te gustaría que fuera?

6.5 *La nueva propuesta del pop español*

Desde una superestrella mundial hasta un grupo de jóvenes en el umbral de una carrera prometedora, la banda valenciana *7 Leguas*.

Llegados desde distintas partes del planeta – de ahí el nombre que luce la banda – pero formados en Valencia, *7 Leguas* representa la nueva propuesta del pop español. Marta Folqués (voz), Juanjo Romero (guitarrista) y Roland Lechner (bajista) tienen marcha para rato. *Sombras largas* es su primer álbum y en él destacan su pegadizo *Al salir el sol* y una personal versión del mítico *Angie* de los Rolling Stones, dos temas que suenan con fuerza en la radio.

7 Leguas no quiere transmitir una imagen glamorosa, pero da la impresión que el éxito ya es pan comido, sobre todo después de ver la aceptación que en sus primeros días de vida, en el plano nacional, ha tenido entre el público.

Marta, Juanjo y Roland componen por separado "a los sentimientos, a las sensaciones. Son flashes con un aspecto positivo aunque no contamos una historia con principio y final." Después de aportar cada uno su toque personal se reúnen y eligen los temas. Algo parecido les sucedió cuando se presentaron sus más de treinta canciones grabadas a varias compañías discográficas. Al final Sony apostó por ellos "y tuvimos que regrabar doce de esos temas. De ahí salió el álbum", comentan. Únicamente una de las canciones no lleva su autoría. Se trata de *Angie*, un tema de los Rolling Stones que encanta a Marta por "el tipo de mujer que describe. Me siento bastante identificada con la letra".

La mayor preocupación del grupo valenciano es precisamente dar imagen de grupo y en esto insiste la voz femenina: "Yo soy la cantante y sabemos que la gente se fijará más en mí; sin embargo queremos ser un grupo natural que no va de pose ni de ponerse la ropita de moda", porque como apunta Juanjo Romero, "el glamour está pasado de moda".

Después de haber recorrido el circuito valenciano de bares y pubs con sus actuaciones, *7 Leguas* se enfrenta en estos días a sus dos conciertos más importantes. El de Madrid ya quedó atrás, pero Barcelona les espera el próximo día 30. "Estamos muy ilusionados. Algo nerviosos, pero con mucha ilusión. El directo es lo que al músico le dé la vida", repiten al unísono.

Mientras, continúan escuchando todo tipo de música (Sheryl Crow, Alanis Morissette o Jimi Hendrix entre otros), componiendo y pensando en nuevos trabajos, por si acaso.

A Lee el texto sobre el grupo español *7 Leguas* y completa las frases.

1 El grupo viene de ....
2 Juanjo Romero toca ....
3 Su primer álbum se llama ....
4 Se puede describir *Al salir el sol* como ....
5 Cuando componen, al principio trabajan......... .
6 Tenían más de 30 ....
7 Para el álbum regrabaron ....
8 De las doce canciones, once ....
9 En cuanto a *Angie*, Marta se siente ....
10 Quieren ser ....
11 Creen que el glamour está......... .
12 Han recorrido ....
13 Tienen un concierto en Barcelona ....
14 Para un músico, tocar en directo ....
15 De momento están ....

actuación (f) *performance*
al unísono *in unison, all together*
autoría (f) *authorship*
fijarse en *pay attention to, notice*
pasado de moda *gone out of fashion*
pegadizo/a *catchy*
por si acaso *just in case*
regrabar *to re-record*
toque (m) personal *personal touch*
ya es pan comido *it's a piece of cake*

B Ahora escucha esta versión más corta del texto. Contiene varios errores. Corrígelos.

Ejemplo: 7 Leguas es un grupo **valenciano** de **tres** personas: voz, guitarra y **bajo**.

C Busca un texto semejante sobre un grupo en una revista inglesa y redacta un resumen en español de los aspectos más significativos. Escribe unos apuntes solamente; no hay que traducir el artículo.

D *Cara a cara*

Persona A: Eres periodista y tienes que entrevistar a un miembro de *7 Leguas.* Para preparar la entrevista, escribe una docena de preguntas basadas en el texto.

Persona B: Eres miembro de *7 Leguas.* Un(a) periodista te va a entrevistar. Lee el texto con mucho cuidado para poder contestar a las preguntas del/de la periodista.

E Escucha el mensaje en el contestador automático e identifica la siguiente información en español.

- Objetivo de la actividad
- Fecha y hora de la actividad
- Sitio donde tendrá lugar la actividad
- Precio de las entradas
- Lista de actividades
- Nombre y número de contacto

CONSOLIDACIÓN

Estudia: Passive/active forms p.210

Cambia las frases de la forma pasiva a la forma activa.

Ejemplo: El álbum *Sombras largas* fue grabado por *7 Leguas.*
7 Leguas grabó el álbum *Sombras largas.*

1 El grupo fue formado en Valencia.
2 Una imagen glamorosa no fue transmitida por el grupo.
3 Sus canciones fueron compuestas por los miembros del grupo.
4 Sus más de treinta canciones grabadas fueron presentadas a varias compañías discográficas.
5 Doce canciones fueron regrabadas para el álbum.
6 La canción *Angie,* de los Rolling Stones, fue grabada por Marta.
7 El circuito valenciano de bares fue recorrido por el grupo.
8 Dos conciertos importantes fueron organizados.

6.6 *El flamenco: "lo llevan en la sangre"*

El flamenco es una forma de arte que se remonta a los tiempos antiguos y que suena de la vida gitana y sus penas. Los bailaores y cantaores de hoy en día se inspiran en una tradición orgullosa que nos da una música de energía rítmica, una verdadera "pasión gitana".

Escucha las conversación y completa las frases.

1 El flamenco es ....
2 El flamenco moderno se remonta al ....
3 Normalmente participan ....
4 Tiene lugar en un ....
5 Normalmente suelen ser .... quienes bailan flamenco.
6 Dicen que llevan el flamenco en ....
7 En cuanto a los gitanos, tanto .... como .... bailan.
8 Para los gitanos, el flamenco es un ....
9 Los gitanos se sienten .... de ....
10 Normalmente los gitanos son .... en la sociedad española.
11 Se ha vuelto muy popular mundialmente a causa de su ....
12 El flamenco se asocia a ....

6.7 *La historia del flamenco*

Ésta es la primera entrega de una serie de artículos donde se estudian detalladamente diferentes aspectos del flamenco (música, cultura, historia, etc . . .).

El flamenco es una de las músicas más peculiares y reconocibles de Europa.

Las raíces del flamenco se formaron recogiendo influencias de muy diversos orígenes; podemos encontrar en esta música aportaciones hindúes, árabes, judías, griegas, castellanas etc.

La tradición nómada de los gitanos les lleva a ser una cultura acostumbrada a tomar prestadas las formas musicales de allí donde llegaran para reinterpretarlas a su manera. La música es una parte muy importante tanto de sus celebraciones como del vivir diario. Todo lo que necesitan para comenzar a hacer música es una voz y algo de ritmo que siempre se puede añadir con las manos y los pies. Por esto mismo, en las formas mas primitivas del flamenco no se necesitan más instrumentos que los que proporciona el propio cuerpo humano. La música gitana siempre ha sido amiga de los adornos, la improvisación y el

virtuosismo. Los gitanos encontraron en Andalucía el lugar perfecto para desarrollar su musicalidad, pues esta región disfrutaba de un impresionante auge cultural, artístico y científico, debido a casi ochocientos años de mezcla de culturas árabe, judía y cristiana.

Poco después de que llegaran los primeros grupos de gitanos a España, Cristóbal Colón partió hacia el oeste para establecer una nueva ruta hacia las Indias y acabó descubriendo un continente desconocido. Los gitanos llegaron en mal momento porque por aquel entonces los Reyes Católicos estaban emperrados en echar del país a todo aquel que no fuera de comunión diaria y, tras la caída de Granada en 1492, se inició una cruenta serie de expulsiones (sobre todo de judíos y musulmanes) y persecuciones de "no

católicos" que no acabó hasta dos siglos más tarde.

Durante el siglo XVI, muchos trabajaron y murieron en las minas y vivieron en casas construidas en cuevas de montañas donde cientos de judíos, musulmanes y gitanos paganos se habían refugiado huyendo de las reconversiones forzosas llevadas a cabo por los gobernantes y la iglesia. La mayor parte de las celebraciones gitanas tuvieron que ser llevadas a cabo en secreto, incluso cuando muchos gitanos estaban siendo invitados a tocar su música en las fiestas de los ricos. En estas reuniones interpretaban canciones cuyos textos hablaban de las injusticias cometidas contra ellos por las mismas personas que les escuchaban sin comprender el significado de las letras.

Los principales centros y familias flamencas se encuentran todavía en barrios y ciudades que sirvieron de refugio para los gitanos: Alcalá, Utrera, Jerez, el barrio de Triana de Sevilla. Con el tiempo, las leyes fueron menos represivas, los gitanos se fueron integrando, y cada vez más gente fue tomando interés en su música. Empezaron a surgir "payos" (no gitanos) decididos a conocer e interpretar música gitana. En la música clásica algunos compositores buscaron inspiración en las melodías flamencas y dentro del mundo de la guitarra es conocida la continua retroalimentación entre guitarristas clásicos y flamencos. El flamenco no ha cesado de evolucionar y que continúa viva y cambiante.

www.flamenco-world.com

A Lee el texto y busca una frase en español que signifique:

1 influences of very diverse origins
2 accustomed to borrowing musical forms from wherever they went
3 this region was enjoying an impressive heyday of culture, art and science
4 a bloody series of expulsions began
5 had taken refuge fleeing from the forced conversions
6 the gypsies became more integrated
7 the continuous feedback
8 music which has not ceased to evolve

B Trabajas para una agencia teatral. Recibes el siguiente memorándum de tu jefe. Lee el artículo y haz lo que se te pide.

> Memo
>
> Re: visit by "Agarrado" (touring flamenco dance troupe)
>
> Please see attached article which has been written by José, the theatre manager who is in the process of putting the programme together. Please could you provide a summary in English including the following main points, to be used as programme notes for the performance:
>
> 1. The origins of flamenco
> 2. The origins of the gypsies
> 3. The effect of the life of the gypsies on their music
> 4. The persecution of the gypsies
> 5. The gypsies in the 19th century
> 6. Links with other musical forms

¡Infórmate! *i*

¿De dónde son los gitanos?

Los gitanos del sur de España crearon esta música día a día desde su llegada a Andalucía en el siglo XV. Dentro y fuera del flamenco se cree que llegaron de una región del norte de la India llamada Sid que en la actualidad pertenece a Pakistán. Los gitanos tuvieron que abandonar estos territorios debido a una serie de conflictos bélicos e invasiones de conquistadores extranjeros (el desencadenante definitivo del exilio gitano fue la invasión de "Tamerlan", descendiente del famoso Gengis Khan). Las tribus de Sid se trasladaron a Egipto, donde permanecieron hasta que fueron expulsados.

Su siguiente punto de destino fue Checoslovaquia, pero, conscientes de que no iban a ser acogidos en ninguna parte debido a su elevado número, decidieron dividirse en tres grupos que se repartieron por Europa, y así quedaron establecidos los tres principales núcleos gitanos del continente: Rusia, Hungría y Polonia; los Balcanes e Italia; y Francia y España. Los hijos del rey Sindel latinizaron sus nombres, Sindel será Miguel, András se convirtió en Andrés y Pamuel en Manuel. El primer documento que certifica la entrada de los gitanos en España es de 1447.

Los gitanos se llamaban a sí mismos "Ruma Calk" (que significa hombre de los llanos o corredor de los llanos) y hablaban Caló (del dialecto indio Maharata). Hasta el final de este siglo han sido casi siempre nómadas con profesiones relacionadas con el pastoreo y la artesanía.

---

adorno (m) *decoration, embellishment*
apodo (m) *nickname*
conjunto (m) *collection, group*
desventurado/a *ill-fated, unhappy*
emperrado/a *determined*
exigente *insistent*
gama (f) *range*
inacabable *never-ending*
llano (m) *plain*
quitar valor *to detract from their value*
raíz (f) *root*
refundición (f) *re-working, adaptation*

C Lee el diccionario de flamenco en la página 120 y copia y completa la tabla.

El estilo que viene de . . .	se llama . . .
Jerez	
Málaga	
Extremadura	
La Mancha	
Ronda	
Triana	
Sevilla	
Granada	

D Ahora busca los estilos que corresponden a las siguientes definiciones.

1 una canción que viene de Cuba
2 de ritmo muy vivo
3 casi desaparecidas, de Galicia
4 cante de Asturias
5 acompañado de castañuelas
6 de ritmo afrocubano
7 cante sagrado
8 que significa la fiesta
9 cante influido por la literatura
10 de origen humilde

Diccionario breve para conocer los estilos

El flamenco no es un arte uniforme. Bajo su aura conviven un sinfín de palos, de formas, de ritmos y de tendencias. En su riqueza reside el mayor de sus encantos.

Bulerías

De ritmo vivo y acompañado con palmas, es un cante con una amplia gama de influjos literarios y refundiciones musicales. La variedad de bulerías es inacabable. Las hay para cantar y bailar, y por su origen, se dividen en jerezanas, gaditanas, trianeras y utreranas. Las de Jerez son las de más intensa personalidad.

Tonás

Cante sin acompañamiento musical que constituye la fundamental y más remota creación gitana andaluza. Crónicas de la desventurada vida gitana, las hay relacionadas con el trabajo (martinetes, trilleras), religiosas (saetas) o simplemente populares (livianas, doblás, nanas y villancicos).

Siguiriyas/ Seguidillas

Manifestaciones acongojadas de la intimidad, son el cante más patéticamente arraigado en el ritual expresivo del flamenco. No existe una especie exclusiva, sino un amplio conjunto de ellas.

Soleares/ Soledades

La esencia del cante. Ajustadas a un esquema melódico de exigente ritmo, las soleares (soledades) han gozado de una privilegiada relevancia dentro de la mejor tradición del flamenco. Existen diversas variantes locales (Triana, Jerez . . .). Los géneros más reputados son las peteneras, las malagueñas, los polos y las cañas.

Tangos

Son los reyes del ritmo. Su modalidad más destacada son los tientos, tangos lentos. También engloban algunos de los llamados cantes de "ida y vuelta" como las guajiras (canción cubana), las rumbas (ritmo afrocubano), los garrotines (cante asturiano) y las farrucas (casi desaparecidas, de origen gallego).

Fandango

Canción o baile, acompañado con castañuelas. Columna vertebral del flamenco, el fandango oscila entre el acompasamiento de los verdiales hasta el ronqueo de los malagueños. Hay fandangos malagueños (rondeñas, jaberas, verdiales), levantinos (tarantas, granadinas), onubenses (Alosno), extremeños y manchegos.

Coplas

Ligeras, festivas y bailables, son las formas predilectas del cantar popular. Pese a su origen humilde han sido imitadas, sin embargo, por un sinfín de poetas cultos. Las variedades más populares son las cantiñas, las alegrías (de ritmo muy vivo), las romeras, los mirabrás y las caracolas (canto popular con carácter extremadamente lúdico y festivo).

Sevillanas

Es el ejemplo más característico de la canción y el baile aflamencados. Sinónimo permanente de la fiesta, es una forma andaluza de la seguidilla manchega, de extraordinaria popularidad en Sevilla y Huelva, desde donde irradió a otras zonas andaluzas. Existen numerosos estilos (boleras, rocieras, bíblicas . . .) bautizados según sus temas u origen.

E

Escucha la entrevista con Antonio Porcuna, un cantante de flamenco muy conocido en España. Apunta los números de las frases que corresponden a lo que se dice en la entrevista.

1 Antonio trabaja en una tienda de muebles.
2 Antonio tiene tres hermanos.
3 Antonio ha ganado el primer premio en un concurso de cante flamenco.
4 Antonio tiene treinta y un años.
5 Nació en Córdoba.
6 No es la primera vez que gana un premio.
7 El premio vale mucho dinero.
8 La decisión del jurado fue unánime.
9 Antonio va a continuar trabajando en la tienda.
10 Va a casarse en verano.
11 Su novia es de Sevilla.
12 Aprendió a cantar flamenco cuando era joven.
13 A su madre no le gustaba nada el flamenco.
14 Prefiere el estilo más tradicional del cante.

G *¡Tu turno!*

1 Prepara una presentación oral en español de dos minutos sobre el flamenco. Puedes utilizar apuntes pero no debes leer un texto entero.
2 Haz una transcripción de la entrevista con Antonio Porcuna, y luego prepara un resumen de la entrevista en inglés.

F *Cara a cara*

Persona A: Estás hablando con tu amigo/a de lo que vais a hacer durante la semana. Te interesa el baile latinoamericano y tratas de persuadir a tu corresponsal para ir a un clase de baile una noche.

Persona B: Estás poco dispuesto/a a ir a un clase de baile; quizás tienes otras cosas que hacer cada noche o quizás no te apetece. Sugiere otras posibilidades y da razones de por qué no ir a bailar.

CALENDARIO SEMANAL DE CLUBES Y CLASES DE BAILE

LUNES

DANCE WORKS
Lambada 8-9.30pm. Flamenco 8-10pm. 16 Balderton St. London. W1

CUBA
Salseros. Clases de salsa 8pm. DJ's Ara y Juan Carlos de las 9.30pm hasta las 2am. 11 Kensington High St. London W8 0171 938 4137

FUEGO
Clases de Salsa y discoteca. Nivel básico 6.30-7.30. Nivel intermedio 7.30-8.30. Freestyle 8.30-9.30. Costo £5 por una clase. £7 para dos- precio incluye entrada en la discoteca 9.30-2am. 1a Pudding Lane. London EC3 teléfono 0171 929 3366. Tube- Monument.

¡SALSA!
El Más Latino. Clases de salsa a las 6.30pm y 7.30pm. DJ's Ramiro y Fernando. Abierto desde las 5.30pm. ¡Salsa! 96 Charing Cross Road. London. WC2. 0171 379 3277

MARTES

DANCE WORKS
Capoeira. 8-10pm.16 Balderton St. London W1.

CUBA
Manteca. Clases de salsa 8.30pm. DJ Armstrong después de las 9.30pm. 11 Kensington High St. London. W8. 0171 938 4137

¡SALSA!
Club Força Brazil. Noche brasileña con DJ Marcus. Clases de lambada y samha 7-8pm. ¡Salsa! 96 Charing Cross Road. London. WC2. 0171 379 3277

DOWN MEXICO WAY
Clases de salsa 7-8pm y baile después de las 25 Swallow St. London. W1. 0171 437 9895

BAR RUMBA
Salsa con Elder Sanchez. 6.30 8.30pm. DJ's Dominique. Ramiro. Fernando y Alex el Gato. Regent St. Piccadilly.

LATINO NIGHTCLUB
Noche de salsa y tango con Carlos Paz.

Abierto hasta las 2am. 89-91 Chapel Market Islington. Estación - Angel. 0171 771 1670

SALSA PARA GOZAR
Clases de salsa   8.30pm-9.45pm después goza Salsa. Cumbia y Merengue hasta la medianoche en el club lujoso al norte de Londres. The Townhouse. 48 London Road. Enfield. Tel 0181 367 1920

MIÉRCOLES

CLUB BABALU
Música en vivo. Shows de Baile y Clases de salsa. DJ Leoncio. Desde las 7pm. £2 antes de las 10. despues £3. Cafe El Paso. 17/19 York Road. London. SE1 Metro - Waterloo. 0171 564 6528/0958 504 474

BAR LORCA
Actuación flamenca. 12pm - 1am. 175 Stoke Newington High St. N16

DANCE WORKS
Lambada 7-8pm. Sevillanas 8-9pm. Lambada 8-9pm. Capoeira 8-10pm. Flamenco 9-10pm. 16 Balderton St. London. W1.

CUBA
Sol y Sombra. DJ's Dave Hucher y Martin Morales. Clases de salsa y música latina. 8-2pm. 11 Kensington High St. London. W8. 0171 938 4137

¡SALSA!
Música latina, clases y baile. ¡Salsa! 96 Charing Cross Road. London. WC2. 0171 379 3277

DOWN MEXICO WAY
Clases de salsa y baile. después de las 7pm. 25 Swallow St. London. W1. 0171 437 9895

BAR TIEMPO
Salsa 7pm - 9pm. DJ Elder hasta las 2am. La Finca. Pentonville Road. N1. 0171 837 5387

CLUB SONEROS
Noche de salsa. Clases y club desde las 8.30pm. The Gallery. 5G Dondway. Vauxhall.

LATINO NIGHTCLUB
Hamstead School of salsa con Orod y DJ Ara. 89-91 Chapel Market. Islington. Estación - Angel. 0171 278 0987

CONSOLIDACIÓN

Estudia: Adjectives p.194; verbs p.202

1 Completa las frases con el adjetivo adecuado.

Ejemplo: Antonio Porcuna nació en Córdoba. Es *cordobés.*

a La guajira es una canción de Cuba. Es ....
b Un tipo de bulería viene de Jerez. Es la ....
c Los Sanfermines tienen lugar en Pamplona en el mes de julio. Es una fiesta ....
d El grupo *I Leguas* se formó en Valencia. Es un grupo ....
e Las farrucas tienen su origen en Galicia, en el noroeste de España. Son ....

2 Completa las frases con la forma adecuada del verbo.

a El flamenco *(formar)* sus raíces de muchas influencias diferentes.
b Los gitanos *(llegar)* a España del norte de la India.
c Cuando Tamerlan *(invadir)*, los gitanos *(abandonar)* su tierra.
d Los gitanos *(trasladarse)* a Egipto.
e *(Permanecer)* allí hasta su expulsión.
f *(Establecerse)* tres principales núcleos gitanos en Europa.
g Andalucía *(disfrutar)* de un impresionante auge cultural.
h Los Reyes Católicos *(expulsar)* del país a todos los que no *(ser)* de comunión diaria.
i Los gitanos *(trabajar)* en las minas y *(vivir)* en cuevas.
j *(Llevar)* a cabo sus celebraciones en secreto.
k Los compositores clásicos *(buscar)* inspiración en las melodías flamencas.
l El flamenco no *(cesar)* de evolucionar.

¡Infórmate!

La feria de Sevilla

El flamenco es *la* tradición folklórica del sur, en particular de Andalucía. Y es a esta región donde se tendrá que desplazar para conocer las raíces del cante, la guitarra y el baile flamenco. En abril se celebra la **Feria de Abril**, en Sevilla, una semana repleta de cante y baile, donde se bebe vino de *Jerez* y otros deliciosos caldos de la zona, acompañados de jamón y queso viejo entre otros manjares de la zona . . . así que los amantes de estas cosas no tienen que perdérselo . . . si es que encuentran alojamiento en estas fechas (tarea nada fácil). Ahora bien, ya puestos a hacer el viaje, ¿por qué no ir un par de semanas antes de la feria para disfrutar de la otra celebración excepcional que ofrece la ciudad, la **Semana Santa**, con sus famosas cofradías?

Otro acontecimiento, que atrae a millones de personas a un pequeño pueblo situado en la provincia de Huelva, es **El Rocío**, una romería al pueblo del mismo nombre donde se venera a la *Virgen del Rocío*. Dentro del más auténtico tipismo flamenco acuden multitudes, no sólo de la zona sino de puntos muchos más alejados, a pie, a caballo o en carretas, adornadas para celebrar un espectáculo único, en el que folklore y alegría se mezclan con religiosidad en una curiosa y colorida combinación difícil de comprender.

www.red2000.com/spain

6.8 *Viva el baile*

El tango es un baile de origen incierto, que viene de una mezcla de estilos muy distintos, producto del ambiente cosmopolita del puerto de Buenos Aires.

Tango pasión

Eva Urzaiz

Sensualidad, amores despechados, decepciones, esperanzas y pasión. Eso es el tango y así lo transmitió para el público londinense la compañía argentina Tango Pasión el pasado mes de febrero.

El repertorio del espectáculo, compuesto por cerca de cuarenta piezas, es un evocador paseo por la historia del tango. Desde un cafetín, siete parejas de bailarines nos guían desde las primeras milongas bailadas en los burdeles, hasta los tangos más contemporáneos de Astor Piazzolla.

El espectáculo concebido en Miami por el coreógrafo Héctor Zaraspe cuenta con la incomparable música del Sexteto Mayor – compuesto por dos bandoneones, dos violines, piano, contrabajo y ahora se suma una batería y un teclado. El Sexteto, fundado en 1973 por los bandoneonistas José Libertella y Luis Stazo, aparece situado al fondo del escenario frente al telón de fondo de las pinturas tangueras de Ricardo Capani.

Las siete parejas de bailarines que ilustran la música del Sexteto están acompañadas por las excelentes voces tangueras de Andrés Ramos, Patricia Nora y Omar Mazzei. Escuchar piezas como "Ojos negros", "El día que me quieras", "La comparsita" o "Canaro en

París" es además como dar un paseo por Buenos Aires en distintas etapas del siglo XIX, el siglo del tango.

Desde 1992 Tango Pasión ha sido presentado en algunos de los escenarios más famosos del mundo: el Théâtre des Champs-Elysées en París, el teatro Kremlin de Moscú, el Sistina en Roma, el Longacher Theatre en Broadway, y más recientemente en el Palladium de Londres donde vieron cómo el público de esta ciudad se rendía a sus pies.

A Un amigo británico quiere ver el espectáculo "Tango Pasión". Lee la reseña y haz un resumen en inglés. Menciona los siguientes puntos:

- la descripción del tango
- el repertorio del espectáculo
- quiénes son Astor Piazzolla, Héctor Zaraspe, José Libertella, Luis Stazo, Ricardo Capani, Andrés Ramos, Patricia Nora y Omar Mazzei
- unos ejemplos de la música
- la reacción del público londinense

B Escucha la entrevista con Joaquín Cortés, un bailaor de flamenco. Toma notas en español sobre:

1 tres características de Joaquín Cortés
2 el efecto de estas características en el público
3 el año de su nacimiento
4 dos cosas que hace como trabajo
5 el año en que entró en el Ballet Nacional Español
6 su edad cuando empezó su carrera independiente
7 su obra – ¿mezcla de qué estilos?
8 la edad que tenía cuando apareció en la película de Pedro Almodóvar *La flor de mi secreto*
9 "Sketches from Spain" – ¿qué es?
10 lo que ha hecho los últimos dos años
11 el efecto de la edad respecto al baile
12 la diferencia entre las nuevas y las antiguas generaciones de artistas
13 su actitud hacia la crítica
14 lo que piensa sobre la fama

C Escribe un texto de unas 150 palabras, en español, sobre Joaquín Cortés. Incluye la siguiente información:

• Sus primeras experiencias con el baile
• Los "primeros pasos" como artista independiente
• Su carrera como actor de cine
• Qué ha hecho últimamente
• Una descripción de su compañía de baile
• Su actitud hacia el cine
• Su actitud hacia la crítica
• Su actitud hacia la fama

¡EXPRÉSATE!

Para dar una opinión, a menudo hay que ver las dos caras de la moneda. Convierte las siguientes frases en frases completas.

Ejemplo:

	+	−
vivir en el campo	bueno para la salud; menos contaminación	los jóvenes no tienen nada que hacer

Lo mejor de vivir en el campo es que es bueno para la salud porque no hay mucha contaminación. Lo peor es que no hay nada que hacer para los jóvenes.

	+	−
vivir en la ciudad	instalaciones, distracciones	ruido, basura, graffiti, contaminación
vacaciones en la playa	deportes acuáticos	peligro de insolación, mareas negras, aguas residuales en el mar
vacaciones en la montaña	ejercicio físico, bienestar	a veces mal tiempo
ir a la universidad cerca de casa	apoyo de la familia, más barato	falta de independencia
las autopistas	viajes más rápidos, menos tráfico que en la ciudad	paisaje revestido de hormigón, pérdida de bosques, naturaleza
vivir en un apartamento	vecinos si hay problemas	ascensores averiados, espacios comunales que están sucios
comer fruta y verduras	menos grasa, menos colesterol	comida insípida
ir en bicicleta	ejercicio físico, más barato, fácil aparcar	peligroso con tanto tráfico

6.9 *El cine de Pedro Almodóvar*

El cine de Pedro Almodóvar es un cine poblado por la gente ordinaria del barrio, a quienes les pasan acontecimientos extraordinarios. No cabe duda de que Almodóvar es uno de los cineastas más influyentes del cine español de los tiempos recientes.

1 La flor de mi secreto. Leo rompe con la editorial donde trabaja aunque quiere continuar escribiendo, rompe con su marido aunque sigue queriéndole y rompe con todo para volver a su pueblo en la Mancha.

2 Kika. Kika es una maquilladora que recibe un encargo especial: maquillar a un muerto, Ramón. En realidad, éste no está muerto, sólo sufre un ataque. El maquillaje hace que reaccione, se enamora de Kika y tiene una segunda oportunidad en la vida. Paul Bazzo, un escapado de la justicia en busca de refugio, se instala cerca de la pareja. Con él entrará la televisión en la vida de Ramón y Kika.

3 Tacones lejanos. Después de quince años, Becky, la gran dama de la canción, regresa a España, donde se reencuentra con su hija, Rebeca. Manuel, el marido de Rebeca y antiguo amante de Becky, muere asesinado y Rebeca, no se sabe si para salvar a su madre o para castigarla, se declara culpable del asesinato.

4 ¿Qué he hecho yo para merecer esto? El marido de un ama de casa que comparte las labores del hogar con la limpieza de otras casas se mezcla en asuntos turbios a través de una cantante extranjera. Un policía, un psicólogo y una pareja de escritores se entrecruzan en esta historia que se convierte en toda una intriga internacional.

5 Pepi, Luci, Bom y otras chicas del montón. El estreno de Almodóvar en el cine comercial (había realizado otra película en *Súper 8*) tiene toda la frescura de un cineasta sin censuras dotado para el escándalo. El título se refiere a las tres protagonistas que viven en el Madrid de la posmodernidad. Personajes que forman parte de la ya extensa imaginería almodovariana plagada de habitantes nocturnos y personajes a contracorriente.

6 Mujeres al borde de un ataque de nervios. Pepa, abandonada por su amante, espera sentada sobre una maleta que él venga a recogerla o al menos la llame por teléfono. Durante su espera ocurren tantas cosas que llega el momento en que Pepa olvida su dolor.

A Lee los textos y luego escucha a estas seis personas. ¿De qué película está hablando cada persona?

B Lee la reseña "Todo sobre mi madre" y busca en el texto las palabras españolas que significan:

dramatic	script	celluloid	tragicomedy	genres	work	touches	cinematography
story-lines	shocking	melodrama	dialogue	discovery	main characters	plot	

TODO SOBRE MI MADRE

La última película de Almodóvar para el siglo XX no decepciona. Sean incondicionales del manchego o no, "Todo sobre mi madre" tiene algo para cada espectador. Los seguidores del ala dramática (tipo "La flor de mi secreto") tienen las lágrimas garantizadas, aunque con un guión que supera en bastante a aquél. Los que prefieren la parte más original y canalla, aquéllos que le asocian a "Mujeres al borde de un ataque de nervios" y "Entre tinieblas", van a encontrar lo que buscan a lo largo de toda la película. Y luego están aquéllos a quienes les gusta el buen cine y que no simpatizan con las obsesiones de Almodóvar. También hay mucho celuloide para ellos en esta comedia dramática o tragicomedia (siempre prescindió Almodóvar de los géneros como de un corsé demasiado estrecho). Porque la evolución de su cine ha desembocado de forma natural en esta obra llena de humor y sentimientos. El director manchego ha seguido un camino personal lleno de "toques" originales que hacen de su cine uno de los más personales de la cinematografía mundial. Sus argumentos se han hecho cada vez más dramáticos, llenos de sentimientos y desbordantes de emociones sin olvidar, más bien todo lo contrario, los elementos más chocantes, divertidos y extravagantes. Elementos como la pareja de madre e hija en "La flor de mi secreto" que ponen el contrapunto al dramón en el que está envuelta Marisa Paredes. Pero si en aquella película este escape cómico estaba un poco metido con calzador (aunque los diálogos de Rossy de Palma y Chus Lampreave son de lo mejor de su cine), en "Todo sobre mi madre" estas generosas raciones de humor "Pedrestre" (de Pedro, claro), vienen repartidas sin medida por esa mujer ("auténtica" como dice ella) que es todo un descubrimiento: Antonia San Juan. Pero aun siendo muy superior, "Todo sobre mi madre" nos obliga a volver la vista continuamente a "La flor de mi secreto". Coincide con ella, sobre todo, en el arranque. Ambas comienzan con el mismo personaje: una enfermera (Manuela) simula ante una cámara la muerte de su hijo para que los doctores se entrenen en la dura tarea de convencer a los familiares de la importancia de la donación de órganos. Pero también les une una absoluta sinceridad descarnada en cuanto al sufrimiento de sus protagonistas. Un aluvión de sentimientos que envuelven a los personajes y que exponen con dramatismo, pero también con muchísimo humor, las duras pruebas a las que les somete el autor manchego. Y para encarnar ese dolor profundo y a la vez mantener un estado permanente de esperanza, nadie mejor que Cecilia Roth, verdadero pulmón de la asfixiante trama que se inventa Almodóvar. Penélope Cruz, Candela Peña y Rosa María Sardá completan los principales personajes de la película, entre sufridoras y descaradas con la adversidad. Personajes propios, al fin y al cabo, del universo creado por el inquieto y polifacético hombre de la Mancha de cuyo nombre se oye hablar en todo el mundo.

www.viadigital.net

C Haz un resumen del artículo de unas 200 palabras en inglés.

D Prepara una presentación oral de unos tres minutos sobre el cine. Utiliza las preguntas de la casilla ¡Exprésate! para ayudarte.

E *Cara a cara*

Escribe un breve resumen en español de dos películas que hayas visto recientemente, o en el cine o en la televisión, sin mencionar el título. Da el resumen a tu pareja, que debe leerlo para adivinar de qué películas se trata.

¡EXPRÉSATE!

¿Qué prefieres: ver una película en el cine o en la televisión? ¿Por qué?

¿Quién es tu actor/actriz preferido/a?

¿Qué diferencias se notan cuando una película hecha para el cine se pone en la televisión?

¿Has visto alguna película española? ¿De qué director era? ¿De qué trataba? ¿Estaba doblada o era en versión española?

¿Qué prefieres, las películas dobladas o las películas con subtítulos?

F Un grupo de jóvenes espanoles habla sobre el cine español.

1 Escucha la primera parte de la conversación. ¿Verdad, mentira o no se sabe?

   a El cine español se ha extendido mundialmente desde la muerte de Franco.

   b A Franco no le gustaba nada el cine español.

   c El cine español moderno manifiesta mucho de lo que se prohibía en España antes de que se muriera Franco.

   d Había una tradición muy extensa de películas de ciencia-ficción.

   e Antes de la muerte de Franco, el cine español era muy folklórico.

   f Era un cine de muy alta calidad.

   g El cine español moderno no se atreve a romper los tabúes de la dictadura.

   h El cine español ha ganado premios en festivales internacionales.

   i El cine español gana mucho dinero en México.

   j Luis Buñuel tuvo que exiliarse en México porque no podía hacer el cine que quería en España bajo la dictadura.

2 Escucha la segunda parte sobre Pedro Almodóvar, y contesta en español:

   a ¿Por qué no se puede comparar el cine moderno con el cine de la época de la dictadura?

   b ¿Cuáles son las principales diferencias entre el cine de la dictadura y el cine moderno?

   c ¿Qué elementos utiliza Almodóvar en su cine?

   d ¿Qué ha sucedido con Almodóvar a medida que su cine se ha hecho más mayoritario?

   e ¿Cómo se puede describir sus primeras películas?

G Utiliza Internet o una enciclopedia para obtener información sobre:

- Luis Buñuel
- Juan Antonio Bardem
- Luis Berlanga
- Carlos Saura
- Victor Erice
- Bigas Luna
- Alejandro Amenábar
- Icíar Bollaín
- Julio Medem

Selecciona uno de estos realizadores y haz una breve presentación para la clase de español sobre su vida y obra, según la información que hayas obtenido.

H Lee el texto y contesta las preguntas.

Nuevo cine español

1997 fue un año muy bueno para el cine español. Mucha más gente asistió al cine para ver las películas españolas, el nivel de calidad de las películas creció y el público se reconcilió con la industria. Mientras tanto, el aspecto más importante es que una nueva generación de directores, guionistas, actores y actrices surgieron no sólo como una promesa, sino como personalidades importantes en el Quién es Quién del cine español.

Directores como Fernando León, Álex de la Iglesia, Alejandro Amenábar, Julio Medem, Daniel Calparsoro, Juanma Bajo Ulloa, Mariano Barroso e Icíar Bollaín hicieron buen, interesante y, lo que es más importante, cine bien aceptado por el público. Curiosamente, estos directores trajeron consigo a jóvenes y renovadas caras con ellos. Fele Martínez, Eduardo Noriega, Daniel Guzmán, Elena Anaya, Jordi Molla, Ingrid Rubio, Najwa Nimri, son algunos de los más prometedores jóvenes actores.

Toda esta gente está haciendo buen cine que conecta con el público. Esta es la razón principal de este éxito. Además del talento demostrado en las películas, otra razón para este buen resultado es la multiplicidad de temas que se tratan: comedia, thriller, ciencia-ficción, tragedia . . .

El joven más sobresaliente es probablemente Alejandro Amenábar. Fue galardonado con varios Goyas a raíz de su primera y sorprendente película *Tesis*, un thriller psicológico que recuerda el estilo de Hitchcock. En 1997 realizó *Abre los ojos*, otra película fantástica que fue exhibida en el Festival de Sundance. Por cierto, este joven director no superó el examen de dirección de cine en la universidad. Esto fue, por supuesto, antes de *Tesis*. Presta atención a las películas de este joven.

¿Cuál es el rol de Almodóvar en este éxito? Los medios de comunicación y la gente de la industria no ven la contribución de Almodóvar al crecimiento del cine español, pero mucha gente, incluyendo a vuestros guías, pensamos que sin la contribución del cine de Almodóvar esto nunca hubiera sucedido.

Para finalizar este artículo queremos recomendaros varias películas que debéis ver para comprender este nuevo cine:

- *Tesis* y *Abre los ojos* de Alejandro Amenábar: dos películas fantásticas, clásicas y sorprendentes.
- *Airbag* de Juanma Bajo Ulloa: una verdadera y divertida *road movie* española.
- *Familia* de Fernando León: un profundo, conmovedor e inteligente análisis de la institución de la familia.
- *El día de la Bestia* y *Perdita Durango* de Álex de la Iglesia: terror y ciencia-ficción hecho en España.
- *Éxtasis* de Mariano Barroso. Explora la relación padre-hijo y lo que es un actor.

http://spanishculture.miningco.com

1   ¿Por qué fue 1997 un año muy bueno para el cine español?
2   ¿Cuáles son las características del cine español moderno?
3   ¿Cuáles son las razones principales de este éxito?
4   ¿Qué es un Goya?
5   ¿Qué tipo de película es *Tesis*?
6   ¿Qué opina la gente sobre la contribución de Pedro Almodóvar?

CONSOLIDACIÓN

Estudia: Pluperfect subjunctive p.208

Completa las frases con la forma correcta del verbo.

1   Si Colón no *(descubrir)* América, el español nunca habría sido un idioma tan importante en el mundo.
2   Si Almodóvar no *(ir)* al cine desde muy joven, no se habría hecho realizador de películas.
3   Si (yo) *(saber)* que era tu cumpleaños, te habría comprado un regalo.
4   Si (tú) *(coger)* un taxi, no habrías llegado tarde.
5   Si (tú) me lo *(decir)* antes, habría podido hacer algo.
6   Si (ellos) *(salir)* más temprano, no habrían perdido el tren.

¡Infórmate!

Pedro Almodóvar

Pedro Almodóvar es probablemente el nombre más conocido del cine español desde el surrealista Luis Buñuel. Una verdadera cosecha de películas a la vez frívolas, extravagantes y polémicas, pobladas de personajes extraños, le convirtieron en una persona conocidísima en España durante los años ochenta, momento en el que su fama se extendió por el mundo. Sin embargo, recientemente ha revelado una capacidad de poder contar historias muy buenas, y además contarlas de una manera más moderada, rechazando el exceso en favor de un ambiente más reflexivo. Hay algunos temas que continúan siendo centrales en su obra: la literatura, la muerte, las diferencias entre los sexos, y las relaciones entre madre e hijo, y continúa escribiendo papeles muy fuertes para mujeres. Su película *Mujeres al borde de un ataque de nervios* (1988) ganó un Oscar, lo que tuvo como consecuencia que actrices como Jane Fonda, Sally Field y Goldie Hawn hicieran cola para trabajar con él. Pero prefiere permanecer fuera de la corriente principal de Hollywood.

Hasta ahora, no ha hecho ninguna película en inglés, ni fuera de España. Atribuye sus habilidades de narrador al hecho de que iba al cine desde pequeño. A los diez años empezó a ir al cine con sus hermanos. A menudo relataba las historias de las películas, cambiando los detalles. Fue miembro de una banda de música *glam rock* mientras trabajaba para la compañía Telefónica en Madrid. Empezó a filmar unos cortometrajes en Super-8. Es cineasta profesional sólo desde 1984. Fueron las películas de Almodóvar las que descubrieron a un joven actor español por primera vez al público español, un tal Antonio Banderas. Almodóvar ha pasado de ser un cineasta irreverente y distintivo a ser un director destacado, especialmente por su capacidad para escribir papeles muy complejos para mujeres. Se dice que sólo Ingmar Bergman y Woody Allen le igualan en este aspecto. Presta escasa atención a los papeles bidimensionales representados muy a menudo por las mujeres en las películas de Hollywood, y lamenta la perspectiva futura de actrices mayores como Glenn Close y Michelle Pfeiffer, ya que en su opinión, las películas de Hollywood son cada vez más infantiles, y las mujeres parecen ser capaces sólo de representar el amor bobo del héroe de acción.

castigar   *to punish*
censura (f)   *censorship*
dictadura (f)   *dictatorship (here of Franco in Spain)*
dotado/a   *gifted, equipped*
enriquecedor(a)   *enriching*
plagado/a   *riddled, swarming with*
planteamiento (m)   *approach*
prevalecer   *to prevail, predominate*
tabú (m)   *taboo (forbidden topic)*
turbio/a   *dubious, murky*

6.10 *Películas fantásticas*

Miguel Albadalejo es un cineasta muy difícil a encasillar. Renunciando a un cine populista, prefiere hacer películas de tema más social.

Miguel Albadalejo: "Mis películas no son para un público adolescente"

El realizador alicantino prepara *Ataque verbal*, en la que colabora de nuevo la escritora Elvira Lindo

Miguel Albadalejo no quiere que se le encasille en el grupo de jóvenes realizadores de éxito y asegura que no hace cine para adolescentes: reconoce que ahora es más fácil hacer películas para los jóvenes, "estamos un poco de moda, aunque yo no me considero un jovencito, tengo 33 años", e insiste en que los productores prefieren recurrir a los más noveles "porque tienen la sensación de que hemos conectado mejor con esa audiencia que se ha creado".

El realizador, que debutó con *La primera noche de mi vida*, en colaboración con la escritora Elvira Lindo, no quiere deshacer este tándem, y así, tanto en su película en ciernes, *Ataque verbal*, como en el guión que está preparando, estará presente la pluma de la escritora. "Lo del humor es agotador; en el cine te vuelves histérico viendo si la gente se ríe o no se ríe. Estoy un poco harto de estar pendiente de todo eso; me apetece provocar melancolía", por lo que está dispuesto ahora a explorar su vena romántica.

Albadalejo quiere apostar por el romanticismo y "provocar la lagrimita" en su próxima película, aún sin título, pero sí con argumento. Se dispone a retomar el personaje de Jasmina de *La primera noche de mi vida*, una chica de barrio humilde, que se pasa toda la Nochevieja del año 2000 esperando a su novio junto a una cabina telefónica.

Quiere experimentar

Pero Albadalejo dice que hasta ahora ha hecho cine social "por casualidad", que le apetece hacer otro tipo de cosas, experimentar con otros temas. "A largo plazo seguiré haciendo todas las películas que pueda; de momento llevo una racha fabulosa y no quiero que se detenga por nada", dice el director alicantino.

No obstante, se mantiene escéptico acerca de la euforia que se está viviendo en los últimos años en el cine español: "Creo que es necesaria, pero considero que todavía no se está haciendo ni una cantidad de películas ni un tipo de películas que lo justifiquen realmente." En realidad, piensa que los cineastas españoles están haciendo un cine "un poco tímido" y apunta que "lo que estaría bien sería que hiciéramos un cine más creativo y más atrevido".

Miguel Albadalejo asegura que lo que más cuida en sus películas son los actores y el guión y agrega que "lo que hago de momento son filmes de personajes y de diálogos donde las florituras con la cámara irían contra la película". No obstante, considera que lo siguiente que debe empezar a hacer es un cine visualmente impactante, de manera que pueda "experimentar con el encuadre, con el relato puramente visual".

www.la-verdad.com

A Lee el texto y apunta en español:

1 el nombre de su última película
2 el nombre de su colaboradora
3 el nombre de su primera película
4 el estilo de su próxima película
5 el nombre de un personaje de su primera película
6 su actitud frente al éxito reciente del cine español
7 el tipo de cine que los cineastas españoles están haciendo actualmente, según Albadalejo
8 el tipo de cine que piensa hacer en el futuro

agotador(a) *exhausting*
a toda prueba *put to every test*
atrevido/a *daring*
barrio (m) humilde *poor district*
burlón *mocking, teasing*
campar *to walk*
debutar *to make his/her debut*
deshacer *to break up*
encuadre (m) *frame*
racha (f) *phase, spell*
reparto (m) *cast*
tremebundo/a *terrifying*

B Corrige los errores en las frases.

1 Miguel Albadelejo hace cine para los jóvenes.
2 Miguel no quiere trabajar con Elvira Lindo.
3 A Miguel le gusta sobre todo hacer reír a la gente.
4 Su próxima película va a ser una película de ciencia-ficción.
5 Está satisfecho de hacer cine social – no quiere hacer otro tipo de cine.
6 Se mantiene entusiasta frente al éxito del cine español en los últimos años.
7 Cree que los cineastas españoles están a la vanguardia del cine experimental.
8 Quiere experimentar con los personajes y los diálogos.

C Lee el texto y contesta las preguntas.

1 ¿Cuánto costó realizar la película?
2 ¿Qué hacía Daniel Monzón antes de dirigir la película?
3 Describe qué tipo de película es *El corazón del guerrero*.
4 ¿Cuáles son las dos películas que han influido en esta obra?
5 En tu opinión, ¿es una película para tomar en serio? Explica tu respuesta.
6 ¿Cuáles son las características principales de la película?
7 ¿Con qué película clásica de este tipo se compara *El corazón del guerrero*?

D *Cara a cara*

Persona A: A ti te gustan las películas fantásticas, así que tratas de persuadir a tu corresponsal para que vaya al cine a ver *El corazón del guerrero*. Te gustan los magos, los superhéroes, la magia, la fantasía, y los juegos de ordenador como *Calabozos y dragones*. Te gusta leer libros como *El Señor de los Anillos*, y te fascinan los efectos especiales en el cine. Te gustan mucho las películas de George Lucas, especialmente la serie *La guerra de las galaxias*.

Persona B: Te gustan las películas que tratan de la vida normal, y no de los personajes que no existen. Te gustan las películas románticas, y quizás tristes (da unos ejemplos). No te gustan mucho los efectos especiales – recientemente viste una película horrible y tuviste que marcharte del cine. No te apetece mucho ir a ver *El corazón del guerrero*.

E Trabajas para una revista española y tienes que hacer la crítica de las películas que se estrenan. Escribe una reseña de *El corazón del guerrero*. Si te gustan las películas de fantasía, escribe una reseña positiva, y si no, escribe una reseña negativa.

Se rueda
El corazón del guerrero
de Daniel Monzón

Con un presupuesto de 3 millones de euros, el crítico cinematográfico Daniel Monzón se lanza a dirigir su primera película: *El corazón del guerrero*. Se trata de una historia fantástica, ambientada en la Edad Media, que tiene mucho que ver con ciertos juegos de ordenador. Héroes y heroínas a toda prueba, bestias tremebundas y hasta una especie de mago Merlín que campa sobre un mar de polvo y calaveras. Con reconocibles referencias a *Conan el Bárbaro* o a *Dune*, *El corazón del guerrero* está animada, no obstante, por el espíritu iconoclasta y burlón de su director. Los principales papeles corren a cargo de Joel Joan (que encarna al superhéroe Beldar), Neus Asensi (que le da réplica como la heroína Sonja) y un Santiago Segura que, ayudado por varios kilos de maquillaje, da vida al mago Netheril.

Maquetas, efectos especiales y mucho sentido del humor al servicio de un comic que nada tendrá que envidiar al *Señor de los anillos*. Produce Tornasol Film y Aurum P.C. También están en el reparto Javier Aller, Adriá Collado, Jaime Barnatán y Rubén Ochandiano.

Sinopsis: Ramón es un fantasioso adolescente adicto a los juegos de rol. Su implicación en un juego es tal que empieza a tener serios problemas de discernimiento entre la realidad y la ficción. Es incapaz de desengancharse de una historia plagada de criptas embrujadas, hechiceros malignos y mujeres espectaculares en la que él es el héroe.

www.cinespain.com

CONSOLIDACIÓN

Estudia: Present continuous p.204

Trabajas como reportero/a para una emisora de radio, y estás retransmitiendo el estreno mundial de una película. Las estrellas de cine llegan y tienes que describir la escena. Escribe el texto otra vez, usando los verbos en el presente continuo.

La limusina *(pararse)* y la portezuela *(abrirse)*. La estrella de la película *(bajar)* del coche enorme, con su nuevo marido. *(Llevar)* un vestido rojo con un pendiente de diamantes. Los dos *(hablar)* con los aficionados. Algunos les *(entregar)* papeles, y les *(pedir)* autógrafos. Un hombre *(salir)* de la entrada del cine con un gran ramo de flores. Le *(entregar)* el ramo a la actriz famosa. Lo *(coger)*, y le *(dar)* un beso. Los dos *(subir)* la escalera. *(Dar)* una vuelta, y *(saludar)* a la multitud. Los fotógrafos *(sacar)* fotos, y los disparadores de flash *(estallar)* por todas partes. La pareja *(entrar)* en el cine, y la multitud *(aplaudir)*.

unidad 7
Viajar, las vacaciones

Nos gustan las vacaciones, pero organizarlas puede ser muy estresante: adónde ir, cuándo ir, cómo conseguir un chollo, cómo viajar, qué llevar . . . Después de tomar tantas decisiones, ¡nos hace falta un relax!

En esta unidad vamos a consolidar tu conocimiento de los siguientes puntos gramaticales:

- adjetivos (*adjectives*)
- infinitivos (*infinitives*)
- superlativos (*superlatives*)
- condicional perfecto (*conditional perfect*)
- comparativos (*comparatives*)
- adjetivos y pronombres demostrativos (*demonstrative adjectives and pronouns*)
- pronombres relativos (*relative pronouns*)
- condicional (*conditional*)
- futuro (*future tense*)

7.1 *El mejor destino*

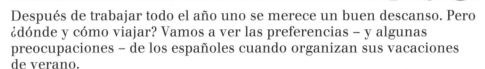

Después de trabajar todo el año uno se merece un buen descanso. Pero ¿dónde y cómo viajar? Vamos a ver las preferencias – y algunas preocupaciones – de los españoles cuando organizan sus vacaciones de verano.

CLAVES PARA ELEGIR (SIN EQUIVOCARTE) EL MEJOR DESTINO EN VACACIONES

a ▲ Mar limpio y cálido. Ambiente muy animado. Buena infraestructura turística. Mejores tarifas de avión.
▼ Playas abarrotadas, sobre todo en Ibiza. Para conocer bien las islas es necesario alquilar un coche.

b ▲ Muy próximo a Francia. Playas muy limpias. Variedad de alojamiento. Buen clima mediterráneo.
▼ En algunos núcleos los servicios son caros. Excesiva afluencia de gente, sobre todo de extranjeros.

c ▲ Las playas son poco profundas, por lo que son adecuadas para los niños. Buen ambiente nocturno.
▼ Exceso de gente en determinadas playas, como San Juan. Grandes atascos los días punta.

d ▲ El carácter de los andaluces es entrañable. Grandes posibilidades de ocio. Alojamientos variados.
▼ Clima muy caluroso. Imposible aventurarse sin haber reservado hotel. Demasiada gente.

e ▲ Servicio esmerado. Tiene una de las mejores ofertas hoteleras del mundo. Siempre es primavera.
▼ Puede lloverte en zonas montañosas. Los precios son elevados. Playas volcánicas, de arena negra.

f ▲ Clima fresco. Ideal para practicar deportes al aire libre. Muy buenos precios durante el verano.
▼ Carreteras difíciles, con curvas y puertos de montaña. Riesgo de lluvias. Hay que reservar hotel.

A ¿Puedes relacionar los sitios con sus descripciones?

1 Canarias: temperatura de ensueño
2 Costa del Sol: paraíso de la *jet* y los toros
3 Pirineos: Andorra – compras y deporte
4 Levante: diversión día y noche
5 Baleares: un refugio de aristócratas
6 Costa Brava: la favorita de los extranjeros

B Explica con tus propias palabras en español lo que quieren decir las siguientes expresiones sacadas del texto.

1 buena infraestructura turística
2 excesiva afluencia de gente
3 los días punta
4 grandes posibilidades de ocio
5 servicio esmerado
6 carreteras difíciles

atasco (m)   *traffic jam*
entrañable   *intimate, friendly*
esmerado/a   *attended, looked after*
jet (f)   *jet society*

C Tres amigas hablan de las vacaciones. Escucha la discusión y apunta la palabra que falta en cada una de las siguientes frases. Después traduce las expresiones al inglés.

> Nos podemos relajar, ponernos morenos, volver a casa con buena **1** ....

> No me interesa pasar la noche en bares con gente borracha como una **7** ....

> También podemos ir de **2** ....: salimos por la noche . . .

> . . . o haciendo el **8** .... y poniéndose en **9** ....

> ¡Qué aburrimiento! ¡Qué **3** .... por favor!

> Todo eso me hace subirme por las **10** ....

> ¿ Todo el día en la calle y toda la noche en la discoteca? ¡Yo quiero hacer un poco de **4** .... !

> ¡Mejor que estar de **11** .... en la capital y volver a casa muerta de **12** .... !

> Entre el ruido del tráfico y el calor – hay mucho **5** ....

> ¡Te vas a aburrir como **13** .... en la montaña!

> Extranjeros van, sí, y españoles también. Pero está lleno de **6** ....

> Y si tú vas a estar de mala **14** .... todo el día, ¡no lo vamos a pasar muy bien!

D Escucha otra vez. Copia la tabla y rellénala.

	A favor	En contra
Montaña/Pirineos		
Ibiza		
Madrid		

E ¿Cuáles de las siguientes expresiones se usan en la discusión? Escucha otra vez, y apunta los números correspondientes.

1 Estoy totalmente en contra (de . . .)
2 Siento decirte que no tienes razón
3 Yo no lo veo así
4 Lamento tener que llevarte la contraria, pero . . .
5 Estás equivocado/a
6 Me niego por completo . . .
7 No me es posible
8 No comparto tus opiniones sobre . . .
9 No se trata de (que) . . . sino de (que) . . .
10 No llego a entender cómo . . .

F *Cara a cara*

Persona A: Tienes muchísimas ganas de ir a uno de los lugares de vacaciones mencionados en el artículo, y quieres que tu amigo/a te acompañe. Él/Ella tiene otras ideas. Intenta convencerle/la de que tu elección es la mejor.

Persona B: Tú quieres ir a otro de los sitios de la lista. Intenta convencer a tu amigo/a de que ése sería el lugar más apropiado.

¿Quién ganará? ¿O iréis a un sitio completamente distinto?
Trata de usar algunas de las expresiones de los ejercicios C y E.

CONSOLIDACIÓN

Estudia: Adjectives p.194

Completa estas frases con los adjetivos de la lista. Pero ve con cuidado, porque tal vez el adjetivo no aparece en la forma que necesitas.

1 Una .... cantidad de plazas hoteleras se reserva con meses de antelación.
2 .... personas piensan que las vacaciones son sólo para ponerse moreno.
3 Un .... número de extranjeros prefiere la Costa Brava al sur de España.
4 Una .... manera de ahorrar es ir de camping.
5 .... de los lugares que aparecen en el artículo está poco frecuentado en verano.
6 Viajar en avión al .... de los sitios mencionados, Baleares, es relativamente barato.
7 No hay nada peor en verano que pasarse horas parado en un .... atasco.
8 Es .... idea aventurarse sin haber reservado hotel.
9 Encontrar una .... oferta no es nada fácil.
10 .... de los mayores problemas que afectan a la industria turística es el .... funcionamiento de algunos servicios.

uno   bueno   malo   grande   ningún   primer
algún

7.2 *Al fondo hay sitio*

¿Te vuelves loco/a para cerrar la maleta al salir de casa, y luego, tras llegar a tu destino, descubres que has metido lo que no necesitas, y te falta lo imprescindible? ¡Sigue leyendo!

Cómo se hace una maleta

1 Organizar una maleta es como hacer un *puzzle*. Hay que colocar la ropa y demás objetos de manera que no queden huecos libres, y apilarlas por capas. Los objetos cuadrados son más fáciles de acoplar, así que es mejor escoger artículos de tocador con esa forma, o meterlos en cajas para aprovechar el espacio.

2 Debes poner los zapatos y cosas pesadas en la base o a los lados, para evitar que aplasten la ropa. Los zapatos conviene guardarlos en bolsas de tela o plástico para no manchar la ropa con la suela. Aprovecha su interior para meter calcetines o medias. En el centro de la base, la ropa interior y el pijama. Si quedan huecos pequeños, rellénalos con complementos: pañuelos, corbatas . . .

3 Luego, las camisetas y blusas bien dobladas. Éstas pueden meterse en bolsas de plástico individuales: así se crea una bolsa de aire que evita que se arruguen demasiado.

4 Coloca el secador de pelo, las zapatillas de viaje, una bolsa para los imprevistos y los regalos donde puedan encajar bien.

5 Y encima, las chaquetas del revés (costura hacia fuera, mangas metidas). Sería mejor doblarlas en dos a lo largo. Si eres muy maniático de las arrugas, es recomendable que metas papel de seda entre las mangas.

6 Aquí puedes guardar las cosas planas. Por ejemplo, haz un juego de fotocopias – nunca los originales – de tu documentación (los trámites serán así más simples en caso de pérdida). Coloca aquí también una bolsa de plástico para la ropa sucia.

7 Así, seguirás pudiendo localizarla si una de ellas es arrancada por la cinta transportadora de los aeropuertos.

8 En una buena cartera o un bolso cómodo conviene llevar: unos calcetines de algodón gruesos para poder quitarse los zapatos en al avión, una botella de agua y algo de fruta, un cuaderno con el itinerario, direcciones y teléfonos de los sitios que vas a visitar, los documentos obligatorios, las medicinas, un *kit* de aseo y, si quieres tranquilidad, ¡no olvides un buen libro para evitar extraños!

A   Lee el artículo y los títulos a–h. Para cada sección del artículo, escribe la letra que mejor corresponda.

a   Sobre la ropa interior, coloca los pantalones doblados por la mitad . . .

b   Coloca dos etiquetas de identificación . . .

c   En los bolsillos superiores que suelen tener las maletas . . .

d   Al final, los jerseys o las prendas de abrigo . . .

e   Cómo hacer la maleta sin dejar huecos . . .

f   Aprovecha los espacios para guardar los objetos pequeños . . .

g   En la primera capa, coloca en los laterales el calzado y la bolsa de aseo . . .

h   Y en la bolsa de mano . . .

B   Vas a trabajar de camarero/a en España durante el verano y estás haciendo la maleta.

¿En qué sección del artículo encontrarás la recomendación apropiada para cada una de las siguientes cosas?

- un cinturón
- la etiqueta con los detalles de tu vuelo y destino
- las pastillas contra el mareo
- la camisa de seda
- el traje
- el recibo de la agencia de viajes con los números de tus cheques de viaje
- el despertador
- el bañador

D   En cada espacio del siguiente texto, escribe el verbo más apropiado de la lista del Ejercicio C.

Primero, pon encima de la cama todos los artículos que piensas meter en la maleta. Míralos críticamente. Seguro que no vas a poder **1** .... todo lo que quieres llevar, ¡así que quita la mitad! Es recomendable **2** .... las cosas en tu maleta de forma que no queden muchos huecos. Primero, os aconsejamos **3** .... el calzado en el fondo: si no, su peso puede **4** .... otros artículos más delicados. Es aconsejable **5** .... los zapatos en bolsas de plástico, para evitar el peligro de ensuciar o **6** .... la ropa. Las prendas de telas naturales como el algodón o la seda suelen **7** .... fácilmente: si eres muy maniático, sería mejor llevar una plancha pequeña. Para ahorrar espacio, es preferible **8** .... los huecos con artículos pequeños como calcetines, pañuelos etc. Es mejor **9** .... los pantalones que enrollarlos, aunque con los vaqueros no es tan importante. Finalmente, hay que **10** .... la bolsa de mano con cuidado, pensándolo bien – ¡no quieres tener que sacar todo el contenido en el mostrador de embarque para encontrar tu billete de avión!

E   *¡Tu turno!*

Escribe un breve artículo para la revista de intercambio escolar, dirigido a los estudiantes españoles que quieren acampar en Gran Bretaña. Explícales cómo preparar bien su mochila. Utiliza estos apuntes de un campista experimentado.

C   Haz una lista de los verbos del artículo que tienen algo que ver con arreglar o preparar las cosas o la ropa para hacer la maleta.

Ejemplo: colocar, . . .

A rucksack is not like a suitcase – you never really unpack it!

Put socks, underclothes etc. at the bottom, along with heavier things.

Pile clothes up in layers. Put bulky things at the bottom, like jumpers, but keep a spare pair of socks and a jumper at the top. A waterproof anorak is a must!

Use the side pockets for keeping your toilet bag, torch, matches.

The important thing is to keep things dry. Put your pyjamas and underclothes in a plastic bag.

It doesn't matter if clothes get creased! It's not worth folding things: roll them up.

Put the label on securely and make it distinctive. It's hard to find your rucksack in a pile of fifteen other similar ones!

7.3 *Supervacaciones a miniprecio*

Cuando planificas las vacaciones, infórmate bien y lee la letra menuda.
Como dice el refrán popular: no es de oro todo lo que reluce.

albergue (m) para jóvenes	*youth hostel*
ferias (fpl) y muestras (fpl)	*trade fairs*
ganga (f)	*bargain*
interurbano/a	*intercity*
payés (m)	*farm worker*
remunerado/a	*paid (work)*

Cómo viajar más barato

MAPA DE LAS ZONAS DE INTERRAIL

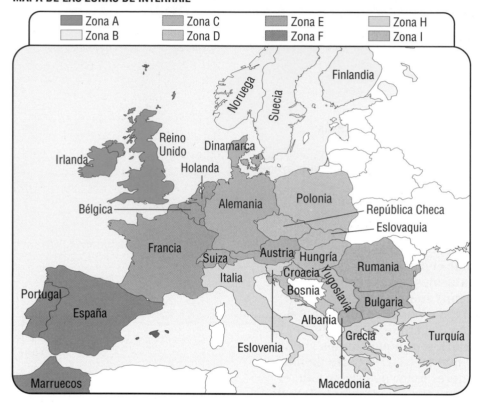

■ La tarjeta Interrail permite a los jóvenes de hasta veintiséis años desplazarse libremente en la red europea de ferrocarriles durante un mes.

■ Antes de comprar un billete, conviene preguntar cuál puede ser la tarifa o tarifas más ventajosas para tu viaje. Quizá al informarte descubres que el vuelo menos atractivo a primera vista resúlta el más barato.

■ Barco gratis a cambio de trabajo a bordo: para encontrar un barco dispuesto a aceptar un pasajero en estas condiciones, hay que frecuentar las escuelas de vela, visitar las ferias y muestras del sector y leer las revistas especializadas.

■ Los organismos de turismo facilitan pases que, por un precio global y permitirán entrar en museos, parques, utilizar medios de transporte urbano e interurbano, etc.

■ Servir copas en pubs de Gran Bretaña, limpiar las cubiertas de los más lujosos yates caribeños, plantar tulipanes en Holanda, enseñar a la población de Zimbabue . . ., las opciones son de lo más variado y aunque hay actividades voluntarias, en la mayoría de los casos están remuneradas.

■ En casi todos los países existen albergues especiales para jóvenes y estudiantes. La YMCA y YWCA tienen instalaciones en muchas ciudades europeas, asiáticas y americanas.

■ Existe la posibilidad de alojarse en casas de payeses. Se comparte con ellos la vivienda y puede acordarse también el desayuno y la comida. Las casas son cómodas y suelen estar situadas en parajes de gran belleza. Aunque modestas, todas tienen agua caliente y calefacción.

■ Viajar por libre no siempre es sinónimo de viajar barato. Se venden numerosos y estupendos destinos a precios de verdadera ganga a través de las agencias de viaje.

A   Aquí tienes los títulos que encabezan los puntos mencionados en el texto – y otros que no tienen nada que ver con ellos. ¿Puedes unir cada sección con el título que le corresponde?

1 El barco-stop
2 Compartir casa con amigos
3 Descuentos en trenes
4 Arrimando el hombro
5 Recurrir a las agencias de viajes
6 Pases-ahorro
7 Aunar transporte y alojamiento
8 Alquilar un yate
9 Hospedarse con gente del lugar
10 Albergues para jóvenes
11 Los países más económicos
12 Ahorrar en las tarifas aéreas

B   Lee el texto, y luego decide si cada frase 1–8:

• está claramente de acuerdo con el contenido del texto (en este caso, escribe V)
• contradice claramente el contenido del texto (escribe M)
• no se puede juzgar si está de acuerdo con el texto o no (escribe ?)

1   Hay que tener entre 16 y 26 años para beneficiarse de los precios reducidos en el tren.

2   Si te interesa ahorrar dinero, merece la pena examinar cuidadosamente las ofertas de las agencias de viaje.

3   Aunque ser huésped de una familia nativa parezca una oportunidad que no se puede perder, no es siempre gratis: tendrás que ofrecer algo de dinero para compensar por tus gastos.

4   Hay que tener cuidado con las tarjetas especiales para jóvenes: te puede salir más caro que pagar en el acto.

5   Si te interesa la vida en alta mar, hay varias posibilidades para viajar y trabajar al mismo tiempo.

6   El gran número de lugares de alojamiento que proveen las organizaciones juveniles internacionales te facilita una estancia no solamente en el campo sino también en centros urbanos importantes.

7   Puedes trabajar o como empleado o como voluntario – pero a éstos no les pagan.

8   Las mejores ofertas y tarifas se encuentran en Internet.

¡Infórmate!

Los aspectos más importantes de las vacaciones

◆ En general, a la hora de planear sus vacaciones, ¿qué tres aspectos son los más importantes para Vd.?

	0 10 20 30 40 50 60 70%
Descansar	
Distraerse, divertirse	
Conocer lugares nuevos	
Disfrutar del sol y del aire libre	
Dedicar más tiempo a la familia	
Olvidar las obligaciones	
Ver a familiares y amigos	
Interés cultural y artístico	
Practicar deportes	
Ir a los lugares de siempre	

cis.sociol.es

C   También puedes ahorrar dinero en algunos grandes hoteles. Completa el texto, eligiendo la palabra adecuada en cada caso.

Muchos hoteles de gran lujo programan estancias especiales en las **(1)** meses/fechas/habitaciones en que suelen estar más **(2)** desocupados/despreocupados/llenos, esto es, vacaciones y fines de **(3)** mes/setiembre/semana en temporada baja. La promoción permite **(4)** ir/vivir/gastar a cuerpo de rey pagando la tarifa de un hotel muy **(5)** inferior/superior/mejor. Incluye desayuno, cena de gala, copa de bienvenida, **(6)** billete/días/entrada al casino, deportes ...

CONSOLIDACIÓN

Estudia: Superlatives p.195

1   Escribe una lista de todos los superlativos que hay en los artículos 7.1 y 7.3.

2   Ahora, traduce las siguientes frases al español.

a   One of the best ways to travel is by plane ...

b   ... but maybe the cheapest is by train.

c   Maybe the most attractive way to travel is by ship.

d   The worst holiday of my life was the one last summer.

e   The most interesting museums are often the more expensive ones.

... y las siguientes expresiónes:

f   The best opportunities

g   One of the most luxurious hotels

h   The less comfortable option

i   The most beautiful Caribbean island

j   The worst traffic jam of the season

CONSOLIDACIÓN

Estudia: Infinitives p.202

Escribe cinco frases en español utilizando las expresiones que te ofrecemos a continuación en inglés.

1   Staying in a youth hostel ... (very cheap holiday).

2   Travelling on one's own ... (expensive)

3   Lodging on a farm ... (comfortable way of enjoying nature)

4   ... travelling with my family

5   Sunbathing in Spain ... (a perfect holiday)

7.4 *Conseguir un chollo*

A todos los viajeros les gusta encontrar un chollo. Pero, ¿cómo? Escucha la entrevista.

con antelación	*in advance*
letra (f) menuda	*small print*
quincena (f)	*fortnight*
rebaja (f)	*discount*
solicitar	*to request*
temporada (f)	*season*
vuelo (m)	*flight*

A Algunas de las siguientes frases no son correctas. Escucha otra vez la entrevista y, a continuación, corrige los errores. (En algunas frases, puede haber más de uno.)

1 Un chollo es una oferta de viaje que sale más barata, pero que no tiene peor calidad de lo normal.
2 La gente joven, en general, no está dispuesta a viajar a cualquier sitio.
3 Cuando un lugar de veraneo se hace muy popular, suelen bajar los precios.
4 Viajar a lugares en promoción o conflictivos puede resultar más barato.
5 Hay que desconfiar bastante de los chollos.
6 Si buscas, acabarás encontrando un chollo: la suerte no tiene nada que ver.
7 El Carnet Joven Europeo ofrece un descuento del 15% en vuelos durante el verano.
8 Los precios de invierno son más bajos que los de Semana Santa.
9 En Semana Santa, lo que más atrae a los españoles es el turismo de sol y playa.
10 El segundo grupo de destinos preferidos por los españoles son los clásicos como el norte de África o Nueva York.
11 Por lo que se refiere al turismo rural, hay un nivel de ocupación casi total durante la Semana Santa.
12 No hay mucha gente que reserve en el último momento.

B Vuelve a escuchar la entrevista. Para cada pregunta (1–8) busca la respuesta correcta (a–l). Sobran respuestas.

1 ¿Cuáles son los elementos de la oferta que hay que considerar?
2 Apunta los factores que pueden contribuir a que algunos destinos tengan precios muy bajos.
3 ¿Cuál es el problema con respecto a muchas ofertas aparentemente buenas?
4 ¿Por qué es difícil encontrar un chollo?
5 ¿Por qué la Semana Santa no es un momento propicio para conseguir una ganga?
6 Para un español que no quiere ir lejos, ¿cuáles son los lugares más populares?
7 ¿Cuáles son los destinos baratos clásicos?
8 ¿Con cuánto tiempo de antelación se planifican las vacaciones de Semana Santa, que duran tres noches o menos?

a No se sabe cuándo ni dónde aparecerán.
b Las agencias de viaje no destacan su valor real en el mercado.
c Porque son desconocidos y hay un "boom" turístico.
d El bajo nivel de vida o la posibilidad de una guerra.
e La calidad del producto es inferior.
f Una semana.
g Lugares cálidos, como Túnez o Marruecos.
h La calidad del alojamiento y la comodidad del vuelo.
i El precio y la hora del viaje.
j Las costas y Canarias.
k Entre una semana y un mes.
l Es la segunda temporada alta del año.

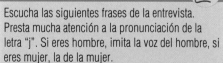

¿Cómo se dice... "j"?

Escucha las siguientes frases de la entrevista. Presta mucha atención a la pronunciación de la letra "j". Si eres hombre, imita la voz del hombre, si eres mujer, la de la mujer.

Los viajes al alcance de todos
la calidad del alojamiento
la comodidad del vuelo, por ejemplo
personas jóvenes, a quienes no les importa la fecha del viaje
¿Por qué aumentan y bajan los precios de los viajes?
El Carnet Joven Europeo, por ejemplo
una rebaja de al menos un cinco por ciento
en general el viajero de esta temporada busca sol y playa
no es la mejor época para conseguir chollos

7.5 *Viajes compartidos*

Las vacaciones pueden resultar agradables y baratas a la vez. ¿Cómo economizar los gastos de viaje?

con creces	*amply*
hacer dedo	*to hitch-hike*
importe (m)	*total to pay*
trotamundo (m)	*globetrotter*
última moda (f)	*latest trend*

Si compartes el coche, el viaje te resultará más barato y divertido

ES LA ÚLTIMA MODA: AGENCIAS QUE PONEN EN CONTACTO A PERSONAS CON COCHE CON OTRAS QUE CARECEN DE ÉL PERO DESEAN VIAJAR.

Ahora puedes dirigirte a alguna de las agencias que utilizan el sistema de viaje compartido. Te saldrá bastante barato y, si tienes suerte, podrás elegir, incluso, la fecha. En estas agencias se pone en contacto a viajeros sin coche con conductores con plazas libres que se dirigen al mismo lugar en los mismos días. Agencias como Iberstop (Málaga y Granada), Barnastop (Barcelona) o Comparte Coche (Sevilla) cobran comisión y una tarifa por kilómetro. El resto es para el conductor. Otras agencias, como Dedo Express (Salamanca) o En Ruta (Valladolid), establecen una cuota fija por sus servicios y dejan que las dos partes acuerden la tarifa.

La mayoría de los clientes son jóvenes *trotamundos*. Dicen que consiguen coche rápidamente y que sólo tienen que llamar un día o dos antes. Además de viajar de forma económica, es una buena posibilidad para hacer amigos. El principal problema es que el número de viajeros supera con creces la cantidad de conductores que ofrecen su coche. El español es reacio a ofrecer su coche para viajar con extraños, por eso en estas agencias hay todavía más propietarios de vehículos extranjeros que españoles. La inscripción se puede realizar en los locales de la agencia o mediante un simple mensaje en su contestador automático. Si el viajero no encuentra coche, no tendrá que abonar importe alguno. Conductor y pasajero deben indicar los siguientes datos: fecha del viaje, punto de cita, itinerario y paradas, cantidad de equipaje, si llevan algún animal y, por último, si son fumadores. ■

A Lee el texto. En el artículo, ¿se mencionan los siguientes puntos? Para cada uno, escribe sí o no.

1 Cómo recorrer más kilómetros y pagar menos.
2 El peligro de viajar con extraños.
3 Reservar con antelación.
4 El tipo de cliente que quiere aprovecharse de este servicio.
5 La leve oposición de los extranjeros a inscribirse en el servicio.
6 Cómo ponerse en contacto con las agencias.
7 La dificultad para las dos partes de acordar un precio.
8 Las largas esperas antes de conseguir coche.

B Aquí tienes un resumen de la primera parte del texto, hasta "acuerden la tarifa". Pon la palabra adecuada de la casilla en cada espacio.

Si **1** .... de coche pero deseas viajar, ahora puedes utilizar los **2** .... de una agencia que te ayudará a contactar **3** .... conductores que **4** .... al mismo destino que tú. En algunas agencias, tienes que **5** .... una comisión y también una tarifa por kilómetro, mientras otras te cobran un **6** .... fijo por sus servicios. Luego, tienes que llegar a un **7** .... con el conductor. Es un sistema que no te **8** .... mucho.

> a   acuerdo   ahorrará   billete   careces   con
> costará   dirigen   faltas   lugar   pagar   precio
> recibir   servicios   van   vehículos

C Traduce al inglés la última parte del texto, desde "La mayoría de los clientes".

D

1   Trabajas en la oficina de FIAT OM Pimespo en Madrid. Tu jefe, el señor Ribera, ha recibido un mensaje, en el contestador automático, de Jordi Sainz, de Ibercarretillas SA de Barcelona, sobre el nuevo catálogo. Escucha el mensaje y apunta la información que se pide, en español.

- Fecha de la feria comercial
- Lugar de la feria comercial
- Números y tipos de catálogos
- Cómo entregar los catálogos
- Números de contacto para el señor Sainz
- El paradero del señor Sainz mañana
- Lo que se debe hacer en caso de no poder ponerse en contacto con el señor Sainz

2   Trabajas para FIAT OM Pimespo (UK) Ltd en Aldridge. Tu jefe, el señor Stuart Andrews, acaba de recibir esta carta de su colega, Jordi Sainz, de Ibercarretillas SA en Barcelona. Tienes que traducirla al inglés para el señor Andrews. Tu versión debe incluir todos los detalles de la carta, sin traducirla necesariamente palabra por palabra.

IBERCARRETILLAS SA
Carretera Ca l'Alaio, 2
Autovía de Casteldefels km 5.600
E-08820 El Prat de Llobregat
Barcelona
Telf. +34.93.4798500 Fax +34.93.4798502
HYPERLINK http://www.ibercarretillas.es

Stuart Andrews
Sales and Marketing Manager
FIAT OM Pimespo (UK) Ltd
Leighswood Road
Aldridge
West Midlands   WS9 8AP

16 de mayo

Estimado Stuart:

Puedo confirmar los detalles de nuestra visita a la feria en Birmingham en el NEC el mes que viene. Seremos ocho en total: cuatro de los representantes, tres secretarias, y yo.

Llegaremos al aeropuerto de Birmingham el día 22 de junio en el vuelo BM 058 de British Midland. Llegaremos a eso de las cuatro de la tarde. ¿Puedes recogernos en el aeropuerto? Todavía no he podido reservar habitaciones en un hotel. ¿Puedes recomendar un hotel bastante cerca del NEC? Será útil quedarnos en un hotel que ofrece al cliente acceso a correo electrónico y a fax.

La ultima vez que fui a Inglaterra me dijiste que había un buen restaurante español en Birmingham. ¿Existe todavía? Me gustaría invitarte a cenar con nosotros en un ambiente típicamente español. Quizás la última noche de nuestra estancia. Si es possible, ¿puedes reservar una mesa para doce personas? Es decir nosotros, tú y tu esposa, y tu jefe y su esposa.

¿Qué hay que ver en los alrededores de Birmingham? No conozco la región y tendremos un día libre durante la feria. ¿Qué nos recomiendas?

Te ruego me comuniques lo antes posible tus sugerencias. En espera de tus noticias, te manda un muy cordial saludo,

Jordi Sainz
Gerente, Ventas y marketing

3 Poco después recibes este memorándum del señor Andrews. Escribe la carta que te pide. Puedes utilizar frases y vocabulario de la carta del señor Sainz que acabas de traducir. Puedes empezar: Estimado Jordi:

Te damos las gracias por tu carta y tenemos el placer de informarte de que . . .

```
MEMORANDUM

From: Stuart Andrews

Subject: Visit of Ibercarretillas personnel to NEC
exhibition

Can you write back to señor Sainz and give him the
following information:
• company minibus will meet his party at Eurohub
  arrivals.
• Try Forte Posthouse or the Arden – both on the A45
  Coventry Road near the airport. He needs to book as
  soon as possible – they could be full with people
  attending the exhibition.
• table for 12 booked at La Casa Española for Saturday
  30th June, 8.30.
• For sightseeing – Black Country Museum, Dudley Castle
  & Zoo, Warwick Castle, Stratford-on-Avon are all good
  places for a day trip. I'll put some leaflets in the
  post.

Thanks

Stuart
```

CONSOLIDACIÓN

Estudia: Comparatives p.195

Aqui tienes diversas frases con superlativos. Entre paréntesis te damos un nuevo elemento con el que construir comparaciones. Debes escribir dos frases en cada caso, una con la fórmula "más/menos . . . que" y la otra con la fórmula "tan/tanto . . . como". ¡Utiliza tu imaginación!
Ejemplo:
Los visitantes de Ibiza son los más ruidosos de las islas Baleares. [Mallorca]
Los visitantes de Mallorca son menos ruidosos que los de Ibiza.
Los visitantes de Mallorca no son tan ruidosos como los de Ibiza.

1 La opción más divertida es viajar en coche. [avión]
2 Andalucía es la región que recibe el mayor número de visitantes. [Galicia]
3 Los españoles son los más reacios a ofrecer su coche para viajar con extraños. [holandeses]
4 Los jóvenes trotamundos son los viajeros más amistosos. [las parejas de jubilados]

E *Punto de radio*

Contesta las preguntas en español.

1 ¿Por qué hay problemas . . .
  a en la N11 en Cervera?
  b en la M40 entre la Avenida Argentales y Mercamadrid?
  c en Villadejo de Salvanes, cerca de Valencia?
2 ¿Qué tiempo hace en las carreteras de Zaragoza y Toledo?
3 ¿Cuál es la velocidad recomendada para estas condiciones?

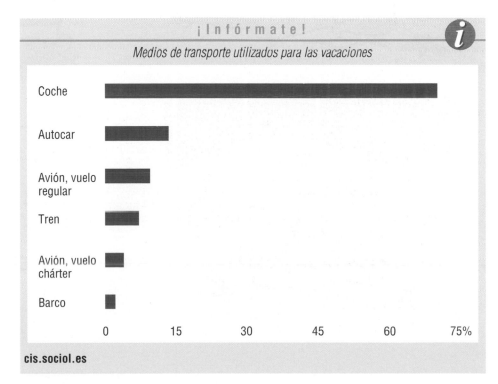

¡Infórmate!

Medios de transporte utilizados para las vacaciones

cis.sociol.es

7.6 *Aventuras de estudiante*

Carlos optó por pasar las vacaciones en una tienda de campaña para ahorrar dinero. Escucha lo que le pasó . . .

1

2

3

4

5

6

A Escucha la historia, mira los dibujos y ponlos en el orden correcto.

B Elige un título para cada dibujo: sobra uno.

a ¡El dueño no le habría visto el lado divertido!
b Mis padres me habrían dejado ir, pero no tenía bastante dinero.
c Normalmente os habría multado – ¡tuvisteis suerte de escaparos sólo con una amonestación!
d Dado el tiempo que hacía, yo habría usado más estacas. ¿No se os ocurrió?
e Yo no habría buscado otro alojamiento: simplemente habría acampado en otro sitio.
f Normalmente habríais montado la tienda en un lugar más seguro, ¿verdad? Supongo que en la oscuridad no podíais ver bien lo que hacíais.
g Si os hubiera podido ver, os habría disparado.

C Cada una de estas frases contiene un error. Escríbelas de nuevo, corrigiendo los errores.

1 Carlos pasó las vacaciones con una amiga.
2 La primera noche alguien les robó la tienda.
3 Pasaron mucha hambre.
4 A las tres de la madrugada decidieron acampar en una montaña.
5 Los gritos de Carlos despertaron al granjero.
6 El granjero vio que eran unos ladrones.
7 El granjero iba con su hija.
8 La hija llamó a la policía.
9 El policía les obligó a acompañarle.
10 Pasaron la noche con la familia del granjero.
11 La segunda noche acamparon a orillas del mar.
12 Pasaron el resto de las vacaciones en una pensión.

D *¡Tu turno!*

Las vacaciones de Carlos empezaron bastante mal, pero a la larga todo se resolvió. Remedios también tuvo problemas cuando fue de vacaciones con unos amigos. Pensaron que sería buena idea hacer camping y después de leer unos folletos sobre los lugares más accesibles, todos se pusieron de acuerdo ...

¿Puedes continuar su historia, usando todas las palabras de la lista? ¿Cómo acabó? (Escribe unas 160 palabras.)

pedir prestado ... tienda ... comprar ... saco de dormir ...
ponerse en camino ... armar la tienda ... caerse ... pensión ... dueño
... ayudar ... encontrar ... campo ... ver ... letrero ... puerta ...
perro peligroso ... despertar ... ladrar ... huir ... esperar ... calle ...
granjero ... levantarse ... reclamar ... tienda ... perro ... comer ...
provisiones ... estropear ... todo

CONSOLIDACIÓN

Estudia: Conditional perfect p.207

Traduce las siguientes frases al inglés.

1 Mi mejor amigo habría venido pero no tuvo tiempo.
2 Habríamos tenido dificultades con el guardia pero era simpático.
3 El granjero habría disparado la escopeta pero era de juguete.
4 Los habitantes del pueblo nos habrían alojado dos noches pero queríamos explorar la costa.
5 Me habría mojado hasta los huesos en la tienda grande pero estaba en la pequeña, en las dunas.

¡Infórmate!

¿Adónde ir?

◆ En relación con el lugar donde Vd. pasará (pasó) la mayor parte de sus vacaciones de verano, ¿se trata de un pueblo de la costa o cercano a la costa, de una ciudad costera, de un pueblo del campo o la montaña, de una ciudad del interior o de un viaje itinerante?
Sólo a quienes han disfrutado o disfrutarán durante este verano de algún período de vacaciones fuera de su residencia habitual.

	%
Pueblo costero o cercano a la costa	32
Ciudad costera	23
Pueblo en el campo o la montaña	27
Ciudad del interior	9
Viaje itinerante	7
Otras respuestas	1
No contesta	2

cis.sociol.es

7.7 *Playas azules*

Puntos negros y banderas azules: donde encontrar una playa bonita y limpia.

NUESTRAS COSTAS,
las mejores de Europa para este verano

A la espera del inminente verano, la mayoría de los españoles y bastantes extranjeros ya estamos pensando en nuestro equipaje para ese mes, único del año, en el que podremos disfrutar de unas tranquilas vacaciones a la orilla de las playas españolas. Pero son pocos los que se preocupan por la situación de mayor o menor salubridad de las aguas en las que nos bañaremos.

Grecia, mejores playas pero peores puertos

En esta ocasión estamos de suerte y nos ha correspondido ser el país de la Unión Europea que más banderas azules lucirá este año. Concretamente serán 229 playas y 51 puertos españoles en los que ondeará este distintivo comunitario, garantía de limpieza de las aguas y de un mínimo de servicios para los bañistas, pese a que fueron 450 los candidatos que lo solicitaron. El año pasado los puntos de nuestra costa con bandera azul fueron 245 (206 playas y 39 puertos).

Globalmente, España es el país que cuenta con más distintivos comunitarios. En número de playas, la supera Grecia, con un total de 237, aunque en puertos sólo ha conseguido seis. El siguiente país de la Unión en cuanto a número de concesiones se refiere es Italia, con 215 playas y 39 puertos "azules".

Los criterios de concesión fueron fijados y son revisados por consenso en el Comité de Coordinación Europeo, integrado por la Fundación Europea de Educación Ambiental y la D.G. XI de la Comisión de la UE, tras la discusión con los operadores nacionales de la campaña.

Cada año estos criterios se han ido haciendo más exigentes, especialmente en lo relativo a la calidad de las aguas.

Pero, además, estos puntos marítimos deben contar con información y educación ambiental, limpieza de arenas y recogida de basuras, vigilancia y socorrismo, accesos fáciles y seguros, primeros auxilios y una adecuada señalización, agua potable, servicios sanitarios, y en ellos estarán prohibidas las acampadas incontroladas, la circulación de vehículos a motor y la presencia de animales domésticos; y, por supuesto, han de cumplir la legislación litoral.

Andalucía, la comunidad con más puntos negros

Sin embargo, no todas las playas españolas gozan de aguas en óptimas condiciones; son casi un centenar los "puntos negros" del litoral español. Andalucía es la comunidad que más acumula, y Cádiz la provincia más castigada, con nueve playas que destacan por su contaminación.

Por comunidades autónomas, un año más la valenciana es la que acaparará un mayor número de banderas azules; le sigue la comunidad balear; por contra, las comunidades menos favorecidas son Asturias y País Vasco.

Sin embargo, el Ministerio de Obras Públicas y Transportes pretende mejorar el litoral español mediante el Plan de Costas para que, en un futuro próximo, podamos disfrutar no sólo de playas de mejor calidad, sino también de un mayor número de ellas. Dentro de este Plan, el Ministerio tiene previsto la rehabilitación de 500 kilómetros de costa. ■

A Copia y completa la tabla de acuerdo con el artículo, utilizando las cifras dadas.

Número de banderas azules	España	Italia	Grecia
Playas			
Puertos			
Total			

6 9 39 51 206 215 229 237 243 245
254 280 450 500

a la orilla de *on the shores of*
ambiental *environmental*
centenar (m) *a hundred*
fijar *to fix, set*
gozar de *to enjoy*
lucir *to sport, show off*
ondear *to wave*
por consenso *by agreement*
primeros auxilios (mpl) *first aid*
salubridad (f) *cleanliness*
señalización (f) *signposting*
socorrismo (m) *lifesaving*

B Une la primera parte de cada frase (1–7) con la segunda parte (a–h) que mejor corresponda. Sobra una letra.

1 La presencia de una bandera azul en una playa o en un puerto ...
2 El Comité de Coordinación Europeo es el cuerpo que ...
3 La capacidad de cada país de vigilar o mejorar los puntos marítimos o de veraneo ...
4 Cada año, la exigencia de los criterios ...
5 Aunque España ha triunfado este año, todavía ...
6 El litoral andaluz es el que ...
7 De todas las comunidades autónomas, Valencia es la que ...

a ... determinará el aumento o la disminución del número de banderas concedidas cada año.
b ... cumple mejor con los requisitos, seguida de las islas Baleares.
c ... en menor grado cumple los requisitos mínimos exigidos.
d ... anuncia la salubridad de sus aguas y la limpieza de sus recintos.
e ... es más rigurosa.
f ... tiene mayor número de puertos limpios.
g ... concede este distintivo comunitario a las playas y los puertos que cumplen los requisitos.
h ... queda mucho por hacer.

D Busca en el artículo el equivalente español de cada una de las siguientes expresiones. Están en el mismo orden en el artículo que en la lista.

> this time/on this occasion   specifically/to be exact
> in spite of the fact that   overall/in total
> as regards the number of (2)   although
> regarding/with regard to   moreover   of course/naturally   nevertheless
> on the other hand   by means of

E Rellena los espacios con la expresión del Ejercicio D que mejor corresponda. (En algunos casos, puede haber más de una).

Este año, **1** ...., son más de 2.400 las banderas azules que ondearán en veintiún países de la Unión Europea. El Reino Unido ha conseguido un nuevo récord **2** .... playas con banderas azules: 44 en total. **3** .... hicieron los ayuntamientos del noreste y noroeste de Inglaterra grandes esfuerzos para mejorar sus playas y puertos, en esta región sólo otorgaron el distintivo de calidad a dos playas y a una marina. Pero **4** .... la costa del sur de Inglaterra consiguió dieciséis. Irlanda del Norte aumentó su número de banderas azules a seis y **5** .... a marinas, tomó el liderazgo. La costa occidental del Reino Unido – **6** .... el País de Gales y la isla de Anglesey – fue más favorecida que la del este.

C Explica con tus propias palabras en español las siguientes expresiones:

1 a la espera del inminente verano
2 la supera Grecia
3 se han ido haciendo más exigentes
4 deben contar con información y educación ambiental
5 han de cumplir la legislación litoral

CONSOLIDACIÓN

Estudia: Demonstrative adjectives p.200

Completa las siguientes frases:

1 .... playa está muy limpia. Sí, pero mira .... mujer allí, tirando cáscaras de fruta al agua. Debería hacer como .... chica allá a lo lejos, vaciando los desperdicios en la papelera.
2 .... aquí, en .... mapa, muestran los puntos del litoral sin contaminar.
3 .... chicos ahí son los que han dejado las botellas de cerveza vacías
4 ¡Cómo ha cambiado .... pueblo! Hace ya más de diez años desde la última vez que lo visité. En .... tiempos sus aguas eran cristalinas.
5 Eso que ves allí es una medusa. En .... playas hay muchas.

CONSOLIDACIÓN

Estudia: Future tense p.206

En el artículo hay siete verbos en el futuro. Búscalos y escribe los infinitivos.

Ejemplo: **1** podremos: poder

CONSOLIDACIÓN

Estudia: Relative pronouns p.200; future tense p.206

1 Estás haciendo de intérprete durante la visita de unos hombres de negocios españoles a una fábrica. Elige el pronombre relativo correcto en cada caso.
  a Éste es el laboratorio *(al que/en el que)* <u>se hacen</u> las pruebas de los productos.
  b Aquí está el comedor. Es la sala *(en la que/en los que)* <u>comen</u> los empleados.
  c *(La que/Lo que)* <u>no les gusta</u> a los empleados es el ruido de las máquinas.
  d Ésta es la carretilla elevadora *(con la que/en el que)* <u>se ponen</u> los productos en las estanterías.
  e De todos los productos, *(el que/lo que)* más se vende es éste.
  f *(Las que/Lo que)* ven ustedes aquí es un prototipo.
  g Es una organización *(cuyos/cuyo)* personal tiene un buen historial de productividad.
  h El empleado *(a quien/a que)* propuso el cambio <u>trabaja</u> en la sección de manutención.
  i La señora Robinson es la directiva *(con la que/con los que)* <u>visitamos</u> España el año pasado.

2 Escribe las frases **a–e** e **i** otra vez, cambiando los verbos subrayados en el futuro.
  Ejemplo: **a** Éste es el laboratorio en el que **se harán** las pruebas de los productos.

7.8 *El turismo en Menorca*

La isla de Menorca quiere potenciar nuevas posibilidades de turismo, y no sólo el concepto tradicional de sol y playa.

La Federación de la Pequeña y Mediana Empresa (PIME) de Menorca considera indispensable promover nuevos productos turísticos que permitan superar el concepto tradicional del turismo de sol y playa. PIME, que aglutina al sector de oferta complementaria, participó el jueves en la reunión del Grupo de Trabajo del Plan de Desestacionalización de la Oferta Hotelera, en la que se acordó potenciar el turismo español como medida a corto plazo para prolongar la temporada de marzo a noviembre.

La federación empresarial apoya plenamente esta iniciativa promocional y considera que para conseguir el objetivo general de prolongar la temporada sería preciso potenciar nuevas posibilidades como el turismo cultural, rural, deportivo y de congresos, así como el gran recurso de la naturaleza. En su valoración, los visitantes deben hallar en Menorca ofertas basadas en la riqueza cultural de la isla (historia, tradiciones, monumentos y fiestas), en sus atractivos paisajísticos y en el concepto de hallarse en un territorio declarado Reserva de la

Biosfera. Otro aspecto a fomentar es la práctica de deportes como golf, tenis, cicloturismo, vela, ajedrez y pesca. Según una nota de prensa remitida por el *Consell* insular, esta promoción debe estar enfocada a cada isla como destino turístico diferenciado del resto de las islas.

Durante la reunión del jueves se puso de manifiesto por parte del sector privado la preocupación por los déficits de transporte interior y exterior que padece la isla en temporada baja, así como la necesidad de mejoras en las infraestructuras, sobre todo referidas a la limpieza y recogida de basuras en zonas

turísticas. También sería necesario potenciar los programas de turismo para la tercera edad, fundamentalmente los programas "Illa a illa" del *Govern* balear, que ofrecen viajes entre islas a precios ventajosos para jubilados.

Asimismo, el vicepresidente del *Consell* y *conseller* delegado de Turismo, Antoni Juaneda, informó a los representantes del sector de que el Plan *Futures* proporcionaría ayudas para proyectos de desestacionalización, y que los proyectos podrían presentarse hasta el próximo 15 de septiembre. Les comunicó también que todas las propuestas debatidas en el transcurso de la reunión del jueves serían analizadas por el *Consell* insular que se celebraría durante la primera semana de octubre.

asimismo *also*
enfocar *to focus*
fomentar *to encourage*
hallar *to find*
jubilados (mpl) *retired people*
paisajístico/a *rural*
tercera edad (f) *senior citizens*
valoración (f) *valuation, assessment*

Lee los siguientes comentarios (1–9). Apunta el número de los que reflejan las preocupaciones de las organizaciones menorquinas.

1 Habrá que ampliar los tipos de turismo que ofrece la isla de Menorca.
2 Se necesita ampliar la gama de productos que pueden comprar los turistas.
3 Hay que promover la isla como lugar ideal para conferencias y reuniones.
4 Se debe destacar el carácter ecológico de la isla.
5 Es importante que haya más turismo durante la temporada alta.
6 Hay que mejorar el servicio de limpieza.
7 Se deben extender las oportunidades turísticas para los jubilados.
8 El sistema de transporte resulta deficiente en plena temporada.
9 El carácter de cada una de las islas Baleares debe ser distintivo.

CONSOLIDACIÓN

Estudia: Conditional p.207

1 Busca las frases del texto que contengan un verbo en el tiempo condicional. Tradúcelas al inglés.
2 Escribe en español el siguiente reportaje:

The council agreed today that it would consider extending the tourist season. However, in order to encourage tourism during the low season, it would be necessary to go beyond the traditional concept of sun and beach holidays. Tourist organisations should highlight Menorca's culture and traditions, and the Council agreed that it would promote the distinctive character of the island. Antoni Juaneda explained that during the next month the Council would analyse all the proposals debated during the meeting and reminded representatives that there would be financial help for projects from the private sector.

7.9 *Hacer una reserva*

¡EXPRÉSATE!

Mira la página 182, Study Skills, para ayudarte.

A Trabajas en un agencia de viajes en Londres. Escucha este mensaje, en el contestador automático, de Pilar Martínez, de la Asociación de Estudiantes de la Universidad de Zaragoza. Apunta la información que se pide, en inglés.

1   Possible dates
2   Number of participants
3   Accommodation requirements
4   Preferred location
5   Additional information requested

B El director de la agencia de viajes acaba de recibir la siguiente carta. Escribe un resumen en inglés que incluye todos los detalles de la carta, sin traducirla necesariamente palabra por palabra.

Asociación de Estudiantes de la Universidad de Zaragoza
Carretera de Huesca   Zaragoza

3 de marzo

Tour Away
Victoria Road
London

Estimado Señor Wilson:

Le doy las gracias por su fax del 18 de febrero, y por la información que nos proporciona. Puedo confirmar nuestro interés en los paquetes turísticos que nos recomendó y en las ofertas especiales para grupos. Podemos confirmar que:

* somos un grupo de veinticuatro estudiantes (13 mujeres y 11 hombres), todos de una edad aproximada de veinticinco años.
* queremos coger un vuelo chárter de Barcelona a Londres el jueves santo, con regreso el lunes siguiente.
* nos gustaría reservar diez habitaciones dobles, con dos camas, una triple y una habitación individual (todas con ducha) en un hotel céntrico de una estrella. Una de las habitaciones dobles tiene que estar en la planta baja
* la reserva debería ser para tres días en régimen de media pensión, con habitación y desayuno el domingo.

Además les rogamos nos sugieran:

* unas ideas para un "show" y cena especial para todo el grupo el domingo por la noche y cómo conseguir entradas con antelación.
* los mejores mercadillos para visitar el sábado

Todavía, no hemos tenido respuesta a nuestra pregunta sobre las tarjetas para el metro y el autobús: ¿nos puede dar algunos detalles sobre cómo y dónde sacarlas?

Les saluda atentamente,

Pilar Martínez

MEMO

FAO: Steve   RE: Zaragoza booking

Please write to Pilar Martínez. Thank her for her letter. Confirm that we have reserved accommodation for the group at the Victoria Hotel, and that we will send the air tickets as soon as they arrive here. Tell her we will also send her tourist brochures on London and about shopping in the capital which will include details of markets and second-hand shops. Explain that they will be able to buy a pass for the underground and bus if they go to the information desk at the airport. The only problem is finding a show on Sunday night; explain that many theatres are closed on Easter Sunday and that if she would like to fax us with an idea of the type of show they want to see, we can make a provisional reservation for Friday or Saturday night.

¿Cómo se dice ...?

Intonación

Escucha atentamente el mensaje, dicho por una mujer y por un hombre. Observa cómo sube y baja la voz en las frases largas. Trata de imitar la voz de tu propio sexo.

Escucha las siguientes frases de la entrevista, prestando mucha atención a la pronunciación de la letra "ll". Si eres hombre, imita la voz del hombre, si eres mujer, la de la mujer.

en si**ll**a de ruedas
bi**ll**etes de avión
el día de nuestra **ll**egada

7.10 *El turismo alternativo*

¿Te aburren las vacaciones tradicionales? Aquí tienes otras
posibilidades: el turismo rural y el ecoturismo.

Veranear en España: el regreso al campo

La filosofía es clara: proporcionar al viajero un tipo de alojamiento diferente al convencional, dentro de un medio rural, facilitándole así el contacto directo no sólo con el entorno paisajístico sino con el humano. Y proporcionando de paso a los habitantes de estas poblaciones unos ingresos suplementarios. La idea no es nueva. Sí lo es, en cambio, su actual puesta en marcha. Fue Navarra una de las pioneras en estas lides. Y a tal tarea se sumaron con ganas otras muchas comunidades autónomas. Se le dio un nombre propio, turismo rural, y comenzaron a proliferar folletos con todas las ofertas disponibles. Se puede alquilar una habitación por una sola noche en una casa tradicional, o contratar una casa completa. En medio de los núcleos rurales o en mitad del campo, casas tradicionales o de nueva planta, con desayuno o tan sólo la habitación: todas las modalidades son posibles, y las distintas peculiaridades de cada una están especificadas en la información que aparece en los folletos editados por las respectivas comunidades autónomas, que suelen incluir fotos de los hoteles, o casas rurales.

Al calor de esta carretera campestre han ido surgiendo iniciativas más ambiciosas que no sólo se limitan a proporcionar al viajero de origen urbano cama y cobijo, sino que tratan de incorporarle a actividades más o menos etnológicas. Así, los proyectos – por ejemplo, se puede dedicar las vacaciones a proyectos como la recogida de la oliva en Almería o la vendimia en Castilla.

El campo rodea a las ciudades, y les sirve de vía de escape. Tan sólo queda decidirse. Y los motivos a favor son muchos, desde las buenas condiciones económicas hasta la posibilidad de entrar en contacto con una realidad que los pobladores del asfalto han dejado en el olvido.

A   Lee los dos artículos sobre el turismo rural. Copia y completa la siguiente tabla con los números correspondientes.

1   Hacer posible la participación del visitante en los proyectos e iniciativas de la zona.
2   Aumentar el potencial turístico de la comunidad.
3   Introducir modos ecológicos de viajar por la región.
4   Elaborar proyectos que otras comunidades o regiones querrán copiar.
5   Permitir al turista experimentar la manera de vivir de la sociedad que visita.
6   Hospedar a los turistas en alojamiento típico de la región.
7   Fomentar el concepto de cama, cobijo y gastronomía tradicional dentro de la zona.
8   Permitir la coexistencia del turismo, y la preservación de la naturaleza.

Razones por las cuales se ha desarrollado el turismo rural en . . .		
España	**México**	**Los dos países**
1		

B   Busca la frase o las palabras del texto sobre Oaxaca que indican . . .

1   que el trabajo tradicional de la comunidad está a punto de desaparecer.
2   que la selva es prácticamente virgen.
3   que algunas de la rutas constituyen un reto.
4   una formación rocosa.
5   las medidas ecológicas que se respetan en los albergues.
6   la buena voluntad de la comunidad en el desarrollo de un nuevo tipo de turismo.

Ecoturismo comunitario en la Sierra Norte de Oaxaca

Entre los macizos rocosos del Sistema Montañoso del Norte de Oaxaca, México, entre las nubes traídas desde el Golfo de México por el viento, y donde las comunidades zapotecas que ahí viven se llaman a sí mismas "el pueblo de las nubes", se encuentra un proyecto de ecoturismo muy interesante. Localizada a más de 3.000 metros de altura sobre el nivel del mar y a una hora y media al este de la ciudad de Oaxaca, esta iniciativa ha nacido para crear una alternativa económica de desarrollo para las ocho comunidades de la Sierra Norte (también llamadas los Pueblos Mancomunados) ante el inminente deterioro de sus fuentes de ingresos en los últimos años, la explotación forestal y la minería. En consonancia con la ancestral tradición zapoteca de respeto y cuidado por la naturaleza, el ecoturismo es pieza fundamental en el esquema de conservación de los bosques y demás recursos naturales de la zona.

Utilizando cualquiera de sus tres panorámicos accesos de terracería, en los cuales podemos disfrutar de un sorprendente cambio de clima y vegetación, encontramos un área de gran importancia ecológica a nivel global, que abarca 29.000 héctareas de bellos y bien conservados bosques de pino o encino principalmente. Los recorridos generalmente parten desde Benito Juárez, una población que cuenta con un albergue muy bien equipado y alquiler de bicicletas de montaña de buena calidad, y equipo adicional como cascos y botellas de agua. Desde este punto parten rutas de ciclismo de montaña de diferentes niveles, características y para todos los gustos y que ponen a prueba la destreza del ciclista más experimentado. Para los entusiastas de la caminata existen igualmente una gran cantidad de rutas y lugares que visitar, especialmente los miradores desde donde pueden disfrutarse vistas espectaculares del Valle de Oaxaca y de las sierras y valles vecinos. Otros lugares que vale la pena visitar son el "Ojito de agua" (un sitio donde nace el agua de una piedra) y el "Cañón del coyote", un conjunto de cuevas, peñascos y desfiladeros impresionantes.

Al caer la noche se puede dormir en alguno de los hoteles comunales o en cabañas pertenecientes al proyecto construidas con los sistemas tradicionales de la zona. Si se prefiere y el clima lo permite, acampar es una magnífica opción, pues en una noche clara se pueden observar las estrellas como en pocos lugares. Las comidas pueden hacerse en los comedores de las comunidades, en donde se puede degustar la excelente comida oaxaqueña.

En la segunda fase del proyecto, se promoverán iniciativas que darán espíritu conservacionista al proyecto: éstos son los programas de educación ambiental para la población, el establecimiento de proyectos productivos asociados en cada comunidad y, en el alojamiento, la captación de agua de lluvia, reutilización de aguas grises, calentadores solares, compostas y reciclaje de desechos. Algo admirable dentro del proyecto, y que es raro encontrar en muchos otros proyectos comunitarios, es la determinación y las ganas con las que todos los miembros de los Pueblos Mancomunados apoyan y trabajan para lograr que el ecoturismo se convierta en una alternativa productiva real para ellos, una alternativa que permita salvar sus recursos naturales y su tradicional manera de vivir.

www.greenbuilder.com/mader/paneta

aguas grises (fpl) *sewage*
a nivel global *at a global level*
calentador (m) *heater*
captación (f) *collecting*
cobijo (m) *shelter*
desechos (mpl) *rubbish*
desfiladero (m) *ravine*
experimentado/a *experienced*
lides (fpl) *matters*
modalidad (f) *form, option*
peñasco (m) *crag, rocky outcrop*
perteneciente *belonging*
puesta (f) en marcha *starting up*
terracería (f) *rough dirt track*
zapoteco/a (mf, adj) *indigenous people of Mexico, based around Oaxaca*

C Olga quiere probar el turismo rural en México, y habla con Stella. Escucha las reacciones de Stella y lee las siguientes afirmaciones. Decide en cada caso si Stella está de acuerdo con lo que se dice (V), lo contradice (M), o si no se sabe (?).

1 No me interesa visitar un pueblo pequeño en las montañas de México.
2 El tipo de alojamiento no es muy cómodo.
3 Las instalaciones interiores me parecen muy básicas.
4 Seguro que habrá alguna asistencia médica en caso de urgencia.
5 No sé si me va a gustar la comida: puede que no haya mucha variedad.
6 Va a ser difícil desplazarse de un lugar a otro en esta zona.
7 No me atrae la filosofía ecológica del proyecto.
8 No creo que me guste la convivencia con los animales.
9 No habrá nada que hacer por la noche: ¡sólo mirar las estrellas!
10 Puede que sea difícil conectarse con la cultura, que será distinta a la nuestra.

D Escucha la conversación otra vez y completa el resumen de los argumentos de Olga.

Lo bueno del turismo rural es que tenemos la posibilidad de **1** .... el modo de vida de esta comunidad. Aunque está un poco aislada, ¡por lo menos no habrá **2** .... por todas partes! Es probable que el alojamiento no sea muy **3** ...., pero pasaríamos unas vacaciones saludables a más de **4** .... metros sobre la altura del mar, en un ambiente limpio, y sin contaminación del **5** .... Además, viviríamos sencillamente, reciclando todo, sin **6** .... el entorno ecológico. Cada año, nos quedamos en Europa – este año, debemos **7** .... algo un poco diferente. Si queremos tener nuevas experiencias, ¡hay que ser **8** ....!

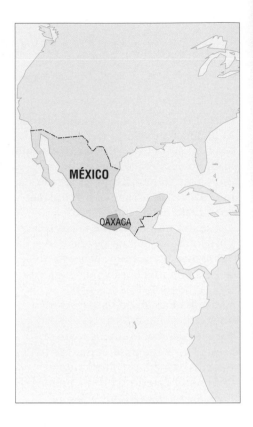

E *Cara a cara*

Lee la información en la página 149 y trabaja con tu pareja.

Persona A: Trabajas en Benidorm durante el verano. Tu compañero/a de trabajo (español/a) te da este artículo sobre el Hotel la Posada de Salverri y quiere que paséis una semana allí juntos al final del verano. A ti no te interesa nada: está lejos, eres vegetariano/a, te encanta la actividad de un lugar de veraneo cerca de la playa y una buena vida nocturna. Prepara tus argumentos y discute el asunto con él/ella.

Persona B: Has conocido a tu compañero/a británico/a trabajando juntos en Benidorm. Ves esta información sobre el Hotel la Posada de Salverri y te parece muy buena idea. Intenta persuadir a tu compañero/a para ir a pasar una semana allí al final del verano. Prepara tus argumentos y discute el asunto con él/ella.

Hotel La Posada de Salverri

A cereal y puchero vivieron los molineros en Hontoria de Valdearados durante un largo milenio. No cabía otro recurso ni fuente de empleo que la labranza, la molienda o la panadería hasta el día en que los hermanos García Figuero decidieron transformar la heredad paterna – un viejo molino de tradición posadera, orillano al río Aranzuela – en un hotelito radiante de encantos y fogones donde aposentar a los viajeros de buen andar por tierra castellana.

Atención (10/10): El viajero que llega tarde, incluso bien entrada la medianoche, recibirá las cortesías de Rafa y sus hermanos, quienes le conducirán a su aposento y le prepararán una cena de asador. Da gusto vivir entre gente tan educada.

Tranquilidad (10/10): El silencio de la casa es extremo. Un jardín precioso y mimado con sauces al lado del río rodea el molino.

Gastronomía (9/10): Quienes hayan disfrutado la noche anterior con el asado preferirán, sin duda, tomarse el tiempo de paladear un suculento desayuno casero.

Estado de conservación/decoración (8/10): En clave puramente rústica. El pavimiento es de barro auténtico. Las maderas, hechas a mano. Las cortinas, de aquellos encajes que antaño tejían las abuelas.

Confort habitaciones (5/10): Cada una posee un nombre que recuerda la antigua utilidad molinera: el Harinal, el Cauce, la Tolva, la Corona y la Turbina ofrecen una ambientación sencilla, sin adornos innecesarios. Quizá alguien eche de menos algo de modernidad en ellas – un acento más actual que la calefacción por radiadores y la luz eléctrica (por ejemplo, un televisor y un teléfono al pie de la cama).

Aseos (6/10): Los cuartos de baño tienen buen aspecto, con su vitrina repleta de jabones y lavandas inglesas, pese a que el agua caliente tarde un poco en salir de la ducha.

Instalaciones (5/10): Salón de chimenea, salón de convenciones, comedor. No hay facilidades para discapacitados, ni área de juegos para niños; se admiten perros.

Excursiones: Los dueños proponen paseos en bicicleta o a caballo por la zona, subyugantes ascensiones en globo y las inefables visitas turísticas al monasterio de Santo Domingo de Silos y a las catedrales de Burgos y Burgo de Osma.

CONSOLIDACIÓN

Estudia: Demonstrative adjectives and pronouns p.200

Un grupo de amigos está planeando unas vacaciones en Sierra Nevada, porque tienen ganas de hacer esquí. Están comparando los chalés en los folletos. Rellena los espacios con los adjetivos o pronombres más apropiados.

1   .... chalé es más grande que ...., ¿no?
2   Sí, pero .... cocina es más grande que ....
3   Y la vista desde .... balcón es mejor que la que hay desde ....
4   Me gusta .... cuarto de baño. Es más lujoso que ....
5   Pero mira .... salón. Para nosotros es demasiado pequeño. Prefiero ....
6   Sí, tienes razón. Pero mira .... chimenea. Con un fuego de leña será más cómodo que ....
7   Quizás será un poco difícil con el coche. .... chalé está en una pendiente, y con la nieve y el hielo, corre riesgo de derrape. .... está en superficie plana.
8   Y además, ... remonte está muy cerca.
9   Y cabe más equipo en .... armario. .... es demasiado pequeño.
10   Y .... tiendas están muy cerca. Es muy práctico. ¿Estamos de acuerdo, entonces? ¿Reservamos .... ?

7.11 *El transporte público*

Parece que casi todo el mundo se queja del transporte público: pero, ¿por qué?

A   Escucha lo que dice Llorenç sobre el transporte público en Barcelona. Contesta las preguntas en español.

1   ¿Qué opina del sistema de transporte público, en general?
2   ¿Por qué no le gusta mucho ir en autobús?
3   ¿Cuáles son los dos inconvenientes de ir en taxi?
4   ¿Es preferible comprarse una moto o un coche pequeño? ¿Por qué?
5   ¿Por qué prefiere no ir en bicicleta?

B   Lee las opiniones de Maribel (de La Coruña) y Nuria (de Madrid). Lee también las frases 1–8. Para cada frase, escribe C (La Coruña), M (Madrid), C+M (La Coruña y Madrid) o ND (no se dice).

1   En las horas punta hay mucho tráfico.
2   La ciudad tiene un buen sistema de transporte subterráneo.
3   Mucha gente sale de la ciudad durante el día porque trabaja fuera.
4   El autobús es el método de transporte público más popular.
5   Suele haber atascos a causa de la gente que quiere entrar en la ciudad por la noche.
6   Se suele utilizar el coche más que otros métodos de transporte.
7   La construcción de aparcamientos cerca de las estaciones de ferrocarril hará que la gente viaje más en tren.
8   Resulta difícil salir de, y entrar a, la ciudad a causa de los atascos en horas punta.

Hola. Yo soy Maribel y soy de La Coruña, en Galicia. Bueno, quiero comentaros que, pues en nuestra ciudad se utiliza mucho el autobús y sobre todo el coche lo cual dificulta mucho el poder . . . pues transitar tranquilamente por las calles. Sobre todo en horas punta es bastante conflictivo el tráfico. Pues hay muchos atascos y es difícil salir de la entrada de la ciudad, sobre todo porque hay muchos pueblos cerca de La Coruña a los que la gente va a trabajar y luego pues, a la tarde, a eso de las ocho, se forman largas caravanas para entrar en la ciudad. Yo personalmente prefiero tener el coche porque es más cómodo, pero entiendo que deberíamos utilizar más los medios de transporte como el autobús. No tenemos metro como en otras ciudades que yo creo que sería bastante útil en nuestro caso. Pero, yo creo que la gente cada vez tiende más a utilizar el coche, lo cual crea grandes problemas en las ciudades.

Hola. Yo soy Nuria. Soy de Madrid. En mi ciudad principalmente se utiliza transporte público: el autobús y el metro; pero lo que más utiliza la gente es el coche. El problema principal es que hay mucha gente de los pueblos cercanos a Madrid que viene a trabajar a Madrid. Por tanto, pues, a primera hora de la mañana y a última hora (a partir de las seis y a última hora de la tarde) se crean unos atascos horribles en las autopistas de entrada a Madrid y de salida de Madrid. Entonces lo que está haciendo en estos momentos el ayuntamiento de Madrid es tratar de promocionar el tren de cercanías, que es el tren que va desde Madrid hasta los pueblos cercanos. Y lo que están haciendo es construir aparcamientos cerca de los trenes de cercanía para que la gente, bueno, vaya hasta la estación en coche, pero luego deje el coche allí y no coja el coche para ir a la ciudad.

C   *Punto de radio*

1 ¿Qué información se ofrece en la línea 900 sobre …
   a el tráfico? [5 puntos]
   b los servicios? [5 puntos]
   c trámites administrativos?
   [4 puntos]
2 ¿Cuál es el número de teléfono para la línea 900 y cuánto cuesta una llamada?

¡Infórmate!

Hurgarse la nariz – una de las causas que provocan accidentes de tráfico

A la popular recomendación de "si bebes, no conduzcas", una encuesta hecha en EE.UU. ha añadido que los accidentes de automóvil son más comunes entre quienes comen, beben o se hurgan la nariz cuando están al volante. De acuerdo con la firma de seguros Response Insurance, muchos conductores han reconocido que hay una serie de costumbres, aparentemente menos peligrosas que el alcohol, que les han distraído de la conducción e incluso propiciado un accidente.

Entre ellas está la búsqueda de una sintonía en la radio (en un 62% de los casos), comer (57%) o recoger algo del suelo del vehículo (44%).

Las costumbres peligrosas también incluyen tomar notas (32%) o limpiar el coche en marcha (23%). Los hábitos peligrosos al volante también incluyen acciones tan naturales como peinarse, maquillarse, ponerse colirios o hurgarse la nariz.

7.12 *Un debate acalorado*

La expansión del AVE (tren de alta velocidad español) de Madrid a Barcelona no está a gusto de todos.

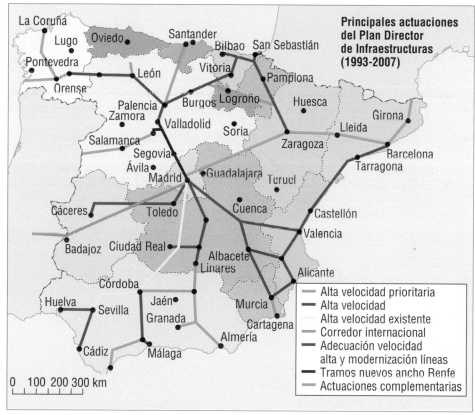

apoyarse   *to rely/depend*
cada vez más   *more and more*
hipertrófico/a   *excessive*
imprescindible   *essential*
lanzar   *to launch*
originar   *to cause, create*
reclamar   *to demand*
sobredimensionado/a   *oversized*
suministro (m)   *supply*
vinculación (f)   *link, connection*

A   Escucha la introducción al tema y completa las siguientes frases.

1 El anuncio trata de la construcción de …
2 Esta construcción se efectuará de … a …
3 Se ahorrará …
4 Los daños ambientales serán …
5 También afectará a las …

B   Escucha la segunda parte de la discusión. ¿En qué orden se habla de los siguientes temas?

1 el consumo energético del AVE
2 los deseos de las regiones autónomas
3 los peligros de la hipermovilidad
4 la actitud negativa de la administración frente a los datos obtenidos por investigadores europeos
5 los tipos de transporte más problemáticos
6 la información parcial que se ha dado al público

C Escucha otra vez la segunda parte de la discusión. Indica el nombre adecuado: Sra. Álvarez or Sr. Vallejas.

¿Quién . . .

1 critica al gobierno español por no tomar en serio los estudios europeos?
2 defiende el derecho de las comunidades autónomas a tomar sus propias decisiones?
3 apoya el desarrollo de la "triple A" de transporte?
4 dice que su punto de vista refleja el consenso cultural y social?
5 opina que las presiones del mercado mundial son responsables del aumento de desplazamientos?
6 considera que las nuevas infraestructuras responden a la demanda?
7 habla del consumo energético del proyecto?
8 compara la situación dentro de España con otro país?

D Prepara un breve resumen en español de las opiniones de la Sra. Álvarez o del Sr. Vallejas. Utiliza el siguiente esquema para ayudarte. Escucha otra vez la discusión y toma notas, si es necesario.

• lo que opina cada uno de la actitud del gobierno
• las razones para apoyar/no apoyar el proyecto
• el papel de las nuevas infraestructuras
• los beneficios/los problemas

> **¿Cómo se dice... "v"?**
>
> Escucha las siguientes frases de la entrevista, prestando mucha atención a cómo se pronuncia la letra "v". Si eres hombre, imita la voz del hombre, si eres mujer, la de la mujer.
>
> una nueva línea ferroviaria de alta velocidad
> ha vuelto a disparar
> las graves consecuencias
> la división del Parque del Sureste
> al Señor Vallejas y a la Señora Álvarez
> a los pros y los contras del nuevo AVE
> el incremento de la movilidad
> no estoy convencida
> Automóvil, AVE y Avión
> cada vez más
> Yo no lo veo así.
> Es evidente la vinculación que tiene el AVE con el fortísimo consumo de energía

> **¡Infórmate!**
>
> *El AVE*
>
> • El AVE alcanza los 350 kilómetros por hora. Es más rápido viajar de Madrid a Sevilla en el AVE que en avión.
> • El AVE Madrid–Sevilla se presupuestó inicialmente (en 1988) en 1600 millones de euros. En 1992 había costado 2800 millones – una "desviación" del 71%.
> • Se calcula que el AVE Madrid–Barcelona tendrá un coste de más de 6000 millones de euros. Un kilómetro de esta vía costará 7 millones (estimación inicial).
> • Se calcula que el coste de transportar a una persona un kilómetro en el AVE es de 14 céntimos, frente a las 7 céntimos que costará en avión, 6 céntimos en coche o 5 céntimos en ferrocarril convencional.
> • Hay 24,5 millones de habitantes españoles que no poseen coche, o no pueden acceder a él – sin carnet de conducir, menores de edad, personas con incapacidad física, etc.

7.13 *El nuevo AVE*

Según el presidente de RENFE, Miguel Corsini, el éxito del AVE en el tramo Madrid–Sevilla hace imprescindible el desarrollo de una nueva línea de Madrid a Barcelona. Pero no todo el mundo está de acuerdo ...

A Lee las opiniones sobre las consecuencias del nuevo AVE. ¿Cuál es la preocupación principal de cada persona? Copia y completa la siguiente tabla.

El impacto ambiental	El deterioro del sistema ferroviario actual	Las consecuencias sociales
Julia Rodríguez Fischer		

Las enormes obras que se están realizando aumentarán los procesos erosivos; se modificarán cauces, riberas y flujos hídricos, con pérdidas de suelos y de cubierta vegetal. Habrá que importar ingentes cantidades de grava porque las grandes infraestructuras (AVE 1 autopista) las demandarán y los yacimientos de las minas cercanas serán insuficientes.

(Julia Rodríguez Fischer)

Durante varios años el Estado gastó en el AVE Madrid–Sevilla el 60% de la inversión total en ferrocarriles, dejando de lado planes de mayor interés social, como los ferrocarriles de cercanías. Durante este año el AVE Madrid–Barcelona se llevará 360 millones de euros frente a 240 del ferrocarril tradicional.

(Susana Jurado Ros)

La falta de inversión en el ferrocarril tradicional ha provocado una pérdida de 30.000 puestos de trabajo en RENFE en los últimos 8 años.

(Gil Gutiérrez Blas)

El desarrollo del AVE centra la mayor parte de las inversiones en zonas que ya son ricas y que tienen una gran cantidad de equipamientos e infraestructuras. El "disfrute" del AVE por sus usuarios lo pagaremos entre todos – tantos los pobres como los ricos.

(Annick Mata Viana)

RENFE tiene 14.300 kms. de vías en servicio pero sólo 6.000 tienen una calidad aceptable. A pesar de que se considera necesario renovar cada año del orden del 4% de la red, sólo se acomete esta tarea en un 0,2 o 0,3%.

(José Luis Pumar)

El nuevo AVE ocasionará un fuerte incremento del ruido, gran degradación paisajística y la fragmentación de ecosistemas. Dificultará muchísimo el tránsito de animales, personas y vehículos a ambos lados de la línea, que se aísla con vallas en todo su recorrido.

(Manuel Rull Rivá)

Veremos una reducción de servicios de la red de ferrocarril actual. Por causa del desmantelamiento y de la privatización de la infraestructura de RENFE, ciudades como Soria, Zamora, Cuenca o Teruel cada vez quedarán más aisladas del transporte ferroviario. ¿El resultado? Falta de trabajo, empobrecimiento, marginación.

(Pilar de Lara)

Una vez sobrepasado un cierto nivel de degradación, el patrimonio ferroviario presenta altos costos de recuperación. Este abandono del ferrocarril convencional tiene una gran relación con el desvío de inversiones hacia el AVE y el automóvil.

(Eduardo Navarro Benavides)

Por sus características el AVE obliga a la realización de gigantescas obras. Para ir a 350 kms/hora necesitará curvas muy amplias y pendientes muy reducidas – lo que hará que apenas pueda esquivar los obstáculos. Así habrá que hacer grandes desmontes de terreno, de hasta 160 metros de anchura, altísimos viaductos, etcétera.

(Verónica Vizcaya Boyer)

El AVE es incompatible con un modelo equilibrado y descentralizado del territorio. Sólo sirve para unir grandes centros urbanos entre sí, no con el resto de las poblaciones. El Plan Director de Infraestructuras mismo afirma que "la red se concibe para prestar un servicio de alta velocidad competitivo con la aviación y capaz de atender preferentemente viajes por motivos de trabajo y negocios". El objetivo no es, pues, facilitar la accesibilidad a la gente común. Los que ganarán serán los ricos y no los pobres.

(Josu Romero-Requejo)

cauce (m)	*(river) bed*
desmantelamiento (m)	
	dismantling
esquivar	*to avoid*
flujo (m)	*flow*
incremento (m)	*increase*
ingente	*enormous*
ocasionar	*to bring about*
yacimiento (m)	*deposit*

B ¿Se mencionan los siguientes argumentos en las opiniones que has leído? Para cada uno, apunta sí o no.

1 Parajes de alto valor ambiental quedarán afectados o destruidos.
2 Aumentará el desempleo dentro de las organizaciones ferroviarias.
3 Las vallas crearán barreras al desarrollo ambiental y a la circulación de las personas.
4 El AVE existe para favorecer a un tipo de viajero de alto nivel económico.
5 La tecnología empleada y los equipos que habrá que adquirir serán todos extranjeros.
6 Se abandona el mantenimiento del sistema ferroviario actual a favor de la construcción del AVE.
7 La actividad minera de la zona se intensificará.
8 Las consecuencias del AVE serán negativas sobre todo en las zonas más desfavorecidas económicamente.

C Busca en el texto los sustantivos que corresponden a las siguientes definiciones:

1 la cantidad de dinero gastado en la compra de algo, con la intención de obtener ganancias o de aumentarla
2 el conjunto de los trabajos o medios materiales necesarios para la realización de un proyecto o básicos para el funcionamiento de algo
3 la alegría o satisfacción
4 persona que utiliza una cosa
5 acción y efecto de perder una cosa o perder ésta en calidad
6 pared baja hecha para defenderse de algo o establecer una separación
7 distancia recorrida por una persona o cosa
8 recuperar una cosa que estaba perdida, o hacer que vuelva a servir el material de un objeto desechado
9 línea de acción que aparta a alguien o algo del camino o rumbo que llevaba
10 acción y efecto de desmontar cualquier tipo de estructura

D Escucha varias veces la entrevista sobre las alternativas al AVE. Elige la palabra adecuada en cada caso.

Es posible desarrollar una política de transporte con menos **(1)** beneficio/impacto/problemas ambiental, más equidad social y mayor **(2)** éxito/sociedad/eficacia económica. Hay que lograr un equilibrio entre los diversos medios de transporte, el perfeccionamiento de las **(3)** infraestructuras/sistemas/ideas existentes y la mejora de los servicios. Se trata de dar un giro estratégico en la actual **(4)** red/política/inversión de transportes y su concepción para que sea un instrumento al servicio de la **(5)** sociedad/estado/empresa y no al revés.

Concretamente debemos destinar las inversiones a la recuperación y mejora de las líneas convencionales de **(6)** ferroviaria/ferrocarril/autopista y paralizar la construcción de AVEs; debemos utilizar el avión en su ámbito natural: **(7)** transportes/recorridos/sistemas de distancias largas; tenemos que potenciar el ferrocarril de **(8)** AVEs/RENFE/cercanías en las ciudades, y los regionales en las diferentes comarcas; tenemos que dejar de dar prioridad a las **(9)** infraestructuras/inversiones/políticos que favorecen el uso del automóvil y favorecer el transporte **(10)** privado/ferroviario/público y no motorizado.

E Las autoridades quieren invertir mucho dinero para desarrollar un tren de alta velocidad que pasará por tu región y la conectará con el resto de Europa. No estás a favor. Prepara tus argumentos y haz una breve presentación explicando tus razones.

CONSOLIDACIÓN

Estudia: Future p.206

Copia las siguientes frases, escribiendo los verbos subrayados en el futuro.

Ejemplo: **1** Completarán el tramo Madrid–Barcelona del AVE.

1 Completan el tramo Madrid–Barcelona del AVE.
2 Se separa el tramo de salida de Madrid lo más posible del cauce del río Manzanares.
3 Para hacer que tenga menos impacto sobre el paisaje y la geomorfología, la compañía constructora hace un túnel sobre los puntos kilométricos 21,700 y 22,100.
4 Todas las aguas que salen por las bocas de los túneles como consecuencia de la perforación se someten a un sistema de desbaste y decantación de sólidos.
5 Vemos la realización de las necesarias prospecciones de campo para el reconocimiento de posibles restos arqueológicos.
6 En la parte que discurre paralela y más cercana al río se dispone de un viaducto.

¡EXPRÉSATE!

Mira la página 184, Study Skills, para ayudarte.

7.14 *Enviar por adelantado*

Hacer las maletas, preparar los baúles, empaquetar cosas que no quieres llevar a mano para enviarlas por adelantado ... todo esto formaba parte hace años de ir de vacaciones. En este cuento mexicano, la señora de Mastuerzo quiere que le ayude un tal don Epigmenio.

acojinado/a	*padded*
admitir	*to allow*
estuche (m)	*case*
filigranas (fpl) de lenguaje	*finer points of language*
Ginebra	*Geneva*
hasta cierto punto	*up to a point*
levantar una ceja	*to raise an eyebrow*
medida (f)	*measurement*
resoplar	*to snort*

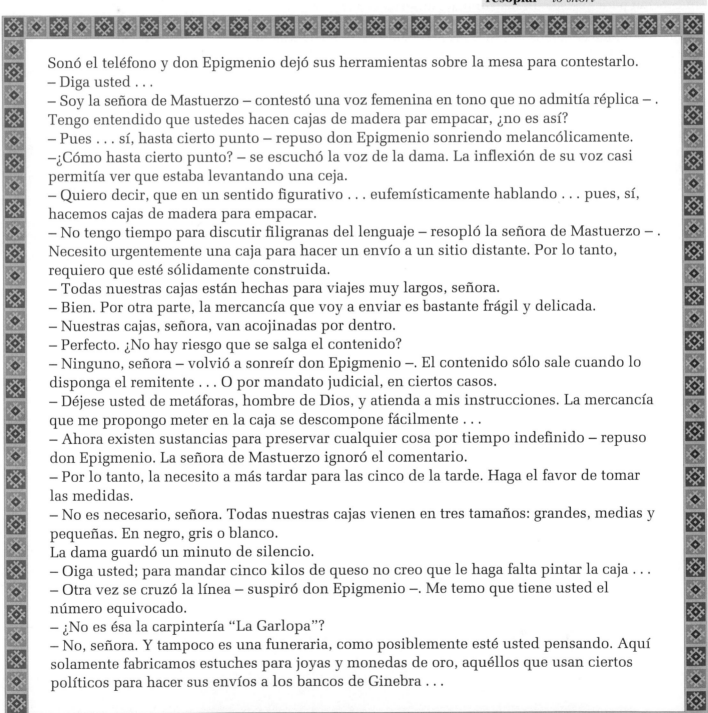

Sonó el teléfono y don Epigmenio dejó sus herramientas sobre la mesa para contestarlo.

– Diga usted ...

– Soy la señora de Mastuerzo – contestó una voz femenina en tono que no admitía réplica – . Tengo entendido que ustedes hacen cajas de madera par empacar, ¿no es así?

– Pues ... sí, hasta cierto punto – repuso don Epigmenio sonriendo melancólicamente.

–¿Cómo hasta cierto punto? – se escuchó la voz de la dama. La inflexión de su voz casi permitía ver que estaba levantando una ceja.

– Quiero decir, que en un sentido figurativo ... eufemísticamente hablando ... pues, sí, hacemos cajas de madera para empacar.

– No tengo tiempo para discutir filigranas del lenguaje – resopló la señora de Mastuerzo – . Necesito urgentemente una caja para hacer un envío a un sitio distante. Por lo tanto, requiero que esté sólidamente construida.

– Todas nuestras cajas están hechas para viajes muy largos, señora.

– Bien. Por otra parte, la mercancía que voy a enviar es bastante frágil y delicada.

– Nuestras cajas, señora, van acojinadas por dentro.

– Perfecto. ¿No hay riesgo que se salga el contenido?

– Ninguno, señora – volvió a sonreír don Epigmenio – . El contenido sólo sale cuando lo disponga el remitente ... O por mandato judicial, en ciertos casos.

– Déjese usted de metáforas, hombre de Dios, y atienda a mis instrucciones. La mercancía que me propongo meter en la caja se descompone fácilmente ...

– Ahora existen sustancias para preservar cualquier cosa por tiempo indefinido – repuso don Epigmenio. La señora de Mastuerzo ignoró el comentario.

– Por lo tanto, la necesito a más tardar para las cinco de la tarde. Haga el favor de tomar las medidas.

– No es necesario, señora. Todas nuestras cajas vienen en tres tamaños: grandes, medias y pequeñas. En negro, gris o blanco.

La dama guardó un minuto de silencio.

– Oiga usted; para mandar cinco kilos de queso no creo que le haga falta pintar la caja ...

– Otra vez se cruzó la línea – suspiró don Epigmenio – . Me temo que tiene usted el número equivocado.

– ¿No es ésa la carpintería "La Garlopa"?

– No, señora. Y tampoco es una funeraria, como posiblemente esté usted pensando. Aquí solamente fabricamos estuches para joyas y monedas de oro, aquéllos que usan ciertos políticos para hacer sus envíos a los bancos de Ginebra ...

A Lee y escucha el cuento mexicano. Elige la opción **a**, **b** o **c** que **no** sea apropiada.

1 La señora de Mastuerzo quiere que don Epigmenio ...
a compre su queso **b** le haga una caja **c** envíe una caja a un sitio distante

2 Don Epigmenio ...
a es artesano **b** hace ataúdes **c** es carpintero

3 Las cajas están ...
a hechas a la medida **b** forrados **c** pintadas

4 El envío de la señora es ...
a frágil **b** comestible **c** robusto

5 La señora de Mastuerzo es/está ...
a nerviosa **b** mandona **c** exigente

6 Don Epigmenio se muestra ...
a irónico **b** mentiroso **c** evasivo

7 En lo que se refiere a su tratamiento de la señora de Mastuerzo, don Epigmenio quiere ...
a tomarle el pelo **b** sorprenderle **c** engañarle

B ¿Quién hizo cada uno de los comentarios siguientes – la señora de Mastuerzo (M) o don Epigmenio (E)?

1 Al principio, creía que había marcado el número de una carpintería – ¡no sabía que me había puesto en contacto con un loco!

2 Era imposible que no me entendiera: me malinterpretó a propósito.

3 No creo que se haya ofendido mucho: le tomé el pelo un poco, eso es todo.

4 Quería que me hubiera preparado la caja antes de mi llegada a las cinco: ahora tendré que llamar a otro sitio.

5 Me di cuenta casi en seguida de que se había cruzado la línea.

6 No estoy seguro de si se enfadó o no: me habló de una manera autoritaria desde el principio de la conversación.

7 ¡Dudo que se haya arrepentido! Le encanta bromear. Pero, ¡qué mal gusto!

8 Es posible que haya hecho una denuncia a la cámara de comercio: pero como yo soy el presidente, ¡no pasará nada!

C Escribe un resumen de la historia en español (150 palabras como máximo).

unidad 8
Panorama de México

En esta unidad vamos a descubrir algunos aspectos interesantes sobre México, ese país tan enigmático como sorprendente. Su historia, su folklore y sus habitantes nos introducen en un universo apasionante, una mezcla de culturas, razas y tradiciones diversas.

En esta unidad vamos a consolidar tu conocimiento de los siguientes puntos gramaticales:

- condicional *(conditional)*
- estilo directo/indirecto *(direct/indirect speech)*
- imperativos *(imperatives)*
- comparativos/superlativos *(comparatives/superlatives)*
- futuro *(future tense)*

¡Infórmate!

México: datos generales

Nombre Oficial: Estados Unidos Mexicanos

Población
Población: 88.500.000 (Estimada en 1994)
Densidad: 45 habitantes por km^2
Distribución: 71% urbana, 29% rural
Crecimiento anual: 2,3%
Idioma oficial: Español
Analfabetismo: 13% de la población
Universidades: 82
Camas de Hospital: 79.000
Médicos: 130.000
Esperanza de vida: Mujeres 76, Hombres 68
Mortalidad infantil: 29 de cada 1.000 nacimientos

Gobierno
Tipo: República
Legislatura: Congreso Representativo
Divisiones administrativas: 31 estados y un Distrito Federal

Geografía
Área: 1.959.201 km^2
Capital y ciudad más grande: Ciudad de México
Máxima elevación: Pico de Orizaba (5.747 msnm)

Economía
Producto Interno Bruto: $172,4 mil millones, $1.948 per capita
Distribución Laboral: Agricultura 25,8%, Fábricas 11,7%, Gobierno 11,1%, Comercio 7,9%, Transporte y Comunicación 3,1%, Minería 2,3%, Finanzas 1,9%
Comercio Exterior: Importaciones $36,7 mil millones de dólares, Exportaciones $27,4 mil millones de dólares
Moneda: 1 Peso = 100 Centavos

Comunicaciones
Tren: 26.299 km
Carreteras: 235.431 km, 45,2% pavimentado
Puertos importantes: 10
Aeropuertos importantes: 78

http://jubilo.com.mx

158

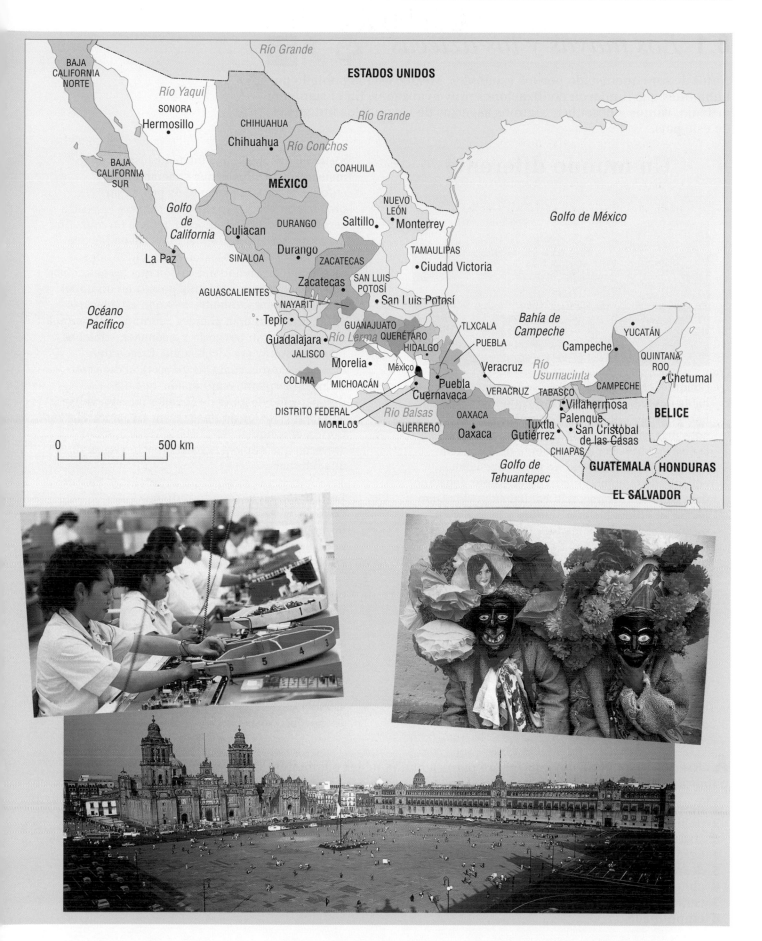

8.1 *Los mayas y los aztecas*

Antes de ser conquistado por los españoles, México estaba poblado por habitantes que fundaron civilizaciones muy avanzadas. En el siguiente artículo, vamos a descubrir algunos aspectos de los pueblos indígenas de este país.

Un mundo diferente

Cuando Cristóbal Colón llegó a América, creyó que había desembarcado en la India y no sabía que había descubierto un nuevo continente. Treinta años más tarde, Hernán Cortés, al desembarcar en la costa de México, se dio cuenta de que había descubierto un país pero no pensó que había encontrado también un mundo diferente, separado del resto del universo. Allí habitaban pueblos que tenían su propia historia, cultura y lengua y un estilo de vida muy refinado.

En el territorio actual de México vivían dos pueblos: los aztecas y los mayas. Los mayas habían poblado los territorios de la península de Yucatán, Guatemala y Honduras desde el 400 a.C. Intelectualmente fueron muy avanzados. Escribían con un sistema jeroglífico que tenía hasta 500 símbolos. También elaboraron un refinado calendario para recoger todos los acontecimientos humanos y divinos. Fueron grandes artistas, agrónomos y matemáticos. Inventaron el concepto del cero. Hacia el 900 d.C. su civilización se desmoronó por causas desconocidas. Algunos

historiadores dicen que fue por causa de un meteorito, otros dicen que el hambre, las enfermedades y el aumento de población provocaron el abandono de los centros ceremoniales. Lo sucedido es todavía un misterio.

Los aztecas, nómadas del noroeste de México, llegaron al Valle de México conducidos por sus sacerdotes, siguiendo una visión que les anunciaba que si encontraran un águila posada en un nopal mordiendo una serpiente, deberían establecerse allí. Los aztecas eran grandes guerreros y llegaron a dominar un gran territorio y a someter a muchos pueblos. Su rey era Moctezuma. Existía una leyenda según la cual Quetzalcoatl, el dios con forma de serpiente emplumada, que había desaparecido después de cometer incesto, volvería en la forma de un ser de tez blanca. Cuando Hernán Cortés, el conquistador, llegó a México, todos creyeron que éste era la reencarnación de su dios que retornaba.

La religión en el mundo indígena

La religión era una parte muy importante del mundo indígena. Los dioses estaban representados por las fuerzas de la naturaleza. Estos pueblos creían que si los dioses se enfadaran, destruirían el mundo. Por ello, tenían que aplacar su ira con ofrendas y sacrificios humanos. Los chamanes o brujos podían ponerse en contacto con los dioses por medio de ceremonias en las que ingerían sustancias alucinógenas. También jugaban al juego de la pelota. Éste consistía en arrojar una pelota de piedra sin tocarla con las manos o los pies. De esta manera se representaba el movimiento del sol y los astros y se complacía a los dioses. Se cree que a los perdedores se les cortaba la cabeza.

A   Escribe una definición en español para cada una de las siguientes palabras que aparecen en el texto.

1 desembarcar
2 poblar
3 sistema jeroglífico
4 agrónomo
5 desmoronarse
6 abandono
7 centro ceremonial
8 emplumada
9 tez
10 aplacar
11 ingerir
12 sustancias alucinógenas
13 complacer
14 perdedor
15 pelota

desmoronarse   to collapse
nopal (m)   cactus
rasgo (m)   trait, characteristic
rendir homenaje   to pay homage
sacerdote (m)   priest
someter a   to conquer, subjugate
tez (f)   complexion
vendar   to bind

B Determina, después de leer el texto, si las siguientes frases son verdaderas o falsas.

1 Los mayas y los aztecas sabían que existían otras civilizaciones en el mundo.
2 Los mayas vivieron en la zona central de México.
3 Los mayas inventaron un sistema de escritura.
4 La civilización maya desapareció a causa de las guerras internas.
5 Los aztecas se trasladaron hacia el sur siguiendo una premonición de sus sacerdotes.
6 Quetzalcoatl, el dios con forma de serpiente emplumada, había prometido regresar.
7 Cristóbal Colón fue el conquistador que llegó a México.
8 La religión de los pueblos precolombinos era monoteísta.
9 Los indígenas hacían sacrificios humanos para comer.
10 En el juego de la pelota se recreaba el orden del universo.

C

1 Busca más información sobre los mayas y los aztecas

- en una guía de México
- en Internet. Sitios:
  http://jubilo.com.mx
  http://students.aim-net.mx/spanish

2 Imagina que eres un habitante de cualquiera de estas dos civilizaciones y describe, utilizando el condicional, cómo sería un día de tu vida, haciendo referencia a tu vivienda, alimentación, costumbres, etc.

Ejemplo: Si yo fuera maya, **sería** sacerdote y **hablaría** con los dioses . . .

¡Infórmate!

La civilización maya tuvo su apogeo entre los años 250 y 900 d.C. y ya estaba en decadencia cuando Cortés llegó a México en 1519. Sin embargo, los mayas han sobrevivido como un pueblo indígena centroamericano, diferente a los demás, cuya característica principal es una historia marcada por la resistencia política. Los mayas pensaban que la belleza era algo que se creaba artificialmente y no algo que se basaba en rasgos naturales. El perfil maya es una peculiaridad de ese pueblo. Las madres vendaban las frentes de sus hijos para que se doblaran hacia atrás. Los mayas creían que su mundo estaba dominado por varios dioses: Hunab Ku, el dios creador; Chac, el dios de la lluvia y del rayo; y Ek Chuah, dios del cacao y de la guerra. Éstos exigían que se les rindiera homenaje constantemente y que se realizaran frecuentemente sacrificios humanos.

Los aztecas o méxicas llegaron al Valle de México alrededor del año 1168 d.C. En 1325 los aztecas fundaron su ciudad más importante, Tenochtitlán, en la isla más grande del lago Texcoco. Aunque es cierta la afirmación de que la vida diaria de los mayas y los aztecas no se diferenciaba mucho, los aztecas explotaban más al resto de los pueblos indígenas y sus dioses exigían más sacrificios humanos. La agricultura era la base de la economía maya. Sin embargo, los aztecas eran principalmente guerreros y comerciantes. Desde Tenochtitlán exportaban esclavos, ropas, oro, piedras preciosas, cobre y pieles de conejo. Entre los dioses aztecas se encontraban: Xochipilli, "El príncipe de las flores", y Huitzilopochtli que representaba el sol como un joven guerrero que consiguió que la fuerza del día venciera a la de la noche.

CONSOLIDACIÓN

Estudia: Conditional p.207

Si **fuera** millonario, me **compraría** una máquina del tiempo para poder ver cómo vivían los mayas.

Expresa las siguientes ideas utilizando condicionales.

If I were a Mayan . . . Si fuera maya . . .
1 I would worship the gods Hunab Ku and Chac.
2 My mother would bind my forehead.
3 My people would sacrifice human beings to placate the anger of the gods.
4 The men would play the ball game and the losers would be sacrificed.

If we were Aztecs . . . Si fuéramos aztecas . . .
5 Our major city, Tenochtitlán, would be situated on an island in Lake Texcoco.
6 We would make a lot of human sacrifices.
7 We would be warriors and merchants and we would export slaves, gold and precious stones.
8 We would worship the god Huitzilopochtli.

8.2 *Palenque: la cuna del arte maya*

En Palenque podemos apreciar toda la riqueza arquitectónica y artística de la cultura maya. Es un lugar que visitan miles de turistas cada año, atraidos por la monumentalidad de sus templos y la atmósfera mágica de este enclave.

excavar   to excavate
rector   of government
selvático/a   jungle
semejante   similar
sobrecogedor   frightening
tupido/a   dense

A Lee el siguiente texto y elige la forma correcta de cada verbo.

(1) Considerado/ Considerando/Considerar por muchos como el sitio arqueológico maya más bello de México, en otros días fue un centro religioso 35 veces más grande de lo que se ha excavado hasta hoy. Los entendidos ven aquí arte chino, hindú y egipcio, sin tener que viajar al Oriente. Se encuentra en el estado de Chiapas, cerca de Santo Domingo de Palenque.

Sol, humedad, y por ratos lluvia, parecen agobiar a la tupida vegetación selvática del área. Pero no **(2)** disminuyó/disminuyen/ disminuye mis ganas de explorar. La cultura americana frente a la cual me encuentro es tan antigua que en su período de apogeo, Marco Polo todavía no **(3)** llegaría/llegara/había llegado a China. Desde aquí arriba las ruinas de Palenque me parecen etéreas, místicas. **(4)** Llegando/Llegar/Llega hasta lo alto del Templo de las Inscripciones y **(5)** contemplar/contemplaba/ contemplada el amanecer se convierte en un misterio puro.

Tanto me **(6)** hablarán/ han hablado/van a hablar de este lugar que ahora, después de **(7)** decidido/decidirme/ decidirse a comprar un pasaje en bus en Cancún, me parece una alucinación. Palenque, entre la bruma, me **(8)** mostrar/ muestra/ muestran sus caras al sol como una aparición.

En medio de este paisaje sobrecogedor, me siento a descansar en una piedra y retrocede el tiempo . . . me lleva al principio, a sus orígenes. Veo a Palenque como una aldea dedicada a la agricultura, posiblemente hacia el 100 a.C. Entonces **(9)** evolucionaban/evoluciona/ evolucionaba hasta convertirse en el centro rector de una vasta región de lo que hoy es Chiapas y Tabasco (600–900 d.C.). Alcanza así su máximo desarrollo expresado en la complejidad de su arquitectura y en las inscripciones. Muchos **(10)** dijeron/dirán/digan ¿cómo construyeron semejantes templos, tan altos que siento que llegan a tocar el cielo? Unos hablan de seres extraterrestres. Pero esa es la típica excusa cuando no se **(11)** era/estaba/es capaz de creer en la fuerza del espíritu y en la creencia ciega de respeto a sus dioses, que los llevó a levantar piedra por piedra. La fe mueve montañas.

Mientras contemplo el panorama, me pregunto: ¿cómo **(12)** desaparecerá/ desapareció/desaparecido tan misteriosamente esta civilización? No se sabe a ciencia cierta y éste es uno de tantos interrogantes sin despejar. Durante muchos años los arqueólogos han tratado de resolver el enigma de por qué, unas tras otras, las ciudades mayas de la zona dejaron de erigir estelas y de construir edificios y por qué **(13)** eran/era/fueron finalmente abandonadas hacia el año 1200 d.C.

Las razones que se han dado para explicar este extraño suceso caen dentro de ciertas hipótesis o en todas ellas juntas: las que lo **(14)** atribuyen/ atribuyeron/atribuir a catástrofes naturales, como cambios climáticos, plagas, huracanes; las que lo explican como el resultado de efectos ecológicos, tales como la excesiva explotación de los campos o las guerras que interrumpieron las rutas comerciales.

Sin embargo, esta historia oculta bajo piedra y selva nos hace sentir que aún nos queda mucho por conocer y comprender, por descubrir y vivir. Al **(15)** venir/ venido/ vengo a Palenque no sólo **(16)** disfrutan/disfrutará/ disfrutar de una atmósfera apacible y excitante, sino también se sentirá vivir un poco como lo **(17)** hacen/hicieron/harían estos seres notables que nos han dejado esta herencia tan hermosa como estremecedora.

B Busca las palabras en el texto que se corresponden a los siguientes significados.

1 sofocar, aplastar
2 densa
3 lo sumo, punto álgido
4 celestes
5 niebla
6 visión, ilusión
7 aterrador
8 amplia
9 personas
10 monumentos en forma de lápida
11 misterio
12 suposición
13 desastres
14 consecuencia
15 cultivo demasiado intensivo

C Une las expresiones 1–7 con aquellas que tengan el mismo significado (a–h). Hay una letra que sobra.

1 Me parece una alucinación.
2 Me muestra sus caras.
3 Caen dentro de ciertas hipótesis.
4 La fe mueve montañas.
5 No se sabe a ciencia cierta.
6 Éste es uno de tantos interrogantes sin despejar.
7 Nos hace sentir que aún nos queda mucho por . . .

a Tenemos la sensación de que en el futuro hay muchas cosas que vamos a . . .
b Todo es posible si uno cree en ello.
c Me enseña sus diferentes vistas/aspectos.
d Entran dentro de las posibilidades.
e Se pueden percibir ciertas impresiones extrañas.
f Ésta es una cuestión que aún no se ha resuelto.
g Considero esto como algo muy sorprendente.
h No se tiene la seguridad de que . . .

D *Cara a cara*

Persona A: Eres turista. Estás visitando las ruinas de Palenque con un(a) guía mexicano/a. Prepara una lista de preguntas sobre el sitio. Te interesan los misterios de Palenque. Tienes que pedir información al/a la guía.

Persona B: Eres guía en Palenque. Contesta las preguntas del/de la turista, utilizando la información del artículo.

CONSOLIDACIÓN

Convierte las siguientes oraciones escritas en estilo indirecto al estilo directo siguiendo el modelo.

Estilo indirecto:
Los expertos se preguntaban hace poco si algún día serían capaces de descifrar los jeroglíficos.

Estilo directo:
Los expertos se preguntaban: "¿Seremos capaces algún día de descifrar los jeroglíficos?"

1 La turista preguntó al conductor cómo podía llegar a los centros ceremoniales.
2 Los mayas preguntaban a los dioses cómo sería la cosecha.
3 Cortés escribió una carta al Rey de España diciéndole que Tenochtitlán tenía muchas plazas donde había mercados que estaban siempre abiertos y negocios de compra y venta.
4 Los guías mexicanos avisan a los turistas de que tengan cuidado cuando caminan alrededor de las ruinas.
5 Los turistas dijeron que estaban muy impresionados por las pirámides.
6 Los economistas anunciaron que la moneda perdería parte de su valor.
7 Los misioneros españoles denunciaron que los conquistadores españoles estaban cometiendo abusos.

E Escribe un resumen del artículo, de unas 150 palabras, en español. Usa el estilo indirecto.

¡EXPRÉSATE!

Para reproducir las palabras de otra persona en estilo indirecto puedes utilizar las siguientes expresiones:

Nos relata cómo . . .
Nos cuenta que/cómo . . .
Dice que . . .
Se pregunta por qué . . .
Reflexiona sobre cómo . . .
Nos explica que . . .
Denuncia que . . .
Anuncia que . . .

8.3 *El arte precolombino*

Los objetos precolombinos – es decir, los que datan de los siglos antes del "descubrimiento" de América por Cristóbal Colón – nos ponen en contacto con los pueblos antiguos de México.

barro (m)   clay
girar sobre sí mismo   to turn on itself

A   Mira las fotos 1–4 y lee los textos a–d. Trata de identificar el texto correcto para cada objeto.

a   escultura de jade, forma de cuchillo sagrado
b   mosaico azteca, forma de serpiente, 1400 d.C.
c   máscara ceremonial, cultura maya, 250–900 d.C.
d   diosa de la tierra, piedra, 1300–1521 d.C.

1

3

4

2

B   Lee ahora este artículo sobre la cerámica prehispánica. Pero ¡atención! Faltan los acentos. Copia el texto, poniendo los acentos en las palabras en las que correspondan.

Aunque aparentemente se conocia la rueda, en la America antigua no se utilizo el torno para la manufactura de la ceramica. Se han encontrado, por ejemplo, juguetes de barro con ruedecillas en la region de Veracruz. Algunos tipos de ceramica tienen estrias, como si se hubieran realizado girando el vaso sobre si mismo para darle forma. Pero el verdadero torno del alfarero no es el elemento caracteristico de la America indigena.

Esto que, en principio, se podria considerar como una limitacion tecnica, permite sin embargo al ceramista una libertad practicamente infinita. Al no tener que depender de la forma circular, el alfarero puede desarrollar su ceramica a traves de multiples formas. De las manos de los artistas indigenas salieron asi, ademas de vasijas cilindricas o globulares de escrupulosa perfeccion, vasos de forma cubica, ovoidal, o escultorica.

C   Copia y completa la tabla con el sustantivo o el adjetivo que corresponda.

Sustantivo	Adjetivo
1	antiguo/a
estría	2 ....
giro	3 ....
4	característico/a
forma	5 ....
6	verdadero/a
7	indígena
8	considerado/a
libertad	9 ....
imposición	10 ....
arte	11 ....
12	formal
13	cilíndrico/a
14	escrupuloso/a
perfección	15 ....
16	cúbico/a
17	ovoidal
18	escultórico/a

8.4 *México hoy en día*

Escucha la siguiente
entrevista hecha a un
periodista mexicano.

A ¿Cómo se dicen en inglés las siguientes expresiones?

1   Una serie de
acontecimientos
históricos que
determinan su presente
y mantienen viva su
historia.
2   La población de México
ascendía a 92 millones en 1995 y superará
los 100 millones en el siglo XXI.
3   La mayor diferencia étnica es la que distingue a mestizos de
indígenas.
4   Los mestizos son una abrumadora mayoría.
5   La supervivencia de las aproximadamente 50 culturas indígenas se
debe a su aislamiento.
6   México ha pasado de ser un país agrícola a ser uno de los países
más industrializados de América Latina.
7   Quedan unos siete millones de indios puros, aunque unos 25
millones tienen sangre india en sus venas.
8   El "milagro" de los 70 . . . ha cedido paso a una prolongada crisis
económica y a la devaluación del peso.

B Une las frases 1–7 con las frases a–h para componer oraciones con sentido de acuerdo con la entrevista. Una letra sobra.

1   Algunos eventos extraordinarios . . .
2   Si Pancho Villa y Zapata no hubieran existido . . .
3   Los mexicanos en el año 2000 . . .
4   Los mestizos de sangre española e indígena . . .
5   Los indígenas hoy en día . . .
6   Algunos grupos indígenas . . .
7   México ha dejado de ser un país basado en el cultivo de la tierra . . .

a   . . . ingieren sustancias alucinógenas para comunicarse con sus
dioses.
b   . . . componen la mayor parte de la población.
c   . . . han sido determinantes en la historia de México.
d   . . . tendrán más oportunidades.
e   . . . para convertirse en uno de los más industrializados de
Latinoamérica.
f   . . . mantienen la cultura y las costumbres de sus antepasados.
g   . . . sumarán más de 100 millones.
h   los campesinos no se habrían levantado en armas en la Revolución
Mexicana.

¿Cómo se
dice . . . "r"?

Escucha de nuevo el primer párrafo prestando
atención a la pronunciación

* de la **r** suave en medio de la palabra
* de la **r** fuerte al principio de la palabra
* de la **rr** doble también en medio de la palabra.

A continuación graba el párrafo con tu propia voz.

C *Trabajo en grupo*

Escucha la entrevista otra vez.
Toma notas de la información
más importante con relación a los
siguientes aspectos:

* Clima
* Superficie
* Número de habitantes
* Composición étnica de la
población
* Grupos indígenas más
importantes
* Lenguas desaparecidas y
existentes
* Situación de los indígenas hoy
* Drogas
* Evolución de la economía
* Personajes históricos

La clase debe dividirse en dos
grupos y deberá haber un turno
de preguntas. Cada grupo se
anotará un punto por respuesta
acertada. ¿Quién gana?

8.5 *Los Zapatistas*

Entre los acontecimientos políticos más destacados en las últimas décadas está el levantamiento del Ejército Zapatista en San Cristóbal (Chiapas). Todavía continúa el enfrentamiento armado entre éste y el Ejército mexicano. El camino hacia una solución pacífica está lleno de obstáculos.

El 1 de enero de 1994 un grupo armado de campesinos que se autodenominaban "los zapatistas" (en alusión al revolucionario Emiliano Zapata) atacaron un cuartel del Ejército y saquearon las oficinas gubernamentales de San Cristóbal, Ocosingo y otras poblaciones de Chiapas. Estaban liderados por el Subcomandante Marcos. Las tropas gubernamentales los expulsaron y hubo más de 150 muertos.

Después de estos acontecimientos se retiraron a la selva Lacandona donde estuvieron rodeados durante un año por el Ejército mexicano sin entrar en enfrentamientos directos con el mismo. Esto provocó un levantamiento social en el que grupos de campesinos ocuparon tierras y ranchos mientras Marcos hacía una campaña desde la selva, pidiendo amplias reformas del sistema político y judicial. El Ejército Zapatista reclamaba la devolución de las tierras en manos de los grandes hacendados de la zona. Como consecuencia de esta situación los campesinos e indígenas se habían empobrecido de forma extrema y no tenían acceso a la educación ni a los servicios de salud, y sus derechos civiles no eran respetados. Muchos mexicanos simpatizaron con la causa y el Subcomandante Marcos se convirtió en una figura de culto entre todos aquellos que criticaban la paralización política del país.

Los hacendados y el Ejército mexicano han respondido con violencia a esta confrontación y entre los resultados más tristes de este conflicto está la masacre de Acteal en la que 45 personas, entre los que se encontraban 21 mujeres y 15 niños, fueron asesinados en una iglesia. Ha habido intentos de negociación que han resultado infructuosos. Hay muy pocas esperanzas de que se pueda llegar a una solución a corto plazo.

A Lee el texto y determina si las siguientes frases son verdaderas o falsas.

1 Un grupo armado del Ejército mexicano asaltó las oficinas gubernamentales de algunas poblaciones de Chiapas.
2 Marcos era el dirigente del movimiento y se ha convertido en un símbolo de libertad.
3 Durante la rebelión se ocuparon las tierras de los campesinos.
4 El Ejército Zapatista pedía que se respetaran los derechos básicos de los hacendados.
5 En la masacre de Acteal murieron 45 personas.
6 Se espera que se pueda establecer la paz muy pronto.

B Escribe un resumen del texto en inglés explicando los acontecimientos sucedidos en Chiapas desde enero de 1994.

C ¿Quién dice qué?

Aquí tienes dos cartas llegadas a un periódico mexicano con respecto a la situación de los indígenas.

Estimado Sr.:

Me dirijo a Vd. para hacerle saber que no estoy de acuerdo con el trato que se les está dando a los indígenas en Chiapas. Ellos siempre han vivido aquí y no hay derecho a que se los expulse de sus tierras. Ellos sólo quieren mantener sus costumbres y poder transmitírselas a sus hijos. El hecho de que su modo de vida sea diferente no supone un riesgo ni una falta de deseo de adaptación a nuestra sociedad. Tienen los mismos derechos que los demás. La lucha del Ejército Zapatista es una lucha justa. Desde que comenzó este conflicto el Ejército mexicano ha asesinado a miles de indígenas y campesinos y no ha habido nunca una voluntad real de negociación. Se está llevando a cabo una terrible campaña de publicidad en su contra que sólo está contribuyendo a enfrentar a la población mexicana entre sí. Debemos llegar a una solución pacífica y democrática en la que la población indígena tenga una participación en las instituciones estatales y en la vida cotidiana. Hay que llegar a una reconciliación para que todos podamos vivir en paz. Le manifiesto mi más enérgica repulsa por el modo en que se está tratando esta cuestión.

Atentamente,

Diego García

A la atención del Sr. Director:

Le escribo la presente para expresarle mi más profundo malestar por las acciones llevadas a cabo por el Ejército Zapatista. Considero un atentado contra la ley y el orden la ocupación ilícita de tierras que tanto trabajo ha costado cultivar a los propietarios. En este país existe una constitución que hay que respetar y nadie puede infringirla sin sufrir un castigo. Hay que negociar por medios pacíficos y en el marco de la presente constitución. No se puede crear un conflicto armado que sólo conduce a la confusión y al caos.

Los zapatistas pretenden crear un estado independiente con sus propias leyes. Hoy todos somos iguales y tenemos que respetarnos los unos a los otros. Es una desgracia que se continúen realizando actos terroristas con el apoyo de la comunidad internacional. Nuestros hijos tienen derecho a ser los herederos de nuestras tierras y a poder vivir en paz.

Suyo,

Arnulfo Gutiérrez

Identifica cuál de las dos personas que escriben en el periódico sostiene cada una de las siguientes afirmaciones.

1 Las tierras siempre han estado ocupadas por los indígenas y éstos tienen derecho a vivir allí.
2 Los zapatistas pretenden imponer su ley.
3 El Ejército mexicano ha matado a muchas personas.
4 Hay que resolver el conflicto pacíficamente.
5 Nuestros hijos tienen derecho a heredar las tierras cultivadas con mucho esfuerzo por sus padres.
6 No se puede consentir que se realicen actos terroristas con el apoyo de la comunidad internacional.
7 El modo de vida de los indígenas no supone un riesgo para la sociedad.
8 No se puede atentar contra la constitución.

D

Con la ayuda de los textos anteriores haz una breve presentación, comentando la frase "El problema de los indígenas no tiene una solución fácil".

E

A continuación escribe una carta a un periódico expresando tu opinión con respecto a la situación de los indígenas. Utiliza las expresiones de las cartas como modelo.

¡EXPRÉSATE!

Hay algunas expresiones que te pueden ayudar a expresar tu opinión:

- Yo creo que . . .
- A mí me parece que . . .
- Yo pienso/opino que . . .
- En mi opinión . . .
- Soy de la misma opinión/Comparto tu opinión
- Pienso de la misma manera/Yo también lo veo así.
- Yo no soy de la misma opinión/No comparto tu opinión . . .
- No estoy de acuerdo contigo porque . . . /Pues a mí no me parece . . .

8.6 *El Día de los Muertos*

Aunque se celebra en todos los países católicos, ninguno lo hace con tanta intensidad como los mexicanos. La celebración comienza el día 31 de octubre y termina el día 2 de noviembre y muchos consideran esta fiesta la más importante del año. A continuación vamos a leer el relato de John Rosales, escritor chicano, originario de San Antonio (EE.UU.), que visitó el festival en 1995.

"22 de octubre de 1995: Todos necesitamos escapar de nuestra realidad personal de vez en cuando. Tal vez esto explique por qué la celebración hispano-indígena se está volviendo tan popular en los EE.UU.

Los rituales ofrecen una salida. Al mismo tiempo que unen elementos de los rituales aztecas y católicos, me ofrecen una oportunidad de descanso incomparable cada año.

Entre el 27 de octubre y el 2 de noviembre de cada año, los vivos invitan a los espíritus de los parientes muertos a que regresen a casa para comer *gallina con mole* y *pan de muerto* y para tomar una bebida de chocolate con canela y pasta de maíz.

Parte de la idea es burlarse de la muerte, porque después de todo, no podemos escaparnos de ella. Durante mi breve estancia en México, tuve el privilegio de entrar en el mito y las festividades que rodean a esta ceremonia ancestral.

Cuando llegaron los conquistadores españoles en 1521, se introdujeron nuevos rituales en México. Los ritos funerarios católicos pasaron a convivir con la noción azteca de la vida después de la muerte. Los Santos se unieron a la jerarquía de dioses aztecas. El *Día de Todos los Santos* se unió al ritual azteca de la cosecha.

La celebración comienza el día 27 de octubre, día en que los espíritus vienen a visitar a las familias, que los reciben con *pan de muerto* y jarras de agua. El 28 de octubre se expulsa fuera de las casas a aquellos que cometieron un asesinato o provocaron un accidente o cualquier otro acto violento y también se les ofrece agua y pan. Las panaderías y tiendas de dulces están llenas de cruces y cadáveres dulces los días 29 y 31 preparándose para el día 31 cuando los espíritus de los niños muertos volverán a casa.

En una versión diferente a lo que sucede en Halloween en EE.UU., la gente se viste con máscaras y baila de casa en casa pidiendo una recompensa. Algunos se disfrazan de diablos y también hay que negociar con ellos para que se vayan.

El día 1 se visita a los espíritus adultos en los cementerios. Los mexicanos suelen pasar allí toda la noche, comiendo, bebiendo, rezando y escuchando a grupos de música o simplemente mirando la televisión hasta el amanecer. Un sacerdote celebra una misa en el cementerio. La gente llena los cementerios hasta el día siguiente en que se despide a los espíritus de los muertos con la interpretación de sus canciones favoritas.

Lo más característico de esta época del año es el altar que se pone a los muertos con sus fotografías y con flores, frutas y bebidas. Incluso se extiende un camino de pétalos de caléndulas para que el espíritu del muerto encuentre su casa.

Mientras nosotros los vivos nos escapamos al mundo de los muertos, los muertos parecen divertirse mucho en el mundo de los vivos. Irónico, ¿no?"

www.latinolink.com

A Une las siguientes palabras a otras que se encuentran en el texto.

Ejemplo: **1** el relato

1 la historia, la descripción, el cuento
2 el familiar, el consanguíneo
3 la ceremonia, la liturgia, la celebración
4 el plato típico a base de ave con una salsa de chocolate
5 la siega, la recolección
6 la gratificación, el beneficio
7 el alma, el ser inmaterial
8 la parte de una flor

amanecer (m)	dawn
burlarse de	to make fun of
caléndula (f)	pot marigold
canela (f)	cinnamon
jarra (f)	jug
rezar	to pray

B ¿Verdadero o falso?

1 Los mexicanos siguen los mismos rituales de la muerte que en el resto de los países católicos.
2 Hay un gran respeto por la idea de la muerte y nadie se atreve a hablar de ella.
3 El día 27 se invita a los asesinos a comer pan y beber agua.
4 El 29 y el 30 se preparan las golosinas en las que se escribe el nombre de los muertos.
5 El día 1 nos visitan los espíritus de los niños y el día siguiente se honra a los adultos.
6 La gente va a los parques y reza toda la noche.
7 Se celebra una ceremonia religiosa en honor de los difuntos.
8 Se tocan canciones religiosas para despedir el día de los difuntos.

C Imagina que estás en México y acabas de presenciar las ceremonias del día de los muertos. Escribe una carta a un(a) amigo/a contándole tu experiencia y contrastando el concepto de muerte en México con el de tu país. (200 palabras)

D Ahora escucha la opinión de varias personas con relación a la muerte. Abajo tienes descripciones de varias personas. Une la opinión a la persona que te parezca más adecuada.

1 Juan es sacerdote. Vive en México. Ha dedicado toda su vida a ayudar a la gente necesitada de su parroquia. Trata de conseguirles trabajo y les da apoyo espiritual.
2 Arita es india. Tiene un puesto en un mercado de Nueva Delhi. Está casada y tiene siete hijos. Practica la religión hindú.
3 Florence es francesa. No tiene una ocupación estable. Es bastante rica, muy guapa y atlética. Le gusta salir por la noche o ir a la playa. No practica ninguna religión.
4 José vive en las afueras de Sevilla. Su infancia fue muy desgraciada. Ahora está "enganchado" a la heroína y sufre continuas depresiones. No tiene religión.
5 Aqab es afgano y lucha en la guerrilla afgana desde hace cuatro años. Su familia está exiliada. Es musulmán.
6 Claire es una adolescente inglesa que va a un colegio de Londres. Tiene una vida feliz. Su familia es protestante pero ella no cree en Dios.

E De las opiniones que has escuchado, ¿cuál te parece más convincente? Describe tu propia opinión.

¿Cómo se dice ...?

Ejercicio de entonación

Presta atención al patrón de entonación de las personas que hablan y trata de imitarla. Graba luego dichas opiniones con tu propia voz.

¡EXPRÉSATE!

Para expresar qué opinión prefieres puedes utilizar las siguientes expresiones:

Estoy de acuerdo con la opinión que mantiene que la muerte ...
Yo considero, al igual que Juan, que ...
En mi opinión, Juan tiene razón porque ...
Opino que Juan no mantiene un argumento convincente ya que ...
Yo soy de la misma opinión que Juan ...
No me parece correcta la visión de la muerte como un final porque ...
No pienso del mismo modo que Juan ...

CONSOLIDACIÓN

Estudia: Imperative p.209

Aquí tienes la receta del *pan de muerto*. Para poder prepararlo tienes que ordenar las instrucciones, guiándote por los dibujos, y además tienes que conjugar los tiempos verbales (utiliza el imperativo). Utiliza el diccionario para consultar el significado de las palabras que no comprendas.

Ingredientes:

- 1 paquete de levadura seca
- $\frac{1}{3}$ taza de agua caliente (37 grados)
- $\frac{1}{4}$ taza de azúcar granulada
- $\frac{1}{2}$ cucharadita de sal

- 3 tazas de harina
- 1 cucharada sopera de agua
- $\frac{1}{3}$ taza de mantequilla

- 1 cucharadita de anís
- 1 cáscara de media naranja
- 3 huevos

- 1 clara de huevo
- 1 yema de huevo
- azúcar para espolvorear

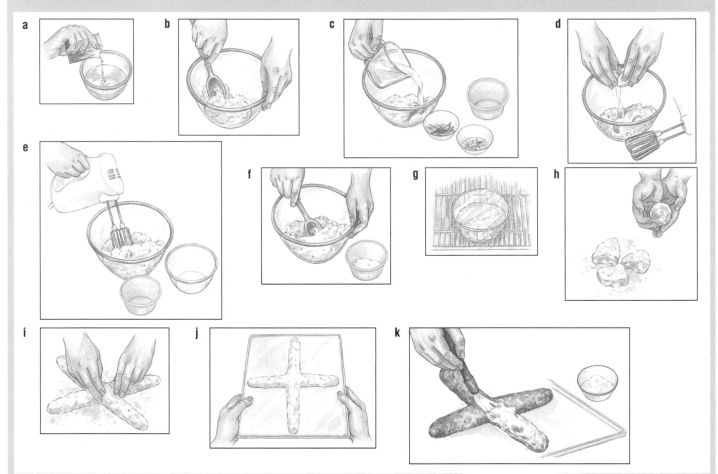

1 *(Dejar)* que la masa repose durante 30 a 40 minutos y *(poner)* el pan en el horno durante 30 o 40 minutos (170°).

2 *(Colocarlos)* en forma de cruz.

3 Con una batidora *(mezclar)* la mantequilla, el azúcar y la sal.

4 Poco a poco *(unir)* los huevos y la yema de huevo y *(batir)* 2 minutos a velocidad media.

5 *(Dividir)* la masa en 4 partes y *(hacer)* 4 rollos alargados.

6 *(Añadir)* la mezcla de la levadura, 1 taza de la harina restante y *(batir)* 3 minutos a gran velocidad.

7 *(Mezclar)* a mano la taza y media de harina restante.

8 *(Cubrir)* con un trapo y *(refrigerar)* durante 4 horas.

9 Luego *(añadir)* media taza de harina, el agua, el anís y la cáscara de naranja.

10 *(Pasar)* un pincel con la clara de huevo y *(espolvorear)* con azúcar. ¡Ya está!

11 *(Ablandar)* la levadura en la taza de agua y *(dejar)* aparte.

8.7 *Los mariachis*

Los mariachis son unos personajes muy populares en la cultura mexicana. Son los músicos que cantan y tocan canciones para celebrar los grandes momentos en la vida de los mexicanos. El origen de la palabra "mariachi" ha sido muy discutido. Antes se creía que derivaba de la palabra francesa *mariage* (matrimonio) por ir asociado a esta celebración. Hoy se sabe que su origen es anterior y que era una palabra utilizada por los indígenas para designar la madera de la plataforma sobre la que bailaban al son de la música. La orquesta mariachi es originaria de Jalisco, una región en el oeste del país famosa por su riqueza cultural. En un grupo completo de mariachis puede haber de seis a ocho violines, dos trompetas, tres guitarras y una harmónica. En el pasado, cuando no se permitía a los jóvenes relacionarse libremente, el único modo que tenían los "enamorados" para comunicarse eran las "serenatas": canciones de amor que el enamorado le dedicaba a la "festejada". En la mayoría de los casos los mariachis terminaban completamente mojados por los cubos de agua que les echaba la familia de la amada. Hoy en día se contrata a los mariachis para que toquen en bodas, bautizos, cumpleaños, fiestas nacionales e incluso funerales. No es extraño que el muerto deje una lista de sus canciones favoritas para que se interpreten en su funeral. El contenido de las canciones es el amor, episodios de la vida cotidiana, la nostalgia del pasado o los temas religiosos. En Cuernavaca se celebra una misa con mariachis que se ha vuelto muy famosa, a la que acuden numerosos visitantes.

A Identifica las palabras en el texto que se corresponden con los siguientes significados.

1 debatido
2 interpretan
3 ligado a
4 denominar
5 al ritmo de
6 se formó en
7 enviarse mensajes
8 la persona que recibe el homenaje
9 llenos de agua
10 se toquen
11 vida de todos los días
12 conocida

B Explica con otras palabras en español:

1 Antes se creía que derivaba de la palabra francesa mariage.
2 La orquesta mariachi es originaria de Jalisco, una región … famosa por su riqueza cultural.
3 En un grupo completo de mariachis puede haber de seis a ocho violines.
4 canciones de amor que el enamorado le dedicaba a la "festejada"
5 … los mariachis terminaban completamente mojados por los cubos de agua que les echaba la familia de la amada.
6 No es extraño que el muerto deje una lista de sus canciones favoritas para que se interpreten en su funeral.

C Escucha la canción de los mariachis. Aquí tienes la letra de la canción, pero hay seis palabras que no se han transcrito correctamente. Corrige las palabras equivocadas.

D Un grupo de mariachis va a dar un concierto en tu ciudad. Tienes que escribir un folleto en inglés para promocionar el concierto, explicando cómo es la música y animando a los jóvenes a que vengan. Puedes utilizar la información del artículo y también cualquier información de Internet.

El rancho grande

Allá en el rancho grande, allá donde bebía
Había una rancherita que contenta me decía,
Que contenta me decía
Te voy a coser unos guantes como los que usa el ranchero
Te los comienzo de algodón, te los termino de hierro
Allá en el rancho grande, allá donde bebía
había una rancherita que contenta me decía,
Que contenta me decía

8.8 *Dos pintores mexicanos: Frida y Diego*

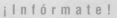

Diego Rivera y Frida Kahlo son los pintores más famosos del siglo XX en México. En su pintura se reflejan las principales preocupaciones políticas, sociales y personales de los ciudadanos de ese país.

con soltura	with ease
dosel (m)	canopy
onírico/a	related to dreams
pasar desapercibido/a	to go unnoticed
prensar	to press, crush
rescatar	to rescue
rostro (m)	face
taller (m)	workshop

A Copia y completa el texto, eligiendo el tiempo correcto del verbo en cada caso.

La historia de amor de los pintores Diego Rivera y Frida Kahlo **(1)** *ha sido/es/será* una de las más interesantes de la historia de México. Cuando Diego **(2)** *conoció/conocía/conoce* a Frida, ésta **(3)** *fue/ha sido/era* estudiante de arte. Cuando **(4)** *se vieron/veían/ven* por segunda vez, ella **(5)** *sufrió/había sufrido/sufría* un accidente de tranvía que **(6)** *marca/marcaba/marcaría* para siempre su vida. Diego **(7)** *se quedó/quede/quedaba* muy impresionado con los cuadros que Frida le **(8)** *enseñaba/enseñó/enseña*. Diego **(9)** *era/fue/sería* ya un pintor famoso por sus enormes murales en los cuales **(10)** *recreaba/recrearía/recreó* escenas de la historia mexicana. Poco tiempo después **(11)** *se casan/se casaron/se casaban*. Frida **(12)** *amaba/amaría/amó* profundamente a Diego durante toda su vida pero su vida **(13)** *fue/será/era* muy difícil. Como consecuencia del accidente **(14)** *tenía/tendrá/tuvo* que pasar largas temporadas en cama y además Diego **(15)** *sería/era/fue* un mujeriego, cosa que le **(16)** *hacía/había hecho/hizo* sufrir mucho. Frida tampoco **(17)** *podría/pudo/podía* conseguir su sueño: tener un hijo. Sin embargo **(18)** *ha sido/era/fue* una mujer muy fuerte, una artista muy original, **(19)** *tenía/tendría/tuvo* muchos amigos y hoy **(20)** *será/sería/es* conocida en el mundo entero.

¡Infórmate!

Diego Rivera (1886–1957)

Diego Rivera nació en la ciudad de Guanajuato en 1886 y más tarde se mudó a México con su familia. Estudió en la academia de San Carlos y en el taller del grabador José Guadalupe Posada, cuya influencia fue decisiva en su arte. Más adelante en París siguió los movimientos del postimpresionismo y del cubismo, lenguaje en el que pudo expresarse con soltura.

Diego Rivera hizo una aportación decisiva al arte mexicano en sus murales o cuadros. Fue un pintor revolucionario que intentó llevar el arte a la calle, al público de a pie, utilizando un lenguaje preciso y directo y con un estilo realista de contenido social.

Los trabajos que realizó en EE.UU. no pasaron desapercibidos debido a sus opiniones políticas radicales. El incidente más famoso fue la destrucción del mural en el que trabajó en el Centro Rockefeller debido a la simbología comunista que había empleado. Los trabajos más duraderos fueron realizados para el Museo de Arte Moderno de Nueva York y el Instituto de las Artes en Detroit.

Con sus formas clasicistas, simplificadas y de vivo colorido, rescató el pasado precolombino, los momentos históricos más importantes de la historia mexicana y los elementos de la vida diaria tales como la tierra, el campesino, el obrero, las costumbres, etc.

Frida Kahlo (1907–54)

Nació y murió en Coyoacán, Distrito Federal de México. Su verdadero nombre era Magdalena Carmen Frida Kahlo Calderón. Estudió en el Colegio Alemán y en la Escuela Nacional Preparatoria de la Ciudad de México. En 1925 sufrió un trágico accidente al ser prensado por un tranvía urbano el autobús de madera en el que viajaba.

Empezó a pintar durante una larga convalecencia copiando su rostro de un espejo montado en el dosel de la cama. Primero fue realista – retratos de amigos y familiares, flores – después, a causa de la intensidad de sus sentimientos y de un cuerpo destrozado, se centró cada vez más en su propia imagen combinada con expresiones oníricas a veces brutales. Parte de su obra incluso se ha asociado a tendencias surrealistas.

En 1929 contrajo nupcias con Diego Rivera, de quien se divorció en 1940 para volver a casarse con él un año después. Fue maestra de pintura en la Escuela de Artes Plásticas, y miembro del Seminario de Cultura Mexicana.

Instituciones de la importancia del Museo de Arte Moderno de Nueva York y Georges Pompidou de París alojan obra de Frida.

http://mexico.udg.mx/Arte/Pintura

B Identifica los cuadros de Frida y los de Diego y explica las razones
por las cuales crees que las mismas pertenecen a uno u otro pintor.

1

2

3

5

4

C *¡Tu turno!*

Trabajas en una galería. Tienes que diseñar un folleto sobre la vida y
obra de Frida y Diego para niños. (150 palabras)

6

8.9 *Las mujeres mexicanas buscan su propia voz*

La mujer mexicana ha tenido que trabajar mucho para crear su propia identidad. La mujer que escribe se rebela contra los prejuicios sufridos a lo largo de la historia: ella hace sus preguntas, emplea su propia imaginación. No deja que el hombre le invente una identidad, sino que se crea una para ella misma.

Muchas autoras hoy en día parecen haber alcanzado "ese otro modo de ser humano y libre". Producen una cantidad enorme de novelas, poesía, teatro, guiones de cine y su popularidad sigue creciendo. Siguiendo el modelo creado por Sor Juana Inés de la Cruz hace tres siglos, Rosario Castellanos, Elena Garro, Elena Poniatowska, Margo Glantz, Carmen Boullosa, Silvia Molina, María Luisa Puga, Ángeles Mastreta y Laura Esquivel (escritora de *Como agua para chocolate*) nos ofrecen, no una sino muchas identidades femeninas.

A ¿Qué significado tienen las siguientes palabras en el texto?

1 necios	8 pretende
2 la ocasión	9 ingrata
3 desdén	10 fundo
4 incitáis	11 lidia
5 condición	12 instancia
6 burlándoos	13 carne
7 templada	

Poema de Sor Juana Inés de La Cruz

(RELIGIOSA QUE ESCRIBIÓ Y VIVIÓ EN MÉXICO DURANTE EL SIGLO XVII)

Hombres necios que acusáis
A la mujer sin razón
Sin ver que sois la ocasión
De lo mismo que culpáis;

Si con ansia sin igual
Solicitáis su desdén,
¿Por qué queréis que obren bien
Si las incitáis al mal?

....

Con el favor y el desdén
Tenéis condición igual,
Quejándoos, si os tratan mal,
Burlándoos, si os quieren bien.

....

¿Pues cómo ha de estar templada
La que vuestro amor pretende,
Si la que es ingrata, ofende,
Y la que es fácil, enfada?

....

Bien con muchas armas fundo
Que lidia vuestra arrogancia,
Pues en promesa e instancia
Juntáis diablo, carne y mundo.

¡Infórmate!

Sor Juana Inés de La Cruz (1651–95)

Sor Juana Inés de Asbaje y Ramírez de Santillana nació el 12 de noviembre de 1651 en San Miguel de Nepantla, Amecameca. Fue hija de padre vasco y de madre mexicana. Desde muy pequeña mostró unas cualidades extraordinarias para la escritura y lectura y se dice que a los 3 años ya leía y escribía, a los 8 compuso su primer poema y a los 16 su cultura era vastísima y fue sometida a un examen muy exigente por parte de los mayores sabios de la época del que salió muy airosa. Para poder dedicarse por entero a las letras y las ciencias se hizo religiosa siendo muy joven y en el convento de Santa Teresa y posteriormente en San Gerónimo compuso la mayor parte de su obra, aunque buena parte de ella era sobre asuntos profanos (poemas y obras de teatro que versaban sobre el amor, humor y lecciones de moral).

Protegida por el Virrey y admirada por todos los intelectuales de la época por su erudición y fuerte personalidad, su vida transcurrió en paz en el convento durante años hasta que tuvo un fuerte enfrentamiento con un teólogo sobre algunas interpretaciones de la biblia que éste expuso en un sermón público y que ella impugnó. Escribió una larga carta de respuesta a las acusaciones que se vertieron contra ella en la que defendía el derecho de acceso a la cultura que tenían las mujeres y su cualidad de iguales ante los hombres. Duramente criticada y aislada de todos por ese incidente, dejó la literatura y regaló su inmensa biblioteca que constaba de más de 4.000 libros junto con todos sus aparatos científicos y aparatos musicales.

Se dedicó desde entonces a cuidar a los enfermos de cólera y murió poco después a los 44 años. Antes de morir confesó sus culpas en público leyendo un documento en el que grabó con su sangre las palabras "Yo, la peor de todas".

¡EXPRÉSATE!

Considera que los hombres son necios porque . . .
Tambien opina que la actitud de los hombres hacia las mujeres es . . . ya que . . .
En su opinión los hombres deberían ser menos . . .
En el poema explica que es injusto el tratamiento que los hombres dan a las mujeres porque . . .

B Explica, por medio de adjetivos, cómo considera Sor Juana Inés de La Cruz a los hombres.

8.10 *Como agua para chocolate*

Como agua para chocolate es una novela de Laura Esquivel que tiene lugar en la época de la Revolución Mexicana. Trata de un amor imposible entre Pedro y Tita, ya que Tita por ser la hermana menor de su familia, no puede casarse. Debe quedarse para cuidar a su madre. Pedro decide casarse con su hermana Rosaura para quedarse cerca de ella. La vida se pone muy difícil para ellos y tienen que superar muchos obstáculos. Tita es una gran cocinera y expresa sus sentimientos a través de la comida, creando un ambiente de calidez y sensualidad a su alrededor. Pedro y Rosaura tienen un hijo que Tita alimenta con cariño pero, al llegar la Revolución, tienen que irse a un lugar más seguro. Tita siente un inmenso dolor por su separación de Pedro y del pequeño. Mientras tanto Gertrudis, la hermana preferida de Tita, se escapa con un capitán del Ejército Revolucionario, dejando a ésta sola enfrentada a una madre tiránica y cruel. Al cabo de un tiempo recibe noticias de que su sobrino ha muerto por falta de alimentos y Tita entra en un estado de demencia temporal. Su amigo y pretendiente John, un médico norteamericano, se la lleva a su casa para cuidarla y, secretamente, alberga esperanzas de poder conquistarla y casarse con ella.

> ### ¡EXPRÉSATE!
>
> Para contar una historia tienes que utilizar palabras de *conexión temporal* como:
>
> *Cuando, en cuanto, tan pronto como, desde que, hasta que, antes que, después que, mientras, entonces, luego, al final.*

A *Cara a cara*

Utilizando el pasado cuéntale la historia a tu pareja. Entre los dos inventad un final para la historia. Si tenéis ocasión, id a ver la película.

B

1 Menciona los premios que ha ganado la autora y el motivo del premio.

2 ¿Conoces a algún otro artista latinoamericano? Investiga y haz una breve biografía sobre él/ella. Utiliza el texto de al lado como modelo y busca información en Internet.

> ### ¡Infórmate!
>
> *Laura Esquivel*
>
>
>
> Laura Esquivel nació en México D.F. en 1950. Antes de alcanzar celebridad internacional ejerció la docencia y escribió obras de teatro infantiles. También es autora de varios guiones de cine, entre ellos, el de *Chido One, el Tacos de Oro*, que le valió una nominación de la Academia de Ciencias y Artes Cinematográficas mexicana para el premio Ariel. Su primera novela, *Como agua para chocolate* (1989), obtuvo un éxito sin precedentes, que se vio acrecentado por la adaptación cinematográfica, con guión de la propia autora y dirigida por Alfonso Arau. Por este guión obtuvo en 1992 el premio Ariel y el premio Silver Hugo (en el 28º Chicago International Film Festival) y en 1993 el premio del Houston International Film Festival. En enero de ese mismo año fue nombrada Mujer del Año 1992. *Como agua para chocolate* ha sido traducida a 29 idiomas y permaneció más de un año en la lista de *bestsellers* del *New York Times*. En 1994 la autora fue galardonada con el ABBY (American Booksellers Book of the Year) convirtiéndose en el primer escritor extranjero que ha recibido este prestigioso premio.

C Escucha el texto y rellena los espacios en blanco con las palabras que faltan.

Los chiles en nogada no solamente se **1** .... muy bien sino que realmente estaban **2** .... Nunca le habían quedado a Tita tan exquisitos. Los chiles lucían con **3** .... los colores de la bandera: el verde de los chiles, el blanco de la nogada y el rojo de la granada. Estos platones tricolores duraron muy poco tiempo. En **4** .... los chiles desaparecieron de las charolas. ¡Qué **5** .... estaba el día en que Tita se había sentido como un chile en nogada que se deja por **6** .... para no demostrar la gula! Tita se preguntaba si el hecho de que no quedara ningún chile era **7** .... de que se estaban olvidando las **8** .... o de que en verdad estaban espléndidos. Los comensales se veían encantados. ¡Qué diferencia entre ésta y la **9** .... boda de Pedro con Rosaura cuando todos los invitados terminaron **10** .... ! Ahora, por el contrario, al probar los chiles en nogada, en lugar de sentir una gran nostalgia y **11** .... , todos experimentaban una sensación parecida a la de Gertrudis cuando comió las codornices con pétalos de rosa y, para variar, Gertrudis fue la primera en sentir nuevamente los **12** .... Se encontraba en medio del patio bailando con Juan, mi querido capitán, y cantaba el estribillo mientras **13** .... como nunca. Cada vez que **14** .... el "Ay, ay, ay, mi querido capitán" recordaba la época lejana cuando Juan era aún capitán y se encontró con él en pleno campo completamente **15** .... De inmediato reconoció el calor en las piernas, el cosquilleo en el centro de su cuerpo, los **16** .... pecaminosos y decidió retirarse con su esposo antes de que las cosas llegaran a mayores. Gertrudis fue la que **17** .... la desbandada. Todos los demás invitados con uno u otro pretexto y con miradas libidinosas también pidieron disculpas y se **18** .... Los novios interiormente lo agradecieron pues entonces quedaron en **19** .... para tomar sus maletas e irse lo más pronto posible. Les urgía **20** .... al hotel.

chiles (mpl) en nogada	stuffed chillies in a nutty sauce
codorniz (f)	quail
cosquilleo (m)	tickling
estribillo (m)	refrain, chorus
granada (f)	pomegranate
pecaminoso/a	sinful
platón (m)	large plateful

D Busca la palabra en el texto que se corresponde con los siguientes significados.

1 sabrosos
2 exhibían
3 ansia de comer
4 buenos hábitos
5 invitados a comer
6 enfermos
7 signos
8 rememorar
9 malos pensamientos
10 retirada
11 excusa
12 tener prisa por

¡Infórmate!

La comida mexicana

Comida yucateca

Es en Yucatán donde la cultura maya tuvo su máximo esplendor. Su gastronomía es particular, única y distintiva.

Especialidades:

- sopas como la famosa sopa de lima
- crepas de chaya – una planta indígena con la que se hace hasta agua de uso diario para beber
- la salsa Xni Pec, que no falta en ninguna mesa yucateca
- el relleno negro, de apariencia dudosa y sabor exquisito
- la salsa tamulada de chile habanero

Comida veracruzana

La puerta de la entrada de México fue el puerto de Veracruz: por ahí entró Hernán Cortés. En la Colonia por las costas de Veracruz entraron muchos productos alimenticios como las habas, el trigo, las coles, las cebollas, el garbanzo, el arroz y la vid y también frutas como manzanas, nueces, plátanos y naranjas. Desde la misma costa salieron, hacia el Viejo Mundo, productos mexicanos también. Entre ellos se cuenta el aguardiente, la cochinilla y el añil para teñir, el azúcar, la harina, el cacao, la vainilla y los guajolotes.

Especialidades:

- torito de cacahuate
- sopa de mariscos
- sopa de frijol negro
- calamares rellenos en su tinta
- langostinos verdes y rojos
- salpicón de mariscos

Si no le gustan los mariscos . . .

- mole de Xico, estofado de pollo
- tamales de libro
- chiles rellenos

Comida de Sinaloa

Por su extenso litoral su cocina incluye gran variedad de productos del mar y platillos cocinados en base a ellos:

- el pescado zarandeado
- la machaca de camarón y pescado

Si le gusta lo dulce . . .
el turrón de miel con cacahuate
. . . y si tiene sed: aguas de cebada, de ciruela o de melón.

Comida oaxaqueña

- tamales de chepil, de mole negro y hasta de pescado
- chocolate
- huevos en salsa
- escabeche de pulpo
- guiso de iguana o tamal de iguana
- los moles: el negro, el mole verde y el exquisito mole amarillo

Comida de Michoacán

Los cultivos son muy variados: maíz, trigo, frijol, aguacate, calabaza, cacao, toda clase de frutas, vid y olivo.

Especialidades:

- los tamales adobados
- las tostadas de longaniza, bañadas de salsa y su pan
- la sopa de mariscos
- mole de pollo
- el ceviche
- la singular olla podrida que, aunque tenga un nombre poco invitante, es, en verdad, una delicia.

Comida de Jalisco

- tortas ahogadas
- enchiladas tapatías
- camarones en salsa de flor de calabaza
- filete en salsa negra Corcuera
- sopas frías como gazpacho tapatío y el ceviche de mojarra

Comida de Guerrero

- camarones
- pescadilla
- arroz con plátano
- dulce de coco, tamarindo, mango con chile piquín
- armadillo o iguana en adobo, sopa de almeja
- pescado empapelado

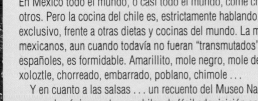

¡ I n f ó r m a t e !

El chile hoy y siempre

En México todo el mundo, o casi todo el mundo, come chile. Algunos más que otros, y algunos con más sentido que otros. Pero la cocina del chile es, estrictamente hablando, nacional. Es lo que nos define, aunque no de un modo exclusivo, frente a otras dietas y cocinas del mundo. La multiplicidad de moles, ya de uso corriente entre los antiguos mexicanos, aun cuando todavía no fueran "transmutados" por la presencia de los ingredientes traídos por los españoles, es formidable. Amarillito, mole negro, mole de olla, mole verde, mole de hierbas, pipián, manchamanteles, xoloztle, chorreado, embarrado, poblano, chimole . . .

Y en cuanto a las salsas . . . un recuento del Museo Nacional de Culturas Populares consigna más de cuarenta, preparadas únicamente con chiles de fácil adquisición en el mercado. Nada más con el chile serrano pueden hacerse nueve salsas distintas: cruda, cocida, frita, asada, verde, roja, "mexicana" etc.

Por otra parte, el chile en México ha llegado a ser casi un símbolo patrio. Los mexicanos no sólo lo empleamos en la mayoría de los platillos que consumimos, sino que nos identificamos con él. Ciertas características del chile, como su ardor, su bravura, su sabor, las tenemos entre las virtudes más respetadas de lo que consideramos los atributos esenciales de la virilidad. "Ser hombres" exige que sepamos ser como el chile: picantes, pero sabrosos. A los niños los enseñamos a comer chile, para que "se enseñen a hombrecitos".

www.mexicodesconocido.com.mx

8.11 *Mexicanos en EE.UU.*

Los chicanos

Son millones. Cada día más. Forman el 10% de la población de EE.UU. Originariamente son de México, de Puerto Rico, de Cuba.

Algunos de los chicanos ya vivían allí cuando los territorios del suroeste de EE.UU. todavía formaban parte de México. Sin embargo, en una guerra declarada por los EE.UU. a México, este país perdió la tercera parte de su territorio y, aunque se permitió a sus pobladores mantener sus tierras y costumbres, en algunos casos esas garantías no fueron respetadas. Entre 1910 y 1930 llegaron más de un millón de mexicanos a EE.UU. huyendo de la violenta revolución de 1910. Durante la década de los 40, llegaron desde México trabajadores del campo, que se llamaron "braceros" (en referencia a los brazos), ya que estaba librándose la Segunda Guerra Mundial y los norteamericanos estaban en su mayoría empleados en la industria armamentística.

Desde entonces no han dejado de llegar. Llegan intentando escapar de la pobreza o de la persecución política desde todas partes de Centroamérica. Trabajan en todo tipo de oficios por un salario muy bajo. Se han adaptado y progresan. Han logrado imprimir un sello en la sociedad norteamericana a través de su cultura y sus costumbres y han creado una cultura, "la cultura chicana", que es un híbrido entre la sociedad norteamericana y mexicana. Se calcula que en Chicago en el año 2000, por ejemplo, uno de cada cuatro habitantes era chicano.

El caso de los cubano-americanos es distinto. Empezaron a llegar después de la Revolución Cubana de Fidel Castro de 1959. EE.UU. los ayudaron a instalarse en este país, dándoles todo tipo de facilidades. Los cubanos que llegaron eran propietarios de negocios y profesionales y volvieron a ejercer estas profesiones en EE.UU. Han tenido éxito y la mayoría de ellos forma parte de la clase acomodada hoy en día. Su proceso de adaptación ha sido más fácil.

Los puertorriqueños, a diferencia del resto de los latinos, no tienen problemas de documentación. En 1898, como resultado de la guerra entre EE.UU. y España, la isla de Puerto Rico pasó a ser territorio norteamericano. Desde entonces gozan de todos los derechos que poseen los ciudadanos estado-unidenses, excepto el derecho al voto. Hoy en día llegan muchos profesionales de Puerto Rico para instalarse en EE.UU. por la necesidad que existe en este país de profesionales bilingües. Siguen manteniendo el español y su cultura "boricua" que proviene de los taínos, los africanos y los españoles. Los hispanos han influido enormemente en el espíritu y la historia de los EE.UU.

A   Determina el significado de cada una de las siguientes palabras o frases. Elige entre a, b o c.

esforzarse por   to make an effort to
mano (f) de obra   labour
seña (f)   sign, indication

1 Pobladores
  a habitantes   **b** colonizadores   **c** campesinos
2 Garantías
  a seguridades   **b** derechos   **c** obligaciones
3 Imprimir un sello
  a dar un carácter   **b** dar una impresión   **c** mandar una carta
4 Híbrido
  a amalgama   **b** suma   **c** mezcla
5 Instalarse
  a adaptarse   **b** establecerse   **c** mudarse
6 Clase acomodada
  a clase trabajadora   **b** clase con poder   **c** clase media-alta
7 Cultura boricua
  a cultura de fusión con la cultura de EE.UU.   **b** cultura originaria de la isla de Puerto Rico   **c** cultura africana

B Escucha las dos siguientes opiniones sobre los hispanos y su papel en EE.UU. ¿Cuál te parece la opinión más acertada con relación a la situación de los hispanos en EE.UU.? ¿Existiría una posición intermedia? Justifica tu respuesta en un párrafo.

C Ahora escribe un párrafo comparando la situación de los tres grupos de hispanos mencionados en el texto en EE.UU. ¿Cuáles son las principales diferencias?

Ejemplo: Para los cubanos la adaptación ha sido más fácil que para los mexicanos.

¿Cómo se dice... "dad"?

Observa cómo se pronuncia la terminación -dad en las palabras que aparecen en el texto.

Busca en el diccionario otras palabras que acaben en -dad y haz una lista para grabarla luego en tu propia cinta.

8.12 *La historia de Juan*

A continuación vas a leer la historia de un "espalda mojada" (wetback), nombre con el que se designa a aquellos inmigrantes que cruzan ilegalmente la frontera a los EE.UU. en busca de trabajo.

A Rellena los espacios con la palabra adecuada de la casilla de abajo. Si no sabes el significado de una palabra, utiliza el diccionario.

"Salí de Chiapas, un estado del sur de México, el 3 de septiembre de 1998. No sabía el **1** .... que me esperaba. Mi familia era muy pobre y yo me había quedado sin trabajo. Decidí irme para el norte. No sabía que me esperaba un viaje de casi 4.000 kilómetros y varios días, en el que muchos perderían la vida. Por ello, tuve que tomar un tren que atraviesa el país y que es **2** .... por numerosos bandidos que **3** .... y frecuentemente asaltan los **4** .... a cuchillo en los **5** .... más desprotegidos del recorrido. Vagón por vagón **6** .... a los pasajeros dinero, relojes, carteras, zapatos o ropa. No hay **7** .... y quien se resiste es apuñalado o **8** .... a la vía. Yo tuve suerte y no me pasó nada. Me escondí bajo un asiento y no dormí nada en todo el **9** .... Después cuando los trenes **10** .... a los últimos pasajeros, tuvimos que **11** .... la segunda parte del **12** .... : cruzar la línea divisoria, de cerca de 3.000 kilómetros, con EE.UU., desde Tijuana, Baja California, Matamoros o Tamaulipas. Desde 1996 hasta la fecha han muerto más de 1.200 personas al intentarlo. **13** .... en el Río Grande, congelados en las montañas, muertos de **14** .... en accidentes o víctimas de las bandas de delincuentes. Los polleros, que te ayudan a pasar la frontera, cobran de 000 a 1.200 dólares por persona. Yo tuve mucha suerte pero casi me dejé la vida en el **15** .... Me pasó un chofer en el baño de su troca, íbamos cuatro y nos faltó poco para morir asfixiados. La **16** .... fue muy dura pero no nos descubrieron. Otros no fueron tan afortunados. Ahora vivo en Texas, tengo mi propio restaurante de **17** .... mexicana y vivo feliz con mi familia."

acechan afrontar ahogados arrebatan
arrojado asaltado calvario comida convoyes
descargaron inanición inspección intento
piedad recorrido tramos único viacrucis

CONSOLIDACIÓN

Estudia: Comparatives and superlatives p.195

Escribe las siguientes frases en español.

1 Mexico D.F. is the most populated city in the world.
2 Diego Rivera is probably one of the most famous painters in Latin America.
3 The mariachis' songs are less popular than salsa songs.
4 The recipe for *pan de muerto* is one of the most simple in Mexican cuisine.

B Expresa con tus propias palabras en español el significado de las siguientes expresiones.

1 Me había quedado sin trabajo.
2 No sabía que me esperaba un viaje ... en el que muchos perderían la vida.
3 ... en los tramos más desprotegidos del recorrido.
4 Vagón por vagón ...
5 asaltan los convoyes a cuchillo
6 Quien se resiste es apuñalado.
7 Casi me dejé la vida ...
8 nos faltó poco para morir asfixiados
9 Otros no fueron tan afortunados.
10 cruzar la línea divisoria

CONSOLIDACIÓN

Estudia: Future p.206

Para expresar el futuro o la probabilidad en el futuro tienes que utilizar el futuro simple.

Ejemplo:
Juan **trabajará** duramente hasta que pueda ahorrar algo de dinero. [*trabajar*]

Completa las siguientes frases, utilizando los verbos indicados.

1 En el nuevo milenio .... cambios muy importantes para la humanidad. [*haber*]
2 Pronto .... el hambre en el mundo. [*desaparecer*]
3 Los hispanos .... cada vez más representativos en EE.UU. [*ser*]
4 En el año 2005 todos .... trabajar desde casa a través de un ordenador. [*poder*]
5 En el nuevo siglo .... la mayoría de los problemas de la humanidad. [*resolver*]
6 Pronto la mayoría de los seres humanos .... varios idiomas. [*hablar*]
7 Seguramente .... el clima en la tierra. [*cambiar*]
8 Dentro de poco la población .... significativamente. [*disminuir*]

C *Cara a cara*

Piensa en cómo será la vida de Juan en el futuro. ¿Cómo irá evolucionando su vida? Habla con tu pareja y luego haz una breve presentación sobre cómo imagináis su futuro.

Study Skills

Study Skills for Advanced Spanish

Effective listening

When you listen with understanding, you use the same basic skills as in reading. You **scan**, **select**, **discard**, **contextualise** and **match**, as described below for reading. So far, so good. These skills will take you far, but before you can employ them when you listen to Spanish, your ear has to make sense of the mass of sound entering it.

Tune in!

To attune yourself to Spanish, watch Spanish films, watch Spanish TV and listen to Spanish radio. Don't expect to understand much at first, but get used to the sound and try to pick out key words. You will gradually find that more of it is making sense. Your teacher may be able to lend you recordings of Spanish songs – ideally, with the lyrics.

Effective reading

Embarking on your advanced Spanish course, you will already be a good reader of your own mother tongue. You will probably not even realise that you may have excellent reading skills, far in advance of the average. You will apply these skills almost naturally without thinking about them. Yet they will have been learnt and developed, usually during your primary school career, then further extended during your time at secondary school.

You will not be aware that you **scan**, **select**, **discard**, **contextualise** and **match** words, phrases and sentences as a matter of course.

When it comes to reading Spanish, you will help yourself to maximise your potential, just as you did in your native language, by being aware of the skills you can use and develop and by applying them consciously every time you have to read for understanding. Let's set you on your way by looking at a specific text in Unidad 3 *La comida, la salud: 'Comer sano'* (see page 46).

Scanning

When you first look at a text, avoid the temptation to read right through, trying to look up and understand every word as you go. Instead, **scan** through the whole text or perhaps the first section, to get a general idea of what it's all about. To help yourself scan, get used to watching out for *key words* or *phrases* as your mind flicks through the text.

The main key words which will help you get started with the example passage are:

*alimentos biológicos/ecológicos/orgánicos
agricultura orgánica   productos químicos
residuos tóxicos   plaguicidas...*

Notice how this series of words and short phrases give you an initial feel for the general sense of the article.

Selecting

Next, look through the article again and **select** what seem to be the key details. Try to identify one from each paragraph.

Texto a: Los productos pueden calificarse como *ecológicos, biológicos u orgánicos*... el cultivo debe utilizar una cantidad muy limitada de productos químicos.

Texto b: ... unos vegetales de aspecto muy poco atractivo ... su precio es bastante superior.

Texto c: ... se trata de que las nuevas generaciones de plaguicidas sean biodegradables ...

These key details summarise neatly the drift of the first three paragraphs of the article. Try doing the same for sections d–f of the text.

Discarding

The ability to discard unnecessary language from a statement is one of the easiest reading skills to develop. When we put together our thoughts, either in spoken or written form, we use a great number of what are called 'fillers', words or expressions which fill out the sentence, without affecting the basic, underlying meaning. If, when you come across a complex sentence, you do the opposite and **discard** non-basic items from the sentence, it will be very much easier to make sense of. Try it for yourself, by removing the following fillers from the article and then re-reading it:

también   ya que   sin embargo   es innegable que   es cierto que   ya   además   pero   hay que admitir que es evidente que   nadie puede negar que

Once you have made sense of the basic material, put the fillers back in one by one and you will have a first-class understanding of what you have read.

> ### Study skills tip
> Start a list of fillers in your vocabulary book or wherever you keep your Spanish notes, and keep adding to it through the months ahead. Then, if you start thinking 'filler!' each time one of them pops up in a reading text, it will help your understanding greatly, because you will be consciously removing it from the clutter and revealing the base sentence.

Contextualising

When you *contextualise*, you simply put a word, phrase or sentence in its *context*. Another term for it might be *educated guesswork*. Take, for instance *plaguicidas* in text a. The meaning of *plaguicidas* may not be immediately obvious to you but you will be able to guess the meaning of the nearby words *fertilizantes* and *fungicidas*. Since they follow the sentences *el cultivo debe utilizar una cantidad limitada de productos químicos. Está prohibido el uso de . . .* the context will tell you that *plaguicidas* must also be some kind of chemical substance used in conventional farming.

Matching

Matching is probably the most common skill you develop when you extend your reading powers in Spanish and it functions whenever you *match* a word or expression with something from your first language. Speakers of mother-tongue English have an advantage here over Dutch, German and Scandinavian people because a high percentage of our abstract vocabulary has the same basic origin as the words we read on the Spanish page: Latin.

To give yourself some practice in matching, try the following activity. Look again at the article 'Comer sano'. Find Spanish words which have similar equivalents in English, for example: *productos, orgánicos, legal, agricultura, elemento, número.*

Read around!

- Read Spanish newspapers and magazines whenever you have the chance (many have their own website – see the list on page 191).
- Use the Internet to read online or download Spanish texts.
- Try some Spanish or Latin American cartoons such as 'Mafalda', 'Mortadelo y Filemón' or 'Goomer': words supported by pictures are more accessible than pure text.
- Subscribe – or find out whether your teacher could take out a class/library subscription – to a Spanish magazine or paper, such as *El País Semanal, Quo, Época,* or *Diez Minutos.*

Effective speaking

The most important thing you can do to put yourself on the road to speaking Spanish effectively is to set yourself a target at the beginning of your course. Try to sound as Spanish as you can. Accent, intonation and stress are important, because they make a difference to how easy you are to understand and communicate a positive attitude to the language and the Spanish-speakers you talk with.

The *¿Cómo se dice . . . ?* sections in each unit will help you to achieve your target. No one is asking you to speak with a perfect Spanish voice, but you will sound reasonably Spanish if you apply yourself by continually listening and practising. If you can get to a Spanish-speaking country during your course, this will put the seal on your efforts.

As you work through the *¿Cómo se dice . . . ?* tasks, try hard to imitate the voices of your own gender and tape your efforts, so that you can hear where your sounds are not quite accurate and also where you are doing well. The following pointers should also help:

1   Speak calmly, trying to control the sound that comes out – there's no rush!
2   Think of yourself as a different person when you speak Spanish. Try to have a different Spanish voice from your English one.
3   Remember each time that you speak that there are two elements to the sound of what you say – accent and intonation. Try to hear them separately and to work on both.
4   Ask your teacher or a Spanish-speaking friend to tell you the weak and the strong points of your accent and intonation.
5   Find a Spanish voice (of your own gender) which you really like and copy it.

To help you to improve your conversation skills right from the beginning of the course, here are some phrases for expressing your opinion – positive, negative, or seeing both points of view. Some of these are also useful for written work, though others are more casual and really best suited to spoken Spanish. You will be reminded of these phrases at appropriate points in the course.

Presenting an argument

un problema/algo que se discute a menudo hoy en día es . . .
este tema es, en realidad, muy complejo
el tema/la cuestión principal que nos ocupa en esta ocasión es . . .
lo primero que hace falta decir es que . . .
es un tópico decir que . . .
se suele decir que . . .
en primer lugar, consideremos . . .
voy a considerar en primer lugar . . .
debemos examinar con atención . . .

Expressing negative/positive views on a theme

es vergonzoso que . . .
no estoy ni a favor ni en contra de . . .
me parece lógico que . . .
la sociedad no puede soportar . . .
es intolerable que . . .
a mi modo de ver . . .
ésta no es una opinión que yo comparta . . .
me preocupa que . . .
eso sería demasiado optimista . . .
parece mentira que . . .
es inútil . . .
mucha gente piensa que . . .
uno debe ponerse en contra de . . .
estoy a favor de . . .
estoy en contra de . . .
(no) me sorprende que . . .
a mi parecer . . .
a nadie le importa si . . .
es lamentable que . . .
es difícil de imaginar que . . .

Developing the argument/theme

por un lado . . . por otro . . .
esto nos lleva a considerar . . .
pasemos ahora a ocuparnos de . . .
consideremos el caso de . . .
los hechos hablan por sí mismos
al llegar a este punto podemos afirmar que . . .
un problema, relacionado con el anterior, es el de . . .
debemos distinguir entre . . . y . . .
todo el mundo reconoce que . . .
pocas personas negarán que . . .

es innegable que . . .
hay que reconocer que . . .
sin lugar a dudas . . .
sin duda/es cierto que . . .
el problema que plantea este argumento es que . . .
por otra parte, podemos decir/observar que . . .
la otra cara de la moneda es/no obstante . . .
la clave del problema está en . . .
otra manera de enfocar este argumento/asunto/problema sería . . .
lo cual nos lleva a otro aspecto del tema . . .
si se sopesan los pros y los contras . . .
lo que sirve para ilustrar/demostrar que

Concluding

para resumir/en resumen . . .
en última instancia . . .
en conjunto . . .
¿qué conclusiones se pueden sacar (de . . .)?
todo lo cual sirve para demostrar que . . .
está claro que el problema/asunto/tema no tiene fácil solución . . .

Presenting and discussing a topic

Many of you will have a topic to present and discuss during your oral exam. If you carry out the suggestions in the key points below, you will be in a good position to get the best possible results.

Preparation: five key points

1   Choose a topic which is of personal interest to you. You are much less likely to talk well about something which you find boring.
2   Choose a topic which is not too difficult or wide-ranging for you to prepare. If you feel that the themes suggested by your teacher are a little beyond you, do not be afraid to ask for an alternative topic, or make suggestions of your own. Your teacher will be pleased that you have enough interest to want to do the job properly. Large numbers of students could perform much better in the oral exam, simply by choosing a topic which is neither too difficult nor too vague. However, be warned: avoid simple description, e.g. of a holiday, which would be more appropriate at GCSE. Check the topics indicated in your awarding body's specifications; these may prompt some ideas.
3   Whatever your topic, make sure you learn the 80–100 key words that underpin it. If necessary, ask your teacher or a friend to test you on that vocabulary, since, apart from Point 2 above, lack of the key language is the main reason for failing to do justice to yourself in the oral test.

4 Practise your presentation and general topic material in pairs, with one partner interviewing the other.

5 Whatever else you do, make absolutely certain that your presentation contains references to Spain or Latin America. Ask your teacher to check the specification carefully – up to 50% of marks for content may be lost if you do not relate your presentation to Spain and/or Latin America. It is easier to fall into this trap with some of the more general topics, e.g. the environment. Beware!

Presentation: four key points

If you start your topic discussion with the examiner via a short presentation, try to act on the following suggestions.

1 Include in your draft presentation a short statement of the four to six main ideas you wish to discuss during the conversation.

2 Present them in the order in which they will occur later.

3 Explain your reason(s) for choosing the topic, but try to avoid trite statements like *Me parece muy interesante, Mi profesor sugirió este tema.*

4 Show enthusiasm and sound interested while you give your presentation. If the material is delivered in a bored or automatic manner, it is not going to impress the examiner. To be able to show enthusiasm, you need to know your material well, so the preparation points listed above are important!

The topic conversation: eight key points

1 Divide the material you have prepared into between four and six manageable themes or sub-themes. Avoid preparing long lists of themes.

2 You do not have to remember hundreds of figures and points off by heart. If your topic is accompanied by a lot of statistics, for example, your Examining Consortium may well allow you to take a sheet/sheets of statistical information into the exam room. Check with your specification or your teacher.

3 Depending on the specification you follow, you may be allowed to take in a sheet of notes as a memory-jogger, but don't fall into the trap of relying so much on your notes that you begin to read them out – this will lose you marks and, if you keep reading from them, the examiner may have to take your notes away from you.

4 Try to listen to what is being asked in each question and to respond reasonably naturally. It's supposed to be a real conversation! Don't be tempted to learn your notes so completely by heart that when you are asked a question, you merely switch on the memory banks and regurgitate vast amounts of pre-learned material. Whichever your specification, there will be credit given for spontaneity of response in your presentation and development of ideas.

5 Try to continue the enthusiasm that you will have shown in your presentation. A sense of commitment to what you are saying will enhance the impression marks, and rightly so, since your topic conversation is a communication exercise.

6 Keep reasonable eye-contact with your examiner and smile occasionally. The impression that you are a confident, pleasant person also enhances communication.

7 If you don't understand something the examiner says or asks, don't make a wild guess or sit there silently panicking – do what you would do in a normal conversation and ask him/her to repeat or explain what he/she has said.

8 Try to sound as Spanish as you can. This will help the examiner to feel very positively about your capacities.

Making phone calls

When making a phone call, the following phrases are useful (possible responses are in normal text).

Informal calls

Diga/Dígame . . .
¡Hola! ¿Se puede poner X?
¿De parte de quién?
Soy Y.
Sí. Un momento que le/la llamo./Ha salido hace un momento.
¿Le puedo dejar un recado? Dígale que . . .
Vale. Adiós.

Formal calls

Puig i Rovirá/Hotel Sarriá, buenas tardes.
Puig i Rovirá/Hotel Sarriá, ¿dígame?
Buenas tardes. Quisiera hablar con el señor X.
¿Está el señor X?
¿Podría ponerme con el departamento de reservas?
¿Me pone con . . . ?
¿De parte de quién?
¿Me puede decir quién llama, por favor?
Soy Sr. Y.
No cuelgue por favor.
Espere un momento, por favor.
Ahora le pongo.
¿Qué extensión, por favor?
No contesta.

Effective writing

The following general pointers and checklists should help you to maximise your writing potential as you work through the course. Use the following tips to extend and improve your written Spanish:

1 Keep a vocabulary book in which you note all new words and phrases that you come across.
2 Use the new items when you speak and write, soon after noting them.
3 Re-use in future assignments key phraseology on which your teacher has already passed favourable comment.
4 If you try to express a complicated idea by translating it direct from English, guessing at how you are to put it across in Spanish, your work is liable to be full of errors. Instead, when you write in Spanish, use and adapt what you have seen and heard from Spanish speakers via text and tape.
5 Spend at least ten minutes checking any completed piece of work for errors, before you hand it in. Use the checklist below to scan for individual categories of error.

Practical writing tips for the exam

- Write on alternate lines. The extra space between the lines will allow you to see your own errors more clearly and to make neater alterations.
- Get into the habit of crossing out errors with a single ruled line. This will help your work to look neat.
- For important tests, assignments and exams, use an ink (not a ballpoint) pen, to maximise your neatness.
- Unless you have a medical condition that affects your hands, do not use pencil for written assignments.

Writing essays

If your Spanish essay is to receive good marks, it needs to achieve three equally important things:

1 to be a **relevant** response to the question asked
2 to be argued in a structured, **well-organised** way
3 to be grammatically **accurate**

It's quite a challenge to keep focused on all three points, but if you use the following list of guidelines you will soon develop good essay habits and raise your level of writing.

Make a plan and keep it relevant

- Think about different possible points of view in response to the question and jot down key points for each.
- Decide whether you favour one particular opinion: jot down reasons why and evidence to support your view.

Write in a structured way

1 Start with an **introductory paragraph** – not too long – setting out the possible responses to the question.
2 Write the **main part** of the essay which should be around two-thirds of the total piece:
   - Deal first with the points of view which you find less convincing, saying why, backed up with evidence/examples.
   - Put forward your views on the question, backing them up with evidence/examples.
3 Write your concluding paragraph – again, not too long:
   - Refer back to the title to show you are still sticking to the question.
   - Make it clear whether you are strongly in favour of one particular response or whether you feel there is equal merit on both sides and are leaving it to the readers to decide for themselves. It is sometimes appropriate to end with a question which takes the debate one stage further.

Check your grammatical accuracy

Spend at least ten minutes (in an exam) or an hour (if it is coursework) checking the accuracy of your work before you hand it in. Here's a checklist:

Nouns and pronouns
– check the gender
Adjectives
– feminine and/or plural where necessary? (see page 194)
Verbs
– right tense?
– have you used the right ending to go with the subject?
– watch out for irregular forms – check them in the back of your dictionary or in the back of this book (see page 220)
– do you need the subjunctive? (see page 207)
– spelling changes such as u/ue, e/ie, etc? (see page 216)
Pronouns
– correct place (before the main verb or on the end of the infinitive)? (page 198)
– accent if you've added them onto an infinitive? (page 198)
Accents
– check they are all in place!
Negatives
– chosen the right one? Are the words in the right order and combination (see page 202)?
haber/tener
– chosen the right one?
Prepositions
– chosen the right one? (see page 211)
Personal a
– included where necessary? (see page 212)
Spelling
– remember that double letters, apart from *ll* and *rr*, are rare in Spanish.

Writing formal letters

You are probably already reasonably confident about writing informal letters to Spanish friends. However, for writing more formal letters to a person you don't know or in a business context, there are certain conventions you need to follow.

1 Put your own address top right.
2 Next, on the right below your name and address, put the date. Remember that the months do not have capital letters, and the date needs *el*, e.g. *el 23 de mayo 2001*.
3 Next, on the left, put the name of the person you are writing to, if you know it. Remember to include *Señor* or *Señora*.
4 Next, on the left below their name, put the address of the person you are writing to.
5 Next, on the left, you open your letter by writing one of the following:
   • If you know you are writing to a man, put *Estimado Señor* or *Estimado Sr.*
   • If you know you are writing to a woman, put *Estimada Señora* or *Estimada Sra.*
   • If you are writing to an organisation and not to an individual, put *Estimados Señores* or *Estimados Sres.*
   Two important points:
   • Do not include the person's name here.
   • Do not write *Querido* or *Querida*.
6 State in a brief heading what your letter is about.
7 Next, the main text of the letter, divided into paragraphs to make your message clear.
8 Finally, sign off with one of the standard Spanish phrases for ending a letter.
   • A useful equivalent of 'Yours faithfully' (to finish a letter to an organisation when you are not addressing an individual) is: *Atentamente le saluda*
   • A useful equivalent of 'Yours sincerely' (to finish a formal letter to someone you know) is: *Reciba un cordial saludo de*

[Nombre y dirección de la empresa remitente. Nos tel. y fax]

[Nombre y dirección, no. de tel. y/o fax.]

Lugar y fecha [o sólo fecha, si no es formal]

Nombre y dirección del destinatario.

–Estimado Sr./Sra./Sres.:/–Apreciado Sr./Sra./Sres.:

–Muy Sr./Sra./Sres. mío/mía/míos/mías:/–Distinguido . . . [muy formal o para VIP]

–Por la presente, me complace comunicarle . . ./Tengo el placer de
. . ./Damos respuesta a . . ./Nos es grato comunicarle . . .
–Lamento informarle que . . .
–Les ruego que me informen sobre . . .
–Me dirijo a Uds. para pedirles . . .
–Recibimos oportunamente su atenta carta de fecha 20 de junio (o carta del 20–6–01), referente a . . .
–Le agradecemos su atenta carta . . .

–Sin otro particular, quedamos a la espera de sus gratas noticias y les saludamos muy atentamente.
–Reciba un atento saludo de . . . [o "respetuoso saludo" para VIP]
–Atentamente (le saluda), . . .
–Reciba un cordial saludo de . . . [más formal]

Firma

Writing about characters in literature studies

If your course requires you to write on literary texts, you will take a somewhat different approach from that practised with the general writing tasks in this course. Essentially, you will be pulling together the themes in the work. Underpinning all that you do will be an understanding of the characters in the novel, story or play.

Writing about characters in novels (*personajes*) is not an easy exercise and is certainly very different from anything you will have done for GCSE. However, if you have a basic pattern from which to work, character analysis can be quite straightforward. The *perfil de personaje* below gives you that pattern.

Copy and complete a *perfil de personaje* for each main character in the work you are studying; look through each row of descriptors and see if you can find one (at most, two) to put in the *casilla de personaje* at the end of the line. There may, of course, be cases where none of the adjectives on the line are suitable. After you have worked through all the lines you will have a completed *casilla de personaje*.

You now need to take things a step further. When you use the descriptors in your essay, you need to vary your language, since it is very easy to fall into the trap of repetition. When you come to write about character, incorporate the expressions in the list below and you will develop a more varied style.

X parece . . .
Me parece que X . . .
Su personaje es . . .
X se comporta de una manera . . .

Remember also that people do not show particular characteristics all the time. So, when you talk about how a person behaves, qualify your statements, where appropriate, with expressions such as those in the list below.

Modificaciones
de vez en cuando
unas veces
cuando está enfadado/a

Prove your case!

It is important always to back up your impressions with *evidence from the text* – on what behaviour described in the book are you basing your opinion?

Perfil de personaje

La obra: ....

El personaje: ....

Elige dos calidades como máximo de cada línea.

				Casilla de personaje
compasivo	vanidoso	trágico	neurótico	....
distante	impulsivo	prudente	cobarde	....
débil	dominante	descuidado	resentido	....
fuerte	cómico	ansioso	generoso	....
irrazonable	altruista	tenaz	sabio	....
orgulloso	violento	atento	afectuoso	....
relajado	triste	siniestro	sensato	....
gracioso	despiadado	progresista	agresivo	....
cariñoso	tranquilo	modesto	exigente	....
gruñón	conflictivo	crudo	entusiasta	....
dulce	desesperado	alegre	lleno de energía	....
humilde	feliz	pasivo	inseguro	....
listo	optimista	refinado	malhumorado	....
paciente	manipulador	nervioso	plácido	....
pesimista	egoísta	indeciso	pretencioso	....

No olvides:
• modificaciones
• pruebas

Using dictionaries

You will maximise your progress during your advanced course if you develop really effective dictionary skills. This section gives some practical guidelines on how to take your dictionary skills to advanced level.

Which kind of dictionary?

Our suggestion is that if you are moving on from GCSE to advanced level, you should initially work with a bilingual (Spanish–English and English–Spanish) dictionary, but you should work towards using a monolingual (Spanish–Spanish) dictionary. If you have access to both, the best strategy as you start your course is to use both kinds. At first, you will rely predominantly on your bilingual dictionary but if you train yourself to look at the explanation of the item in a monolingual one after you have found out from the English what the word means, you will soon become more at ease with the Spanish–Spanish resource. Set yourself a target of using a monolingual dictionary at least half the time by the half-way point of your course.

Six key points

Attention to the following basic pointers will make it much easier for you to find your way around the dictionary.

1 The most important thing is to know what kind of word (part of speech) you are dealing with. The abbreviations accompanying the target word in the dictionary will normally tell you. The most frequently encountered abbreviations are listed below.

abbr.	English	Spanish
adj	adjective	*adjetivo*
adv	adverb	*adverbio*
fpl	feminine plural	*femenino plural*
f	feminine noun	*sustantivo femenino*
inf	infinitive	*infinitivo*
m	masculine noun	*sustantivo masculino*
mpl	masculine plural	*masculino plural*
v	verb	*verbo*
vi	intransitive verb	*verbo intransitivo*
vt[r]	transitive verb	*verbo transitivo*

2 The most important word, around which a sentence is built, is the verb. If you identify the verb first, it will help you to make sense of the whole statement. Verbs are normally listed in the dictionary in their infinitive form, whereas in the passage you are reading or listening to they will occur in a variety of different person and tense forms.

3 A capital letter used for a word in the middle of a sentence – *La Alhambra, los Ruiz* – tells you that the word is a proper noun, i.e. the name of a particular place, person, group, title, etc. So, the word may not be in your dictionary. However, you will at least know that you are dealing with the name of a place, person, animal, thing, etc. With a listening passage, of course, you cannot see the capitals but if you hear a mysterious word, it could be the name of someone or somewhere. You will probably be right at least half of the time.

4 Note the following useful relationships between English and Spanish words.
- Spanish nouns ending in *-ción* or *-sión* often have similar English equivalents.
- Spanish nouns ending in *-dad* often end in '-ity' in English.
- Spanish nouns ending in *-mente* often have similar English equivalents (NB this applies to nouns – *-mente* is of course also the usual ending for Spanish adverbs).
- Spanish nouns ending in *-aje*, *-ancia* or *-encia* often have similar English equivalents ending in '-age', '-ance', or '-ence'.
- Spanish nouns ending in *-ería* or *-aría* often have '-ery'/'-ary' equivalents in English.
- Spanish nouns ending in *-or* are likely to have similar English equivalents ending in '-or' or '-er'.
- Spanish adjectives ending in *-al* often have similar English equivalents.

5 Be careful in making assumptions. It's worth checking the precise meaning of words which seem obvious because they look so similar to English ones – they may have different meanings in English. For example:
comprensivo/a – understanding
actual – present-day, current
asistir a – to attend
particular – private

6 Many words have several meanings. You will often need to look beyond the first meaning given in your dictionary to find the appropriate one for the context of your text. It's crucial to take the context into consideration every time!

Using ICT and the Internet

ICT opportunities

Certain tasks in *¡Sigue! 1 Segunda edición* are suitable for ICT applications and are marked as such with the following icon: [ICT]. The following general guidelines indicate how ICT can open up various kinds of task, beginning from ideas in the coursebook itself but adding a further dimension.

Word-processing software can be used to . . .	Desk-top publishing software can be used to . . .	Database software can be used to . . .
• store grid formats which can be re-used in different contexts • provide templates for, e.g., formal letter writing or faxes • create sequencing tasks • download and edit information from the Internet	• create and store templates for displayed text such as a CV or a map • create a site for promotional or journalistic writing tasks • work with graphics and statistics • create coursework which requires visual or graphic input as well as text	• store and edit data on related aspects of a topic • generate the field names needed to create a database from a set of information • collect and present statistical information for coursework purposes

Internet opportunities

There are references, at numerous points in the course, to relevant websites. The following list is a selection of websites which are recommended as sources of interesting details on aspects of the topics covered in the units of the course; they will also, of course, act as 'gateways' to further sites once students start surfing. The details below are correct at the time of going to press, but it is in the nature of this kind of information that site names change or disappear.

- A good starting point is a Spanish-language search engine – several are listed in the table below.
- Most Spanish regions have their own website.
- Many past and present Spanish celebrities, e.g. footballers and singers, have their own websites plus several other fan sites.

site (all prefixed http://www. except those marked*)	topic/area
terra.es	Spanish search engine
yahoo.es	Spanish search engine
elcano.com	Spanish search engine
*http://trovator.combios.es	Spanish search engine
*http://cvc.cervantes.es/oteador	Instituto Cervantes' search engine
yupi.com	Latin American search engine
brujula.cl	Chilean search engine
abc.es	*ABC* newspaper (Spain)
elpais.es	*El País* newspaper (Spain)
hachette.iberonline.es/quo	Extracts from *Quo* magazine; links to other magazines published by Hachette e.g. *Diez Minutos*, *Elle*
clarin.com.ar	newspaper (Argentina)
lostiempos.com	newspaper (Bolivia)
eltiempo.com	newspaper (Colombia)
granma.cu	newspaper (Cuba)
elsalvador.com	newspaper (El Salvador)
lahora.com.gt	newspaper (Guatemala)
tiempo.hn	newspaper (Honduras)
*http://elnorte.infosel.com	newspaper (Mexico)
yucatan.com.mx	newspaper (Mexico)
elcomercioperu.com	newspaper (Peru)
una.py/sitios/abc	newspaper (Paraguay)
noticias.co.uk	newspaper (Latin American, based in London)
docuWeb.ca/SiSpain	a range of topics about Spain
*http://red2000.com/spain/region	information on regions of Spain
*http://cis.sociol.es	survey data about Spanish society

Grammar reference

1 Nouns

1.1 Gender

1.1.1 Nouns naming people and animals

All nouns in Spanish are either feminine or masculine. With nouns naming people or animals it is usually easy to get the gender right, because it matches the gender of the animal or person to which the noun refers.

el gato   la gata
el rey   la reina

A basic rule is that Spanish nouns ending in -o or in -e are masculine and nouns ending in -a, feminine. However, there are some exceptions to this rule: a few feminine nouns end in -e or -o, and a few masculine ones end in -a.

la madre, el futbolista, el poeta

Many nouns referring to animals often have just one gender, whatever the sex of the animal in question.

la abeja, la serpiente, el pez

Nouns related to professions do not always change according to the gender of the person. Sometimes there is one form which is used for both sexes.

el/la cantante, el/la periodista, el/la artista, el/la juez

Note that all nouns ending in -ista (equivalent to English '-ist') can be either masculine or feminine, depending on the gender of the person referred to.

Also, some professions (those ending in -or) form the feminine by adding -iz.

el actor/la actriz, el emperador/la emperatriz

1.1.2 Endings and gender

For most nouns, however, the gender is less obvious than when referring to people or animals. Fortunately, there are certain rules which help to determine the gender of any kind of noun. It is the ending of the noun which usually gives the clue.

Feminine noun endings
-a
la pereza, la belleza, la puerta

There are quite a number of exceptions: día is a very common one, and many words ending in -ma are masculine: el pijama, el tema, el clima, el problema. (See also Section 1.1.1 about nouns ending in -ista.)

-ión
Exceptions: el avión, el camión
-dad, -idad
-tud
-z
Exceptions: el pez, el arroz
-sis
Exceptions: el análisis, el énfasis
-itis (all nouns referring to diseases, such as bronquitis)
-umbre

Masculine noun endings
-o
Exceptions: la mano, la radio and abbreviations such as la foto (short for la fotografía)
-i -u -e
Exceptions: many, e.g. la madre, la calle
-j -l
-n – except most ending in -ión
-r -s
Exceptions: la flor (and see -sis, -itis, above)
-t -x

1.1.3 Further guidelines on gender

Some nouns have two genders with different meanings:

el cólera – cholera   la cólera – anger
el corte – cut   la corte – (royal) court
la capital – city   el capital – money or assets
el cometa – comet   la cometa – kite (toy)
el frente – front   la frente – forehead
la policía – the police   el policía – policeman
el pendiente – earring   la pendiente – slope

Names of countries, cities and towns are usually, but not always, feminine (el Japón; el Canadá).

Rivers, lakes, mountains, volcanoes and seas are usually masculine. Islands, however, are feminine.

Letters of the alphabet are always feminine. Days of the week and months are masculine.

Names of associations, international bodies, companies, etc. take their gender from that of the institution whether it is part of the name or just understood. So those referring to a company

(*la empresa*) or an organisation (*la organización*) are feminine:
la OTAN = la Organización . . . (= NATO)
la IBM = la empresa IBM (empresa is understood)

while those referring to a team (*el equipo*) or a commercial store (*el almacén*) are masculine:
el Real Madrid   el Corte Inglés

1.2 *The plural of nouns*

Most nouns form their plural by adding either -*s* or -*es* according to their ending. There may be other changes, as detailed below.

Add -s to nouns ending in . . .	Add -es to nouns ending in . . .
any unstressed vowel stressed -*é* (*café*), -*á* (*mamá*) and -*ó* (*dominó*)	stressed -*í* (*rubí, magrebí*), any consonant except -*s*, where the stress is on the last syllable

Nouns ending in a stressed -*ú* can have their plural in either -*s* or -*es* (*tabú – tabúes/tabús*).

Nouns ending in -*s* which are not stressed on the last syllable do not change in the plural (e.g. *el jueves – los jueves, la crisis – las crisis*). This rule therefore affects all the days of the week except *sábado* and *domingo* which simply add an *s*.

Words ending in -*z* change to -*ces* in the plural.
la voz – las voces

Words ending in -*ión* lose their accent in the plural, because a syllable has been added:
la asociación – las asociaciones

In contrast, some words gain an accent in the plural:
el examen – los exámenes

See also 6.5 (page 214) on stress and accents.

Some nouns are used only in the plural:

los modales	manners
los bienes	assets, property
los deberes	homework
las gafas	glasses
las vacaciones	holidays

Surnames do not change in the plural (*los Sánchez* = the Sánchez family).

1.3 *Articles*

These are the equivalent of 'the' (the definite article), 'a' and 'some' (indefinite articles) in English. In Spanish their gender changes to match that of the noun to which they refer.

Feminine nouns beginning with a stressed *a-* or *ha-* use the masculine article in the singular because it makes them easier to pronounce, but they remain feminine.
el habla, el agua, un arma

This does not apply when there is an adjective in front of the noun:
la limpia agua

1.3.1 Use of the definite article

When *el* is preceded by *de* or *a*, it becomes *del* or *al*:
Voy al cine.   El reloj del campanario

The definite article is used when the noun refers to a general group:

Los melocotones y los higos son frutas de verano.	Peaches and figs are summer fruits.

but not when it refers to part of a group:

En verano comemos melocotones e higos.	In summer we eat peaches and figs.

We do not eat all the peaches and figs that there are, only some of them.

As in English, the definite article is also used when a noun refers to a specific object, or to something that has already been defined.

Mañana comeremos los melocotones y los higos.	Tomorrow we'll eat the peaches and the figs.

The reference is to particular peaches and figs, not peaches and figs in general.

The definite article is used with the names of languages:
El español es una lengua muy antigua.

except when using *saber, hablar, aprender*:
Estoy aprendiendo español en mi tiempo libre.

La gente (people) is singular in Spanish:

La gente no quiere eso.	People don't want that.

The definite article appears before titles (*señor, doctor, profesor*), but not when addressing the person directly:
El señor López está en la sala.

but:
¡Buenos días, Señor López!

The definite article is needed with people's official titles:
el rey, el rey don Juan Carlos I, el papa Juan Pablo II

1.3.2 The article *lo*

In addition to the masculine and feminine definite articles studied already, there is a neuter definite article *lo*. It is used with an adjective which is acting as an abstract noun, and is often translated into English by 'that', 'what', 'the thing(s)' etc.

Lo bueno dura poco.	Good things do not last long.
Estás aquí y eso es lo importante.	You are here and that's what matters.
No entiendo lo que dices.	I don't understand what you are saying.

1.3.3 Use of the indefinite article

Basic usage is the same as for 'a' and 'some' in English. However, there are some important differences.

The indefinite article is not used to express someone's profession, nationality, position or religion.

Ella es maestra de escuela.	She is a primary school teacher.
Mi amigo es irlandés.	My friend is an Irishman.
Su padre es diputado.	Her father is an MP.
Ella es católica.	She is a Catholic.

But it is used when an adjective accompanies the profession, nationality, position or religion:

Ella es una maestra muy buena.	She is a very good teacher.
Mi dentista es un italiano muy alto.	My dentist is a very tall Italian.

When certain words are used, the indefinite article is usually omitted. These include *sin, otro, tal, medio, cierto* and *qué* (*¡qué . . . !* – what a . . . !).

Subió al tren sin billete.	He got on the train without a ticket
Pregunta a otra mujer.	Ask a different woman.

2 *Adjectives*

Adjectives are words which describe nouns.

2.1 *Agreement of adjectives*

In Spanish, adjectives have to agree in gender and number with the noun they describe. An adjective accompanying a feminine plural noun, for example, must have a feminine plural ending:

las adicciones peligrosas

Adjectives form their plural in the same way as nouns:

sincero – sinceros
leal – leales

The formation of feminine adjectives is as follows:

Adjectives ending in . . .	Masculine form	Feminine form
-o	flaco	flaca
-ón	mirón	mirona
-án	holgazán	holgazana
-or	trabajador*	trabajadora
-ete	tragoncete	tragonceta
-ote	grandote	grandota
-ín	pequeñín	pequeñina
consonants (only applies to adjectives of nationality and geographical origin)	inglés andaluz	inglesa andaluza

* Exceptions are: *interior, exterior, superior, inferior, anterior, posterior, ulterior*, which do not change in the feminine.

All other endings follow the rules for nouns:

masc. sing.	fem. sing.	masc. pl.	fem. pl.
feliz	feliz	felices	felices
elegante	elegante	elegantes	elegantes
belga	belga	belgas	belgas

Remember that adjectives ending in *-z* will change to *-ces* in forming the plural.

Some adjectives of colour, which are really nouns, like *naranja* or *rosa*, never change:

el papel rosa, la carpeta rosa, los pantalones rosa, las cortinas rosa

If an adjective is used to describe two or more masculine nouns (or a combination of masculine and feminine nouns), the masculine plural form is used:

Un perro y un gato muy gordos
Colecciona libros y revistas antiguos.

However, an adjective placed before the nouns tends to agree with the nearest one:

Su encantadora prima y tío	Her charming cousin and uncle

2.2 *Shortened adjectives*

In certain cases a shortened form of the adjective is used when it precedes the noun. Some adjectives shorten before masculine singular nouns by dropping their final *-o*:

Es un mal perdedor. (= *malo*)	He's a bad loser.
Algún hombre nos lo dirá. (= *alguno*)	Someone will tell us.

These are the adjectives which behave in this way:

Standing alone	Before a masculine singular noun
uno	*un*
alguno	*algún*
ninguno	*ningún*
bueno	*buen*
malo	*mal*
primero	*primer*
tercero	*tercer*

Compounds of *-un* shorten too:

Hay veintiún premios a ganar.	There are twenty-one prizes to be won.

Other adjectives which shorten before nouns:

Santo becomes *San*, except before names beginning with *Do-* or *To-*:
San Antonio, San Cristóbal, San Pedro

but:
Santo Domingo, Santo Tomás

The feminine form, *Santa*, never changes.

Two adjectives, *grande* and *cualquiera*, shorten before a masculine **or** a feminine singular noun:
una gran manera de viajar
cualquier muchacho del pueblo

Ciento shortens to *cien* before **all** nouns:

Hay cien empleados en la empresa.	There are one hundred employees in the company.

See 6.3.1 for the use of *ciento* with other numbers.

2.3 *Position of adjectives*

Most adjectives follow the noun they describe:
una comida típica, un chico travieso

Some adjectives are usually found before the noun. These include ordinary (cardinal) numbers, ordinal numbers (1st, 2nd etc.) and a few others such as *último, otro, cada, poco, tanto, mucho*:

Dame cuatro caramelos.	Give me four sweets.
La primera vez que visité Valencia	The first time I visited Valencia
El último examen del curso	The final exam of the course
Hay muchos tipos de pájaros en este bosque.	There are many kinds of birds in this forest.

Some adjectives have different meanings depending on whether they are placed before or after the noun they describe. Here is a list of the most common ones:

Adjective	Before the noun	After the noun
gran/grande	great *Suiza es un gran país*	big/large *Suiza no es un país grande.*
antiguo	former *el antiguo director*	old/ancient *una colección de arte antiguo*
diferente	various *diferentes libros*	differing/different *personas diferentes*
medio	half *Dame media botella de vino.*	average *Mi novia es de estatura media.*
mismo	same/very *Lo confirmó el mismo día.*	-self *Yo mismo te lo daré.*
nuevo	fresh/another *un nuevo coche*	newly made/brand new *zapatos nuevos*
pobre	poor (pitiful, miserable) *¡el pobre chico!*	poor (impoverished) *mi familia era muy pobre*
puro	pure *Lo hallé por pura coincidencia.*	fresh *el aire puro del campo*
varios	several *varios caminos*	different, various *artículos varios*

Some adjectives vary in meaning according to the context. For example:

extraño	unusual rare/strange, weird
falso	untrue/counterfeit
original	primary/creative or eccentric
simple	only/of low intelligence
verdadero	true/real

2.4 *Comparatives and superlatives*
2.4.1 Comparatives

To form a comparison between two or more things or people, i.e., to say that something or someone is 'more . . . than' or 'less . . . than', Spanish uses *más . . . que* and *menos . . . que*.

Raquel es más guapa que Ana pero menos simpática que Jaime.	Raquel is prettier than Ana but not as nice as Jaime.

To form a comparison using figures or quantities, use *más ... del* or *más ... de la*:

Más de la mitad de la población española se concentra en las grandes ciudades.	More than half of the Spanish population live in the big cities.
Menos de la mitad vive en el campo.	Less than half live in the countryside.

To compare two similar things ('as ... as'), use *tan ... como*:

Antonio es tan alto como Arturo.	Antonio is as tall as Arturo.

To compare two similar things ('as much ... as'), use *tanto/a(s) ... como*:

No tienen tanto dinero como piensas.	They don't have as much money as you think.

To say 'the more/less ... the more/less ...', use *cuanto más/menos ..., (tanto) más/menos*:

Cuanto más pienso en ello, menos me convenzo.	The more I think about it, the less convinced I am.

2.4.2 Superlatives

The superlative is formed just like the comparative, but you usually add a definite article (*el/la/los/las*).

Vive en la casa más antigua de la aldea.	He lives in the oldest house in the village.

Note that *de* is always used after the superlative.

The absolute superlative is formed by removing the final vowel from the adjective and adding *-ísimo*. The ending then changes to agree in gender and number as you would expect:

mucho – muchísimo (muchísima, muchísimos, muchísimas)
elegante – elegantísimo (etc.)
azul – azulísimo (etc.)
feliz – felicísimo (etc.)

This superlative form always has an accent.
The absolute superlative can be used to indicate an extreme example of some quality, not necessarily in comparison with anything else.

El chino es un idioma dificilísimo.	Chinese is an extremely difficult language.

2.4.3 Irregular comparatives and superlatives of adjectives

Some adjectives have irregular forms of the comparative and superlative:

Adjective	Comparative	Superlative
bueno/a	*mejor* (masc. & fem.)	*el mejor/la mejor*
malo/a	*peor* (masc. & fem.)	*el peor/la peor*

José es un buen futbolista.	José is a good footballer.
José es el mejor futbolista del equipo.	José is the best footballer in the team.

Other adjectives have both regular and irregular forms with slightly different meanings:

Adjective	Comparative	Superlative
grande	*mayor* (masc. & fem.) *más grande*	*el mayor/la mayor* *el/la más grande*
pequeño	*menor* (masc. & fem.) *más pequeño/a*	*el menor/la menor* *el/la más pequeño/a*

The regular forms tend to be used for physical size:

una casa más pequeña	a smaller house
un árbol más grande	a bigger tree

while the irregular ones are used for age and seniority (after the noun):

Mi hermana mayor es más pequeña que yo.	My older sister is smaller than me.

for abstract size (before the noun):

el menor ruido	the slightest sound

and in some set expressions (after the noun):

la plaza mayor	the main square

The irregular comparative adjectives do not have a different masculine and feminine form.

3 *Adverbs*

An adverb is used to describe a verb, an adjective or another adverb. Study these examples:

*Ven **de prisa** a la cocina.*	Come **quickly** to the kitchen. (adverb describes verb)
*Es **muy** urgente.*	It's **very** urgent. (adverb describes adjective)
***Demasiado** tarde. Me he quemado.*	**Too** late. I've burnt myself. (adverb describes another adverb)

The adverb usually follows the word it modifies although if this word is a verb, the adverb may precede it instead for extra emphasis.

3.1 *Types of adverbs*

There are several groups of adverbs.

Of place – where?

aquí, ahí, allí, allá, cerca, lejos, debajo, encima, arriba, dentro, fuera, delante, enfrente, detrás, donde, adonde, junto

El libro está allí, encima de la mesa junto al televisor.	The book is there, on the table beside the television.

Of time – when?

hoy, ayer, mañana, pasado mañana, antes (de), ahora, antaño, después (de), luego, ya, mientras, nunca, jamás, todavía, aún

Mañana, después del trabajo, hablaremos del asunto.	We'll talk about the matter tomorrow after work.

Modal – how?

bien, mal, mejor, peor, como, tal, cual, así, despacio, de prisa, sólo, solamente

Also, most adverbs ending in *-mente* (formed by adding *-mente* to the feminine singular form of the adjective: *tranquilamente, lentamente, alegremente*).

Me siento mal, peor que ayer – desgraciadamente.	I'm feeling bad, worse than yesterday – unfortunately.

An adjective, such as *duro* ('hard'), is often used as an adverb rather than its grammatically correct form (*duramente*).

Trabaja duro para mantener a su familia.	He works hard to support his family.

A preposition and noun are sometimes used instead of an adverb, especially if the adverb is long. For example, *con cuidado* (= *cuidadosamente*), *con frecuencia* (= *frecuentemente*).

Of order – in which position?

primeramente, finalmente, sucesivamente, últimamente

Of quantity – how much?

mucho, muy, poco, nada, algo, todo, más, menos, demasiado, bastante, casi, tan, tanto, cuanto

¿Han dejado algo de vino para nosotros? – Muy poco, casi nada.	Have they left any wine for us? A little, hardly any.

Of affirmation, negation or doubt – yes, no, perhaps . . . ?

sí, no, ni, también, tampoco, ciertamente, claro, seguro, seguramente, posiblemente, quizá, tal vez

3.2 *Notes on the use of adverbs*

It is better not to start a Spanish sentence with an adverb. Exceptions are *sólo, solamente* and *seguramente*.

Adverbs of time must be placed next to the verb:

El ministro se ha dirigido hoy a la nación.	The minister has addressed the nation today.

When two or more adverbs normally ending in *-mente* are used together, all but the last lose this adverbial ending:

Te amo tierna, apasionada y locamente.	I love you tenderly, passionately and madly.

3.3 *Comparatives and superlatives of adverbs*

Comparatives and superlatives of adverbs follow the same rules as those for adjectives.

Él corre más de prisa que yo.	He runs faster than I do.

If a superlative adverb is used and there is extra information (as fast as he could, as fast as possible) then you must add *lo*:

Quiero ir a casa lo más rápidamente posible.	I want to go home as fast as possible.

4 *Pronouns*

4.1 *Personal pronouns*

The purpose of the personal pronoun is to replace a noun. Personal pronouns have different forms depending on the role of the noun they replace.

	Subject	Direct object	Indirect object	Prepositional object
I	*yo*	*me*	*me*	*mí*
you	*tú*	*te*	*te*	*ti*
he	*él*	*le, lo*	*le*	*él*
she	*ella*	*la*	*le*	*ella*
it (neuter)	*ello*	*lo*	*le*	*ello*
you (polite singular)	*usted*	*le, lo, la*	*le*	*usted*
we (familiar plural masc.)	*nosotros*	*nos*	*nos*	*nosotros*
we (fem.)	*nosotras*	*nos*	*nos*	*nosotras*
you (familiar plural masc.)	*vosotros*	*os*	*os*	*vosotros*
you (familiar plural fem.)	*vosotras*	*os*	*os*	*vosotras*
they (masc.)	*ellos*	*los*	*les*	*ellos*
they (fem.)	*ellas*	*las*	*les*	*ellas*
you (polite plural)	*ustedes*	*los, las*	*les*	*ustedes*

Reflexive pronouns – direct and indirect

These are the same as the indirect object forms given above except that *le* and *les* are replaced by *se*.

Reflexive pronouns – prepositional

These are the same as the ordinary prepositional pronouns given above except that all the 3rd person forms (*él, ella, usted, ellos, ellas, ustedes*) are replaced by *sí* (note the accent).

4.1.1 Subject pronouns

These pronouns replace a noun which is the subject of the sentence. However, they are often omitted in Spanish because the ending of the verb is usually enough to indicate the subject.

Pensamos mucho en ella.   We think about her a lot.

They are used, however, in the following cases:

To avoid ambiguity

Comía una manzana.

could mean 'I was eating an apple'. But it could also mean he or she was eating it, or you (*usted*) were. So if the context does not make this clear, the personal pronoun should be used:

Yo comía una manzana.

To add emphasis

Yo estoy trabajando duro y vosotros no hacéis nada.
I am working hard and you are doing nothing at all.

To be polite – with usted

¿Qué desea usted?   What would you like?

4.1.2 Object pronouns

These replace nouns which are the direct or indirect object in a sentence. They usually precede the verb.

Te odio.   I hate you.

An indirect object always precedes a direct one.

Me dio el regalo.   He gave the present to me.
(*me* = indirect object, *el regalo* = direct object)
Me lo dio.   He gave it to me.
(*me* = indirect object, *lo* = direct object)

In three cases they are joined to the end of the verb.

1   Always with a positive imperative (a command):
¡Dámelo!   Give it to me!

though never with a negative command:
¡No lo hagas!   Don't do it!

2   With the infinitive:
Quieren comprármelo.   They want to buy it for me.

3   With the gerund (-ing form) in continuous tenses:
Estoy leyéndolo.   I am reading it.

In the last two cases, it is also possible to place the pronoun(s) before the first verb:
Me lo quieren comprar.   *Lo estoy leyendo.*

Notice that the addition of a pronoun or pronouns may make a written accent necessary (see 6.5).

Use of *se* instead of *le* or *les*

When two object pronouns beginning with *l* are used together in Spanish, the indirect one always changes to *se*. Study the following sentence:

Quieren comprar un perro a Pepe.   They want to buy a dog for Pepe.

If both objects are replaced by pronouns, this sentence becomes:

Se lo quieren comprar.   They want to buy it for him.

Redundant *le*

The pronoun *le* is often added purely for emphasis, when it is not grammatically necessary:

Le dí el recado a Marisa.   I gave the message to Marisa.

le and *lo*

You may sometimes see *le* used instead of *lo* as a direct object pronoun, but only when it refers to a person, not a thing:

Pepe llegó. Lo/Le vi llegar.

but:

El tren llegó. Lo vi llegar.

4.1.3 Prepositional (disjunctive) pronouns

These are used after a preposition (e.g. *por, para, de, en*). The forms are the same as the subject pronouns except for the 1st and 2nd person singular, which are *mí* (note the accent to distinguish it from the possessive pronoun *mi* = my) and *ti*.

De ti depende que me quede o me vaya.   It's up to you whether I stay or go.
Puso su confianza en mí.   He put his trust in me.

A few prepositions are followed by the subject pronoun instead. These include *entre* (between, among) and *según* (according to):

Según tú   According to you
Entre tú y yo   Between you and me

With the preposition *con*, the 1st and 2nd person singular are joined on to give the forms *conmigo* and *contigo*.

Iré contigo al cine.   I'll go to the cinema with you.

Often, a prepositional pronoun is added for emphasis:

Nos escogieron a nosotros para el papel de los hermanos.   It was us they chose for the role of the two brothers.

4.1.4 Reflexive pronouns

These are used with reflexive verbs such as *lavarse*, or with ordinary verbs when they are used reflexively. Their forms are the same as the object pronouns (see the table in 4.1), except throughout the 3rd person where the forms are as follows: *se, sí* or *consigo*.

La niña se lava en el río.   The little girl washes herself in the river.

Se fue de la fiesta sin despedirse.   He left the party without saying goodbye.

For reflexive verbs see Section 5.6.

4.1.5 *Ello* – the neuter pronoun

This pronoun is so called not because it refers to a noun without gender (as you already know, all nouns are either feminine or masculine) but because it refers to something unspecific, such as a fact or an idea.

¡Olvídalo! No pienses en ello.   Forget it! Don't think about it.

4.2 *Possessive adjectives and pronouns*

Possessive pronouns and adjectives are used to indicate that something belongs to someone. The adjectives ('my', 'your'. etc.) are used with a noun while the pronouns ('mine', 'yours', etc.) stand alone.

Possessive adjectives

	Single thing		Plural things	
	masculine	feminine	masculine	feminine
yo	*mi*	*mi*	*mis*	*mis*
tú	*tu*	*tu*	*tus*	*tus*
él/ella/usted	*su*	*su*	*sus*	*sus*
nosotros/as	*nuestro*	*nuestra*	*nuestros*	*nuestras*
vosotros/as	*vuestro*	*vuestra*	*vuestros*	*vuestras*
ellos/ellas/ustedes	*su*	*su*	*sus*	*sus*

Possessive pronouns

	Single thing		Plural things	
	masculine	feminine	masculine	feminine
yo	*mío*	*mía*	*míos*	*mías*
tú	*tuyo*	*tuya*	*tuyos*	*tuyas*
él/ella/usted	*suyo*	*suya*	*suyos*	*suyas*
nosotros/as	*nuestro*	*nuestra*	*nuestros*	*nuestras*
vosotros/as	*vuestro*	*vuestra*	*vuestros*	*vuestras*
ellos/ellas/ustedes	*suyo*	*suya*	*suyos*	*suyas*

4.2.1 Agreement of possessive adjectives

Possessive adjectives tell us who or what something belongs to or is connected with. Like all adjectives, they agree in *gender* and *number* with the noun, but they also agree in person with the possessor. Thus, *tus* refers to several objects possessed by a single person (you) while *su* may refer to one object possessed either by one person (he or she) or by several people (they).

Spanish possessive adjectives are translated by 'my', 'your', 'her', etc.

Tus padres son muy amables.   Your parents are very kind.

Su amiga es muy parlanchina.   Their friend is very talkative.

Note that in Spanish the definite article, not the possessive adjective, is used to refer to parts of the body, clothes etc. Often, a reflexive verb is used to express the idea of possession or self where English uses 'my', 'your', etc.

Se lavó las manos.   S/he washed her/his hands.

4.2.2 Use of possessive pronouns

Like other pronouns, possessive pronouns are used instead of a noun when the meaning is clear or has already been defined. They are preceded by the definite article. Their English equivalents are 'mine', 'yours', 'ours', etc.

Mi perro tiene ocho años. Y el tuyo?   My dog is eight years old. What about yours?

(*mi* = possessive adjective, *el tuyo* = possessive pronoun)

The masculine singular form is used, preceded by the neuter pronoun *lo*, to refer to a fact or idea rather than a specific noun:

Lo mío son los deportes al aire libre.   Outdoor sports are my thing.

The possessive pronouns are also used occasionally as adjectives. In this case, they are placed after the noun and the definite article is not used:

Un tío mío ganó la lotería.   An uncle of mine won the lottery.

4.3 Demonstrative adjectives and pronouns

These are the equivalents of 'this/these', 'that/those'.

Demonstrative adjectives

	near	far	further
masculine singular	este	ese	aquel
feminine singular	esta	esa	aquella
masculine plural	estos	esos	aquellos
feminine plural	estas	esas	aquellas

Demonstrative pronouns

	near	far	further
masculine singular	éste	ése	aquél
feminine singular	ésta	ésa	aquélla
masculine plural	éstos	ésos	aquéllos
feminine plural	éstas	ésas	aquéllas
neuter	esto	eso	aquello

Note that the pronoun forms (not neater) have an accent to distinguish them from the adjectives.

Both *ese* and *aquel* can translate 'that' although *ese* is more common, being used to contrast with *este*. *Ese* can also be used to indicate an object which is relatively distant from the speaker but near to the listener whereas *aquel* would indicate an object which is distant from both the speaker and the listener.

Demonstrative adjectives always precede the noun.

Esta alumna es muy inteligente.	This pupil is very intelligent.
Aquel coche parece nuevo.	That car (over there) looks new.

Demonstrative pronouns refer to something or someone already defined or understood. They are never followed by a noun and they are never preceded by a definite or indefinite article:

Me gusta ésa.	I like that one.
Aquella medicina no me hacía ningún efecto, pero ésta es maravillosa.	That medicine didn't make me feel any better, but this one is wonderful.

(*aquella* = demonstrative adjective, *ésta* = demonstrative pronoun)

The neuter demonstrative pronouns *eso*, *esto* and *aquello* are used to refer to a general idea, statement or fact rather than a specific noun.

Esto de tu hermano me preocupa.	This business about your brother worries me.

4.4 Relative pronouns and adjectives

Relative pronouns are words like 'who' and 'which'. They replace nouns, just like other types of pronoun, but they also serve as a link between two clauses, or parts, of a sentence.

Relative adjectives (meaning 'whose') agree with the noun which follows them. They are not used very much in spoken Spanish.

	Pronouns	Adjectives
masc. sing.	(el) que (el) cual quien	cuyo
fem. sing.	(la) que (la) cual quien	cuya
neuter	(lo) que (lo) cual	
masc. plural	(los) que (los) cuales quienes	cuyos
fem. plural	(las) que (las) cuales quienes	cuyas

4.4.1 Relative pronouns

Que

Que is the most widely used and flexible relative pronoun. It can be preceded either by an article (*uno, los* etc.) or a noun but it never changes to agree in gender or number. It can be used as the subject or the direct object of a sentence.

Los profesionales que hicieron los diseños. (*que* = subject)	The professionals who did the designs.
Las flores que compramos en el mercado. (*que* = direct object)	The flowers (which) we bought in the market.

The definite article is often used with *que*.

El hombre del que te hablé ha comprado la finca.	The man (whom) I told you about has bought the estate.
La casa en la que vivía de pequeño.	The house in which I lived as a child.

Notice that the relative pronoun can often be omitted in English. In Spanish, however, it must **never** be omitted.

Quien

Quien and the plural *quienes* are used after a preposition when referring to people, not things.

La chica con quien me casé	The girl I married
Los chicos a quienes	The boys to whom you wrote
escribiste la carta	the letter

They are used less than the corresponding English 'who(m)', often being replaced by *el que, al que*, etc.

El cual/la cual/los cuales

These can be used as an alternative to the relative pronoun *que*. They are useful for avoiding ambiguity:

Los padres de mis amigos,	My friends' parents, who were
los cuales esperaban en el	waiting in the car, didn't
coche, no sospechaban nada.	suspect anything.

If *que* were used here, it would mean that my friends were waiting in the car.

Lo que/lo cual

These neuter pronouns refer to a general concept or a whole phrase, rather than a specific noun:

Me fui de la oficina a las	I left the office at four, which
cuatro, lo que me permitió	allowed me to arrive on time.
llegar a tiempo.	

Lo refers to the fact that 'I left the office at four'.

4.4.2 Relative adjectives

Cuyo

Cuyo translates 'whose'. It agrees with the noun which follows it, not with the one preceding it.

Luis, cuya madre estaba	Luis, whose mother was ill,
enferma, no vino a la fiesta.	didn't come to the party.

4.5 Indefinite pronouns and adjectives: some(one), something, any

Indefinite pronouns

These are words used to express 'someone' (*alguien*) or 'something' (*algo*).

¿Te gustaría algo de beber?	Would you like something to drink?
Alguien llamó por teléfono.	Someone phoned.
¿Había alguien en la cocina?	Was there anyone in the kitchen?

Algo and *alguien* can be used with another adjective, in which case the adjective is always masculine singular:

algo diferente	something different
alguien especial	someone special

Indefinite adjectives

These are used to express 'some' (*alguno*), 'any' (*cualquier*) or 'another' (*otro*).

Alguno has a shortened form *algún* in front of a masculine noun (see 2.2), and it can be plural. *Cualquier* does not change before a noun. The form *cualquiera* is used **after** a noun of either gender.

4.6 Interrogatives and exclamations

4.6.1 Interrogatives

Interrogatives are words like 'what?', 'who?' and 'when?' used for forming questions. They always have an accent in Spanish, even if the question is indirect.

¿Qué? ¿Cuál?

¿Qué? can be used as an adjective, translating as either 'which?' or 'what?'.

¿Qué flor es tu favorita?	Which is your favourite flower?

¿Qué? and *¿cuál?* can both be used as pronouns (standing alone, in place of a noun). *¿Cuál?* is used to request specific information or for a choice:

¿Cuál prefieres, el rosa	Which one do you prefer,
o el verde?	the pink one or the green one?

¿Qué? requests general information or a definition.

¿Qué es la felicidad?	What is happiness?

¿Quién?

The interrogative *¿qué?* can only refer to people when it is used as an adjective:

¿Qué chica?	What girl?

Otherwise *¿quién?* is the only choice for people:

¿Quién me puede decir	Who can tell me what
lo que pasó?	happened?

¿Cuánto?

The singular forms *¿cuánto?* and *¿cuánta?* translate 'how much?' (for uncountable nouns, e.g. butter) while the plural forms *¿cuántos?* and *¿cuántas?* translate 'how many?' (for countable nouns, e.g. apples).

¿Cuánta agua has	How much water have you spilt?
derramado?	
¿Cuántos hombres	How many men were injured?
resultaron heridos?	

¿Cuándo? ¿Cómo? ¿Por qué? ¿(A)Dónde?

The English equivalents of these adverbs are 'when?', 'why?' and 'where?'; *¿adónde?* (never split; always has an accent) means 'where to?' and is used with verbs of movement.

¿Dónde estamos?	Where are we?

but:

¿Adónde nos llevas?	Where are you taking us to?

Note that *¿por qué?* is used in questions – whether direct or indirect. *Porque* means 'because' and is used in the answer to such questions. *El porqué* means 'the reason'.

Dime por qué no quieres	Tell me why you don't want
hablar conmigo.	to talk to me.
Quiero saber el porqué	I want to know the reason
de tu silencio.	for your silence.

Notice that the interrogative is always accented even if the question itself is indirect or just implied:

Dime qué quieres.	Tell me what you want.
Nunca se supo quién tuvo la culpa.	It was never discovered who was to blame.

4.6.2 Exclamations

Common exclamative words are *¡qué . . . !, ¡quién . . . !, ¡cómo . . . !* and *¡cuánto/a/os/as . . . !*. Like interrogatives, they always have an accent.

¡Qué guapo es!	How good-looking he is!
¡Cómo corre!	How fast he runs!
¡Cuánta comida!	What a lot of food!

If the adjective follows the noun, *más* or *tan* are added:

¡Qué chico más guapo!	What a good-looking boy!

4.7 *Negatives*

The simplest way of forming the negative in Spanish is to place the word *no* before the verb:

¿No te gusta la tortilla de patatas?	Don't you like Spanish omelette?

The following negatives can be used together with *no*:

no . . . nunca or *no . . . jamás*	never/not . . . ever
no . . . nada	nothing/not . . . anything
no . . . nadie	nobody/not . . . anybody

No usually stands before the verb and the other negative word follows the verb (i.e. there is a double negative):

No me dijo nada.	He told me nothing/He didn't tell me anything.
No ha venido nadie.	Nobody has come.

The negative is sometimes put before the verb instead (especially if it is the subject), in which case *no* is omitted.
Nadie ha venido.

Two or more negatives can be used in the same Spanish sentence:

Nunca dijo nada a nadie de su enfermedad.	He never told anybody anything about his illness.

Ni . . . ni (neither . . . nor)

Ni sales de paseo ni ves la televisión: hoy haces los deberes.	You will neither go out nor watch T.V.: today you'll do your homework.

Tampoco (neither)

This is the negative equivalent of *también*. It is an economical way of expressing what is sometimes a whole phrase in English.

A mí no me dijo nada, ¿y a vosotros?	He said nothing to me. Did he say anything to you?
A nosotros, tampoco.	No, he didn't say anything to us either. (lit. 'No, neither.')

5 *Verbs*

5.1 *The infinitive*

Verbs in Spanish are categorised according to the ending of the infinitive. There are three categories or 'conjugations': the first conjugation consists of all verbs ending in *-ar*; the second of all those ending in *-er* and the third of those ending in *-ir*.

5.1.1 Use of the infinitive

The infinitive in Spanish is used after another verb to translate 'to (do something)':

Quiero viajar por todo el mundo.	I want to travel all over the world.

It is used in impersonal commands:

Empujar	Push
No fumar	Do not smoke

It is also used after another verb where English uses the gerund (the '-ing' form):

Me encanta bailar.	I love dancing.

5.1.2 Verbs used with the infinitive

Certain verbs combine with the infinitive to produce commonly used structures such as 'have to', 'be able to', etc. The following are examples of the most useful of these.

- *Poder* + infinitive = be able to do something
No pudimos ir.	We couldn't go.
- *Deber* + infinitive = must/should do something
Debe visitarla.	He/she/you should visit her.
- *Deber (de)* + infinitive = must (deduction)
Debe de estar enamorado.	He must be in love.
- *Tener que* + infinitive = have to do something
Tuvimos que pagar.	We had to pay.
- *Hay que* + infinitive = have to do something

This last is also used to mean 'must' or 'have to' but in an impersonal sense:

¿Hay que pagar?	Do we/does one/do you have to pay?

See 4.1.2 for the position of object pronouns with the infinitive.

5.2 *Participles and the gerund*

The Spanish past participle, present participle ('-ing' form used as an adjective) and gerund ('-ing' form used as a noun) are as follows:

	Past participle		Present participle		Gerund	
-ar verbs	-ado	cantado	-ante	cantante	-ando	cantando
-er verbs	-ido	corrido	-iente	corriente	-iendo	corriendo
					-yendo	cayendo
-ir verbs	-ido	vivido	-iente	viviente	-iendo	viviendo

5.2.1 Use of participles and the gerund

The past participle of many verbs can also be used as an adjective. In this case, it agrees with the noun:

Es una idea muy extendida hoy en día.	It's a very commonly held idea nowadays.

Present participles are far less common. They agree with the noun like other adjectives:

Hay agua corriente.	There is running water.
Los párrafos siguientes	The following paragraphs

The gerund is used only as a verb, never as an adjective, so its ending never changes. Remember that pronouns are joined to the end of the gerund (see 4.1.2):

Su madre estaba diciéndole que hiciera los deberes.	His mother was telling him to do his homework.

5.3 *Tenses of the indicative*

5.3.1 The simple present tense

Regular verbs

The present indicative of regular verbs is formed by adding the following endings to the stem of the verb:

-ar verbs		-er verbs		-ir verbs	
	mirar		**comer**		**vivir**
-o	miro	-o	como	-o	vivo
-as	miras	-es	comes	-es	vives
-a	mira	-e	come	-e	vive
-amos	miramos	-emos	comemos	-imos	vivimos
-áis	miráis	-éis	coméis	-ís	vivís
-an	miran	-en	comen	en	viven

Verbs which change their spelling

In order to keep the same sound as the infinitive throughout their various forms, some verbs have to change their spelling in accordance with the rules for spelling in Spanish. Here are some of the changes which occur in the present indicative:

from *g* to *j* (before *a* or *o*)
coger – to get, to catch
(yo) cojo but (tú) coges

from *gu* to *g* (before *a* or *o*)
extinguir – to extinguish
(yo) extingo but (tú) extingues

from *i* to *y* (when unaccented and between vowels)
construir – to build
(yo) construyo but (nosotros) construimos

See page 218 for tables of spelling-change verbs.

Radical-changing verbs

In radical-changing verbs (or 'stem-change verbs'), the last vowel in the stem changes. This change affects all the forms of the present indicative except the 1st and 2nd person plural:

from *e* to *ie*
empezar – to begin
empiezo, empiezas etc. but empezamos, empezáis

from *o* to *ue*
encontrar – to find/to meet
encuentro, encuentras etc. but encontramos, encontráis

from *e* to *i*
pedir – to ask for
pido, pides but pedimos, pedís

See page 216 for tables of radical-changing verbs.

Irregular verbs

These vary in their degree of irregularity, some having only one irregular form and others being almost entirely irregular. The most common irregular verbs are:

ser – to be

soy	somos
eres	sois
es	son

ir – to go

voy	vamos
vas	vais
va	van

haber – to have (used to form the perfect tense)

he	hemos
has	habéis
ha	han

Some verbs are irregular in the 1st person singular of the present indicative:

g added
salir – to go out
(yo) salgo, but *(tú) sales* etc.

c changes to *g*
hacer – to do, to make
(yo) hago, but *(tú) haces* etc.

ig added
caer – to fall
(yo) caigo but *(tú) caes* etc.

z added (verbs ending in *-ecer, -ocer, -ucir*)
traducir – to translate
(yo) traduzco but *(tú) traduces* etc.

See page 220 for tables of irregular verbs.

Use of the simple present

a To denote an action currently in progress:
Leo un libro. I am reading a book.

b To denote a regular or repeated action or a habit:
Los miércoles visito a On Wednesdays I visit my aunt.
mi tía.

c To express an action or state which began in the past and is still in progress (for which the perfect tense is used in English):
Vivo en Madrid desde I have lived in Madrid
hace diez años. for ten years.
No disfruto de la vida I haven't enjoyed myself since she
desde que ella me left me.
abandonó.

d For dramatic effect or to give immediacy to a past event (this usage is called the historic present):
Abro la puerta y entro en I opened the door and went into
la habitación. ¡De repente the room. Suddenly, I realised
me doy cuenta de que no that I was not alone!
estoy solo!
En 1942, el gran actor In 1942, the great actor played
encarna a Hamlet por Hamlet for the first time.
primera vez.

e To denote actions in the immediate future:
Esta tarde voy al cine. This afternoon I am going to the cinema.

f As a milder alternative to the imperative:
Mañana vas a la tienda Tomorrow you're going to the
y te compras un regalo. shop and buying yourself a present.

5.3.2 The present continuous

This tense is formed from the present indicative of the verb *estar* + gerund. It is used in a similar way to its English equivalent ('to be' + -ing) but is less common.

The ordinary present can be used when there is no special emphasis on the continuity of the action:
Leo una revista. I am reading a magazine.

The present continuous should be used when such emphasis is required:
Estoy leyendo el informe I'm (busy) reading the report
y no puedo atender a nadie. (right now) and can't see anyone.

5.3.3 The preterite tense
Regular verbs
The preterite, or simple past tense, of regular verbs is formed by adding the following endings to the stem:

-ar verbs		-er verbs		-ir verbs	
	mirar		*comer*		*vivir*
-é	miré	-í	comí	-í	viví
-aste	miraste	-iste	comiste	-iste	viviste
-ó	miró	-ió	comió	-ió	vivió
-amos	miramos	-imos	comimos	-imos	vivimos
-asteis	mirasteis	-isteis	comisteis	-isteis	vivisteis
-aron	miraron	-ieron	comieron	-ieron	vivieron

Examples of verbs which change their spelling
from *c* to *qu* (before *e*)
sacar – to take out
(yo) saqué but *(tú) sacaste* etc.

from *u* to *ü* (before *e*)
averiguar – to find out
(yo) averigüé but *(tú) averiguaste* etc.

from *g* to *gu* (before *e*)
pagar – to pay
(yo) pagué but *(tú) pagaste* etc.

from *i* to *y* (*caer, creer, leer, oir, -uir* verbs)
creer – to believe
(yo) creí etc. but *(él) creyó, (ellos) creyeron*

from *z* to *c* (before *e*)
comenzar – to start
(yo) comencé but *(tú) comenzaste* etc.

from *gü* to *gu* (before *y*)
argüir – to argue
(yo) argüí etc. but *(él) arguyó, (ellos) arguyeron*

Radical-changing verbs
Verbs affected are those ending in *-ir*, in the 3rd person singular and plural, e.g.

from *o* to *u*
morir – to die *murió, murieron*

from *e* to *i*
mentir – to lie *mintió, mintieron*

Irregular verbs

The verbs *ser* (to be) and *ir* (to go) have the same irregular forms in the preterite tense:

fui	fuimos
fuiste	fuisteis
fue	fueron

Verbs with patterns similar to *ser* and *ir*:

dar	dí	dimos
	diste	disteis
	dio	dieron
ver	vi	vimos
	viste	visteis
	vio	vieron

A few verbs with irregular stems, endings in *-uv-* and unstressed endings in the 1st and 3rd person plural:

	andar	estar	tener
-uve	anduve	estuve	tuve
-uviste	anduviste	estuviste	tuviste
-uvo	anduvo	estuvo	tuvo
-uvimos	anduvimos	estuvimos	tuvimos
-uvisteis	anduvisteis	estuvisteis	tuvisteis
-uvieron	anduvieron	estuvieron	tuvieron

A larger group of verbs also with irregular stems and unstressed endings in the 1st and 3rd person plural, e.g.

haber – hube	hacer – hice
poder – pude	querer – quise
saber – supe	venir – vine

See page 220 for tables of irregular verbs.

Use of the preterite

The preterite is used:

a To denote actions or states started and completed in the past:
La semana pasada fui a Sevilla. — Last week I went to Seville.

b To denote actions or states with a finite duration in the past:
Pasamos tres años en África. — We spent three years in Africa.

5.3.4 The imperfect

The imperfect tense is one of the simplest in Spanish. There are no radical-changing verbs or verbs with spelling changes, and there are only three irregular verbs.

Regular verbs

The imperfect is formed by adding the following endings to the stem:

-ar verbs		-er verbs		-ir verbs	
	mirar		*comer*		*vivir*
-aba	miraba	-ía	comía	-ía	vivía
-abas	mirabas	-ías	comías	-ías	vivías
-aba	miraba	-ía	comía	-ía	vivía
-ábamos	mirábamos	-íamos	comíamos	-íamos	vivíamos
-abais	mirabais	-íais	comíais	-íais	vivíais
-aban	miraban	-ían	comían	-ían	vivían

Irregular verbs

These verbs are irregular in the imperfect tense:

ser	*ir*	*ver*
era	iba	veía
eras	ibas	veías
era	iba	veía
éramos	íbamos	veíamos
erais	ibais	veíais
eran	iban	veían

Use of the imperfect

a To set the scene or mood in a narrative:
Era primavera. — It was springtime.

b To express duration over a long or indefinite period:
Esperaba una llamada. — He was waiting for a call.

c To describe a continuous action or state in the past:
Juan leía el periódico. — Juan was reading the newspaper.

d To denote a regular or repeated state or action in the past:
Cada semana, visitábamos a nuestra abuela y muchas veces íbamos al cine con ella. — Every week we used to visit our grandmother and often we would go to the cinema with her.

e To describe an incomplete or interrupted action in the past:
Mientras me duchaba, sonó el teléfono. — While I was having a shower, the phone rang.

f In polite requests:
Quería pedirle un favor. — I'd like to ask you a favour.

5.3.5 The imperfect continuous

This tense is formed from the imperfect of *estar* + gerund.

Estabas buscando en el lugar equivocado. — You were looking in the wrong place.

It is used to establish an action which was taking place when another action occurred:

Estaba haciendo la cena cuando empezó la tormenta. — I was preparing dinner when the storm started.

5.3.6 The perfect tense

This is a compound tense, formed with the present tense of *haber* (called the auxiliary verb) and the past participle. These two components must never be separated. Pronouns are always placed before the verb, not the past participle:

Te lo han dicho muchas veces.	They have told you about it many times.

Regular verbs

-ar verbs	-er verbs	-ir verbs
mirar	***comer***	***vivir***
he mirado	*he comido*	*he vivido*
has mirado	*has comido*	*has vivido*
ha mirado	*ha comido*	*ha vivido*
hemos mirado	*hemos comido*	*hemos vivido*
habéis mirado	*habéis comido*	*habéis vivido*
han mirado	*han comido*	*han vivido*

Irregular past participles of irregular verbs

caer – caído	*dar – dado*
decir – dicho	*hacer – hecho*
leer – leído	*poner – puesto*
satisfacer – satisfecho	*traer – traído*
ver – visto	

Irregular past participles of otherwise regular verbs

abrir – abierto	*cubrir – cubierto*
escribir – escrito	*morir – muerto*
romper – roto	*volver – vuelto*

Use of the perfect tense

It usually corresponds to the English perfect tense:

¿Qué has hecho hoy?	What have you done today?
He ido de compras.	I have been shopping.

There are two important exceptions.

a With expressions of time ('how long...') Spanish uses the present tense instead:

¿Cuánto hace que esperas?	How long have you been waiting?

b To translate 'have just...' the present tense of *acabar de...* is used:

El autobús acaba de llegar.	The bus has just arrived.

5.37 The perfect infinitive

This is formed with the infinitive *haber* plus the appropriate past participle.

Tengo que haberlo hecho para las dos.	I have to have done it by two o'clock.
Es un gran alivio haberlo terminado.	It's a great relief to have finished it.

5.3.8 The pluperfect

This is formed with the imperfect of the auxiliary *haber* and the past participle of the verb. It translates 'had' + past participle.

había mirado	*habíamos mirado*
habías mirado	*habíais mirado*
había mirado	*habían mirado*

Just like the pluperfect in English, it describes an action or state which occurred before another past action:

Ellos ya habían comido cuando ella llegó.	They had already eaten when she arrived.

The same two exceptions apply as for the Spanish perfect tense:

a With expressions of time ('how long...') the imperfect tense is used instead:

¿Cuánto hacía que esperabas?	How long had you been waiting?

b To translate 'had just...' the imperfect tense of *acabar de...* is used:

El autobús acababa de llegar.	The bus had just arrived.

5.3.9 The future tense

There is only one set of endings to form the future tense. They are added to the infinitive as follows.

Regular verbs

	-ar verbs	-er verbs	-ir verbs
-é	*miraré*	*comeré*	*viviré*
-ás	*mirarás*	*comerás*	*vivirás*
-á	*mirará*	*comerá*	*vivirá*
-emos	*miraremos*	*comeremos*	*viviremos*
-éis	*miraréis*	*comeréis*	*viviréis*
-án	*mirarán*	*comerán*	*vivirán*

Irregular verbs

Some verbs have irregular future forms but the irregularities are always in the stem, never in the endings, e.g.

hacer – to do, to make	*haré, harás* etc.
querer – to want	*querré, querrás* etc.
decir – to say	*diré, dirás* etc.
saber – to know	*sabré, sabrás* etc.
tener – to have	*tendré, tendrás* etc.

See page 220 for tables of irregular Spanish verbs.

Use of the future tense

To talk about future actions or states:

Vendré a visitarte el lunes.	I'll come to see you on Monday.

To express an obligation:

No matarás.	You shall not kill.

To express assumption, probability or surprise:

Será que no le gusta el color rosa.	I suppose he doesn't like pink.

¿Qué querrá decir eso?	What on earth can that mean?
¡Será tonto!	He must be stupid!

Do not use the future tense to translate 'will' or 'shall' if the meaning is willingness or a request. Use the present tense of *querer* instead:

Will you open the door?	*¿Quieres abrir la puerta?*
She won't do anything.	*No quiere hacer nada.*

5.3.10 The future perfect

This tense is formed with the future form of the auxiliary *haber* and the past participle of the verb.

habré visto	*habremos visto*
habrás visto	*habréis visto*
habrá visto	*habrán visto*

Its usage is similar to the future perfect in English:

A las cuatro ya habré	I will have finished my homework
terminado los deberes.	by four o'clock.

5.3.11 The conditional

The conditional is formed by adding one set of endings to the future stem. All verbs with irregular future stems keep the same irregularities in the conditional tense.

	comer
-ía	comería
-ías	comerías
-ía	comería
-íamos	comeríamos
-íais	comeríais
-ían	comerían

Use of the conditional

To indicate a condition, whether stated or implied:

Si me lo pidiera, me iría	It she asked me, I would go
con ella.	with her.
¿Sería buena idea	Would it be a good idea to leave
marcharnos de aquí?	this place?

To refer to a future action expressed in the past:

Dijeron que volverían.	They said they would return.

To indicate assumption or probability in the past:

Serían las cuatro cuando	It must have been four o'clock
llamó	when he phoned.

Translation of 'would'

Do not use the conditional tense to translate 'would' if the meaning is willingness or a request. Use the imperfect tense of *querer* instead:

He wouldn't open the door.	*No quería abrir la puerta.*

Do not use the conditional tense to translate 'would' if the meaning is a habitual action in the past ('used to ...'). Use the imperfect tense of the verb or the

imperfect tense of the verb *soler* and the infinitive of the verb:

We would visit our	*Solíamos visitar/visitábamos a*
grandmother every week.	*nuestra abuela cada semana.*

5.3.12 The conditional perfect

The conditional perfect tense is formed with the conditional of *haber* and the past participle of the verb.

habría mirado	*habríamos mirado*
habrías mirado	*habríais mirado*
habría mirado	*habrían mirado*

It translates the English 'would have (done)'. In Spanish it often occurs in the same sentence as the pluperfect subjunctive:

No lo habría tirado si	I wouldn't have thrown it away
hubiera conocido su valor	had I known its sentimental value.
sentimental.	

5.4 *The subjunctive*

All the tenses studied so far belong to the indicative 'mood'. The subjunctive is not a tense, but another verbal mood. Although rare in English (e.g. 'If I were you ...'), the subjunctive is used extensively in Spanish.

5.4.1 The present subjunctive

To form this tense, take the 1st person singular of the present indicative, remove the final *o* and add the following endings:

-ar verbs		-er verbs		-ir verbs	
	mirar		*comer*		*vivir*
-e	mire	-a	coma	-a	viva
-es	mires	-as	comas	-as	vivas
-e	mire	-a	coma	-a	viva
-emos	miremos	-amos	comamos	-amos	vivamos
-éis	miréis	-áis	comáis	-áis	viváis
-en	miren	-an	coman	-an	vivan

Examples of verbs which change their spelling

from *g* to *j* (before *a* or *o*)

coger – to get, to catch	*coja, cojas* etc.

from *gu* to *g* (before *a* or *o*)

extinguir – to extinguish	*extinga, extingas* etc.

from *i* to *y* (when unaccented and between vowels)

construir – to build	*construya, construyas* etc.

from *z* to *c* (before *e*)

cruzar – to cross	*cruce, cruces* etc.

from *g* to *gu* (before *e*)

pagar – to pay	*pague, pagues* etc.

Radical-changing verbs

These are the same as in the present indicative:

e becomes *ie*

empezar	*empiece, empieces* etc.

o becomes *ue*

encontrar	*encuentre, encuentres* etc.

e becomes *i*

pedir	*pida, pidas* etc.

Irregular verbs

Many verbs which are apparently irregular in the present subjunctive can be considered regular if you remember that their stem is the 1st person singular of the present indicative:

hacer (hago): haga, hagas etc.
tener (tengo): tenga, tengas etc.
caer (caigo): caiga, caigas etc.
nacer (nazco): nazca, nazcas etc.

Others have an irregular stem:

haber: haya, hayas etc.   *ir: vaya, vayas* etc.

For a more detailed list of irregular verbs, see page 220.

5.4.2 The imperfect subjunctive

There are two forms of the imperfect subjunctive. They are almost entirely interchangeable but the *-ra* form is more common and is sometimes also used as an alternative to the conditional tense.

To form either one, take the 3rd person plural of the preterite, remove *-ron* and add the following endings.

Regular verbs

	-ar verbs	-er verbs	-ir verbs
	mirar	*comer*	*vivir*
-ra, -se	*mirara/ mirase*	*comiera/ comiese*	*viviera/ viviese*
-ras, -ses	*miraras/ mirases*	*comieras/ comieses*	*vivieras, vivieses*
-ra, -se	*mirara/ mirase*	*comiera, comiese*	*viviera/ viviese*
-ramos, -semos	*miráramos/ mirásemos*	*comiéramos/ comiésemos*	*viviéramos/ viviésemos*
-rais, -seis	*mirarais/ miraseis*	*comierais/ comieseis*	*vivierais/ vivieseis*
-ran, -sen	*miraran/ mirasen*	*comieran/ comiesen*	*vivieran/ viviesen*

Spelling-change, radical-changing and irregular verbs

All irregularities in the imperfect subjunctive follow those in the 3rd person plural of the preterite. For more details of irregular verbs, see page 216.

5.4.3 The perfect and pluperfect subjunctives

The formation of these two tenses is straightforward. The perfect is formed with the present subjunctive of the auxiliary *haber* plus the past participle. The pluperfect is formed with the imperfect subjunctive of *haber* plus the past participle.

Perfect	Pluperfect
haya mirado	*hubiera/hubiese mirado*
hayas mirado	*hubieras/hubieses mirado*
haya mirado	*hubiera/hubiese mirado*
hayamos mirado	*hubiéramos/hubiésemos mirado*
hayáis mirado	*hubierais/hubieseis mirado*
hayan mirado	*hubieran/hubiesen mirado*

5.4.4 Use of the subjunctive

The subjunctive is used very widely in Spanish. It is required after verbs of emotion, verbs expressing desires or doubts – or possibility/impossibility – and verbs giving commands or advice. It is also used in a range of impersonal expressions and when talking about the future.

To influence others (*querer, permitir, mandar, ordenar, prohibir, impedir*):

Quiero que vengas a mi casa.	I want you to come to my house.
No permitas que lo sepan.	Don't allow them to find out.

To express personal preferences, likes, dislikes (*gustar, odiar, disgustar, alegrarse, parecer*):

No me gusta que te comas las uñas.	I don't like you biting your nails.

To convey feelings of hesitation, fear or regret (*dudar, temer, sentir, esperar*):

Siento que hayas tenido que esperar tanto.	I'm sorry you've had to wait for so long.

To express doubts and tentative possibilities:

Puede que lo hayan cambiado de lugar.	It's possible that they've put it somewhere else.

In various impersonal expressions after adjectives (*importante, posible, necesario, imprescindible, preferible*):

Es importante que los niños coman verduras.	It's important that children eat vegetables.

After expressions indicating purpose – 'so that . . .', 'in order to . . .' (*para que, con tal que, a fin de que, con el propósito de que*):

Ayer fue a la costurera para que le tomaran las medidas.

Yesterday she went to the dressmaker's to be measured.

After expressions introducing a future action (*cuando, antes de que, en cuanto, mientras, tan pronto como, hasta que, después de que, una vez que, así que*):

Cuando te hayas terminado la cena

When you've finished your supper

After expressions implying concessions or conditions – 'provided that ...', 'unless ...' (*siempre que, en vez de que, con tal de que, a condición de que, de modo que, de manera que, en [el] caso de que, a menos que, a no ser que, sin que*):

Vendrás conmigo siempre que me prometas que te comportarás.

You can come with me as long as you promise me that you'll behave.

After *ojalá*:

Ojalá que haga sol el día de la boda.

I do hope it will be sunny on the day of the wedding.

In certain set phrases:

pase lo que pase	come what may
digan lo que digan	whatever they may say
sea como sea	one way or another

After words ending in *-quiera* (= '-ever'):

Cualquiera que haya estudiado matemáticas sabe cómo calcularlo.

Anyone who (whoever) has studied maths knows how to work it out.

Negative sentences

Verbs of thinking, believing and saying which are followed by the indicative when positive take the subjunctive instead when the meaning is negative. This is because of the greater element of doubt or uncertainty:

Creo que lo consigue.	I think he'll make it.
No creo que lo consiga.	I don't think he'll make it.

Sequence of tenses in the subjunctive

This table shows which tense to use when a negative sentence requires the subjunctive.

Indicative	Subjunctive
Creo que lo consigue (present)	*No creo que lo consiga* (present)
Creo que lo conseguirá (future)	
Creo que lo consiguió (preterite)	*No creo que lo consiguiera* (imperfect)
Creí que lo conseguía (imperfect)	*No creí que lo consiguiera* (imperfect)
Creía que lo conseguiría (conditional)	*No creía que lo consiguiera* (imperfect)
Creo que lo ha conseguido (perfect)	*No creo que lo haya conseguido* (perfect)
Creo que lo habrá conseguido (future perfect)	
Creía que lo había conseguido (pluperfect)	*No creía que lo hubiera conseguido* (pluperfect)
Creía que lo habría conseguido (conditional perfect)	

'If I were ...', 'If I had ...' + past participle

These English structures can be translated using the corresponding tense in Spanish.

a 'If I were ...' is translated by the imperfect subjunctive:

If I were to win the lottery, I would go to the Bahamas.

Si ganara la lotería, me iría a las Bahamas.

b 'If I had ...' + past participle is translated by the pluperfect subjunctive:

If I had known, I wouldn't have gone to the meeting.

Si lo hubiera sabido, no habría ido a la reunión.

5.5 *The imperative*

This is the form of the verb used to give orders and commands (you), to express 'let's ...' (we) and 'may he/she/they ...' or 'let him/her/them ...' (3rd person forms). It is relatively easy to form because it is almost identical to the present subjunctive.

Positive imperative

To make the *tú* form, remove the final *s* from the present indicative *tú* form. To make the *vosotros* form, remove the final *r* from the infinitive and add *d*. All the other forms are the same as the present subjunctive:

(tú)	¡Corre!	Run!
(él, ella)	¡Corra!	Let him/her run!
(usted)	¡Corra!	Run!
(nosotros)	¡Corramos!	Let's run!
(vosotros)	¡Corred!	Run!
(ellos, ellas)	¡Corran!	Let them run!
(ustedes)	¡Corran!	Run!

Irregular verbs – *tú* form

decir – di	*hacer – haz*
ir – ve	*poner – pon*
salir – sal	*ser – sé*
tener – ten	*venir – ven*

Negative imperative

The negative forms are all the same as the present subjunctive:

(tú)	*¡No corras!*	Don't run!
(él, ella)	*¡No corra!*	Don't let him/her run!
(usted)	*¡No corra!*	Don't run!
(nosotros)	*¡No corramos!*	Let's not run!
(vosotros)	*¡No corráis!*	Don't run!
(ellos, ellas)	*¡No corran!*	Don't let them run!
(ustedes)	*¡No corran!*	Don't run!

Imperatives with object pronouns

Remember that object pronouns must be attached to the end of the positive imperative but must precede the negative imperative. See 4.1.2 for details. Two points to note are:

a The *nosotros* form drops the final *s* when the reflexive pronoun *nos* is added:
levantemos + nos = levantémonos

2 The *vosotros* form drops the final *d* when the reflexive pronoun *os* is added:
levantad + os = levantaos

The only exception to this is *idos* from the verb *irse* (to go away).

Use of the infinitive for commands

Remember that the infinitive is used instead to express impersonal negative commands:
No fumar.   Do not smoke.

5.6 *Reflexive verbs*

To form a reflexive verb the reflexive pronoun is used. It is attached to the end of the infinitive, gerund and positive imperative and is placed before other forms. See 4.1 for reflexive pronouns.

Some verbs are only used reflexively when they express a true reflexive meaning (action to oneself):
Me vestí.   I dressed myself. (reflexive)
but:
Vistió a la niña.   She dressed the little girl. (non-reflexive)

Nos hicimos mucho daño.   We hurt ourselves badly. (reflexive)
but:
Hicimos daño a María.   We hurt Maria. (non-reflexive)

Some verbs modify their meaning when they are made reflexive:

dormir to sleep	*dormirse* to fall asleep
llevar to carry, to wear	*llevarse* to take away

A few verbs are always reflexive in form although they have no true reflexive meaning:

atreverse to dare	*quejarse* to complain
quedarse to stay	

Reciprocal meaning

You can also use the reflexive form to translate 'each other':
Nos escribimos.   We wrote to each other.

Passive meaning

The reflexive pronoun *se* is often used in Spanish as an alternative to the passive (see 5.7 below).

5.7 *The passive*

The sentences so far have all been 'active': the subject of the verb performs the action and the direct object receives this action (e.g. 'that boy broke the window'). In a passive sentence it is the grammatical subject which receives the action of the verb (e.g. 'the window was broken by that boy'). Forming the passive in Spanish is simple because the structure is the same as in English: use the appropriate form of *ser* (to be) plus the past participle and put the doer or 'agent' if any (here: 'the boy') after *por* (by).

Some passive sentences have an agent:
La ley fue abolida   The law was abolished
por el Parlamento.   by Parliament.

Others do not:
La carretera fue asfaltada The road was asphalted
la semana pasada.   last week.

However, the passive is used far less in Spanish than in English. There are various preferred alternatives to express a passive meaning:

a Make the verb active but rearrange the words in order to keep the same emphasis.
La puerta la abrió mi madre.
(Notice that a direct object pronoun is required.)

b Use the reflexive pronoun *se* – this is a frequently used construction, especially in announcements and notices:
Se habla español.   Spanish is spoken.

c Use an unspecified 3rd person plural, just like the English equivalent:
Dicen que tiene mucho   They say he has a lot of money.
dinero.

5.8 Ser *and* estar

Both these verbs mean 'to be' so it is important to use them correctly. Although there are some grey areas, in general there are clear distinctions in their areas of usage.

5.8.1 *Ser*

Ser is used:
With adjectives and adjectival phrases to indicate inherent or permanent characteristics:

Pedro es alto.	Pedro is tall.
La nieve es blanca.	Snow is white.
Estos zapatos son de cuero.	These shoes are made of leather.

To indicate ownership, nationality, religion and occupation:

Este libro es mío.	This book is mine.
Iván es colombiano:	Iván is Colombian.
es de Bogotá.	he's from Bogotá.
Ella es musulmana.	She's a Muslim.
Mi padre es profesor.	My father is a teacher.

With the past participle to form the passive (see 5.7).

In expressions of time:

Son las ocho de la tarde.	It's eight o'clock in the evening.
Era invierno.	It was wintertime.

In impersonal expressions:

Es necesario que . . .	It is necessary that . . .
Es posible que . . .	It is possible that . . .

5.8.2 *Estar*

Estar is used:
With adjectives to express temporary states and conditions, marital status and whether something is alive or dead:

Esta falda está sucia.	This skirt is dirty.
Inés estaba triste.	Inés was sad.
but	
Cuando era pequeño . . .	When I was little . . .
"¿Está casada?"	Are you married?
"No, estoy soltera."	No, I'm single.
Esas flores ya están muertas.	Those flowers are already dead.

To indicate position and geographical location:

Está en la cocina.	He's in the kitchen.
Madrid está en España.	Madrid is in Spain

With the gerund to form continuous tenses:

Estaba tocando la guitarra.	He was playing the guitar.
Estaré esperándote.	I will be waiting for you.

With participles to indicate a state:

Está rodeado de gente que no conoce.	He is surrounded by people he doesn't know.

Some adjectives can be used with either *ser* or *estar* with different nuances:

Ramón es elegante.	Ramón is an elegant man.
Ramón está elegante.	Ramón looks elegant (tonight).

Some adjectives have clearly different meanings when used with *ser* or *estar*:

	with *ser*	with *estar*
aburrido	boring	bored
bueno	good, tasty (food)	well, healthy
cansado	tiring, tiresome	tired
listo	clever	ready
malo	bad	ill, gone off (food)
nuevo	newly made/acquired	unused
vivo	lively	alive

5.9 *Impersonal verbs*

Some Spanish verbs are used in phrases which have no subject (in English, the equivalent phrases sometimes use 'it'), e.g. weather expressions:

llover to rain	*llovía* it was raining
nevar to snow	*nieva en la Sierra Nevada* it's snowing in the Sierra Nevada

Several phrases use *hacer*:

hacer buen tiempo	to be good weather
Hace buen tiempo.	It's nice weather/it's a nice day.
hacer frío/calor	to be cold/hot (weather, not person)
Hará frío.	It will be cold.

5.10 *Using* hace *to express time*

Hace and *desde hace* are used to express actions which have been going on for a certain length of time.

¡Hace dos meses que no me llamas!	You haven't rung me for two months!
Pienso en ti desde hace dos horas.	I've been thinking about you for two hours.

NB the use of the present tense to indicate the action is still happening.

6 *Miscellaneous*

6.1 *Prepositions*

Prepositions are placed before nouns or pronouns and link them to other parts of the sentence.

Spanish prepositions include:
a, ante, bajo, con, contra, de, desde, en, entre, hacia, hasta, para, por, según, sin, sobre.

Although some prepositions are straightforward to translate into English, others can cause difficulty. Here are some of the commonest ones and their uses.

a

direction or movement
Voy a Sevilla. — I am going to Seville.

a specific point in time
A las nueve de la noche — At nine o'clock in the evening

a place where . . .
Me esperaba a la puerta del cine. — He was waiting for me at the entrance to the cinema.

en

movement into
Entraba en la sala. — She was coming into the room.

a place in which . . .
Estoy en la oficina. — I am in the office.

a period of time
En verano — in summer

Remember that the days of the week and dates do not need prepositions:
Te veré el lunes. — See you on Monday.
Iremos el catorce de julio. — We'll go on the 14th of July.

sobre

position – on
El libro está sobre la mesa. — The book is on the table.

position – over
Hay pájaros volando sobre el tejado. — There are birds flying over the roof.

about (concerning)
Escribe sobre problemas sociales. — She writes about social problems.

about (approximately)
Llegaremos sobre las diez. — We'll arrive at about ten.

en can also mean 'on' (e.g. *en la mesa*) but *sobre* is often preferable because it is more precise. Another meaning of *sobre* is 'on top of' but then *encima* is a common alternative.

de

possession
el amigo de Rosa — Rosa's friend

material or content
la mesa de madera — the wooden table
una clase de matemáticas — a maths lesson

profession
Trabaja de enfermera. — She works as a nurse.

part of a group
Muchos de ellos — Many of them

origin
Es de Barcelona. — He's from Barcelona.

time (in certain expressions)
La ciudad de noche — The city by night
De buena mañana — Early on in the day

with superlatives
El mejor bar de la ciudad — The best bar in the city

ante, delante de

These can both mean 'before' but not in the sense of time, for which *antes* is used:
Su defensa ante el jurado — His defence before the jury
No fuma delante de sus padres. — He doesn't smoke in front of his parents.

bajo, debajo de

Debajo de and *bajo* can both be used to mean 'under' or 'below' literally. Only *bajo* can be used to mean 'under' in a figurative sense:
Entiendo tu posición bajo tales circunstancias. — I understand your position under such circumstances.

desde

point in time from which . . .
Desde hoy hasta el miércoles — From today till next Wednesday

point in space from which . . .
Desde mi casa a la tuya hay cinco kilómetros. — It's five kilometres from my house to yours.

6.1.1 Personal *a*

When a definite person or domestic animal is the direct object in a Spanish sentence, the so-called personal *a* must be placed immediately before it:
¿Has visto a mi hermano? — Have you seen my brother?
Busco a mi perra, Negrita. — I am looking for my dog, Negrita.

but:
Busco una niñera para mis hijos. — I am looking for a nanny for my children.
(She is as yet unspecified.)

Exception: personal *a* is not used after *tener*:
Tenemos tres hijos. — We have three children.

6.1.2 *Por* and *para*

Although these two prepositions can both translate 'for' in different contexts, they each have a range of usage and care must be taken to distinguish between them.

por

'for' after certain verbs, 'through', 'on behalf of', 'about', 'by', 'because of'.

place along/through which
Pasea por la calle. — He walks along the street.
Fue por el túnel principal. — It went through the main tunnel.

time during which

Pasamos por unos momentos muy difíciles. — We went through some very difficult times.
por la noche — during the night

approximate place

Su casa está por la parte norte de la ciudad. — Her house is somewhere in the northern part of the city.

approximate time

por junio — around June

by/how

por correo aéreo — by airmail
¡Cógelo por los pies! — Grab him by his feet!

with the passive

roto por unos gamberros — broken by some vandals

in certain expressions

por lo general — by and large
por fin — finally

para

'for' in most cases, 'in order to', 'by the time ...'
purpose, destination
Esto es para usted. — This is for you.
Sirve para cortar papel. — It's for cutting paper.

in order to
Limpió el parabrisas para ver mejor. — He cleaned the windscreen so that he could see better.

future time
Estará listo para la hora de marcharnos. — It will be ready by the time we leave.

6.2 *Pero* and *sino*

Both words translate 'but' and *pero* is by far the more common. *Sino* or *sino que* are only used as follows.
After a negative, when the following statement clearly contradicts the negative one:
No fui yo quien rompió el cristal sino ella. — It wasn't me who broke the glass but her.
No es tímido, sino aburrido. — He isn't shy, he's boring.
En realidad no me gusta nadar, sino tomar el sol en la playa. — Actually, it's not swimming that I like, but sunbathing on the beach.

When two sentences, each with a finite verb, are linked in this way, *sino que* is used instead:
No sólo le insultó sino que además intentó pegarle. — He not only insulted him but also tried to hit him.

6.3 *Numerals*
6.3.1 Cardinal numbers (1, 2, 3 . . .)

For shortened forms of cardinals and numerals, see 2.2. Remember that in Spanish you use a comma instead of a dot with decimals and a dot instead of a comma to separate thousands.

cero	0	cien(to)	100
diez	10	ciento uno/a	101
quince	15	ciento dieciséis	116
dieciséis	16	ciento treinta y dos	132
veinte	20	doscientos/as	200
veintidós	22	trescientos/as	300
veintitrés	23	cuatrocientos/as	400
veintiséis	26	quinientos/as	500
treinta	30	seiscientos/as	600
treinta y uno	31	setecientos/as	700
cuarenta	40	ochocientos/as	800
cincuenta	50	novecientos/as	900
sesenta	60	mil	1000
setenta	70	diez mil	10.000
ochenta	80	cien mil	100.000
noventa	90	un millón	1.000.000

Notes on cardinal numbers
Note the accents on *dieciséis*, *veintidós*, *veintitrés* and *veintiséis*.
1
Uno becomes *un* before all masculine nouns, even in compound numbers:
cuarenta y un billetes

una is used before all feminine nouns, even in compound numbers:
veintiuna mujeres

100
Cien is the form used before any noun or before another larger number:
cien hombres — *cien mil hombres*

Ciento is the form used before another smaller number:
ciento tres
There is no feminine form of *ciento*.

Multiples of *ciento* agree in gender with the noun they refer to:
doscientos kilos — *doscientas personas*

The same applies to compounds:
novecientas mil personas

1000
Mil is invariable. The plural (*miles*) is only used to mean 'thousands of' and must be followed by *de*.

1.000.000

Millón is a noun so must be preceded by *un* in the singular:

un millón de euros, de personas, de árboles etc.

6.3.2 Ordinal numbers (1st, 2nd, 3rd . . .)

primero	first	*séptimo*	seventh
segundo	second	*octavo*	eighth
tercero	third	*noveno*	ninth
cuarto	fourth	*décimo*	tenth
quinto	fifth	*undécimo*	eleventh
sexto	sixth	*duodécimo*	twelfth
		vigésimo	twentieth

Ordinals are adjectives and so must agree in number and gender with the noun they accompany, e.g. *la quinta vez* ('the fifth time'). They are often written in abbreviated form, by adding *o* (masculine) or *a* (feminine) after the digit: *1o.* or *1º*, *2a.* or *2ª*.

Remember that *primero* and *tercero* lose the final *o* before a masculine singular noun.

Ordinals beyond 12 are rarely used, the cardinal numbers being preferred (*el siglo veinte* instead of *el vigésimo siglo*). Ordinals are not used with days of the month, with the exception of the first day (*el primero de febrero* but *el dos de julio, el treinta de abril* etc.).

6.4 *Suffixes – diminutives, augmentatives and pejoratives*

Adding suffixes to alter the meaning of words (usually nouns) is an important feature of Spanish, especially the spoken language. As well as simply indicating size, the augmentatives and diminutives often convey particular nuances and so should be used with care by non-native speakers.

Some words which appear to be diminutives or augmentatives of other words are actually words in their own right. For example, *bolsillo*, although literally a small *bolso* (bag), is the ordinary Spanish word for 'pocket'.

These suffixes are added to the end of nouns, adjectives and some adverbs, after removing any final vowel. Some require spelling changes, such as *z* to *c* before *e*.

Diminutives

-ito/a, -cito/a, -cecito/a – suggest affection on the part of the speaker:

¡Qué piececitos tiene el bebé!	What (perfect) little feet the baby has!
(*pies* = feet)	

-(c)illo/a:

¿No tendrán un papelillo para mí en la obra?	Wouldn't they have just a little part for me in the play?
(*papel* = role)	

Augmentatives
-azo/aza, -ón/ona, -ote/ota

hombrazo	great big man
(*hombre* = man)	
novelón	big novel
(*novela* = novel)	
grandote	huge
(*grande* = big)	

Pejoratives
-uco/a, ucho/a, uzo/a

gentuza	riff-raff, scum
(*gente* = people)	

6.5 *Stress and accents*

A written accent is used in Spanish for two main reasons: either to mark the spoken stress on a word which does not conform to the normal rules for stress in Spanish, or to differentiate between two identical forms of the same word with different meanings or functions.

The normal rules for spoken stress are:
Words ending in a vowel, *-n* or *-s* are stressed on the last syllable but one.

All other words (i.e. ending in a consonant except for *-n* or *-s* and including *-y*) are stressed on the last syllable.

Any words not conforming to these rules must have the stress marked by a written accent. This includes words which end in a stressed vowel, *-n* or *-s*:
mamá, camión, melón, café, cafés

It also includes words ending in a consonant other than *-n* or *-s* which are stressed on the last syllable but one:
árbol, lápiz, mártir, débil

Words in which the stress falls two or more syllables from the end must also be accented:
espárrago, pájaro, relámpago, sábado

Vowels in syllables
Some syllables in Spanish contain two vowels. The normal position for the spoken stress in these syllables is on the 'strong' vowel (*a, e* or *o*) or on the second vowel if both are 'weak' (*i* or *u*). (Two strong vowels together are considered to be separate syllables.) If a word does not conform to these rules, a written accent is required:
tenía, país, oído

The normal rules mean that some words which require an accent in the singular do not require one in the plural because a syllable is added. This applies to all words ending in *-ión*:

elección – elecciones   *avión – aviones*

Other words need to add a written accent in the plural although they do not require one in the singular:

examen – exámenes

Accent used to differentiate meaning

This is the other usage of the written accent in Spanish. Here is a list of accented and unaccented words:

el	the (definite article)	*él*	he (pronoun)
tu	your	*tú*	you (subject pronoun)
mi	my	*mí*	me (prepositional pronoun)
si	if	*sí*	yes/himself etc. (prepositional pronoun)
se	himself etc. (reflexive pronoun)	*sé*	I know
de	of	*dé*	give (present subjunctive of *dar*)
te	you (pronoun)	*té*	tea
aun	even (= *incluso*)	*aún*	still, yet (= *todavía*)
solo	alone	*sólo*	only (= *solamente*)

Interrogatives, exclamatives and demonstrative pronouns are also accented, as described in the relevant sections.

Radical-changing verbs and spelling change verbs

Radical-changing verbs

Group 1 *-AR* and *-ER* verbs

e changes to *ie*
o changes to *ue* } when the stress is on the stem
u changes to *ue*

Forms affected: present indicative and subjunctive, except 1st and 2nd person plural.

pensar to think   *encontrar* to find   *jugar** to play

present indicative	present subjunctive	present indicative	present subjunctive	present indicative	present subjunctive
pienso	piense	encuentro	encuentre	juego	juegue
piensas	pienses	encuentras	encuentres	juegas	juegues
piensa	piense	encuentra	encuentre	juega	juegue
pensamos	pensemos	encontramos	encontremos	jugamos	juguemos
pensáis	penséis	encontráis	encontréis	jugáis	juguéis
piensan	piensen	encuentran	encuentren	juegan	jueguen

* *Jugar* is the only verb where *u* changes to *ue*.

Group 2 *-IR* verbs

e changes to *ie*
o changes to *ue* } as in Group 1 above

e changes to *i*
o changes to *u* } before *ie*, *ió*, or stressed *a*

Forms affected: present participle; 3rd person singular and plural preterite; 1st and 2nd person plural present subjunctive; imperfect and conditional subjunctive throughout.

preferir to prefer   *dormir* to sleep
present participle: *prefiriendo*   present participle: *durmiendo*

present indicative	present subjunctive	preterite	present indicative	present subjunctive	preterite
prefiero	prefiera	preferí	duermo	duerma	dormí
prefieres	prefieras	preferiste	duermes	duermas	dormiste
prefiere	prefiera	prefirió	duerme	duerma	durmió
preferimos	prefiramos	preferimos	dormimos	durmamos	dormimos
preferís	prefiráis	preferisteis	dormís	durmáis	dormisteis
prefieren	prefieran	prefirieron	duermen	durman	durmieron

imperfect subjunctive   **imperfect subjunctive**
prefiriera/prefiriese, etc.   *durmiera/durmiese*, etc.

Group 3 -*IR* verbs

e changes to *i* when the stress is on the stem and before *ie*, *ió* or stressed *a*

Forms affected: present participle; present indicative, except 1st and 2nd person plural; 3rd person singular and plural preterite; present, imperfect and conditional subjunctive throughout.
pedir to ask for
present participle: *pidiendo*

present indicative	present subjunctive	preterite	imperfect subjunctive
pido	*pida*	*pedí*	*pidiera/pidiese*, etc.
pides	*pidas*	*pediste*	
pide	*pida*	*pidió*	
pedimos	*pidamos*	*pedimos*	
pedís	*pidáis*	*pedisteis*	
piden	*pidan*	*pidieron*	

Other common radical-changing verbs

Some of these have spelling changes too – these are explained under spelling change verbs, in the paragraphs indicated in brackets below.

Group 1

acordarse	to remember	*negarse* (f)	to refuse
acostarse	to go to bed	*nevar*	to snow
almorzar (b)	to have lunch	*oler*	(*o* changes to *hue*) to smell
aprobar	to approve, pass (exam)	*perder*	to lose
atravesar	to cross	*probar*	to try, prove
cerrar	to shut	*recordar*	to remember
colgar (f)	to hang	*resolver*	to solve
comenzar (b)	to begin	*sentarse*	to sit down
contar	to tell a story	*soler*	to be accustomed to
costar	to cost	*sonar*	to sound, ring (bells)
defender	to defend	*soñar*	to dream
despertar(se)	to wake up	*temblar*	to tremble, shake
devolver	to give back	*tentar*	to attempt
empezar (b)	to begin	*torcer* (c)	to twist
encender	to light up	*verter*	to pour, spill
entender	to understand	*volar*	to fly
envolver	to wrap up	*volver*	to return
extender	to extend		
gobernar	to govern		
jugar (f)	to play		
llover	to rain		
morder	to bite		
mostrar	to show		
mover	to move		
negar (f)	to deny		

Group 2

advertir	to warn
consentir	to agree
divertirse	to enjoy oneself
hervir	to boil
mentir	to lie
morir	to die
preferir	to prefer
referir(se)	to refer
sentir(se)	to feel

Group 3

conseguir	to obtain
corregir	to correct
despedirse	to say goodbye
elegir	to choose, elect
freír	to fry
impedir	to prevent
perseguir (i)	to pursue, chase
reñir	to scold
repetir	to repeat
seguir (g)	to follow
vestir(se)	to dress

Spelling change verbs

a *-car*
c changes to *qu* before *e*
Forms affected: 1st person singular preterite; all of present subjunctive.
buscar to look for

preterite:	*busqué*
present subjunctive:	*busque*, etc.

b *-zar*
z changes to *c* before *e*
Forms affected: 1st person singular preterite; all of present subjunctive.
cruzar to cross

preterite:	*crucé*
present subjunctive:	*cruce*, etc.

c consonant + *-cer, -cir*
c changes to *z* before *a* or *o*
Forms affected: 1st person singular present indicative; all of present subjunctive.
vencer to defeat

present indicative:	*venzo*
present subjunctive:	*venza*, etc.

d *-gar*
g changes to *gu* before *e*
Forms affected: 1st person singular preterite, all of present subjunctive.
pagar to pay

preterite:	*pagué*
present subjunctive:	*pague*, etc.

e *-guar*
gu changes to *gü* before *e*
Forms affected: 1st person singular preterite; all of present subjunctive.
averiguar to find out

preterite:	*averigüé*
present subjunctive:	*averigüe*, etc.

f *-ger, -gir*
g changes to *j* before *a* or *o*
Forms affected: 1st person singular present indicative; all of present subjunctive.
proteger to protect

present indicative:	*protejo*
present subjunctive:	*proteja*, etc.

g *-guir*
gu changes to *g* before *a* or *o*
Forms affected: 1st person singular present indicative; all of present subjunctive.
distinguir to distinguish

present indicative:	*distingo*
present subjunctive:	*distinga*, etc.

h *-uir* (other than *-guir* above)
i changes to *y* when unaccented and between two or more vowels
construir to build

present participle:	*construyendo*
past participle:	*construido*
present indicative:	*construyo, construyes, construye, construimos, construís, construyen*
imperfect:	*construía*, etc.
future:	*construiré*, etc.
conditional:	*construiría*, etc.
preterite:	*construí, contruiste, construyó, construimos, construisteis, construyeron*
present subjunctive:	*construya*, etc.
imperfect subjunctive:	*construyera/construyese*, etc.
imperative:	*construye (tú), construid*

i *-güir*
i changes to *y* as above (h)
gü changes to *gu* before *y*
argüir to argue

present participle:	*arguyendo*
past participle:	*argüido*
present indicative:	*arguyo, arguyes, arguye, argüimos, argüís, arguyen*
imperfect:	*argüía*, etc.
future:	*argüiré*, etc.
conditional:	*argüiría*, etc.
preterite:	*argüí, argüiste, arguyó, argüimos, argüisteis, arguyeron*
present subjunctive:	*arguya*, etc.
imperfect subjunctive:	*arguyera/arguyese*, etc.
imperative:	*arguye (tú), argüid*

j *-eer*
i becomes accented whenever stressed; unaccented *i* changes to *y*
Forms affected: participles; imperfect; preterite; imperfect and conditional subjunctive.
creer to believe

present participle:	*creyendo*
past participle:	*creído*
imperfect:	*creía*, etc.
preterite:	*creí, creíste, creyó, creímos, creísteis, creyeron*
imperfect subjunctive:	*creyera/creyese*, etc.

k **-llir, -ñer, -ñir**
unstressed **i** is dropped when it follows **ll** or **ñ**
Forms affected: present participle; 3rd person singular and plural preterite; all of imperfect and conditional subjunctive.
bullir to boil, *gruñir* to groan

present participle:	*bullendo, gruñendo*
preterite:	*bulló, gruñó, bulleron, gruñeron*
imperfect	*bullera, bullese,* etc. *gruñera/*
subjunctive:	*gruñese,* etc.

l **-iar, -uar** (*but not* **-cuar, -guar**)
Some of these verbs are stressed on the **i** or **u** when the stress is on the stem.
Forms affected: present indicative and subjunctive except 1st and 2nd persons plural.
enviar to send

present indicative:	*envío, envías, envía, enviamos, enviáis, envían*
present subjunctive:	*envíe, envíes, envíe, enviemos, enviéis, envíen*

continuar to continue

present indicative:	*continúo, continúas, continúa, continuamos, continuáis, continúan*
present subjunctive:	*continúe, continúes, continúe, continuemos, continuéis, continúen*

Other common verbs in this category:

guiar	to guide
enfriar	to cool down
liar	to tie
espiar	to spy on
situar	to situate
vaciar	to empty
esquiar	to ski
variar	to vary
fiar	to trust
actuar	to act
efectuar	to carry out

Common verbs *not* in this category:

anunciar	to announce
estudiar	to study

apreciar	to appreciate
financiar	to finance
cambiar	to change
limpiar	to clean
despreciar	to despise
negociar	to negotiate
divorciar	to divorce
odiar	to hate
envidiar	to envy
pronunciar	to pronounce

m The **i** or **u** of the stem of the following verbs is accented as above (see 6.5 on Stress and accents).

aislar	to isolate
reunir	to reunite
prohibir	to prohibit

present indicative:	*aíslo, aíslas, aísla, aislamos, aisláis, aíslan*
present subjunctive:	*aísle, aísles, aísle, aislemos, aisléis, aíslen*
present indicative:	*reúno, reúnes, reúne, reunimos, reunís, reúnen*
present subjunctive:	*reúna, reúnas, reúna, reunamos, reunáis, reúnan*

Irregular verbs

Verb forms in bold are irregular. Where only the 1st person singular form of a tense is shown, it provides the pattern for all the other forms and the endings are regular. See 5.3.4 for the formation of the imperfect tense, 5.3.9 for the formation of the future tense and 5.3.11 for the formation of the conditional tense.

infinitive present participle past participle	present indicative	imperfect	future	conditional	preterite	present subjunctive	imperfect subjunctive	imperative
andar to walk *andando* *andado*	regular	regular	regular	regular	**anduve** **anduviste** **anduvo** **anduvimos** **anduvisteis** **anduvieron**	regular	**anduviera/anduviese**	regular
caber to fit *cabiendo* *cabido*	**quepo** *cabes* *cabe* *cabemos* *cabéis* *caben*	*cabía*	**cabré**	**cabría**	**cupe** **cupiste** **cupo** **cupimos** **cupisteis** **cupieron**	**quepa** **quepas** **quepa** **quepamos** **quepáis** **quepan**	**cupiera/cupiese**	*cabe*
caer to fall **cayendo** *caído*	**caigo** *caes* *cae* *caemos* *caéis* *caen*	*caía*	*caeré*	*caería*	*caí* *caíste* **cayó** *caímos* *caísteis* **cayeron**	**caiga** **caigas** **caiga** **caigamos** **caigáis** **caigan**	**cayera/cayese**	*cae* *caed*
dar to give *dando* *dado*	**doy** *das* *da* *damos* *dais* *dan*	*daba*	*daré*	*daría*	**dí** **diste** **dio** **dimos** **disteis** **dieron**	**dé** **des** **dé** **demos** **deis** **den**	**diera/diese**	*da* *dad*
decir to say *diciendo* **dicho**	**digo** *dices* *dice* *decimos* *decís* *dicen*	*decía*	**diré**	**diría**	**dije** **dijiste** **dijo** **dijimos** **dijisteis** **dijeron**	**diga** **digas** **diga** **digamos** **digáis** **digan**	**dijera/dijese**	**di** *decid*
estar to be *estando* *estado*	**estoy** **estás** **está** *estamos* *estáis* **están**	*estaba*	*estaré*	*estaría*	**estuve** **estuviste** **estuvo** **estuvimos** **estuvisteis** **estuvieron**	**esté** **estés** **esté** *estemos* *estéis* **estén**	**estuviera/estuviese**	**está** *estad*

infinitive present participle past participle	present indicative	imperfect	future	conditional	preterite	present subjunctive	imperfect subjunctive	imperative
haber to have habiendo habido	he has ha hemos habéis han	había	habré	habría	hube hubiste hubo hubimos hubisteis hubieron	haya hayas haya hayamos hayáis hayan	hubiera/hubiese	he habed
hacer to do, make haciendo hecho	hago haces hace hacemos hacéis hacen	hacía	haré	haría	hice hiciste hizo hicimos hicisteis hicieron	haga hagas haga hagamos hagáis hagan	hiciera/hiciese	haz haced
ir to go yendo ido	voy vas va vamos vais van	iba ibas iba íbamos ibais iban	iré	iría	fui fuiste fue fuimos fuisteis fueron	vaya vayas vaya vayamos vayáis vayan	fuera/fuese	ve id
oír to hear oyendo oído	oigo oyes oye oímos oís oyen	oía	oiré	oiría	oí oíste oyó oímos oísteis oyeron	oiga oigas oiga oigamos oigáis oigan	oyera/oyese	oye oíd
poder to be able pudiendo podido	puedo puedes puede podemos podéis pueden	podía	podré	podría	pude pudiste pudo pudimos pudisteis pudieron	pueda puedas pueda podamos podáis puedan	pudiera/pudiese	puede poded
poner to put poniendo puesto	pongo pones pone ponemos ponéis ponen	ponía	pondré	pondría	puse pusiste puso pusimos pusisteis pusieron	ponga pongas ponga pongamos pongáis pongan	pusiera/pusiese	pon poned
querer to want queriendo querido	quiero quieres quiere queremos queréis quieren	quería	querré	querría	quise quisiste quiso quisimos quisisteis quisieron	quiera quieras quiera queramos queráis quieran	quisiera/quisiese	quiere quered
reír to laugh riendo reído	río ríes ríe reímos reís ríen	reía	reiré	reiría	reí reíste rio reímos reísteis rieron	ría rías ría riamos riáis rían	riera/riese	ríe reíd

infinitive present participle past participle	present indicative	imperfect	future	conditional	preterite	present subjunctive	imperfect subjunctive	imperative
saber to know sabiendo sabido	sé sabes sabe sabemos sabéis saben	sabía	sabré	sabría	supe supiste supo supimos supisteis supieron	sepa sepas sepa sepamos sepáis sepan	supiera/supiese	sabe sabed
salir to go out saliendo salido	salgo sales sale salimos salís salen	salía	saldré	saldría	salí saliste salió salimos salisteis salieron	salga salgas salga salgamos salgáis salgan	saliera/saliese	sal salid
ser to be siendo sido	soy eres es somos sois son	era eras era éramos erais eran	seré	sería	fui fuiste fue fuimos fuisteis fueron	sea seas sea seamos seáis sean	fuera/fuese	sé sed
tener to have teniendo tenido	tengo tienes tiene tenemos tenéis tienen	tenía	tendré	tendría	tuve tuviste tuvo tuvimos tuvisteis tuvieron	tenga tengas tenga tengamos tengáis tengan	tuviera/tuviese	ten tened
traer to bring trayendo traído	traigo traes trae traemos traéis traen	traía	traeré	traería	traje trajiste trajo trajimos trajisteis trajeron	traiga traigas traiga traigamos traigáis traigan	trajera/trajese	trae traed
valer to be worth valiendo valido	valgo vales vale valemos valéis valen	valía	valdré	valdría	valí valiste valió valimos valisteis valieron	valga valgas valga valgamos valgáis valgan	valiera/valiese	vale/val valed
venir to come viniendo venido	vengo vienes viene venimos venís vienen	venía	vendré	vendría	vine viniste vino vinimos vinisteis vinieron	venga vengas venga vengamos vengáis vengan	viniera/viniese	ven venid
ver to see viendo visto	veo ves ve vemos veis ven	veía	veré	vería	vi viste vio vimos visteis vieron	vea veas vea veamos veáis vean	viera/viese	ve ved

Vocabulary

The first meaning of each word or phrase in this list corresponds to its use in the context of this book. Alternative meanings are **sometimes** given to avoid confusion, especially if these meanings are more common. This list contains only the vocabulary in *¡Sigue! 1*. This list does **not** replace your dictionary (see page 189).

A

abrevadero (m) *trough, watering hole*
acertar a *to manage to*
acojinado/a *padded*
acosado/a *harassed*
actuación (f) *performance*
admitir *to allow*
adobado/a *marinated*
adorno (m) *decoration, embellishment*
aferrado/a *attached*
agotador(a) *exhausting*
aguas grises (fpl) *sewage*
ahumado/a *smoked*
aislamiento (m) *isolation*
ajetreo (m) *hustle and bustle*
albergue (m) para jóvenes *youth hostel*
alcance (m) *reach*
alejar *to distance, keep away from*
alevín (mf, adj) *junior*
alivio (m) *relief*
almeja (f) *clam*
alquitrán (m) *tar*
amanecer (m) *dawn*
ambiental *environmental*
analfabeto/a *illiterate*
con antelación *in advance*
aparición (f) *appearance*
apodo (m) *nickname*
apoyarse *to rely/depend*
aprovechamiento (m) *use*
apuro (m) *haste (Latin America); hardship, difficulty (Spain)*
árbitro (m) *referee*
armarse de valor *to pluck up courage*
arrepentido/a *repentant, sorry*
arriesgar *to risk*
arrinconado/a *left out in the cold; on his/her own; remote, off the beaten track (literally, in a corner)*
asimismo *also*
atasco (m) *traffic jam*
atreverse *to dare*
atrevido/a *daring*
autóctono/a *native, indigenous*
autoría (f) *authorship*

B

bacalao (m) *cod*
bagatelas (fpl) *trifles, trivialities*
barrio (m) humilde *poor district*
barro (m) *clay*
bellota (f) *acorn*
bifurcarse *to fork (road)*
bizcocho (m) *sponge cake*
blasonado/a *displaying coats of arms*
boquiabierto/a *astonished, open-mouthed*
brigada (f) de estupefacientes *drugs squad*
brindar *to give, afford*
bullir *to teem, be packed (place)*
burlarse de *to make fun of*
burlón *mocking, teasing*

C

cabezudo (m) *"big head" – carnival figure made of cardboard*
cada vez más *more and more*
caldeirada (f) *fish/lamb stew*
caléndula (f) *pot marigold*
calentador (m) *heater*
cálido/a *warm*
calentito/a *nice and warm*
calificativo (m) *label, description*
campar *to walk*
canela (f) *cinnamon*
canicas (fpl) *marbles*
capote (m) *bullfighter's cloak*
capricho (m) *whim*
captación (f) *collecting*
cardo (m) *thistle*
carne vacuna (f) *beef and veal*
carrera (f) *race*
Casa (f) Consistorial *town hall*
casa (f) aldea *village house*
caserío (m) *farmhouse*
castaño (m) *chestnut*
castigar *to punish*
castigo (m) *punishment*
cauce (m) *(river) bed*
cenicero (m) *ashtray*
censura (f) *censorship*
centenar (m) *a hundred*
centollo (m) *spider crab*
certamen (m) *competition, contest*

chiles (mpl) en nogada   *stuffed chillies in a nutty sauce*
chipirón (m)   *small cuttlefish*
chiquero (m)   *bull pen*
chiquilladas (fpl)   *childish behaviour*
chiquillo (m)   *young boy*
ciego/a   *blind*
cinismo (m)   *cynicism*
cobijo (m)   *shelter*
cocerse   *to be brewing*
codorniz (f)   *quail*
cogollo (m)   *heart (lettuce, cabbage)*
cohete (m)   *rocket (firework)*
comparsa (f)   *festive procession*
comportamiento (m)   *behaviour*
concejal (m)   *town councillor*
conjunto (m)   *collection, group*
por consenso   *by agreement*
en consonancia con   *in keeping with*
constar de   *to consist of*
cordero (m)   *lamb*
corralillo (m)   *small stockyard*
correr un tupido velo   *to draw a veil over something*
cortar en seco   *to cut short/put a stop to*
cosquilleo (m)   *tickling*
cotillear   *to gossip*
con creces   *amply*
cuenca (f) minera   *coal-mining area*

D

darle a   *to be at something*
debutar   *to make his/her debut*
hacer dedo   *to hitch-hike*
demacrado/a   *haggard, drawn*
Derecho (m)   *Law*
desahogo (m)   *relief, comfort*
desconfiado/a   *untrustworthy*
descuidar   *to neglect*
desechos (mpl)   *rubbish*
desfiladero (m)   *ravine*
deshacer   *to break up*
deslumbrante   *dazzling, stunning*
desmantelamiento (m)   *dismantling*
desmoronarse   *to collapse*
despechado/a   *spiteful*
desplazamiento (m)   *trip*
desplazar a   *to displace*
desventurado/a   *ill-fated, unhappy*
dictadura (f)   *dictatorship*
disposición (f)   *regulation*
dispuesto a   *inclined to*
domicilio (m)   *home*

dosel (m)   *canopy*
dotado/a   *gifted, equipped*
dotar a   *to endow, bless*

E

embarazada   *pregnant*
embate (m)   *campaign, attack*
emborronado/a   *smudged*
emitir   *to broadcast*
empapar   *to permeate, drench*
empaparse   *to immerse yourself*
empedernido/a   *confirmed, hardened*
emperrado/a   *determined*
emprendedor(a)   *entrepreneurial*
enconado/a   *fierce, passionate*
encuadre (m)   *frame*
encuesta (f)   *survey*
enfocar   *to focus*
¡Enhorabuena!   *Congratulations!*
enorgullecer   *to make someone proud*
enrollarse   *to get off with someone*
entorpecer   *to hold up, slow down*
entrañable   *intimate*
escabeche (m)   *marinated fish or meat dish*
esculpir   *to sculpt, create*
esforzarse por   *to make an effort to*
esmerado/a   *attended, looked after*
espumoso/a   *sparkling*
esquivar   *to avoid*
estallar   *to break out (war)*
estrenar   *to mark the debut of*
estribillo (m)   *refrain, chorus*
estropear   *to ruin*
estuche (m)   *case*
etapa (f)   *stage*
excavar   *to excavate*
exigente   *insistent*
experimentado/a   *experienced*

F

ferias (fpl) y muestras (fpl)   *trade fairs*
fijar   *to fix, set*
fijarse en   *to pay attention to, notice*
filigranas (fpl) de lenguaje   *finer points of language*
firmeza (f)   *strength*
flujo (m)   *flow*
fogón (m)   *stove*
fomentar   *to encourage*
foráneo/a   *foreign*
fructífero/a   *fruitful*

G

gama (f)   *range*
ganga (f)   *bargain*
género (m)   *genre, category of art*
Ginebra   *Geneva*
girar sobre sí mismo   *to turn on itself*
golosina (f)   *sweet*
gozar de   *to enjoy*
granada (f)   *pomegranate*
grato/a   *pleasant*

H

hallar   *to find*
hallarse   *to be found*
harén (m)   *harem*
hasta cierto punto   *up to a point*
hipertrófico/a   *excessive*
hoja (f) de arce   *maple leaf*
hojaldres (nfpl)   *sweets made with puff pastry*
para honra de   *in honour of*
honrado/a   *honest*
hundir   *to destroy, sink*

I

idóneo/a   *ideal, perfect*
importe (m)   *total to pay*
inacabable   *never-ending*
inadecuado/a   *inappropriate*
incremento (m)   *increase*
ingente   *enormous*
innegable   *undeniable*
interurbano/a   *intercity*

J

jaranero/a   *merry*
jarra (f)   *jug*
jet (f)   *jet society*
jubilados (mpl)   *retired people*
juerga (f)   *partying*
juergista   *fun-loving, party animal*
juicio (m)   *judgement*

L

lanzar   *to launch*
latir   *to throb, pulsate*
lechazo (m)   *young lamb*
lentejuela (f)   *sequin*
letra (f) menuda   *small print*
levantar una ceja   *to raise an eyebrow*
lides (fpl)   *matters*
ligar con   *to chat up*
ligue (m)   *a pick-up*
lívido/a   *purple*
llano (m)   *plain*
llanura (f)   *plain, flat land*
con locura   *madly*
lúcido/a   *clear-thinking*

M

malagueño/a   *native of Málaga*
mano (f) de obra   *labour*
manteca (f)   *lard*
mayoritariamente   *mainly*
medida (f)   *measurement*
a medida que   *according as*
merecido/a   *deserved*
meritorio/a   *praiseworthy*
mestizaje (m)   *mixture of races and cultures*
metido en   *involved in*
mezquino/a   *paltry, tiny*
misericordia (f)   *pity*
modalidad (f)   *form, option*
monoteísta   *monotheist (believing in one God)*
montar un lío   *to cause trouble*
morcilla (f)   *blood sausage*
mosqueo (m)   *anger*
muchedumbre (f)   *crowd*

N

naturaleza (f) muerta   *still life*
navideño/a   *Christmas*
nécora (f)   *type of seafood similar to a crab*
nevera (f)   *fridge*
nimio/a   *insignificant*
niñera (f)   *childminder*
a nivel global   *at a global level*
nopal (m)   *cactus*

O

obra (f) *work (of literature, art, etc.)*
ocasionar *to bring about*
ondear *to wave*
onírico/a *related to dreams*
originar *to cause, create*
a la orilla de *on the shores of*

P

paisajista (m/f) *landscape painter*
paisajístico/a *rural*
palabrota (f) *rude word, swearword*
palentino/a *of Palencia*
pantalla (f) *screen*
parrilla (f) *grill*
pasado de moda *gone out of fashion*
pasar desapercibido/a *to go unnoticed*
pato (m) *duck*
pauta (f) *guideline, rule*
payés (m) *farm worker*
pecaminoso/a *sinful*
pegadizo/a *catchy*
pegar *to hit*
pelearse con *to quarrel with*
peñasco (m) *crag, rocky outcrop*
percebe (m) *goose barnacle (type of seafood)*
peregrinación (f) *pilgrimage*
pernoctación (f) *overnight stay*
perola (f) *large container*
perteneciente *belonging*
PIB = Producto Interior Bruto *GDP*
pinchazo (m) *a fix (literally a shot/injection)*
plagado/a *riddled, swarming with*
planteamiento (m) *approach*
platón (m) *large plateful*
porro (m) *joint*
postrarse *to prostrate yourself (kneel on the floor to show respect for someone)*
pote (m) *stew*
precocinado/a *precooked*
pregonar *to make public, proclaim*
premio (m) *prize, reward*
prensar *to press, crush*
presupuesto (m) *budget*
prevalecer *to prevail, predominate*
primar *to give priority to*
primeros auxilios (mpl) *first aid*
proceloso/a *stormy, tempestuous*
prodigar *to lavish*
puerro (m) *leek*
puertecillo (m) *little port*
puesta (f) en marcha *starting up*
puñaladas (fpl) *backstabbing*
punto (m) de encuentro *meeting place*

Q

quincena (f) *fortnight*
quisquilloso/a *fussy*
quitar valor *to detract from the value*

R

raba (f) *fried squid ring*
rabiar por *to be dying/desperate for something*
racha (f) *phase, spell*
raíz (f) *root*
rasgo (m) *trait, characteristic*
rebaja (f) *discount*
recatado/a *reserved*
recinto (m) *enclosed area*
reclamar *to demand*
rector *of government*
refundición (f) *re-working, adaptation*
regrabar *to re-record*
a regañadientes *reluctantly*
remunerado/a *paid (work)*
renacentista *renaissance*
rencillas (fpl) *grudges (adj.)*
rendir homenaje *to pay homage*
reparto (m) *cast*
repostería (f) *pastries and sweets*
rescatar *to rescue*
rescate (m) *rescue*
resoplar *to snort*
rezar *to pray*
rodar *to film*
rostro (m) *face, aspect*
rotundo/a *categorical, emphatic*
ruta (f) de fe *pilgrimage route (literally route of faith)*

S

sacerdote (m) *priest*
salubridad (f) *cleanliness*
saludable *healthy*
sazonado/a *seasoned*
sector (m) terciario *tertiary sector (service industries)*
secundaria (f) *secondary school*
selvático/a *jungle*
semejante *similar*
semejanza (f) *similarity, making things look real*
seña (f) *sign, indication*
señalización (f) *signposting*
senderismo (m) *hiking*
sensibilidad (f) *sensitivity*
sensiblería (f) *sentimentality*
por si acaso *just in case*
soberanamente *supremely*

sobrecogedor *frightening*
sobredimensionado/a *oversized*
sobresaliente *outstanding*
socorrismo (m) *lifesaving*
de sol a sol *from morning till night*
solicitar *to request*
con soltura *with ease*
someter a *to conquer, subjugate*
suave *gentle, pleasant*
suministro (m) *supply*
suprimir *to withdraw*

T

tabú (m) *taboo (forbidden topic)*
tachado/a *attacked, criticised*
tachar de *to brand/label someone as*
taller (m) *workshop*
tamboril (m) *tabor (small drum)*
tanda (f) económica *reduced rate (tickets)*
temporada (f) *season*
tercera edad (f) *senior citizens*
terracería (f) *rough dirt track*
testigo (m) *witness*
tez (f) *complexion*
tinglado (m) *set-up, platform*
a toda prueba *(put) to every test*
tonel (m) *barrel*
toque (m) personal *personal touch*
traicionar *to betray*
trama (f) *plot (of film, etc.)*
transgresión (f) *progression*
sin tregua *relentlessly*
tremebundo/a *terrifying*
trotamundo (m) *globetrotter*
tupido/a *dense*
turbio/a *dubious, murky*

U

última moda (f) *latest trend*
al unísono *in unison, all together*

V

valoración (f) *valuation, assessment*
vendar *to bind*
vida (f) y milagros *"life and wonders" – details about someone's life (public and private)*
vinculación (f) *link, connection*
¡Viva!/¡Gora S. Fermin! *Long live S. Fermín!* (Gora=*Basque*)
vivencia (f) *experience*
en vivo y en directo *live*
vuelo (m) *flight*

Y

ya es pan comido *it's a piece of cake*
yacimiento (m) *deposit*
yema (f) *type of sweet*

Z

zapoteco/a (mf, adj) *indigenous people of Mexico, based around Oaxaca*